北大版普通高等教育"十二五"规划教材

21世纪学前教育专业规划教材

学前儿童的情绪教育
理论与实践

Emotional Education for Young Children

李燕 等编著

图书在版编目(CIP)数据

学前儿童的情绪教育：理论与实践/李燕等编著. —北京：北京大学出版社，2014.4
（21世纪学前教育专业规划教材）
ISBN 978-7-301-23826-4

Ⅰ.①学… Ⅱ.①李… Ⅲ.①学前儿童—情绪—家庭教育—幼儿师范学校—教材 Ⅳ.①G78②G613

中国版本图书馆 CIP 数据核字（2014）第 018861 号

书　　　　名：	学前儿童的情绪教育：理论与实践
著作责任者：	李　燕　等编著
责 任 编 辑：	赵学敏
标 准 书 号：	ISBN 978-7-301-23826-4/G·3789
出 版 发 行：	北京大学出版社
地　　　　址：	北京市海淀区成府路 205 号　100871
电　　　　话：	邮购部 62752015　发行部 62750672　编辑部 62754934　出版部 62754962
网　　　　址：	http://www.pup.cn　新浪官方微博：@北京大学出版社
电 子 信 箱：	zyjy@pup.cn
印　　刷　者：	北京圣夫亚美印刷有限公司
经　　销　者：	新华书店
	787 毫米×1092 毫米　16 开本　22.5 印张　430 千字
	2014 年 4 月第 1 版　2022 年 1 月第 2 次印刷
定　　　　价：	48.00 元

未经许可，不得以任何方式复制或抄袭本书之部分或全部内容。
版权所有，侵权必究
举报电话：010-62752024　电子信箱：fd@pup.pku.edu.cn

前　言

在幼儿教育领域，我们关心幼儿的语言、科学素养及数概念发展，关注他们的身心健康，我们希望能有效地经营、管理班级，有效地与家长沟通、与家庭合作……这都与幼儿的情绪有关。积极的情绪有利于幼儿各方面的发展和学习，而幼儿的很多问题也是由他们的情绪问题所导致，情绪（快乐、感兴趣、喜悦、伤心、害怕、愤怒、生气、害羞和惊讶等）为幼儿的发展与学习涂抹上了或明丽、多彩，或阴郁、灰暗的色彩。

相关研究发现，幼儿的情绪发展与幼儿的成长和学习、与幼儿园课程的实施密切相关；幼儿的情绪能力影响他们的学习准备、同伴关系和幼儿园适应，影响他们未来的学校适应、学业成就以及积极的人际互动。

本书的宗旨，是希望教师更多地关注幼儿情绪的健康发展、注重教师和幼儿间信任感与亲密情感关系的建立，强调在幼儿园一日生活中支持幼儿情绪能力的发展，促进儿童情感、社会性的发展，促进儿童日后的学校适应和学业发展，进而促进儿童健康人格的培养以培养全面发展的儿童。

本书是在我们近十年相关研究与思考的支持下，在上海师范大学学前教育专业开设的本科限定选修课"幼儿情绪教育"和研究生课程"幼儿情绪能力的发展"的基础上，在教育部人文社会科学研究项目"幼儿情绪能力培养的理论与实践研究"（项目编号09YJA880088）的资助下完成的。

本书凝聚了很多人的心血。我承担了全书的策划、提纲编写、统稿等工作。各章的写作分工如下：第一章，李燕；第二章，申海燕；第三、六、十二章，郭晓轩；第四、七、十三章，武琬霄；第五、十一、十四章，王斐；第八章，王厚菊、申海燕；第九章，袁军荣；第十章，王厚菊；第十五章，陈露、吕芳、王悦敏。研究生殷菁彤、高竹青、王英杰、徐欢、吴慧娴、周园园等为相关资料的收集与整理、部分校稿工作付出了大量的时间和精力。各章拓展阅读部分的绘本由殷菁彤、王英杰、高竹青整理。本书的完成是我们这个充满生机和活力的团队共同努力的成果。此外，很多幼儿园，特别是上海师范大学闵行实验幼儿园，为我们提供了大量案例和素材。北京大学出版社编辑赵学敏也为本书的出版付出了辛勤的劳动。在此，我们一并致以深深的谢意！

需要指出的是，本书的观点与思想只是我们前一阶段研究、实践与反思的概括和总结。我们热忱希望专家、读者对书中的观点与内容提出宝贵意见与建议，同时也希望越来越多的研究者、教育管理与政策制定者和幼儿教育实践者高度关注幼儿的情绪、关注幼儿情绪能力的发展，我们自己也将继续深入对幼儿情绪、社会性发展与教育领域问题的研究，为夯实幼儿情绪社会性发展与教育的学科基础贡献我们的智慧和力量。

李燕
2013 年 12 月
上海师范大学田家炳书院

目 录

第一章 导论 ··· 1
第二章 幼儿情绪的发展及其影响因素 ··· 15
  第一节 情绪体验的发展 ·· 16
  第二节 幼儿对自己情绪的理解 ·· 20
  第三节 幼儿对他人情绪的识别 ·· 23
  第四节 情绪的调节与控制 ·· 24
  第五节 幼儿阶段的情绪发展任务 ··· 30
  第六节 情绪发展的影响因素 ··· 32
第三章 创造一个有安全感的环境 ··· 35
  第一节 安全感与幼儿的健康发展 ··· 37
  第二节 营造安全的学习氛围 ··· 43
  第三节 情感沟通与安全感的建立 ··· 47
  第四节 影响幼儿情绪安全感发展的关键时机 ···································· 52
第四章 帮助幼儿理解情绪 ·· 57
  第一节 幼儿情绪理解能力 ·· 58
  第二节 情绪理解能力的发展及其影响因素 ······································· 63
  第三节 帮助幼儿理解情绪的策略 ··· 66
第五章 示范真诚合适的情绪表达 ··· 75
  第一节 真诚合适的情绪示范 ··· 77
  第二节 真诚合适的情绪示范在幼儿园的应用 ···································· 80
  第三节 真诚合适的情绪示范在幼儿园实践中应注意的问题 ················· 89
第六章 支持幼儿的情绪调节 ··· 95
  第一节 情绪调节 ··· 98

第二节　情绪调适能力的发展……………………………………………101
　　第三节　创造有利于情绪调适能力发展的幼儿园班级环境………………110
第七章　了解并尊重幼儿情绪表达风格的个体差异………………………………115
　　第一节　情绪表达风格的意涵………………………………………………116
　　第二节　幼儿情绪表达风格的维度…………………………………………117
　　第三节　了解幼儿情绪表达风格的途径……………………………………120
　　第四节　情绪表达风格的差异对教学的启发………………………………123
第八章　支持幼儿应对消极情绪……………………………………………………125
　　第一节　幼儿的消极情绪反应………………………………………………126
　　第二节　情绪反应类型的相关理论…………………………………………131
　　第三节　帮助幼儿应对消极情绪……………………………………………135
第九章　支持幼儿应对压力事件……………………………………………………141
　　第一节　现代幼儿面临的压力………………………………………………142
　　第二节　压力与幼儿的成长…………………………………………………154
　　第三节　帮助幼儿应对压力…………………………………………………157
第十章　促进幼儿社会问题解决能力的发展………………………………………167
　　第一节　儿童社会问题解决能力的发展……………………………………168
　　第二节　培养幼儿社会问题解决的能力……………………………………173
　　第三节　班会在培养幼儿解决社会问题能力中的应用……………………182
第十一章　积极的情绪与幼儿的学习………………………………………………189
　　第一节　积极的情绪对幼儿学习的影响……………………………………191
　　第二节　发展幼儿对学业的兴趣和积极体验………………………………196
　　第三节　延伸幼儿的学习兴趣………………………………………………202
第十二章　提升幼儿情绪调节与控制能力的实践研究——以图画书为载体……207
　　第一节　理论基础……………………………………………………………209
　　第二节　课程实施……………………………………………………………211
　　第三节　实施效果……………………………………………………………222
第十三章　促进小班幼儿情绪理解能力的实践研究——以主题性音乐游戏为载体……235
　　第一节　理论基础……………………………………………………………236
　　第二节　课程实施……………………………………………………………244
　　第三节　实施效果……………………………………………………………256

- 第十四章　以图画书和角色扮演为载体开展大班幼儿愤怒控制的实践研究 …… 269
  - 第一节　理论基础 …… 270
  - 第二节　课程实践 …… 273
  - 第三节　效果分析及建议反思 …… 279
- 第十五章　以提高社会情绪能力为中心的害羞幼儿干预项目 …… 291
  - 第一节　理解害羞和害羞幼儿 …… 292
  - 第二节　HUGS 干预方案 …… 298
  - 第三节　其他干预研究项目 …… 304
- **附录　与情绪有关的图画书** …… 309
- **主要参考文献** …… 345

第一章

导　论

情绪是个体对外部和内部事物的主观体验，并"表露于神经肌肉、呼吸系统、心脏血管系统、荷尔蒙系统以及其他身体改变，以对可能表现出来的外显行为预作准备"（韦氏字典对情绪的解释）。情绪是对事件的主观反应，并伴随生理的、经验的以及外显行为的改变。引起情绪反应的，并非事件，而是个人对事件的评价而导致的特定体验。认知评价和人格系统在情绪过程中起了重要作用，反过来，情绪也会影响认知过程，对其他行为或心理过程起着引发、保持、减弱或者中断的作用。

一、情绪智力与情绪教育

（一）什么是情绪智力

情绪智力（emotional intelligence）是由美国耶鲁大学沙拉维和新罕布什尔大学的梅耶（Salovey & Marer，1990）提出的，意指个人对自己情绪的把握和控制，对他人情绪的认识和管理，以及对人生的积极态度和耐挫能力。

之后，情绪智力的研究引起研究者的广泛兴趣。关于情绪智力的结构模型也有不同观点。其中沙拉维和梅耶（1997）提出的情绪智力的能力模型在理论上影响最大。他们认为，情绪智力包括四个方面：情绪知觉、评价和表达能力（对自己的生理状态、感情和思维中情绪的识别与表达，对他人、艺术作品、语言中情绪的识别与表达）；在思维中对情绪进行同化的能力（如产生有助于判断和记忆的情绪的能力）；对情绪的理解与分析能力（如情绪推理的能力）；对自己和他人情绪进行有效调控的能力（保持乐观的能力，对情绪进行调节、控制的能力）等。

高尔曼（Goleman，1995）提出的混合模型在实践领域影响也很大。他认为，情绪智力分为五个基本方面，从个体角度来看，它包括自我了解、自我调节、自我激励，从社会角度来看，它包括社会认识、社交技巧，具体内容如下。

- 自我了解：认识自己情绪的能力

（1）情绪认知：认识自己的情绪特征及其影响；

（2）正确地自我评价：懂得自己的优势与缺点；

（3）自信心：肯定自己的价值与能力。

- 自我调节：对情绪的调节、控制能力

（1）自我控制：学会控制负面情绪，避免冲动行事；

（2）诚信心：恪守诚信的准则；

（3）责任感：为自己的行为负责；

（4）适应性能力：能够灵活应对各种变化；

（5）创新意识：以开放的眼光接受新观点、新事物。
- 自我激励

（1）合理调配自己的情绪以有利于目标达成、"进入状态"的能力；

（2）表露满意和抑制冲动的能力；

（3）成就动机：竭力提升自我，追求卓越；

（4）进取心：做好准备应对各种机遇；

（5）积极的态度：无论险阻，为达成目标坚持不懈。
- 社会认识：识别、理解他人的能力

（1）同理心：同情意识，移情能力，体会他人情绪想法、设身处地为他人着想；

（2）服务意识：预测、认识并满足他人的需求；

（3）培养他人：了解他人所需以发展和培养他人的能力；

（4）促进多样化：通过多样化人才孕育多样化的发展机会；

（5）政治意识：知晓某个群体的情绪时势及权力关系。
- 社交技巧：处理人际关系的能力

（1）支配力：交往时能够有效地运用劝说策略；

（2）沟通力：使用清楚明了又有说服力的语言；

（3）领导力：鼓励和引导他人；

（4）促进改变：促进社交的多样并善于掌握各种变化；

（5）冲突管理：学会沟通与磋商，协力解决分歧；

（6）建立人际纽带：建立互助型的人际关系；

（7）驾驭他人情绪的能力，平和地与他人互动的能力等；

（8）协同合作：为同一个目标和他人共同合作；

（9）团队能力：创建一个为共同目标努力的工作小组。

简言之，情绪智力的这五个方面和人的情绪息息相关，它们帮助个体了解并有效管理自己的情绪，学会自我激励，认识和理解他人的情绪，学会通过掌控他人的情绪来处理人际关系。

情绪与情绪能力对个体的行为和社会适应影响，有其生理机制。心理学的研究表明，边缘系统是情绪和动机中枢，它包括边缘叶及周围相连的皮下细胞核。进化论认为，人类最初的情绪如愤怒、恐惧、快乐等都与人类生存关系密切，其产生于边缘系统。而爱等高级情感产生于大脑皮层的高级中枢边缘系统与大脑皮层有固定的神经通道，情绪由边缘系统产生，经神经通路传入大脑皮层，经皮质整合后产生一定的主观体验，并影响和支配人的决策和行为。因此边缘系统与大脑皮层形成了广泛而深刻的相互影响机制，积极的情绪有利于皮层的决策过程，而消极情绪则会降低皮层的工作效率。这就构成了情绪智力的神经生理基础。

（二）幼儿的情绪教育

对成人而言，情绪智力会影响他们的职业发展和社会适应。对儿童而言，情绪能力则会影响他们社会能力的发展。儿童的情绪能力可以分为三个组成部分：适宜的情绪表达能力（competent emotional expressivity），即相对较多地表现积极情绪，相对较少地表现出负面情绪；情绪认知能力（competent emotional knowledge），即正确认识他人情绪及推断成因的能力；情绪调控能力（competent emotional regulation），即调整情绪经验和情绪表现到适合的程度以成功达到个人目标的能力（Denham et al., 2003）。研究发现，情绪能力的这三个组成部分都与儿童的社会能力有关。例如，常表现出积极反应，较少表现出生气或失望等负面情绪的儿童更受老师的欢迎，与同龄人的关系也更良好（Hubbard, 2001; Ladd, Birch, & Buhs, 1999; Rubin, Bukowski, & Parker, 1998）。情绪理解得分高的儿童，其老师对其在社会能力方面的评分也会较高，他们会运用社会技巧建立良好积极的同学关系（Brown & Dunn, 1996; Dunn, Cutting, & Fisher, 2002; Mostow et al., 2002）。而那些无法调节自我情绪（尤其是生气的情绪）的儿童通常不被同龄人接受（Rubin, Bukowski, & Parker, 1998），这些儿童面临的问题包括过分冲动、缺乏自控能力、不适当地争强好斗、焦虑、沮丧以及社会退缩等（Eisenberg, Cumberland et al., 2001; Gilliom et al., 2002; Maughan & Cicchetti, 2002）。

在一项纵向研究中（Susanne Denham, et.al., 2003），研究者对 3～4 岁儿童情绪能力的三种组成部分进行评估，目的在于测定儿童早期情绪发展中哪些方面对其学龄前期显现的社会能力存在明显的关联。情绪表达：观察并测试每位被试 245 分钟内表现出积极或消极情绪的频率。情绪知识：测量儿童对于 8 种不同情境下玩偶情绪的预测能力（例如，玩偶在得到一个冰淇淋后的情绪感受；在做了一个噩梦之后的情绪感受，等等）。情绪的自我调控能力：根据母亲报告儿童的情绪调节行为以及儿童在观察期内失控行为的实例共同测定。社会能力的测定在儿童 3～4 岁时进行第一次测量，随后在儿童进入学前班（相当于中大班年龄）后再进行一次社会能力的测量。这些测量包括老师和保育员评价儿童对同伴感情的合作性和敏感性，也包括同伴对被试受欢迎程度的评价。研究结果表明，在 3～4 岁期间，儿童的情绪表达可预测其情绪知识及情绪的自我调控能力，积极情绪占主导的儿童通常更具备情绪方面的知识，也更能调控自我情绪。而情绪的自我调控能力可以预测儿童的社会能力。情绪调控能力高的儿童被老师和保育员评定为更有社会能力的群体，也更受日托所里同伴们的喜爱。但是，到了学前班阶段，情况有所变化：良好的情绪表达能力（即以积极情绪为主导的情绪表达）和良好的情绪知识成为预测幼儿社会能力的优良指标，而情绪的自我调控能力在此阶段的地位有所下降，并非首要预测指标。

该研究表明，早期情绪能力的三个方面都对儿童日后逐渐出现的社会能力具有一定预测力，并最终预测出儿童可能的社会调节与社会互动范式。很显然，年幼儿童正在学习特定情绪的表达，学习如何抑制和自我调节不良情绪，学习如何理解他人的情绪并作出适当反应，这些学习都对儿童至关重要，能帮助儿童更好地适应社会生活，对其童年期、青春期及一生都意义重大。

（三）幼儿情绪教育的现状

幼儿园课程改革使教师越来越关注孩子的发展，在幼儿园活动设计、课程设计、幼儿园和班级环境设计等方面都会考虑从幼儿已有经验出发，平衡教师预设和幼儿生成的关系，为幼儿发展创设最适宜的发展条件。但是，教师在为幼儿准备材料、活动或环境，以及对幼儿评价和幼儿互动时，更多的是关注幼儿的已有知识经验、认知发展水平和对幼儿认知能力的促进，对幼儿社会性发展的关注也开始增加，但对幼儿情感发展的关注还不够。很多教师对幼儿比较严格，拒绝接受幼儿生气等负面情绪的表达，或者忽略幼儿的消极情绪，甚至对有消极情绪的孩子给以惩罚，因为有时孩子的消极情绪也会让教师烦躁，难怪一位刚入职不久的教师抱怨说："她（已经入园一个多月了的小班幼儿）哭得我烦死了，课也上不好，我让她一个人到卫生间里去哭，她就不哭了。"

教师忽略孩子的情绪教育，原因有很多。教师对幼儿情绪的理解、对情绪与发展关系的认识、对幼儿消极情绪的错误归因等，都会影响教师对幼儿情绪的关注。幼儿教师的工作条件也会影响他们对幼儿情绪的关注，比如不合理的师生比、繁重的文案工作和其他工作压力（如做"课题"等工作），都可能会使教师忽略孩子的情绪问题。社会的一些偏见及社会事件，如教师对学生的"性侵事件"也都会让教师谨慎小心地与幼儿保持适当距离的身体接触，甚至很多地方教育管理部门或幼儿园管理者规定，男教师不许与女幼儿有身体接触，以免纠纷或误解产生。刨除消极"性侵事件"的影响，这种担忧也是有理由的。在一项研究中，研究者给父母和其他成年人展示了一段视频，视频中成人与幼儿正在进行一种伙伴方式的互动，有些画面包括成人与幼儿间有亲密的接触。教育者告知一部分观众，视频中的成年人是幼儿的老师，另一部分观众被告知，视频中的成年人是幼儿的父母，要求观众简要说明他们对每个画面的满意程度。结果发现，如果被告知该成人是孩子的男老师，而且身体接触的对象是女性，则观众对成人与幼儿间的身体接触主要持不赞成的态度。

能力本位的评价体系，也会导致幼儿园忽视幼儿情绪能力的培养。研究发现，情绪与认知发展是同步且正相关的；以教师为中心、以幼儿认知发展和知识学习为中心的幼儿教师，缺乏创造支持性情绪的学习环境的能力，对幼儿不适当行为的处理比较消极，不利于幼儿认知能力和社会能力的发展。

在幼儿园，如果教师忽视幼儿的情绪，或者与幼儿缺乏情感交流，而是保持与幼儿较为疏远的距离，对幼儿日后的社会情绪发展和他们的认知能力都可能会产生负面影响，主要表现为如下几方面。

（1）情绪能力与幼儿的社会能力有关。

（2）幼儿的情感特征和情绪能力与他们的社会适应、学业适应有显著相关：与教师有不安全依恋关系（冲突或冷淡的师生关系）的幼儿，其日后更可能有社会适应问题和学业问题（Hamre & Pianta 2001；Howes & Ritchie，2002）。

（3）在任何一个年龄，人的情绪都会影响人的行为，影响学习或工作成就。情绪消极或情绪调适有困难的幼儿进入幼儿园后，不能控制他们的愤怒或忧伤，不能积极地投入幼儿园活动和学习活动，可能会产生学校适应问题。

（4）不能理解情绪、不能够说明自己的情绪，或者不能正确识别他人情绪的幼儿，很难以积极的热情投入学业活动，学习效果也明显较差（Sehultz，Izard，Ackerman & Youngstrom，2001）。西方学者对辍学学童的研究表明，有持续情绪调适困难的幼儿，特别是经常表现愤怒和攻击行为的幼儿，日后辍学、反社会甚至是违法的比例较高（Raver，2002）。

二、幼儿情绪教育的实施

幼儿的情绪发展是在日常生活中实现的，无论是积极情感，如欢乐、兴趣、惊奇，还是消极情感，如悲伤、愤怒、害怕，都在幼儿发展中扮演很重要的角色。幼儿的情绪表达、理解和调适能力，有一定的发展模式。先天生理因素（如气质）与后天环境（如文化、人际关系）和学习，共同影响着幼儿情绪表达、理解和调适能力的发展。情绪教育是幼儿园教育中的重要内容之一，也是幼儿入学准备的重要指标之一。教师要关怀幼儿，满足他们的情感需要，与幼儿建立相互支持的、安全的依恋关系；还要支持幼儿的情绪发展，帮助他们发展敏锐的观察力，对有情绪调适困难的幼儿给予适宜的干预，为孩子提供积极、乐观、向上的情绪氛围，提供相互支持、相互信任、安全的幼儿园生活和学习环境。

（一）幼儿园情绪教育的目标

情绪发展是幼儿阶段的重要任务之一，情绪教育是幼儿园教育中重要的内容。幼儿情绪发展与教育的总目标是：培养幼儿与教师间强烈的情感关系与信任感；给幼儿提供满足情绪安全感的学习经验；发展幼儿的情绪能力；发展幼儿适宜的情感表达方式，支持幼儿情绪的社会化过程；培养幼儿的情绪沟通能力；培养幼儿对幼儿园、教师、幼儿园活动、学习活动的积极态度和情感体验。

1. 培养幼儿和教师间强烈的情感关系和信任感

教育部2012年9月公布的《3—6岁儿童学习与发展指南》中规定，幼儿园要"营造温暖、轻松的心理环境，让幼儿形成安全感和信赖感"。健康的师幼关系是幼儿园情绪教育的基础。幼儿在园一日活动中，无论是自由活动、自主游戏，还是各个生活环节、集体教学活动，都是建立积极、稳定、亲密、相互信任的师幼关系的课堂。教师在任何环节都要有意识地与幼儿建立积极的情感关系，让幼儿能信任教师。

第一，教师要及时、敏感地满足幼儿的情感需求；通过拥抱、身体接近等肢体接触，让幼儿感受到被爱，感受到自己的存在和价值，感受到自己被需要，使幼儿保持积极、愉快的情绪状态。同时，以欣赏的态度对待幼儿。注意发现幼儿的优点，接纳他们的个体差异，不简单与同伴作横向比较。尊重幼儿的个性差异和发展水平的差异，接受孩子发展中的问题，帮助并支持幼儿健康成长，即使在幼儿做错事时也要冷静处理，不厉声斥责，更不能打骂。

第二，与家长沟通，建立与家长间相互信任的、积极的合作伙伴关系。例如，在幼儿刚入园的第一个星期，鼓励家长暂时留在幼儿园一段时间陪伴幼儿，安排在园或园外的亲子互动让家长和幼儿共同完成一些任务或游戏活动，以提高家长对幼儿发展与教育的参与频率，还可以让幼儿带家人的照片到幼儿园与大家分享，这一方面有利于幼儿发展在幼儿园的安全感和归属感，也向家长表达了幼儿园对家庭的接纳和欢迎。教师还可以在每天家长接孩子时，安排与家长沟通的时间，这一方面能让教师更了解孩子的情况，也有利于建立家长和教师的伙伴关系，为家长提供一个表达个人对幼儿园感受的机会。

2. 培养幼儿的积极态度和对幼儿园活动积极的情感体验

对幼儿园积极的情感体验，是幼儿日后对学习、工作积极态度的基础。如果幼儿能在阅读图画书、探索周围环境、学习新的运动技能或学习数概念以及其他集体教学活动中，感受到学习活动的乐趣，感受到通过努力完成任务后的自豪感，积累了抑制冲动的经历，他们在日后的学习、生活中就可能表现出更多的自我激励。

幼儿园教师为孩子提供的学习活动与游戏活动，目的之一是培养他们的探索精神和积极的自我评价和自我激励，支持幼儿的全人发展。因此，在满足幼儿安全感与信任感的基础上，教师还要为幼儿提供能满足他们情绪安全感的学习活动与学习环境。要在教学活动中强调：帮助幼儿处理与家人短暂分离的情绪焦虑，培养幼儿对学习的积极态度，为提供幼儿感觉的刺激与愉悦享受，为幼儿提供适宜的学习活动和学习材料，帮助他们体验学习的乐趣和探索、发现的魅力，提供适于探索的班级环境，创造愉悦的学习气氛与社交活动。

例如，有一位教师在她的小班教室里放了一个用包装冰箱的大纸盒箱子做成的小房子，房子上有窗有门。开学的第一周，这个小房子吸引了许多幼儿的注意力。幼儿们从房子里进进出出，有的孩子躲在里面，有的孩子玩捉迷藏。这个小房子为孩子提供了相互交流的机会，促进了他们语言能力的发展；让孩子们体验躲猫猫的快乐；也为他们提供了有关守恒（物体的消失与重现）等的经验，还为尚未获得安全感的孩子提供了一个独自待一会儿的空间。这种环境设计，既有利于孩子语言和认知能力的发展，也为孩子提供了有安全感的学习和生活环境，以及积极愉快的幼儿园情绪体验。

在另一位教师的中班，教师为孩子们安排了"图画书分享活动"，她让孩子们自由选择要看的图画书，还鼓励孩子们轮流向别的孩子介绍、分享他们看的书，并鼓励幼儿欣赏并说出同伴的优点。借此，教师为孩子提供了选择的机会、认真阅读的经验，以及与他人分享想法的经验，培养了幼儿仔细阅读的态度和想要与别人分享的愿望，培养了他们对书籍的亲近感，喜欢阅读的习惯，这些都为孩子们日后形成对图书的积极态度和阅读兴趣以及积极良好的阅读习惯打下基础。同时，教师通过在活动中鼓励孩子相互欣赏，既满足了幼儿被团体接受和获得同伴认同的情绪需求，以及与他人分享想法、相互交流、当众表达自己的能力，也培养了孩子欣赏他人、发现他人优点的特质。

3. 培养幼儿接纳自己的情绪和适当表达情绪的能力

情绪表达能力，是幼儿情绪能力的重要内容之一，也是幼儿教育的重要目标。一方面，教师要理解、接纳并尊重幼儿的消极情绪感受与表达。例如，刚入园的幼儿在开学第一周里，当幼儿的家长要离开时会号啕大哭，是正常的，教师要敏感地察觉幼儿的悲伤情绪感受，为他们提供安慰和应对、处理消极情绪的策略，如拥抱他们，递给他们面纸，为他们选择与分离焦虑、入园适应有关的图画书，鼓励他们表达自己的哀伤，鼓励他们积极应对。

另一方面，教师也要鼓励孩子表达积极的情绪感受，如快乐、好奇或惊讶等感觉，帮助他们体验快乐的幼儿园生活和学习经验，体验阅读的快乐，学习感受、表达积极的情绪，学习用语言表达自己的高兴，并与他人分享自己的快乐。同时，教师还要给幼儿提供表达积极体验、传递正能量，对幼儿给以人文关怀他人的榜样示范，如可以说："你非常认真地读完了这个故事，还讲给我们听，这真是一个有趣的故事！你一定非常喜欢这本书！"

4. 培养幼儿情绪管理的能力和关爱、理解他人情绪的能力

"帮助幼儿学会恰当表达和调控情绪"是《3—6岁儿童学习与发展指南》提出的幼儿教育的重要目标之一。情绪社会化，包括情绪管理能力，识别他人情绪的能力，以及处理与他人关系的能力。情绪管理能力，包括能正确处理情绪问题，摆脱消极情绪如焦虑、伤心等的能力，自我安慰的能力，以及自我激励的能力等。幼儿教育应强调培养幼儿情绪管理能力的发展，培养幼儿学习调节、控制、管理消极情绪，并学习以社会接受的方式表达自己的消极情绪。老师可以这样叫孩子冷静下来："我知道这件事让你很生气，如果你在娃娃家那里一个人待一会，也许会好受一点，之后我们可以思考怎么解决这个问题。"

处理与他人关系的能力，尤其是与他人互动的能力，如理解他人感受的能力，倾听他人说话、尊重他人意见，以及与同伴建立、维持友爱关系的能力，是情绪社会化的重要内容之一。幼儿教师在教育教学活动中要注意培养幼儿对他人情感的敏感性和同理心，帮助幼儿发展关怀他人的情绪，对他人信任，与他人建立真挚的友谊，培养幼儿对团体的归属感和认同感。建立倾听他人说话、尊重别人意见以及友爱的班级规范，是帮助幼儿学习处理与他人关系能力的方法。

对幼儿的情绪教育既可以是单独进行的教育活动，也可以整合于幼儿园一日生活的各个环节，整合于各领域教育教学活动中。不同领域、不同形式的幼儿园课程和活动都各有其独特性，每一个幼儿班级的社会生态环境也都是由幼儿和教师、班级环境共同营造的。幼儿园课程设计者要根据幼儿情绪发展特点、情绪能力发展的基本框架，来设计课程目标、选择课程活动、经营师生互动、评价幼儿的学习结果等。下面，我们将讨论以促进情绪发展为中心的幼儿园在设计幼儿园情绪教育时必须遵循的原则，希望每一位幼儿教师都能在了解自己教学风格的基础上，将这些基本原则整合到各领域的教育教学活动中，整合于自己的工作中，以帮助幼儿健康成长。

1. 幼儿情绪的积极投入

积极的情绪体验，对学习、游戏活动的专注和投入，是幼儿情绪教育的构成要素之一。关注幼儿的情绪发展，并不是要让幼儿们整天乐趣不断，而是要培养孩子在活动中情绪的投入。孩子能以极大的热情和专注投入于他们做的事情中——无论是游戏活动还是学习活动。当幼儿忙于幼儿园的游戏或学习活动时，他们的神情、声音和身体，都应该显示出深受学习活动的吸引并陶醉其中，对所有的活动都流露出浓厚的好奇心和兴趣。当他们投入到游戏活动时，他们的脸上会表现出专注和投入；当他们集中精力完成某个任务时，他们可能会皱起眉头、嘴唇紧闭，表现出专心致志的神情；当他们解决一个新问题、听到一个

有趣的声音或产生一个非预期的结果时,他们会自然地大笑,并表现出惊奇、快乐的神情。

总之,情绪投入是强调幼儿在幼儿园,经常能带着新鲜感与兴趣,去接触新的学习任务和活动。从幼儿的外表来看,他们对自己的学习能力充满乐观与自信;从事主题活动时,充满了兴趣,表现出专心的态度;当他们需要帮助时,教师或同伴会给予支持与协助。教师会关心幼儿完成任务时的投入程度,也关心幼儿对活动的满意度。

2. 温暖、安全的师生关系

关注幼儿情绪能力发展的幼儿园,其师幼关系的基本特征是:温暖、真诚、亲密、相互支持。如果教师对幼儿有充分的理解,能从与幼儿的互动中获得愉悦,教师就能真正地参与幼儿的活动、分享孩子的问题和成就,能接受幼儿任何情绪表达,并给予适当回应,使幼儿能从教师或同伴那里,得到安慰与情绪支持;并能与幼儿建立积极的互动和情感关系,建立相互支持的学习氛围,满足幼儿的情感需求,帮助幼儿建立安全感,发展积极的自我评价,发展积极的人际互动模式。比如这样一个场景,"毛毛,你的毛衣上面有一个足球!你喜欢运动!"教师亲热地摸摸毛毛的衣服,还慢慢地把毛毛的身子转过去,好让其他孩子也能看到那个足球。在这样的情绪氛围中,幼儿能够自信地接近老师、寻求协助或寻求合作对象;幼儿会乐于分享问题、乐于学习。

具体地说,关注幼儿情绪发展的幼儿园教师,在师幼关系中有以下特征:

(1)能营造有利于幼儿发展情绪的师生关系;

(2)能接纳幼儿的感觉;

(3)能在幼儿需要肯定、安慰与包容时,给予适当的回应。

3. 重视幼儿的个别差异,并能针对情绪能力相对较弱的幼儿设计课程活动或提供学习机会

关注幼儿情绪发展的教师,理解并尊重孩子的个体差异,尊重孩子们由于气质不同导致的情绪与社会性特质的差异,允许孩子们各有其偏好,性情与兴趣及情感表达方式各不相同。教师清楚地了解这些差异,接受、尊重这些差异和独特性,并对不同气质的孩子给予不同的回应。同时,教师也能鼓励并帮助孩子们表达自己的情绪和期望,允许幼儿按自己的习惯和喜好进行活动,并鼓励同伴之间对彼此差异的尊重、欣赏和接纳。"哦,婷婷,你们家过春节包饺子!那一定很有意思!""明明,你们家过春节包馄饨。馄饨好吃吗?"这样的教师能尊重每个幼儿的不同文化背景与独特性,并鼓励他们表现自己的特点,这样也培养了孩子们之间的相互支持和认同,培养了他们对多元文化的理解和尊重。教师要时常提醒自己:孩子们的气质不同,成长环境差异很大,亚文化背景也不同,这些都会影响

他们的情绪特质和情绪表达风格，也会使幼儿的情绪发展水平有差异。教保人员在了解、接纳和尊重幼儿个别差异的基础上，对情绪能力发展相对较弱的幼儿，可运用各种适合的教学策略协助幼儿提升情绪能力。

除了融合于其他领域课程的情绪教育，也可以为情绪能力相对较弱的幼儿提供针对某种特定情绪能力的系统性的学习经验，以强化某些情绪能力。这种专门进行的情绪教育活动，我们将在本书的情绪教育活动课程中，以几种情绪能力培养模式为例进行阐述。

4.鼓励幼儿表达积极情绪，并接纳幼儿表达消极情绪

无论是积极情绪还是消极情绪，对幼儿的发展都有独特价值。积极情绪给幼儿积极的体验，能有效提高幼儿的"工作"效率，提高他们对活动的兴趣，帮助幼儿积累对幼儿园、同伴、教师、学习活动和游戏活动积极的态度，让幼儿拥有"健康愉快的幼儿园生活"（《国家教师教育课程标准（试行）》，教育部，2011）。

消极情绪对幼儿的发展也有重要意义。对自己消极情绪的识别和表达帮助幼儿理解自己的情绪，理解消极体验产生的原因，有利于幼儿对消极情绪的管理和调节、控制；幼儿以适当的方式表达消极情绪，既有利于消极情绪的宣泄，也让他们有机会学习和实践处理自己消极体验的方法和技巧，这是他们成长过程中非常重要的一课。教师对幼儿消极情绪体验的应对方式，既是幼儿学习应对消极情绪、学习积极思考、应对困难和挫折的机会，也是获得他人尊重和理解与接纳的重要时机。

总之，教师接纳、理解并鼓励幼儿用语言表达自己的情绪，将为幼儿学习情绪提供重要机会。

5.讨论情绪话题，培养移情能力

帮助幼儿理解他人的感受和情绪，是情绪教育的重要内容之一。教师经常与孩子们讨论他人的想法、感受，讨论自己的行为给他人造成的积极或消极的影响，有利于幼儿发展对他人的关注和理解，发展情绪理解能力、情绪调节控制能力，帮助幼儿去除自我中心。

【专栏】1.1 美国幼儿社会情绪能力发展指标

全美幼儿教育学会（The National Association for the Education of Young Children，简称NAEYC）和全美州政府教育局幼教科（The National Association of Early Childhood Specialists in State Departments of Education，简称NAECS或SDE），公布了幼儿入学前应达到的能力指标与标准。该标准既包含了幼儿学业准备的标准如读写能力的发展水平，也将与学习和发展密切相关的情绪和社会发展包含其中。因为，"幼儿社会和情绪能力，能够影响幼儿长大后的成功"……"良好的学习环境，能够帮助幼儿建立社会和情绪能力"，所以，幼儿的基本能力与学习成就标准，应该将社会和情绪能力列入其中。

开端计划也公布一个幼儿基本能力指标（Head Start Bureau，2001），该幼儿基本能力指标的意义是："幼儿在学校学习成功所具备的基本能力。"幼儿基本能力总共包括八个领域，其中一个领域是"社会与情绪发展"。社会与情绪发展领域由六个架构组成，包括：自我概念、自我控制、合作、社会关系、家庭和社区的关系、"学习方式"（由主动自发和好奇心、专心投入和坚持度、逻辑推理和问题解决等三个因素所组成）。

研究显示，美国有29个州为幼儿发展与教育制定标准，虽然大部分标准都是与语言发展和读写能力发展有关，但也有19个州的标准，与幼儿社会情绪发展有关。

加州（California）政府希望当地的幼儿能够达到下列六个基本能力指标。

（1）幼儿具备好的人格特质与成熟的社会能力；

（2）幼儿是有效率的学习者；

（3）幼儿具有良好的体适能（即最佳的身体健康状况和身体运动能力）；

（4）幼儿能够感到安全与健康；

（5）家庭能够支持并帮助幼儿的学习与发展；

（6）家庭能够帮助幼儿往自己的目标迈进。

上面第一、二项指标与幼儿的情绪发展关系最为密切。但加州更注重整合认知、社会情绪、语言和体能等四领域，帮助幼儿获得统整的全人发展，达到上述六个基本能力指标。加州幼儿学习与发展指导方针，非常强调社会和情绪发展，认为这是幼儿学习的根基。

康涅狄格州也为幼儿教育制定了一些关于个人和社会发展领域的目标能力指标，强调幼儿的社会情绪和认知领域的关系。在个人和社会发展方面的能力指标中，强调幼儿情绪的几个标准如下：

（1）好奇心、创造力、自我引导、对学习的坚持度；

（2）了解自己和他人的感觉；

（3）个人在团体中，自我控制的能力；

（4）能够使用适当的、符合该年龄层所使用的策略来解决冲突。

伊利诺伊州（Illinois）制定的幼儿发展与学习指导方案，规定了八个学习领域，幼儿社会与情绪发展领域是其中一个。对该领域具体要求如下：

（1）发展积极的自我概念；

（2）能够有效地管理自己；

（3）能够融入团体当中，成为团体的一分子；

（4）对于学习充满渴望、热切与好奇心；

（5）对他人能够产生同理心与关心别人。

马里兰州（Maryland）也规定了三项与情绪能力有关的幼儿发展与教育及入学准备的标准：

（1）有主动尝试新事物的能力，并从中获得新的经验，作为一个学习者，幼儿要有强烈的渴望与好奇心；

（2）能够独立处理事情的能力，在遇到冲突或困难时，他们能够寻求成人的帮助；

（3）对集体活动愿意坚持下去，即使在活动中遇到困难，仍然能坚持下去，不随意退出活动。

三、关于本书

本书共三个部分，第一部分讨论情绪、情绪智力和幼儿情绪教育的相关问题，阐述幼儿情绪发展的特点及影响幼儿情绪发展的因素，包括第一、二章。第二部分，探讨整合幼儿园一日活动各环节和集体教学活动中的幼儿情绪教育，包括：创造一个有安全感的幼儿园环境、帮助幼儿理解情绪、示范真诚合适的情绪表达、支持幼儿的情绪调节、了解并尊重幼儿情绪表达风格的个体差异、支持幼儿应对消极情绪、支持幼儿应对压力事件、促进幼儿社会问题解决能力的发展，以及积极的情绪与幼儿的学习等内容（第三章至第十一章）。第三部分，是专门进行的情绪教育活动，旨在有针对性地对幼儿进行情绪教育，包括提供幼儿情绪理解能力的训练项目、提高幼儿情绪调节和控制能力的训练项目，以及针对易怒、易激惹冲动幼儿进行的愤怒控制训练项目，和旨在提高害羞幼儿社会适应的干预项目。这部分也是作者对幼儿进行情绪教育的实践研究，主要讨论相关干预问题的理论探讨、干预过程的阐述、干预效果的分析及推广与应用的价值和可能存在的问题等，包括第十二章至第十五章。

作者衷心希望能与幼儿教育实践者或学前教育专业本科生共同分享本书，希望本书中讨论的问题能引起幼儿教育工作者的共鸣，希望本书的观点和方法能给幼儿教师和家长启发，希望本书能为幼儿的成长作出贡献。

第二章

幼儿情绪的发展及其影响因素

一只小鸟从铭铭的眼前飞过——他兴奋地用手指着鸟儿飞去的方向。

和妈妈捉迷藏的彤彤，因为一时找不到妈妈，脸上流露出焦急。

入园的时候，悠悠拉着外婆的衣角，眼泪汪汪地看着她，不愿她离去。

小鹏和大伟在建筑区搭房子，小虎急匆匆地跑过来，撞倒了他们搭了一半的房子，他们生气地抓住了小虎。

2岁半的乐乐，调皮地去抓桌子上的铃铛，一不小心摔跤了，疼得哭了，刚满周岁的苗苗，听到姐姐的哭声，自己也哇哇大哭了起来。

不舍得妈妈离去的美美，在一旁抽泣，小军走过去安慰她："妈妈下了班就会来接你，不哭了，咱们一起玩好吗？"

幼儿每天都会有各种各样丰富的情绪体验，一般成年人体验到的情绪大部分也已经为幼儿所体验。幼儿在日常生活中所接触的很多人、经历的很多事情，都可能触发幼儿的情绪体验。幼儿的情绪是完全外显的，内心有什么感受，就会在脸部表情等身体的外部特征上表现出来。对自己情绪的理解，对他人情绪的识别，在幼儿社会性发展中起了重要作用。说到这里，你可能会产生疑惑，幼儿情绪体验是如何发展的？幼儿阶段的情绪发展任务都有哪些？哪些因素影响了幼儿情绪发展？本章将对以上这些问题一一进行阐述。

第一节　情绪体验的发展

一、婴儿情绪体验的发展

新生儿的情绪体验会随着个体的成长陆续出现。这些基本的情绪体验对婴幼儿的心理活动发展具有极其重要的意义。基本情绪体验的发生有一定的时间顺序，它们的发生既有一定的规律，又有其个体差异。

研究者们认为，在出生的第一年中，婴儿会体验到各种不同的情绪，但是却无法用语言表达他们所体验到的情绪。随着幼儿的成熟，情绪的数量和复杂程度均有一定的增加。愉快、悲伤、生气和害怕是婴儿的四种基本情绪体验，在婴儿12个月前，就能够清楚地表达愉快（大约6周时）、生气（约在4～6个月时）、悲伤（约5～7个月时）和害怕（约6～12个月时）。

婴儿表达情绪最直接的手段是"哭"和"笑"，这也是他们实现情绪交流功能最重要的手段。

（一）婴儿的笑

婴儿的微笑是幼儿第一个社会性行为，婴儿通过笑引起他人对其作出积极的反应。许多心理学家如鲍尔比（Bowlby，1969）等对婴儿的笑进行了研究，概述了婴儿的"笑"相继发展所显示的生物性和社会性交流的发展过程。

第一阶段：自发微笑（0～5周），又称内源性微笑。这个阶段婴儿的微笑主要是用嘴作怪相，这与他们的中枢神经系统活动不稳定有关。婴儿在笑的时候，眼睛周围的肌肉并未收缩，脸的其余部分仍保持松弛状态。这种微笑曾被普莱尔（Preyer，1882）称为"嘴的微笑"，以区别于后来的社会性微笑。这种早期的微笑可以在没有外部刺激的情况下发生，是自发的笑或反射性的笑，发生在婴儿吃饱或受到宜人刺激时，有时也发生于快速眼动睡眠（REM）时。如果我们抚摸婴儿面颊、腹部或发出声音时，也能引起婴儿的微笑。这种早期的微笑可以由各种刺激所引起，因而还称不上真正的"社会性"微笑。

第二阶段：无选择的社会性微笑（3～4周起），又称外源性微笑。这种微笑是由外源性刺激引起的，如运动、发声物体或人脸。虽然此时婴儿还不能区分那些对他有特殊意义的个体，如母亲，但是人的声音和人的面孔特别容易引起他们的微笑。婴儿在3个月之前，对真人微笑的次数多于他们对着有趣的、逼真的木偶微笑的次数（Ellsworth, Muir & Hains, 1993）。在3～6个月期间，当婴儿注意到或者正在和一个微笑着的照料者互动时，开始能咧开嘴微笑了。婴儿的这种社会性微笑在维持婴儿与成人之间的互动过程中起着重要作用，同时也说明婴儿已经开始懂得与同伴分享他们积极的情感了（Legerstee & Varghese, 2001; Messinger, Fogel & Dickson, 2001）。但是，此时婴儿对陌生人的微笑与对熟悉的照顾者的微笑并没有多大的区别，只是对熟人的微笑比对陌生人的微笑多一些，这种情况持续到6个月左右。

第三阶段：有选择的社会性微笑（5～6个月起）。随着婴儿处理视觉刺激的能力增强，他们逐渐能够辨认熟悉的人的脸和不熟悉的人的脸，并对此作出不同的反应。面对熟悉的照顾者，婴儿展现最开心的微笑，而对陌生人则表情严肃、警惕。此时，婴儿为了与照顾者分享愉快的情绪，或者为了延长与照顾者之间积极的社会互动的时间，他们会主动地微笑或者大笑来吸引照顾者。（Saarini, Mumme & Campos, 1998; Weinberg & Tronick, 1994）。

（二）婴儿的哭

哭泣是婴儿表达情绪的另一种常见的方式。哭，也可以加强婴儿与照顾者之间的联系。沃尔夫（Wolf，1969）将婴儿的哭泣分为三种模式：基本的哭泣、愤怒的哭泣和痛苦的哭泣。沃尔夫将婴儿因饥饿、痛、生气而发出的哭声录下来，放给他们不知情的母亲听。当这些母亲听到自己的孩子因痛而发出的哭声时，都会冲进房间去看看自己的孩子是否发生了意外，而听到另外两种哭声时，则反应不明显。这说明，婴儿已经能用不同的哭声传达自己的情绪了。婴儿的哭泣的发展大致分为三个阶段（Shaffer，2005）。

第一阶段：生理—心理激活（出生～1个月）。这一时期的新生儿的哭泣通常由于饥饿、腹痛或身体不适所致。母亲通常会对新生儿的哭泣作出迅速的反应，首先看孩子是否有生理需求，然后安抚孩子，如抱起孩子或轻拍孩子等。

第二阶段：心理激活（1个月）。这阶段幼儿表现为一种低频、无节奏的没有眼泪的"假哭"。这种哭泣通常意味着婴儿需要得到注意或照看。在第6周时，母婴对视可减少婴儿的这种哭泣。而到了3个月时，婴儿可以通过吸吮自己的拇指来减少这种哭泣。

第三阶段：有区别的哭泣（2～22个月）。在这一阶段，不同的人可以激活或终止婴儿的哭泣。母亲往往是最能激活或终止婴儿哭泣的人。当母亲离开时，往往会引起婴儿的哭泣。对哭泣的婴儿来说，母亲的出现也是最具有安慰性的。这种哭泣是一种社会性的行为，反映出婴儿的某种心理需要。这种有区别的哭泣表明，婴儿已经开始依恋某一个特定的人了。

二、幼儿的基本情绪体验

在这些基本情绪体验的基础上，幼儿发展出更细分的情绪体验，如高兴渐渐分化为爱、惊奇和骄傲；生气最终也分化为沮丧、愤怒、妒忌、狂怒和厌恶；不同的情绪可以合成复杂的情绪体验，如烦恼和厌恶结合在一起往往形成轻蔑感等。

四种基本情绪体验及其相应的情绪群见表2.1。

表2.1 四种基本情绪体验及其相应的情绪群

愉快	生气	悲伤	害怕
高兴	挫折	沮丧	谨慎
快乐	嫉妒	不高兴	焦虑
满意	厌恶	悲痛	怀疑
满足	烦恼	伤心	担心
喜悦	愤怒	泄气	惊愕
得意	厌倦	羞愧	苦闷
骄傲	挑衅	自责	惊慌

新的情绪体验的出现促进了四种基本情绪体验的进一步分化。到婴儿出生第一年年末，已经出现了惊奇、得意、沮丧、分离、焦虑和由陌生人引起的痛苦感。到出生的第二年，又会出现更多更特别的情绪体验，幼儿的自我意识也在这一时期出现，并出现了热爱、嫉妒、发窘、蔑视等情绪体验。到3岁时，幼儿开始对自己的行为进行判断，当他们成功时会感觉到骄傲，如果失败会感觉沮丧。3岁以后的幼儿可以体验到的情绪种类更多，并且能够更敏感地区分不同的情绪体验。

幼儿情绪体验的表现随着年龄的增长不断发生着变化，他们对同一种情绪体验的反应也有了精细的分化，例如同样是生气这一情绪体验，有的人会跺脚、有的人会捶桌子、有的人会皱着眉头，也有人不断叹气。这些都扩展了的情绪体验的表现，是基本情绪体验、情境、认知和语言相互作用的结果，这些因素也促进了幼儿对自己情绪的理解和对他人情绪的识别。

小贴士
婴儿情绪体验发生时间表

情绪类别	最早出现时间	诱因	经常出现时间	诱因
痛苦	出生后1~2天	机体生理刺激	出生后1~2天	同前
厌恶	出生后1~2天	不良味刺激	出生后3~27天	同前
微笑反应	出生后1~22天	睡眠中机体过程节律反应	1~23周	同前，或触及面颊
兴趣	出生后4~7天	适宜光、声刺激	3~5周	适宜光、声或运动物体
愉快（社会性微笑）	3~6周	高频语声和人的面孔刺激	2.5~3月	人的面孔刺激或面对面玩耍
愤怒	4~8周	持续痛刺激	4~6个月	同前，以及身体活动持续受限制
悲伤	8~12周	持续痛刺激	5~7个月	与熟人分离
惧怕	3~4个月	身体从高处突然降落	7~9个月	陌生人或新异性较大物体刺激
惊奇	6~9个月	新异刺激突然出现	12~15个月	同前
害羞	8~9个月	熟悉环境中陌生人接近	12~15个月	同前

第二节 幼儿对自己情绪的理解

一个从滑滑梯下来的小女孩，高兴地对自己的妈妈说："妈妈，我今天真的太开心了，这个公园太好玩了！"

一个父亲说："这个男孩总是很乖。"而他7岁的姐姐说："我才不这么觉得，因为你很喜欢他，什么都顺着他，而我从不喜欢他，所以，你总是感觉他很乖。"

幼儿对自己情绪的理解能力经历了一个很大的变化，从简单的宣泄情绪，发展到具备一定的情绪推理能力。这一年龄段的幼儿所具有的典型特征是：情绪来得快，去得也快。前一秒钟还在声嘶力竭地哭闹，下一秒钟可能就会钻到你的怀中寻求温暖。

一、幼儿对自己情绪理解能力的发展

3岁之前的幼儿很难对图片人物或木偶的表情进行命名，而且喜欢滥用"快乐"这一情绪标签；3～5岁的幼儿则基本能够正确命名他人或木偶的面部表情，除了偏爱"快乐"外，开始使用"伤心"、"难过"、"生气"等词汇来表达消极情绪；4～5岁的幼儿逐渐学会使用"恐惧"（表达害怕）这一情绪词汇；进入小学后的幼儿，则开始使用"惊讶"或"厌恶"等词汇来形容更为复杂的情绪，比如自豪、羞愧、内疚等。

幼儿时期对混合情绪的理解也得到了迅速发展。混合情绪是指个体对同一情境产生两种不同情绪。对混合情绪的正确理解和判断是幼儿情绪理解能力发展过程中的一次重大飞跃。5～6岁的幼儿开始能说出在同一时间内所觉察到的多种情绪，只要这些情绪来自同一个情绪群。例如，一个孩子对参加秋游这件事情感到既高兴又兴奋，而这个孩子不会觉得既高兴又难过。在这一阶段上，幼儿认为，相反的情绪指向相反的事情。到了8～11岁时，幼儿逐渐理解一件事情可能会出现多种甚至相反的情绪，如一个人出去旅行，对他们而言是一件兴奋又有点恐惧的事情。刚开始他们会觉得情绪是接连发生而不是同时的，是一种情绪代替另一种情绪，一件事情可能会产生两种相反的情绪，但这两种情绪并不是同时存在的。

随着幼儿语言能力的发展和相关情绪知识的积累，幼儿的情绪推理能力也得到了迅速发展，他们逐渐能理解和识别他人在某种特定情境下可能出现的各种情绪。3岁的幼儿能理解积极的事件（如秋游），并能产生快乐的情绪；4岁的幼儿能够体会到故事里主人公的伤心情绪，如主人公的好朋友生病了；5岁的幼儿甚至能理解个人过去的经历会对他现

在的情绪产生影响,但是幼儿对诱发生气、害怕、惊奇或厌恶等情绪的理解,要到学龄前后才能获得。

幼儿情绪推理能力的发展,有助于幼儿预测在特定情境下可能会发生的行为。在了解同伴的情绪时,幼儿可以预测同伴下一步可能的行为。如一个生气的幼儿,下一步可能会打人;一个得到礼物高兴的幼儿可能会和同伴一起分享。

幼儿的情绪理解能力可以通过以下途径加以提高。

(1)父母经常与幼儿交流情感体验。父母如果经常以情感为主题与孩子进行情感交流,可以帮助孩子将注意力从紧张性的刺激处转移开,而把注意力集中在其他愉快的事件上,或者通过谈论自己的消极情绪的经历,帮助幼儿理解恐惧、挫折和失望的情绪。

(2)父母确认、接受孩子的情绪反应,明确命名孩子的各种情绪。父母通过"谈判"不仅能够帮助幼儿操练成熟的交往技巧,也让他们参与了对情绪推理的过程,即判断情绪产生的原因和结果。

(3)同伴互动。在与同伴互动的过程中,幼儿积累了情绪产生的原因和特定情绪可能诱发的行为的经验——生气的幼儿可能会打人,高兴的幼儿可能会和同伴一起分享喜悦。在与同伴交往中,幼儿还有机会学习和实践缓解同伴消极情绪的有效方法,如用语言安慰或拥抱来减少悲伤。

二、社会性参照(social reference)

关于婴儿社会性参照能力的研究主要集中在情境的不确定性、发出寻求他人帮助的信息和根据信息采取相应行动三个方面,由于研究者们在婴儿社会性参照能力的研究上各有侧重,因此对婴儿社会性参照的界定也看法不一。就目前的研究而论,对于婴儿社会性参照能力的界定大致可以分为两类。一类主要强调母婴之间以情绪信号为社会性信息进行参照,如J.坎波斯(J.Campos,1981)提出,当婴儿处于陌生的、不确定的情境时,会从成人面孔上搜寻表情信息,然后采取相应行动。埃姆特(Emde,1982)认为,社会性参照是婴儿与成人之间的主动的情绪交流活动,是婴儿在环境变化时的一种自我调节活动,其特定含义是母婴之间和"第三者"的信息交流。贝内特(Bertenthal,1984)提出这一参照活动中除表情信息外,还包括声音、姿势的信息。

另一类界定则是强调通过情绪、动作等外界信号进行信息参照。如以费恩曼(Feinman,1992)为代表的研究者在总结以往研究的基础上,针对J.坎波斯(J.Campos,1983)关于情绪性社会参照的研究进一步提出:社会性参照也是人们利用他人对某一情境的理解形成自己的认识的过程。费恩曼认为具有适应性意义的反应方式离不开行为控制。他将情绪性参照过程中体现的控制和应对具体事件的行为方式称为工具性参照。因此社会性参照不仅告诉了婴儿如何感受事物，而且告诉了婴儿如何应对事物，从而使个体能够适应外界环境，并主动地作用于外界环境。费恩曼特别指出社会性参照的表现形式有两类——情绪和动作；并且这一现象不仅出现于婴儿期，还将贯穿人的一生；其范围将从家庭、社区，扩展到广阔的社会。

显然，随着对婴儿的社会性参照能力研究的不断扩展和深入，研究者对于婴儿社会性参照能力的认识与界定也更加深刻、全面，其研究方向也逐渐从情绪性参照的研究转移到工具性参照的研究；研究者不仅考察表情信号对婴儿的影响、情绪和动作等多种社会性信号对婴儿的作用，还考察了母婴双方信息参照的相互作用。

对于前言语期的婴儿来说，由于其语言能力尚未发展，社会性参照信号成为婴儿获得外界信息反馈、适应社会环境的主要途径。这一能力的萌芽和发展对个体生存和发展具有极为重要的意义。

首先，婴儿的社会性参照是个体经验习得的重要方式。对于知识经验贫乏的婴儿来说，如何恰当应对充满不确定性的外在环境和新鲜事物是他们生存的首要前提。一方面，社会性参照行为的发生使婴儿与成人之间出现了"意义分享"的现象，包括分享对当前事件的理解、分享共同的愿望、共同的感情等，从而有效地推动婴儿探索和理解事物的过程；另一方面，随着外界反馈的增加，婴儿开始逐渐适应各种正性和负性的行为强化和感情体验。孟昭兰（1989）曾提出社会性参照是婴儿的一种主动的适应性行为。它有助于婴儿将外界刺激内化为固定的模式，促进其掌握行为的标准。有研究表明，给予婴儿的社会性参照信息会帮助婴儿把事件与其结果联系起来，因此他人对事物认识的提示信息具有预测性。反之，如果在参照交往过程中不具备这种预测性，婴儿将放弃对参照对象的依靠。可见，婴儿社会性参照行为有助于其获取他人的帮助，从而得以良好地生存和发展。

其次，社会性参照能力为婴儿其他能力的发展，如个体早期认知和社会性的发展奠定了重要基础。婴儿通过父母或照料者给予的正面或负面情绪信号，一方面，可以获得他人的认识经验，学习恰当的行为反应，促进感知运动智力的发展，如空间关系产生、概念形成等；另一方面，他们还将内化各种情绪反应和情绪体验，促进其个性、社会性的发展，如形成自我认识、自我评价，获得自尊与羞耻感，促进道德行为的发展等。婴儿将通过社会性参照逐步获得人际交往的基本行为与反应模式，并通过对不同模式的知觉和整合，发展对于更为复杂的社会环境的有意义的前适应，促进其包括动作、个性、社会性在内的其他心理能力的发展。

最后，婴儿社会性参照的增加，会带来亲子互动方式的变化。已有研究表明，婴儿的社会性参照与母婴交往特点有关。不同依恋类型的婴儿进行社会性参照的频率有所不同，呈现由反抗型、安全型、回避型递减的特点（Dicksteinetal，1984）。随着来自父母的积极鼓励与控制诱导以及外界环境反馈信息的不断增加，社会性参照过程中形成的母婴交往特点可以预测婴儿以后的依恋类型。有的研究者认为社会性参照能力的发展变化可能会带来依恋系统的重组。

第三节 幼儿对他人情绪的识别

情绪识别能力是指个体通过他人的面部表情、动作、语音语调等信息对他人的情绪状态理解和判断的能力。幼儿在与父母的互动和对父母情绪的社会性参照中，日渐发展他们的情绪识别能力。

一、幼儿对他人情绪识别的年龄特点

幼儿最初是依赖面部表情来识别他人的情绪。2～5岁的幼儿能够准确区分他人的积极情绪和消极情绪，但这种识别仅仅是依赖于面部的表情线索，而不是当时所处的情境线索。比如幼儿看到一个人落泪，就会判断这个人此时很难过，却不知道他发生了什么事情，为什么难过。这一年龄段的幼儿更容易区分出一些基本的情绪，尚不能区分一些复杂的有情境线索的情绪，同时，他们以为在同一时期只会体验一种情绪，对于成人体会的复杂的混合情绪他们还不能够识别。幼儿对他人情绪辨别的准确性随着身心的成熟而不断提高。到了童年中期，幼儿在判断一个人的情绪时，不仅考虑面部表情线索，也开始考虑情境线索。如看到一个幼儿哭，他会认识到他难过是因为一个心爱的玩具丢了，还不仅仅是在哭泣。并且他了解，当那个幼儿心爱的玩具找到了，幼儿就会高兴了。最后，幼儿会意识到情绪发生的来源可能是内部的，也可能是身体和情境的。过去的回忆也可能产生情绪，如笑笑知道小敏心里一直很难过，因为那只半年前丢失的小狗。

在每一年龄段，每一情境中，幼儿对他人情绪的识别不仅仅受到自身智力的影响，对他人的了解程度、与他人在一起时的舒适状态，以及过去对他人行为的预期，都会影响到幼儿对他人情绪的辨别。因此，幼儿对自己的家人和熟悉的人的情绪识别，相比对陌生人的情绪识别，要准确得多。

幼儿对自己和他人情绪识别的能力，直接影响其社会交往能力。具有良好情绪认知能力的幼儿，更容易受到他人的接纳和喜爱。情绪识别能力也与团体合作、友好和交往能力有关。

知识和情绪能力的结合发展出的"情商"这一概念，受到越来越多人的重视，人们逐渐认为具备高情商的幼儿相比那些情商低的幼儿，更容易在未来的生活和工作中获得成功。

二、移情

对他人情绪产生同感的反应，称为移情。移情能力是理解和共享他人感情的能力，也是高级道德情感产生的基础。

移情是亲社会行为或利他行为的重要推动力，也是幼儿道德发展的基础。心理学家霍夫曼（Hoffman，1987）认为，移情能力的发展经历了不同水平的发展阶段。第一阶段，普遍移情（global empathy），出现于婴儿出生后第1年。这一时期婴幼儿的移情反应是一种无意识地、强烈地对别人情绪状态的体验。第二阶段，自我中心的移情（egocentric empathy），在幼儿2岁左右出现。这一时期的婴幼儿能区分自我与他人，意识到他人的存在，能够意识到是他人而不是自己遭到了痛苦，但对他人的心理状态不清楚，认为别人的感受跟自己的体验是一样的。幼儿的助人行为是"自我中心"的，其助人行为并不是为了减轻他人的痛苦，而是为了减轻自己的痛苦。第三阶段，理解他人情感而产生的移情（empathy for another's），在幼儿2～3岁时产生。这一时期的幼儿开始意识到自己对不同的情感、事物和需要的理解可能与他人不同。幼儿在关注他人情绪表现的同时，也会分析其原因，理解他们更深层次的情绪体验。第四阶段，理解他人生活状况而产生的移情（empathy for another's life condition），是个体进入童年后期才逐渐成熟的。幼儿开始意识到自己和他人的个性和生活经历会对情感体验产生影响，这个时期的幼儿不仅能从当前的情境，也能从更广阔的生活经历来看待和分析他人的情绪体验。

对大部分学前幼儿以及许多小学低年级的幼儿而言，情绪会随着每天遇到的情境不同而发生变化，对情绪的调节和控制常会遇到很大的困难。

第四节 情绪的调节与控制

和妈妈一起逛商场的露露，虽然手里面已经有了两个玩具娃娃，还要求妈妈再给她买一个毛绒小熊，妈妈没有答应她，她一屁股坐在地上，开始大声哭闹。

峰峰和华华正在玩恐龙游戏，峰峰看到华华手里的恐龙比较特别，一下子从华华手里抢过来，自己一个人玩。

妍妍的妈妈给她生了个妹妹，家里人都很喜欢这个小妹妹，虽然妍妍也很喜欢她，但感觉自己被冷落，所以假装忽视妹妹。

以上这些幼儿都不能很好地处理自己的情绪，他们没有以一种促进个人满足、问题解决或社会能力发展的方式来处理情绪。

一、幼儿情绪表达能力与调节控制能力的发展

幼儿的情绪表达和调节控制能力随着年龄的增长而增强（如表2.2所示）。

表2.2　幼儿情绪表达与情绪调节控制能力的发展

年龄	情绪表达和情绪调节
0～6个月	所有基本情绪出现； 积极情绪的表达受到鼓励并会经常出现； 通过吸吮和回避方式调节消极情绪
7～12个月	愤怒、恐惧和悲伤等消极的基本情绪出现； 婴儿通过滚动、撕咬或远离令人不安的刺激物等方式对情绪进行自我调节
1～3岁	出现自我意识的情绪； 通过转移注意力或控制刺激物的方式调节情绪
3～6岁	出现了调节情绪的认知策略，并不断细化； 开始出现情感的掩饰； 开始有意识地遵守一些简单的情绪表达规则

幼儿并不是天生就知道怎么处理情绪。在幼儿发展早期，亲子互动是幼儿学习情绪表达规则的第一课堂。父母或照顾者在与幼儿进行互动的过程中，不仅诱发了幼儿的情绪，还会对幼儿的情绪反应进行回应，幼儿进而学会了一些情绪的表达规则。在婴儿出生的头几个月里，照顾者调节婴儿的觉醒状态，为婴儿提供适宜的刺激让婴儿感觉舒适并避免过度刺激和兴奋，照顾者还经常通过抚摸、怀抱、唱歌等方式，让情绪觉醒过高的幼儿平静下来。到了6个月的时候，婴儿开始发展自己消极情绪的调节能力，他们会转身避开引起消极情绪的刺激源，或者通过吮吸自己的拇指和从照顾者那里获得安慰。1岁以后的婴儿，通过摇晃自己的身体、咬东西（咬指甲）和转身避开引起他们不愉快的人或事物来调节消极情绪。1岁半到2岁的幼儿，开始尝试控制引起他们不舒适情绪的人和事物。在经历需要等待的事情时，他们会把视线移开，也开始用皱眉和撇嘴来抑制自己的生气或伤心情绪了。3岁到6岁的幼儿调节和控制情绪的能力在不断增强，他们已经能够使用很多策略来调节和控制自己的情绪了。比如在打针时告诉自己："一点也不疼，打完针病就好了。"（使用语言和认知策略）；在动物园看到可怕的狮子可以闭上眼睛或者捂住耳朵防止听到凶狠的声音（限制感觉输入）；在幼儿园做游戏时，娃娃家里面的人满了，可以去建筑区搭积木（改变

目标）；在爸爸因为加班不能陪孩子去游乐园时，可以告诉自己："爸爸虽然不能陪自己去游乐园，但下班了可以陪我在家玩。"（用一些愉快的念头来克服消极情绪）；看到电影里可怕的场景，知道这是电脑制作出来的，现实生活中并没有（重新解释消极情绪产生的原因）。

作为社会成员中的一分子，每一个人在表达自己的情绪时都要符合一系列的社会规范。幼儿在大多数情境中也被要求遵循一定的情绪表达规则，有时甚至要用不同的情绪来代替自己的真实感受，主要有四种情绪表达规则。

（1）最小化规则：即与真正的感受相比，情绪的表达在强度上减弱。

（2）最大化规则：主要指积极情绪的表达在强度上增强。

（3）面具规则：即用中立的表情来表达不置可否的情绪。

（4）替代规则：指个体被期望用一种很不同的（通常是相反的）情绪代替另一种情绪。例如：奶奶送给了你一条你不喜欢的短裤，虽然你心里不是很喜欢，也要掩饰住失望的表情，表达愉快的情绪。

3岁之前，幼儿就开始显露出隐藏自己真实情绪的能力。比如受到父母批评的孩子，也会尽可能抑制自己的羞愧情绪。但是，即使到孩子5岁的时候，仍然会表现出童言无忌的特点，他们不懂得精心伪装自己的情绪，也无法去说服那些怀疑自己的人。一直到小学，幼儿才逐渐掌握情绪的社会规则，并学会在特定的情境下表达或抑制某些情绪。情绪表达规则能帮助成长中的幼儿更好地适应社会，为社会作出自己的贡献。研究发现，能较好地掌握这些情绪表达规则的幼儿，更容易受到长辈及同龄人的喜欢和接受。

二、支持幼儿情绪能力的发展

成人不应试图减少或限制幼儿情绪的产生，而应该去接受它们。在对幼儿的情绪作出反应的过程中，成人最好记住以下几个原则。

（1）幼儿的情绪对他们来说是真实正当的。

（2）情绪没有对错之分，所有的情感都源于自然发生的最基本的情绪。

（3）幼儿不需要成人帮助他们怎么去感受，成人也不能以命令的方式来简单改变他们的情绪。

（4）所有的情绪，即使是消极情绪，也会对幼儿的生活有作用。

成人在帮助幼儿处理情绪方面的困难时，可以采取以下几种方法。

（一）和幼儿谈论他们的情绪

和幼儿谈论情绪的第一步是要他们熟悉用来描述情绪的词汇，幼儿能更好地通过第一经验来学习，让他们觉得命名和描述情绪对他们是非常有益的。比如，晓晓的小猫丢了，她很伤心，如果有一个成人说："晓晓，你看起来很伤心。"那么晓晓就能通过这种第一经验学习到"伤心"这一情绪的命名和具体解释。成人用来命名和解释幼儿情绪的这种策略称为感情反应。感情反应是指对幼儿在特定情境中真正体验的情绪认知和运用反应对这些情绪进行命名。

情境1：磊磊爬到了攀爬玩具的最顶端，他脸上洋溢着喜悦，对下面的老师和小朋友说："看，我在这儿！"

成人：你爬得那么高一定很骄傲。（或者用下面的方式：在那么高的地方，感觉一定很好；你做到了，真让人高兴。）

情境2：雯雯的空中花园还有一小部分就搭好了，可是被小东不小心全撞倒了，雯雯非常生气。

成人：你感觉很生气。（或者用下面的方式：你的空中花园还有一小部分就成功了，可是被小东突然中途破坏了，这一定很让人烦恼和沮丧。）

以上所述的成人的情感反应承认并帮助界定了幼儿的情绪。在任何一种情境下，成人的语言和音调都应和所描述的情绪状态保持一致，以此来提高传递信息的有效性。当成人采用情感反应来承认幼儿的情绪时，就表达了对幼儿情绪的敏感和关心。这种认同感让幼儿感觉到自己是被倾听和接受的，并且当幼儿从别人那里听到对情绪的描述时，他们会意识到自己的情绪体验和别人的情绪体验没有差别，也不会觉得自己的情绪反应是不正常的。情感反应帮助幼儿意识到所有的情绪中既有高兴的也有不高兴的，这些都是生活中不可避免的。

（二）帮助幼儿向他人表达自己的情绪

除了帮助幼儿通过情感反应来识别情绪外，成人也可以帮助幼儿用可接受的方式谈论和表达自己的情绪。如果幼儿能用语言来描述自己的情绪，就可以让别人更了解自己正在体验的情绪感受，借此幼儿也学会用语言而不是用身体来表达消极情绪的行为。当成人给予幼儿的是人们正在体验的情绪及原因的恰当信息，而不是期待幼儿自己知道这些事情时，幼儿就会较熟练地描述情绪（Hendrick，2000）。较小的幼儿也可能从与表达情境线索相关的信息中受益（如"琳琳看上去很高兴，她又笑又跳"或"雷雷丢了球，他显得很难过"），较大的幼儿则从人们内部的情绪感觉中受益（如"思雅仍然在为昨天挨训而难过"或"嘉嘉，你很喜欢谈论我们去年的郊游野餐"）。另外，幼儿通过在情绪情境中学习使用新的词组和句子而增强其社会能力（Crary，1993；Heirera & Dunn，1997）。举例来说，像"我还在用"或"当我用完了你就可以用"之类的短语，为孩子们表达当他们不想放弃什么时提供了工具。没有掌握这类工具的较小的孩子可能会采用不适当的身体方式让自己遭受挫折或不高兴。同样，像"该轮到我了"或"我是下一个"之类的短语更适于幼儿处理较难的情境，比如决定谁下一个骑三轮车、玩滑滑梯。

（三）提高幼儿感情交流的技能

1. 使自己成为幼儿谈论感情的榜样

这包括你日常谈话中的情绪，谈论每天的事件如何影响你（如"多么好的一天啊，看到太阳出来我很高兴"或"当闻到这个垃圾桶的味道时我很难受"）；谈论一些会影响人们情绪的事情（如"午饭没有鸡腿，每个人都会失望的"或者"如果我们离开时没有告诉姑妈，她可能会很着急"）；询问幼儿当特别的事情发生时他们感觉如何（如"哦，下雨了。谁喜欢下雨？谁不喜欢下雨？"）；讨论幼儿认识的或在新闻中听过的人的情绪（如"朱老师今天感觉很好，因为女儿作文获奖了"或"当春天沙尘暴来的时候，住在北京的人会很害怕"）；指出故事中的人物所体验的情绪，任何一类故事都可以促进这种类型情绪的讨论，而不仅仅是"正式的"情绪故事（如"白雪公主真的被吓坏了"或"小老鼠对和爸爸进城感到很兴奋"）。

2. 帮助幼儿认识到向别人描述自己情绪的机会的重要性

幼儿经常错误地相信，他们所经历的情绪对于身边的每一个人来说都是显而易见的。因此，要向他们解释事情并非是这样的（如"你很失望，因为小美没有像她许诺的那样帮助你，但她不知道你是怎么想的，去告诉她，这样她就会知道了"或"你不想让娅娅拿走这个小锤子，但她并不知道，去告诉她"）。

3. 教给幼儿一些合适的词汇来谈论自己的情绪

有时，幼儿不能口头表达他们的情绪，因为他们缺乏这样的词汇或者他们想要表达的情绪太多。如果是这样，可以这样做。

（1）给幼儿提供一些适合某一情境的词，实际上是给他们提供一个词语表。比如，可能建议西西说"娅娅，我还没有用完这个小锤子"或"娅娅，我不喜欢你强夺锤子"。）较小的或缺乏经验的幼儿会从中获益，对于较大的或经验多的幼儿最好考虑教给他们较长的句子和有多种意义的词语。一旦幼儿对你提供的词语逐渐适应，你就要帮助他们学会用自己的词汇去表达。比如："你正生娅娅的气，告诉我一些可以用来让她知道你想法的词。"

（2）问一些能促进幼儿描述自己感觉的问题。从最简单的是或不是的问题开始。比如：

"小龙拿走了你的钳子,你喜欢他这样做吗?"过段时间,可以用更开放式的询问:"小龙拿走了你的钳子,你感觉怎么样?"

4. 通过帮助幼儿发现行为线索使他们意识到别人的情绪

幼儿并不是总能意识到其他人的情绪,他们的解释也不能完全准确。因此,要给学步儿和缺少经验的学前幼儿指出人们情绪表现的特定标记(如"辰辰正在哭,那就意味着她不高兴"),引导大一些的经验较多的幼儿自己去注意这些情绪线索(如"看看辰辰,告诉我她正在做什么?她现在的情绪怎样")。如果幼儿没有给出恰当的答案,你就要提供给他们合适的信息。

5. 引导幼儿把注意力放到引发情绪的情境线索上

告诉学步幼儿和学前幼儿引发一种情绪的情境特征是什么。比如,"莉莉和斯斯都想要最后一个杯形蛋糕,因此他们决定切开它。现在他们都很高兴。当人们能解决一件事情时,他们觉得很好"或"兰兰,你为了用这个画架已经等了很长时间了,现在在天下起了毛毛雨,你看上去很失望"。要求较大的幼儿告诉你一种他们认为可引发情绪反应的情境。这种策略既可以用在幼儿是观察者的情境中,也可以用在幼儿是直接参与者的情境中。另外,指出不同幼儿对同件事情反应的相似处和不同处。比如,"你们俩看了同一部电影,而且好像都很喜欢它"或"你们俩都看了同一部电影,雯雯,看起来你真的认为它很有趣。然然,你可能不是这样认为的"。

6. 帮助幼儿整理复杂的情绪

首先要倾听幼儿对情境的描述。当幼儿确实有多种情绪交织在一起时,要认清你听到或观察到的每一种情绪,告诉幼儿在同一时间产生不同的情绪是正常的,同时也要指出幼儿用言语和非言语方式表达情绪的不同之处。比如:"你告诉我一切都很好,但你看上去却很糟。"

(四)帮助幼儿处理强烈的情绪

1. 承认幼儿强烈的情绪,制止其破坏性的行为

以情绪反应开始的陈述可以清楚地让幼儿明白伤害性的行动是不被允许的。成人可以提出建议或演示幼儿可用来表达自己情绪的、更恰当的策略。举例来说:"我知道你很生气,但你不能打人,这样会受伤。你可以说'我不喜欢那样'或'你很激动,我很担心你会使鼹鼠窒息,也许,它可能停止呼吸了,像这样小心地抓着它'。"

2. 安慰难过或害怕的幼儿,提供身体和语言上的安慰

在幼儿感到难过或恐惧的时候,可以用一些肢体动作或安慰的话语缓解幼儿的强烈情绪。例如一个刚刚做了噩梦的幼儿,从惊恐和无助中醒来,可以用手抚摸他/她的头部,再轻轻地拥抱一下,并且用轻柔、温和的语气对他/她说一些安慰的话。

3. 重新解释事件帮助幼儿处理强烈的情绪

有时幼儿反应强烈，是因为他们错误地解释了他人的行为或意图。当场传达新信息能帮助幼儿重新考虑或缓和他们紧张的情绪。指出幼儿可能错误判断或忽略掉的事实。如"你认为鲁鲁取笑你，事实上，他正在笑他刚刚听到的一个笑话，而不是笑你"或"你认为嘟嘟插队，事实上，她已等了好长时间，现在确实轮到她了"。

4. 预想到新情境可能引发幼儿的不安全感和强烈反应

和幼儿谈一些新的或潜在的困难情境并让他们描述应该怎么处理，对幼儿经历的事件提供解释。如："当你听到火警时，声音很大。你们有些人不喜欢这么闹的声音。警铃声那么大，不管在哪幢楼的哪里，都能听到它。警铃告诉我们赶快离开。我们都要安静迅速地向外跑，我会一直和你们在一起。"

5. 教会幼儿最终要自己使用调节情绪的策略

成人可以通过谈话、现场指导和示范来做到这一点。当你发现幼儿可以独立运用有效的策略时，就应该在当时或稍后让他们注意到这些。这不仅促进了幼儿技能的发展并帮助他们认识到如何在相关的情境中取得成功的策略。策略例子如下。

（1）限制感觉的输入。把幼儿的耳朵和眼睛盖住以减弱情绪刺激，把脸转过去，用别的事情转移他们的注意力。

（2）观察其他幼儿怎样处理强烈的情绪，记录其他幼儿在恐惧和愤怒情境下的处理方式。

（3）让幼儿对自己说，"妈妈很快就回来了"、"水很好玩"、"我可以做好"、"停下来，深呼吸，放松"。

（4）改变他们的目标，告诉幼儿没有地方可以玩或者还没轮到他们，然后让他们去玩其他游戏。

（5）解决问题，让一个害怕去新学校的孩子画一张地图，标示出从大门到教室的路线。

（6）让很容易发怒的孩子在向取笑他的同龄人作出反应前试着深呼吸三次。用较乐观的方式重新定义困难的情境，如幼儿可以这样跟自己说，"这样的结果已经很好了"、"我明天还会有其他机会"、"她不是唯一可以做我朋友的人"等。

第五节 幼儿阶段的情绪发展任务

近年来，很多学者认为人在一生发展中要处理很多的情绪任务，在这方面最有影响力的是美国现代最有名望的精神分析理论家之一埃里克森（Erik H.Erikson）。埃里克森把人的一生划分为八个阶段，其中有三个阶段发生在幼儿期。在每一个阶段，个体本身都在发展其特定的自我能力,这种能力在个人与其周围环境的交互作用中起着主导和整合的作用,从而使个体成长为一个积极的社会成员。这八个阶段既是连续又是不同的,每一阶段都有积极和消极的情绪及主要的情绪任务,这个任务就是解决发生在这两种极端情绪之间的冲突。尽管所有的幼儿都能体验到在给定阶段上的两极之间的较量,但最佳的情绪发展通常在比较偏向积极情绪时出现。这些阶段一个接着一个的建构起来,而且每一个都成为下一个阶段的基础。八个阶段中幼儿阶段的情绪发展任务如下。

第一阶段:幼儿早期(2~4岁)

主要发展任务是获得自主感而克服羞怯和疑虑,体验着意志的实现。这时的幼儿开始从完全依赖他人的婴儿转变为有自己主张和思想的幼儿,这一阶段的关键是,幼儿能否感到自己是一个独立的、有自己主张的人,或者是否是一个对自我价值充满疑虑的人。幼儿自主性的发展从肌肉的控制(抓住、松开)开始,进而扩展到社会生活中。具有自主性的幼儿知道可以在别人的帮助和指导下获得好处,但仍能坚持自己的想法,反之,不具有自主性的幼儿,则对自己控制外界和他人的能力产生怀疑,变成喜欢依赖他人的幼儿。自主性很好的幼儿可以自己做自己的事,相反,自主性发展得不好的幼儿,在父母或他人认为他可以自己独立完成时却没有去做。羞怯和疑虑的幼儿总是很少有机会去探索、亲身体验、尝试和作决定,而发展了健康的自主性的幼儿则被给予更多的机会,鼓励自己尝试作决定,并且能得到关于被限制行为的明确、积极的信息。如果这一阶段的发展任务能顺利解决,将有利于幼儿建立"我能决定一些事,我有能力做一些事"的信念。

第二阶段:学前期(4~7岁)

主要发展任务是获得主动感和克服内疚感,体验目的的实现。这一阶段的情绪冲突是:这种能力是被他人直接建构、加以重视,还是无效的、被拒绝的。整个学前阶段和小学前期,幼儿都会体验到主动感和内疚感。当幼儿尽自己的努力去做一些事时,却使自己或他人的期望落空,便产生了内疚感。对幼儿来说很典型的是,他们仅仅想到"坏"念头就产生了内疚感,因为他们把想和做等同起来了。当成人让幼儿觉得他们自己的一些身体活动是不好的,他们幻想出来的游戏是愚蠢的,他们开始做一件事却没有完成是不对的,他们是不让人满意的,幼儿就产生了内疚感。而发展了较强主动性的幼儿会体会到自己逐渐增强的能力,以及通过自己的能力解决问题和帮助到他人的喜悦,他们能很好地与他人合作并愿意接受他人的帮助,从而树立起"我能做,并且做得很好"的观念。幼儿在此阶段主动性的发展程度,将与以后在工作和经济上取得的成就大小有关。

第三阶段:学龄期(7~12岁)

这一时期的幼儿主要发展任务是获得勤奋感而克服自卑感,体验着能力的实现。这时期的幼儿开始了学校生活，需要努力去完成学习任务。他们对同别人合作完成任务更感兴趣，用这种方式来和社会融为一体。这一阶段情绪的中心问题是：幼儿是否缺少能力感，以及他们是否会认为自己虽然做出了最大的努力但还是不够。当幼儿不能掌控他们打算完成的事时，他们就充满了失败感，所有的幼儿都会经历这样的时刻。当成人、同龄人或学校的要求明显超出了自身能力时，或者对要达到的目标有一种不现实的想法时，就会产生失败感。当幼儿认为在比较薄弱的技能领域出现要求熟练掌握的内容时，他们也会产生强烈的自卑感。

当成人认同和表扬幼儿的进步时，当他们鼓励幼儿在各种领域开发他们的技能时，当他们帮助幼儿设计现实的目标时，当他们提出能使幼儿体验掌握的任务时，就是在培养幼儿的勤奋。此外还可以通过给那些虽然努力却失败了并因此承受痛苦的幼儿提供指导和支持，给予幼儿信心让他们再次尝试。这一阶段也是很重要的时期，成人要鼓励幼儿同他人一起工作，以便体验在团体中工作的满足感，除此之外，还要让幼儿学会这样做必须掌握的技能。幼儿在这个时期所形成的勤奋精神将与其以后的工作态度有关。顺利度过这一阶段的幼儿，将会形成"我可以学，我可以作出贡献，我可以做得很好"的信念。

第六节 情绪发展的影响因素

情绪发展是幼儿社会性发展领域的重要内容，促进幼儿情绪的健康发展对其一生都具有重大意义。下面我们来讨论一下影响幼儿情绪能力发展的影响因素。

一、幼儿情绪理解能力发展的影响因素

第一，父母经常以情感为主题与孩子进行交流将有助于孩子情绪理解能力的发展。父母不仅是孩子的依恋对象，还是孩子的认知和情绪"专家"。因此，父母不仅是孩子情感需要的安慰者和支持者，还是其情绪发展的教育者和指导者。作为"情绪专家"，父母教给孩子如何处理日常情绪事件。他们会告知孩子自己对情绪事件的评价，帮助孩子们针对不同的情绪体验使用相应的情绪标签，使用情绪表达的文化或亚文化规则。家庭中父母和孩子的"情感对话"（feeling talk），会大大提升幼儿对各种情绪的理解力。研究发现，母亲在讨论家庭成员情绪上花的时间越多，其3岁孩子的情绪理解能力越好；如果18个月大的幼儿听到关于感受方面的谈话比较多，到2岁时该幼儿就比那些听得比较少的幼儿更爱谈论自己和他人的感受；而在家庭对话中听到较多关于感情话题的3岁幼儿，到6岁半

时能更好地识别他人的情感。这些研究结果都表明，如果幼儿在较多地谈论感情话题的家庭中长大，将有利于他们更好地理解自己和他人的情绪和感受。

第二，与同伴的互动也促进了幼儿情绪理解能力的发展。同伴之间具有更多的相似性，随着其认知水平的同步提高，同伴更有可能理解对方的情绪。而且在与同伴互动的过程中，幼儿积累了情绪产生的原因和特定情绪可能诱发的行为的经验，比如苗苗哭了，因为她心爱的贴纸不见了；丁丁生气了，他一会儿可能会打人。

二、幼儿情绪调节与控制能力发展的影响因素

（一）母亲为幼儿的情绪表达提供了榜样

母亲在与幼儿互动的过程中，她所表现出的快乐、惊奇和感兴趣，成为幼儿积极情绪体验的起点和示范；母亲对孩子的情绪会作出选择性的回应，她更关注幼儿的愉快、惊奇和感兴趣的情绪，并以积极的社会互动和愉快情绪加以回应；母亲还会给孩子的情绪反应加以命名——"今天姐姐上学去了，不能跟宝宝玩了，宝宝不开心了，我们去玩玩具吧。"在这些互动过程中，孩子学会了去表达能引起父母反应的情绪，也掌握了一些调节和控制自己情绪的策略。在童年期很长一段时间内，当孩子感到焦虑或悲伤的时候，父母一直都是孩子身边最主要的安慰者和支持者，他们帮助孩子在自身不能处理情绪困扰时进行情绪调节。父母对孩子的悲伤或遭受的挫折作出及时反应能够缓解他们当前的痛苦，并能从长远意义上帮助他们抑制消极情感，控制可能引起他们沮丧的不良情境。

（二）社会文化背景会对幼儿情绪的自我调节产生影响

在不同社会文化背景下成长的幼儿，会习得不同的情绪表达模式。比如在美国社会中，父母会想方设法让孩子感受到开心愉悦的情绪，而在中国，我们更多的是避免过度兴奋、过度高兴，"乐极生悲"是我们信奉的道理。看到一个哈哈大笑的孩子，我们可能会说："别笑了，傻乎乎的。"相比西方的孩子，我们的孩子会用一种更沉稳的方式表达情绪，无论这种情绪是积极的还是消极的。

（三）同伴交往影响幼儿情绪的调节和控制

同伴之间形成的群体、小团体或友谊关系，抑制或加强了幼儿的情绪体验。群体的形成使得幼儿避免在伙伴们面前表现出愤怒或是恐惧，在和伙伴们一起玩游戏时变得更加有趣，或者在看到某种怪物时加剧彼此的恐惧情绪。在和同伴交往、协商的过程中，幼儿不断学会通过适当的认知策略来调节自己的情绪。很多研究结果显示，在遭遇愤怒情境时，年长幼儿比年幼幼儿更多地采用"沉默处理"，更多的是转移注意力，远离让他们生气的

同伴；越来越多的年长幼儿表示当同伴引起他们愤怒时，他们将避免直接对峙，并且越来越懂得转移注意力会减轻他们的痛苦体验。

（四）气质也是影响幼儿情绪控制能力发展的因素

带有消极情绪气质的幼儿，在掩饰情绪和从干扰事件中转移注意力的能力相对较弱，在幼儿早期，他们更多的是采用发脾气的方式来回应外界的干扰，与老师和同伴的关系较差。这些幼儿可能会有持续的情绪管理困难，心理调适能力的发展受到极大限制。父母应该采取积极的方式帮助幼儿更有效地处理他们的情绪。

本章总结

本章主要探讨了幼儿情绪的发展及其影响因素。我们介绍了幼儿基本情绪体验的发展、幼儿对自己情绪理解的发展阶段、幼儿对他人情绪识别的年龄特点，讨论了帮助幼儿处理情绪方面困难时可以采取的方式主要有：和幼儿谈论他们的情绪、帮助幼儿向他人表达自己的情绪、提高幼儿感情交流的技能和帮助幼儿处理强烈的情绪，以及了解了幼儿阶段的情绪发展任务，并阐明了情绪理解、情绪调节和控制的影响因素。

请你思考

1. 帮助幼儿处理情绪方面困难的方式还有哪些？
2. 请在幼儿早上来园的自由游戏时间里，观察幼儿的移情能力。

拓展阅读

1. 《儿童与情绪——心理认知的发展》，作者保罗·哈里斯。

该书着重描述了儿童对"混合的情感"的复杂性的认知发展、对欺骗的理解、对表达情绪的文化规则的重要性，以及对情绪表情的策略性控制的不断掌握。汇总了来自心理学、人类学和社会学的最新研究和观点，带领我们一起追寻了儿童情绪理解的发展轨迹，尤其是儿童如何逐渐发展出对于人类复杂而又精妙之心灵的洞察力。

2. 《中国儿童情绪管理（0~6岁）》，作者于帆。

该书是一部理论联系实际、系统阐述低幼儿童情绪管理的专著。它以现代情绪心理学和早期教育理论最新研究成果为依据，结合现实生活中0~6岁宝宝情绪管理问题的各种表现，介绍了与儿童一生发展紧密相连而又容易被忽视的情绪因素，并有针对性地提出了具体的教育策略。

第三章

创造一个有安全感的环境

"波波老师，早上好！"安安一走进教室就热情地和波波老师打起了招呼，大大地拥抱了一下。安安自己走到了衣橱旁边，放下了书包，换好了鞋子。"我今天要先去建筑工坊，当建筑工人！"安安对着波波老师说，波波老师微笑着点点头，安安愉快地进入了建筑工坊开始了今天的角色游戏。

"妈妈，我要妈妈。"平日活泼开朗的妞妞情绪很不稳定。"妞妞，有什么我能帮忙的吗？"波波老师蹲下身子，轻轻抱住了哭得正伤心的妞妞。"我想跟妈妈玩。""哦，我知道妞妞想妈妈了。妈妈有事儿要忙，妞妞和老师还有伙伴们一起完成在幼儿园的三件任务，妈妈就会来接妞妞啦。""这个我知道。""那妞妞今天怎么还这么伤心呀？"波波老师追问。"小姨和弟弟今天中午就要回南京了，他们昨天才来，我想和弟弟还有小姨玩，我想送送他们，波波老师，你帮我打个电话给妈妈吧。""妞妞，你先换鞋子，放书包，老师帮你联系妈妈，看看有没有帮你解决问题的方法。""好……"妞妞的情绪得到了安抚。

"妞妞，我们一起来搭大楼吧。"安安对妞妞发出邀请。"不要了，我想去娃娃家里当妈妈，照顾宝宝。"波波老师摸了摸妞妞的脑袋："妞妞去吧，相信妞妞一定是个能干的好妈妈。"妞妞妈妈得知宝宝的情况后，特地和小姨还有弟弟一起来到了幼儿园，向波波老师请假，接回了妞妞。

安安是一个入园适应极其困难的宝宝，在学期初的头两个月里，安安几乎每天都是以泪洗面，然而通过老师及家长的帮助，安安逐渐适应并融入班集体，开始他快乐的幼儿园生活。

安安的转变是家园合作的一个成功体现。家庭和园所共同为安安营造了一个以情绪为中心的环境，而这正是安安的成长中一个不可忽视的重要因素。

在幼儿园一日生活中，环境是幼儿园的第三位"老师"，是课程设计和实施的要素之一，是儿童与儿童之间，儿童与成人之间，儿童与材料之间互动的关键性因素，对幼儿起着潜移默化的作用。皮亚杰认为，在孩子的发展过程中，物质环境的经验以及社会环境的作用是一个动态的过程，简单而言，孩子是在和环境的互动中成长的。

一个以情绪为中心的环境需要具备以下要素。

1. 有弹性

给孩子们机会选择他们自己胜任及喜欢的事情。例如，在进行角色游戏或者个别化学习活动中，教师可以在重点指导处把控全局，通过眼神、笑容等多维度，给予孩子选择的机会及回应。

2. 有可预测性

能够让孩子们在环境中轻松地知道自己接下来该做什么或者能够做什么。让孩子们有机会选择自己胜任、喜欢的事，提高孩子的选择意识。此外，环境的可预测性也体现在软环境上，例如，波波老师在安抚妞妞时提及的完成三件在园任务，便可以回家了，减少了由于不确定而产生的恐惧以及不确定所造成的安全感缺失。

3. 接纳性

孩子的各种尝试都是可接受的，要鼓励孩子大胆地进行各种尝试与分享交流。例如，在进行角色游戏的时候，幼儿可以自主参与超市物品价格的制定，老师则辅助提供价格标签，并委托给幼儿某个角色，由此产生的信任与托付，能让幼儿产生成就感，促使幼儿在经历中学习。

4. 情感性

与孩子有积极的情感沟通，在环境中有老师的积极回应，如微笑、凝视、触摸、言语等。人与人之间的情感建立，除了语言交流之外，面部表情、眼神交流以及肢体接触对于幼儿的安全感建立也十分重要。在幼儿园、班级中，幼儿从原生家庭走出，进入"小型社会"，在此过程中，他们通过与老师的互动，形成亲密感，建立安全感。每天给予孩子一个拥抱，可以让孩子最直接地感受到老师的关爱与重视。在与孩子的交流过程中，蹲下身子，保持视线平视，既能更好地与孩子沟通，让孩子有安全感，同时也是对孩子的一种尊重。潜移默化中，孩子也会从老师的身上习得尊重他人。

5. 充满信任与托付

安全的班级环境需要老师与幼儿之间充满信任与托付。波波老师通过她对妞妞的了解，以渐进式的询问，寻找到了引发妞妞伤心的根源所在，并在此过程中帮助妞妞疏导情绪，妞妞会对波波老师坦言，可见两者之间已经拥有了良好的信任度，而妞妞的托付，波波老师也给予了实施。信任与托付的基础是幼儿与老师之间的亲密程度，老师在平日中是乐于帮助幼儿且与幼儿互动良好的，那么一旦幼儿遇到困难时便会及时向其求救，在这个相互的过程中，幼儿的情绪得到安抚，安全感得到建立。

第一节 安全感与幼儿的健康发展

一、安全感的重要性

安全感是人格健康发展的基本要素，许多临床医师、研究者以及发展理论学家的研究也证明安全感对幼儿的发展十分重要。威廉·布鲁姆（William Bloom）在《安全的感觉》一书中就提到："安全感是个人健康发展的自然基础，没有安全感，你必会有意无意的神经紧张，而你正在进行的行为会受到'挟持'。缺乏安全感，人的和谐成长和成功就没有能量，就会陷入了无休止的紧张，由于你得保持进攻或防卫姿态，你会渐渐将精力耗光。"马斯洛在阐述人的需要时，同样把安全需要归为人类的基本需要之一。他认为追求安全、稳定、有依靠的感觉，追求免受惊吓、焦躁和混乱的折磨是人类的安全需要。他还指出，这种需要在儿童身上的表现更为明显。父母对儿童的打骂绝不仅仅是肉体上的伤害，还有心理上失去父母庇护的恐惧。

人类的依恋关系是在婴儿期为了个体的生存而建立起来的，并在个体以后的生活中不断发挥着作用。约翰·鲍尔比（John Bowlby）认为在个体和依恋对象的实际交往中形成了个体和看护者之间的内部工作模式，它是对个体早期依恋经验的内部表征。这种心理表征可以用于解释早期经历对随后行为与发展的影响，同时，心理表征可以提供一种机制，通过这种机制，个体的客观看法与经历而不仅是单纯的主观经历特征就能影响个体的行为与发展。

埃里克森和鲍尔比有着十分经典的论述。

（一）埃里克森的人格发展阶段理论

埃里克森把儿童人格的发展看作是一个逐渐形成的过程，在人的一生中，人格发展一定要经过八个顺序不变的阶段，而每个阶段都有一个普遍的发展任务。这些任务都是由成熟与社会文化环境、社会期望不断产生的冲突或矛盾所规定的。与弗洛伊德的人格理论相比，埃里克森提出即使没能在一个阶段内完成该阶段的任务，他仍有机会在以后的阶段继续完成。同时，他也指出，即使一个阶段的任务完成了并不等于这个矛盾不复存在了，在以后的发展阶段里仍有可能产生先前已经解决的矛盾。

在埃里克森的人格发展阶段中，首先出现的便是基本信任对基本的不信任。该阶段的发展任务是培养儿童的信任感，发展他们对周围世界，尤其是对社会环境的基本态度。婴儿出生后就有各种生物学的需求，如要吃、要抱、要有人逗他说话等等。当这些需要获得了满足，就会使婴儿对周围的人，尤其是照料他最多的母亲产生一种信任感，感到世界是可靠的，人是可靠的。这种对人和对环境的基本信任感是形成儿童健康的个性品质的基础，同时也是以后各阶段发展的基础，更是青年期形成同一性的基础。如果儿童的基本需求没有得到满足，得不到成人应有的照料，儿童在接触世界的伊始，便会对人和世界产生一种不信任感和不安全感，而且这种不信任和不安全感会延续到以后的阶段。

埃里克森认为信任感是婴儿期的第一项发展目标，通过不断重复的经验，大多数的婴儿学习到他们可以一直依赖成人以满足自我的需求，成人也会提供他们爱与赞许。在生命的第一年中，如果"信任与不信任"没有达到平衡，之后各种关系的发展就会变得困难。

然而，在幼儿成长的过程中，如果能提供高质量的亲子、师生互动经验，就可以补强孩子的信任感。

（二）约翰·鲍尔比——安全堡垒研究

当幼儿知道他能依靠一位重要的人，在必要的时候这位重要的人一定会出现，并提供他所需要的照顾时，他就有安全感，就能主动地探索周围环境。有研究者对早期依恋关系与儿童安全感的关系进行了阐述，并研究了"安全堡垒"（secure base）对幼儿发展的重要性。（Bowlby，1998；Mahler，2000；Ainsworth，1978）研究者认为，不同年龄、不同文化背景下儿童的安全感表现不同，儿童与依恋对象的关系不同，但"安全堡垒"对儿童发展的作用都是一样的。

当孩子进入幼儿园后，老师如何才能使自己走进孩子的安全堡垒呢？首先，教师要与孩子建立起积极的师幼关系，建立幼儿对教师的信任；营造温暖、接纳的班级氛围，建立幼儿对集体的归属感；其次，帮助幼儿熟悉环境，建立对班级环境的信任和安全感；最后，还需要培养孩子积极乐观的态度和充满希望的心态。

为此，在日常生活中，教师要与幼儿建立良好的互动。孩子的专注来源于他们的安全感和对事物的兴趣，老师可以鼓励幼儿安心地玩，鼓励他们开动脑筋想办法去做一些事情，投入到活动中去。老师还需注意幼儿积极品质的培养，在任何一个环节中，老师要保持一颗包容的心，以接纳的态度来指出孩子的错误。批评会让孩子没有安全感，从而不能专注于活动，专注是情绪能力培养中一个重要的内容。

当老师与孩子之间在一个充满安全感的环境中形成了良好的互动后，当孩子开始专注于他的在园生活时，那么孩子会生活得更积极、乐观且充满信心与希望。

二、信任感的危机

（一）缺乏安全感的表现

信任感与安全感对孩子成长很重要。生活中的一些细小点滴，很可能就会让孩子埋下信任危机的种子，而老师不及时调整或者改变则可能让孩子产生信任感危机。

随着研究的深入，研究者们也越发地意识到安全感的重要性。现代快节奏的生活导致家长们忙于生计，教师注重学业成绩，忽略了幼儿对安全感的需要，使孩子缺乏安全感。教师可以通过在一日活动中的引导与辅助，帮助幼儿获得安全感。

新学期开学，发生在琦琦和牛牛身上的故事可以使我们更好地理解孩子们缺乏安全感的表现：

琦琦的故事　两楼的转角处光着脚，赖在地上的琦琦不肯起身与老师配合。"琦琦，你怎么了呀？有什么我能帮忙的吗？"老师耐心地询问琦琦。"我不要老师，你们不是家长，老师不会带我回家的，会把我带回教室的。我不要在幼儿园，我要回家。我要奶奶，我要家长，老师坏。"琦琦开始抓狂起来。

牛牛的故事　经历了中班班级调整之后，牛牛的情绪最近有些低落，在一日活动中，总显得没什么兴致。波波老师在与牛牛妈妈联系之后，牛牛妈妈回家问了宝宝原因。结果宝宝回答妈妈："我的朋友们在以前的幼儿园。除了波波老师，其他都是新老师，我觉得波波老师大概也不爱我了吧，她已经很久没有说过她喜欢我了。"

琦琦处于入园分离焦虑状态，在之前与老师的互动中，琦琦被老师以不能送回家的理由带回了教室，由于老师先前的行为，让琦琦对老师产生了信任危机。作为新生对新环境的不适应同时加重了琦琦的不安全感。这些因素的叠加让琦琦缓解焦虑融入班级变得更加困难。

牛牛的不安全感形成涉及的因素则更多，班级因为客观原因发生变化之后，新老师、新同伴、新环境对孩子造成了影响。牛牛将安全感的重点放入了他所熟悉的老师身上，但由于老师对于新班级的管理，未能适时顾及到牛牛的感受，让牛牛没有得到他所需要的回应，造成了情绪的失落，从而加重了不安全感。

（二）缺乏安全感的原因

对于学前幼儿，造成缺乏安全感的因素大致可以分为五个方面，分别是对老师缺乏安全感、对同伴缺乏安全感、因为环境与挑战而缺乏安全感、由于不适宜的行为而产生不安全感、由消极的回应（归因）及情绪所带来的安全感缺失。

上述两个案例中，我们可以发现，当孩子离开家庭，进入幼儿园，首先最开始与幼儿接触的便是老师，老师作为代替父母存在的日间照料人，与孩子之间的信任感就显得十分重要。老师与孩子的信任感从何而来？是建立在进入教室之前还是在进入班级之后的日常生活中慢慢建立？这两个问题值得我们思考。

从众多一线教师的观察中发现，大多数的幼儿在进入教室之前就已经和老师之间建立了某种程度的信任感、安全感。这个程度的信任感与安全感来自于家庭。每次新学期开学之前，不同年龄段的老师都会有这样一个任务，对自己班级的新生进行家访。在过程中能发现有的孩子在初次见面时，十分害羞，爸爸妈妈或者爷爷奶奶会向幼儿介绍老师，帮助老师在幼儿心中形成良好的形象，从而辅助建立信任感。有的孩子性格开朗，从孩子与老师的交流中，老师能从中体会到父母已经在他（她）来访前，与幼儿作好沟通。而当有些父母或者祖辈照料者自身处于焦虑、矛盾、逃避的情况下，当着孩子的面对老师进行质问，表现出对孩子入园的焦虑，那么孩子对老师的信任感则会大大降低，甚至产生不安全感，对入园产生恐惧。

由此，我们不难发现，除了以上的五种影响因素之外，缺乏安全感的原因还涉及父母的教养方式、幼儿所处家庭的家庭关系及氛围。

鲍伦德（Baumrind，1967，1971）对父母的教养方式进行了一个经典的划分，分为专制型、权威性和放任型三种，每一种类型定义了一种家长和儿童间的核心关系。权威型的家长是控制性的、苛求的、温暖的、力行的且能接受儿童与他们的交流；专制型家长是专断的、控制性的但没有表现出温暖；放任型的家长是非控制性的、不做要求的且相对温暖的（Baumrind，1983）。在三种教养方式中，权威型教养方式被认为是最适合的类型，因为它和儿童的"自立、自控、探索性和满意度"有关。已有研究表明权威型教养方式和父母与孩子关系亲密性以及孩子在学校的良好表现有关（Leung，Lau & Lam，1998）。教养方式的不同，同样影响着父母与孩子之间的依恋模式。在家庭中，家庭关系越和谐，氛围越愉悦，则孩子在环境中获得的情感支持便会越多，从而有利于帮助孩子形成良好的安全感。

除了以上两种情况会造成孩子安全感的缺失之外，父母或者教师的强势、高学业取向以及高评价标准（社会化的标准）同样会影响孩子安全感的形成。

在家庭或园所中，幼儿作为一个独立的个体拥有着自己的思维，当父母或老师处于强势的状态时，在孩子与成人的想法产生碰撞的情况下，孩子得到的大多为消极的回应甚至是拒绝，孩子对成人的依赖会降低，从而缺乏安全感。

现今的社会中，孩子的学业是父母关注的焦点。父母、老师以孩子好的学习状况为评判标准，如：谁弹琴弹得好；谁跳舞跳得好，这样成人化的好孩子标准让孩子们在比较的过程中产生了不安全感。

（三）非安全型依恋——消极的人性哲学观

父母的家养方式会影响孩子的依恋行为，而依恋的类型同样会影响孩子对成人的信任与否。

约翰·鲍比尔的依恋理论（1969/1982，1973，1980）将依恋定义为对特定的人的持久的情感联系。这种联系具有下列特征：

（1）他们是有选择性的，即他们集中在某些特定人的身上，与这些人引发的关系在方式上和程度上都是其他人所不具有的；

（2）他们涉及寻求身体接近，就是要努力保持与依恋对象的接近性；

（3）他们得到安慰和安全感，这是亲近接触的结果；

（4）他们产生分离焦虑，如果这个关系受损，无法获得接近。

依恋能够以各种各样的形式影响儿童，其中有一个方面便与安全感有关，儿童的依恋关系不同，其安全感的获得程度也会不同。安斯沃思（Unsworth）和她的同事对此进行了研究，通过创设陌生环境，激活儿童的依恋行为，并将依恋的类型分为安全型依恋与不安全型依恋。不安全型依恋又可分为回避型、矛盾性与混乱型三种。不同类型儿童在陌生环境中的行为及依恋类型具体显示见表3.1。

表3.1 不同类型儿童在陌生环境中的行为及依恋类型

类型	儿童在陌生环境中的行为
安全依恋	显示中等水平的寻求接近母亲；母亲离开后不安；重聚时积极迎接母亲
不安全依恋回避型	躲避与母亲的接触，尤其是分离后重聚时；和陌生人在一起时不觉得很不安
矛盾型	在与母亲分离时很不安，母亲回来后不容易被安抚，既寻求安慰又抵制安慰
混乱型	没有显示出应对压力的一致性方法；对母亲显示出矛盾的心理，如在躲避后又寻求接近，表现出对关系的不解和害怕

安全型依恋的孩子们由于早期的积极经历，他们与父母和同伴形成自信的关系，形成了一个自信的自我形象，而这帮助他们在应对任务时表现良好。相比之下，非安全型依恋的孩子们就没有这样的优势，如果他们在以后的生活中不能完善依恋关系，这些非安全型依恋的孩子在成长中可能会遇到困难，人际互动中的挫折可能会对其产生非常消极的影响，他们可能自我中心，并抱有消极的人生态度。

（四）非安全的依恋与环境的互动

上述不安全型依恋的幼儿在幼儿园中都可能遇到。依恋通常最早产生于孩子与母亲之间，随着我们的国情的变化，父母忙于工作孩子可能由祖辈教养，在幼儿园中有些孩子的依恋对象并非母亲，而是祖辈照料者。

早上和妈妈的分离十分艰难，晨晨哭了好长时间，终于在老师的安抚下，情绪慢慢得到了缓和，但是晨晨并不喜欢和别的小朋友一起玩，只是抱着他喜欢的西瓜玩具，坐在椅子上，看着大家活动。为了让晨晨更好地融入团体，老师拉起了晨晨的小手，带他去找朋友。"晨晨，我们去认识新朋友吧。"老师对着晨晨说道，晨晨默不作声，当老师带着他来到娃娃家门口，和里面的朋友们开始打招呼，娃娃家里的朋友们也开始向晨晨打招呼时，晨晨仍然没有声响，拉着老师的手，往自己的座椅上走。当老师开始给所有的朋友们讲故事时，晨晨突然大声说道："老师，你说轻点吧。""怎么了呀？""你说话我听不到外面大吊车的声音了。"显然，晨晨并没有很好地融入班级的活动。

在与晨晨妈妈沟通的过程中，老师们了解到，由于爸爸妈妈工作忙，晨晨从2个月起便随着爷爷奶奶在外地生活，直到入幼儿园前的一个月才回到家中由妈妈照料。早期母子之间互动的缺失，使晨晨在与妈妈分离时十分不安，但对于妈妈重新回来后又显得有些若即若离，由此我们可以推测晨晨和妈妈之间的依恋关系属于不安全类型。在实践过程中发现，不安全型依恋的幼儿在入园时同样会与安全型依恋的孩子一样有分离焦虑产生，当他情绪稳定之后，在与老师、同伴的互动过程中会表现出焦虑、自我中心、不乐于与他人交往、对环境有着不安全感，相较之下不易融入集体等特征。

（五）良好、安全的师幼关系与儿童发展

作为一名幼儿教师，可以通过营造良好的、安全的师幼关系来帮助弥补早期不良依恋关系对孩子造成的消极影响。良好且安全的师幼关系有助于幼儿在今后的生活中建立积极的同伴关系，拥有良好的社会能力，为今后学业过程中的师生关系打下良好基础，帮助其形成对待学校的积极态度，并且形成良好的学业适应。

良好的、安全的师幼关系是需要老师悉心去经营的。首先，作为老师要尊重孩子们的个体差异，接受他们的观点与想法，给予积极的回应，使他们能够有积极的情感体验，从而在园所中与老师之间建立良好的依恋关系。正如在晨晨的案例中，当晨晨对正在为大家讲故事的老师提出了一个看似无理的要求时，老师并没有对晨晨进行斥责，而是及时接受晨晨的想法，并用和蔼的态度和晨晨进行了交流："哦，原来外面有大吊车的声音呀，晨晨的耳朵真厉害。可是现在我们都在听故事呢，这个故事很精彩，故事里正好也有辆汽车，请你也来听一听吧，等故事讲完了，我们就能一起来听听大吊车的声音啦，好吗？"晨晨也欣然接受了老师的说法。其次，除了与幼儿进行良好的互动之外，老师还需要给予适宜的家园指导，帮助父母与孩子之间形成良好的亲子关系，帮助幼儿的成长。

第二节 营造安全的学习氛围

幼儿能从环境中获取安全感。因此，无论是老师还是家长，都需要为幼儿营造可预测的，可控制的稳定的环境。此外，还需要为幼儿营造一个温暖与被接纳的环境，使幼儿可以从情绪上获得良好的安全感。同时，创设一个有回应的环境也是必不可少的，从而鼓励幼儿积极与环境互动，更好地在互动中习得是与非的判断，理解因果关系，满足其被关注的需要，使其获得价值感的满足。

以下，我们将着重从幼儿园角度出发，了解怎样在园所中创设良好的安全学习氛围。

一、可预测性

在可预测的环境中，幼儿能自然而然地获得情感上的安全感，获得快乐和舒适感，能明白发生了什么事情，以及如何处理和被接纳。

运动归来，用完早点，孩子们进入了自由活动时间，小班的丰丰来到了老师跟前，询问道："老师，我们刚刚运动回来了，接下来是不是要准备学本领？学完本领我们是不是就能上班了呀？我好想快点去上班呀！""是呀，丰丰真聪明，看来你很期待去上班呀。你今天打算去哪里？做些什么呢？""我今天要去哈哈美食店，我要去当大厨。我今天早上已经插好预约牌了呢。"

丰丰口中的"上班"其实是幼儿园一日生活中不可缺少的角色游戏。从案例中我们可以发现，丰丰已经十分熟悉环境，并且可以对环境内即将发生的事物进行一个合理的推断，在环境中他并非是一个被动的接受者，而是一个可以直接与环境互动的参与者。这样的氛围，让丰丰对于活动产生了期待与兴趣，从而更好地融入了活动中。

如何让班级的环境对于孩子而言是可预测的、可控制的呢？以下内容值得我们参考。

1. 幼儿园活动具有规律性

对于一个园所而言，一年的四个季节会有相应的作息时间，如春秋季作息时间、冬季作息时间、夏季作息时间。每个季节的作息时间因为季节的特殊性会将每日的生活、运动、游戏、学习四大板块活动进行调整，例如，考虑到气温的关系，在冬季会先进行游戏活动，再进行运动活动，而在夏季通常会先利用早晨相对较为凉爽的天气进行运动，而后进行游戏活动。每个园所根据自身情况的不同，作息时间有所不同，但每位老师都应遵循一日作息表，形成幼儿园活动的规律性，这样有利于幼儿了解自己在幼儿园的各种活动，不必担心接下来会发生什么，我需要做什么，能够对在园的生活进行预测，更坦然地进行活动。

进入了冬季作息，宝宝们来园之后，将先进行游戏活动，待学习活动之后才进入运动环节。昨天放学时，老师已经和中班的宝宝们进行了交流，这不，一早来园之后，优优刚准备脱外套运动，和她一起来的棒棒就提醒道："优优，我们好像应该先去上班了吧。""对哦，天气冷了，我们待会儿再去运动的。""那我先去看看预约板，哪儿有空，找找我能去上班的地方。"

对于小班年龄段的幼儿，有规律性的幼儿园活动，可以帮助他们更快地适应幼儿园生活。面对分离焦虑的孩子，除了安慰之外，还可以让宝宝知道每天在幼儿园需要完成的几件大事情：和朋友一起玩、吃完饭、睡午觉，再和朋友玩一会儿，放学时间就到了。这样可以让孩子更为安心地参与到活动中。

而中、大班的幼儿基本上已经较好地适应了幼儿园的一日生活，因此，有规律的幼儿园活动能够使幼儿在园所中更好地发挥主人翁意识，如案例中的两个女孩，对规律的掌握，让她们可以更从容地面对转换，通过自己的思考，进行推测。

2. 教学内容和形式、活动组织方式更有弹性，赋予幼儿选择权

随着课程改革的开展，幼儿的主体性得到了更充分的体现，在幼儿园一日活动的组织过程中，应注重幼儿之间的个体差异，给予孩子个性化的指导。老师围绕着孩子的兴趣及需求进行环境的创设与活动设计。在活动设计过程中，及时根据幼儿的需求进行调整，使教学活动的内容和形式更为丰富，可以更好地吸引幼儿参与到活动中来。

活动组织方式从"师本位"转化为了"生本位"，使得活动的组织方式更有弹性。在小组、个别活动时，将活动的选择权交还给孩子，让孩子成为环境的主人，在提高孩子兴致的同时，可以让孩子体验到他对于环境的自主权。正如在案例中，优优能够通过预约的方式去计划并选择自己喜欢的角色进行角色游戏。又如在中、大班个别化学习的过程中，老师在根据主题及幼儿需要提供完材料之后，将空间交还给孩子，鼓励幼儿自己去选择学习的内容，并且有计划地在主题开展时间内，尝试参与并完成每个别化学习内容，在整个过程中幼儿可以自由选择，商量轮换。

3. 环境中拥有舒适的个人空间

走进幼儿园，无论是大厅还是教室，环境的创设都会以温馨、舒适为基调，这样的设计能自然地帮助幼儿获得安全感。此外，每个人都会有自己的小秘密，而在幼儿园里，幼儿同样需要一个可以自主管理的个人空间。可以是一个小小的安全角落，也可以是每个人独自的小抽屉，甚至是自己的小书包，这个私人空间内可以存放自己的小物品和小秘密，让幼儿可以在教室中感到舒适。同样，对于小抽屉、小书包的整理，也能帮助幼儿形成良好的生活习惯。

二、接纳

在幼儿一日生活中，需要为孩子提供一个接纳的环境。所谓接纳的环境指的是在环境中孩子能充分地感受到被接纳，能够感受到老师对他所涉及的内容有兴趣，感受到老师对他的欣赏。而这样一个接纳环境的营造首先取决于老师的态度。

馨馨今天兴高采烈地来到教室，对着老师说："老师老师，妈妈在幼儿园门口的布告栏里看到了我的照片了。""真的呀。妈妈一定很高兴。"老师蹲下了身子，摸摸馨馨的脑袋，微笑着回应馨馨。"老师，妈妈说因为我做的风筝很漂亮，所以我的照片和风筝一起展示在门口了。""是呀，我知道馨馨很擅长画风筝面，下次有机会的话，我还请你帮忙，你的建议对我们很重要。"

老师接纳了馨馨的想法，认可了她的经历，欣赏并肯定了她的特长。从中，馨馨能感受到老师对她的作品十分有兴趣，感受到了认可和欣赏。设想一位老师欢迎幼儿，和他们一起讨论生活时，她的样子总是能向幼儿传达出她的诚挚、专心与享受其中，那么孩子也会清楚地感受到他们的想法、他们的故事，都是受到老师和同伴的欢迎并接纳的。长此以往，班级接纳的氛围便会形成。

处理幼儿出现的"小问题"时，教师需要注意与幼儿沟通时的态度。首先，教师要明白错误并不等于缺点。其次，教师和同伴需要用友善的态度与幼儿进行沟通并对其错误事件进行包容和接纳，通过良好的沟通、分析使得幼儿欣然承认自己的错误，并且能及时修正错误或者接受帮助。循序渐进地使孩子在实践中渐渐懂得知错能改便是成长的道理。在此过程中，孩子积累着与学习、评价和错误相关的积极经验，养成积极的态度。情绪能力不仅仅是对自己情绪的控制、理解，也包括对事物的积极态度。当然面对孩子的进步时，老师需要及时给予认可，并且接纳孩子情绪，积极表达"这件事情真让人高兴"，为孩子的情绪贴上标签，并且为孩子树立良好情绪表达的榜样。

接纳还可以从教室环境的布置中反映出来。例如，在中班"我爱我家"主题开展过程中，为了更好地接纳和体现孩子们已有的生活经验，在教室的整体环境布置上，特别是主题墙的创设上，老师和孩子们一起收集了关于家人、房子、宠物的照片，邀请家长和孩子一起完成"我的家"的亲子绘画作品，并且请幼儿和老师一起把这些内容呈现在教室环境中。这些与幼儿生活点滴息息相关的事物在教室中的呈现，能给予孩子接受的感觉，同时帮助孩子获取安全感。

三、积极回应与评价

在与幼儿的互动中，教师的积极回应与评价能给予幼儿及时的满足与成就感，协助幼儿更好地投入到活动中。

在角色游戏中，大伟作为今天的超市负责人，非常认真地完成了自己的工作，整理货架，为超市里的物品贴上标价，和收银员一起讨论标价，及时补充物品并核对收益。"大伟，你觉得这份工作重要吗？""嗯。""为什么呀？""没有我，超市里的东西就不知道价钱了，没有整理货架，里面就变得乱乱的了……"大伟边说边想，在老师的引导下，慢慢地叙述着他对工作的看法。"你们两个刚刚都努力工作了吗？""嗯，我们的生意很好。""你们的收入怎样呢？""我们两个刚刚在算，每个客人买的东西，我们都核对过的。"大伟回答。"有遇到什么困难吗？""贝贝明明只要付3元，可是她只有一张5元。"大伟回答道。"那问题解决了吗？""嗯，我们想了想，我们排了一排，5元有5个1元，我们拿掉三个，还剩下两个，就找给她了2个1元。""你们的想法可真棒，的确是找2元。""老师，我们今天棒不棒呀？""你们今天的工作的确很出色，顾客都表扬。"老师评价道。

老师的积极评价及回应，能够促进师生间的积极互动，帮助幼儿建立情绪上的安全感，并且使他们从中获取积极的情绪体验。从老师积极的回应与评价中，幼儿可以感受到自己的影响力，感受到自己在活动中的重要性，可以从另外一个角度欣赏自己的成果，认识到自己的重要性。正如，在与大伟的交流中，老师通过积极的回应与评价帮助大伟欣赏了自己的劳动成果，通过回想，大伟用语言再现了刚刚他在超市内的所作所为，老师的评价让他明白了自己刚刚是在努力工作，积累了相关的工作经验，并获得了被肯定的喜悦感。在评价的过程中，老师不仅仅帮助了大伟积累了工作的经验，同时帮大伟梳理了他所运用到的数概念，积累了相关的数经验。

第三节　情感沟通与安全感的建立

除了借由外部环境创设积极良好的互动氛围给予幼儿营造安全感的环境之外，教师们还可以通过他们自己的脸、身体表现出来的肢体语言，协助幼儿建立情绪安全感。微笑、温暖的注视、肢体的亲近、温柔而又亲切的接触以及支持性的言词都可以使幼儿感到温馨、舒适与被接纳。

一、微笑与注视

教师的面部表情、言行举止都是孩子们十分关注的。老师与孩子互动时的一举一动对孩子都十分重要且影响重大。

因此，当老师以温暖的微笑面对幼儿时，他们立刻会从老师的面部表情上感受到情感上的安全。微笑的方式有两种，一种是冷漠的甚至没有看着对方的微笑，简单而言就是皮笑肉不笑，仅仅是一种敷衍；另一种则是会心地注视着对方，用微笑传达着鼓励与支持。

孩子们是十分聪慧的，随着与老师的熟悉与年龄的增长，他们能较好地分辨出老师微笑的差别，体会出笑容里面的真实与敷衍。

除了微笑之外，师生之间的眼神交流也是十分重要的。当一个老师注视着一个幼儿眼睛的时候，通常传递着这个老师对于那个幼儿的思想和感受抑或是当前行为正在给予关注，这样的注视中能使孩子感受到被需要与被接纳。

由此可见，老师积极的、出于真情实感的微笑与注视，可以不借用语言也能向幼儿传递出关爱、关注，使幼儿体验到自己在集体、在老师面前是有价值的，形成自我价值感。当孩子处于焦虑状态时，老师一个亲切的微笑与注视，可以帮助幼儿稳定情绪。如果一个教室内充满了微笑，那么相信这个教室的氛围一定是温馨、充满快乐的，班中的孩子亦会拥有十足的安全感。

然而需要注意的是，在与情绪不佳的孩子交流时，在给予微笑与注视的同时，老师或父母有时会期望通过开玩笑、逗乐等方式转移幼儿的注意力。此时，需要密切关注幼儿的面部、声音及行为变化，从而给予及时的反馈与回应。如果成人或老师对于孩子的反应没有及时回应的话，大部分幼儿可能会以哭闹、忙乱、激动来表达自己的情绪，最后因为得不到关注与满足而变得失望无助。

小贴士

孩子是敏感的，因此，他们能很好地分辨出老师对于他们的微笑与关注是否出于真心。当他们时常能从老师那里得到满足之后，便会和老师形成良好的师幼关系，这样可以拉近师幼间的距离。你能发现，孩子会十分喜欢来向你提出问题，期待你的回复。

二、身体的亲近

每个人都有自己的个人空间。人会无意识地与他人保持一段距离，而这段距离会因为自己和对方关系的改变而改变。如果是熟悉且亲近的人，即使坐得很近也不会有任何不自在的感觉。

俊俊是个腼腆的孩子，因为语言能力的滞后，他常常显得没有信心去尝试做一些事情。在今天的户外运动中，当所有孩子都完成了热身运动，选择好自己想玩的器械开始进行今天的运动时，俊俊独自站着看着周围的朋友。这时，老师悄悄地走近了俊俊，俊俊也感受到了老师的靠近，看了看老师，看了看近处的小篮球。老师注意到了俊俊的视线转变，对着俊俊点点头，给予微笑，俊俊得到了老师的回应，拿起了球，从路径通过，尝试投篮。"老师，我能投球。"当俊俊投进了一球之后，他高兴地向身边的老师说起了自己的新尝试。

在幼儿园一日生活中，老师与孩子的身体亲近无时不在，近距离地站着、坐在一起，这些都能算是身体的亲近。

根据安全堡垒的理论，当幼儿知道他能依靠一位重要的人，在必要的时候这位重要的人一定会出现，并提供他所需要的照顾时，他就会拥有无比的信心，主动去探索这个世界。当孩子进入幼儿园，与老师形成了良好的互动关系之后，老师便成为幼儿在幼儿园中的那位"重要的人"。

在幼儿园中，幼儿喜欢围绕在老师的周围，当然老师也需要仔细观察并在适当时机接近或亲近幼儿。正如上述案例中，当老师发现了俊俊无措的情况后，她的及时亲近给予了俊俊无声的支持，让他感受到他也是被老师关注的，是被爱的，同时也是班级中的一员，是有价值的。老师对于孩子的敏感，帮助了孩子进行尝试与探索。因此，幼儿可以通过与老师的亲近和老师欣赏的表情获得心理支持，从而能够更大胆地进行探索与创新。

三、身体接触

在幼儿一日在园生活或者是在平日生活中，老师或者父母如果仅仅只是给予微笑、注视、身体亲近是远远不够的。对于孩子而言，他们同样十分需要身体接触。无论是托班、小班、中班还是大班的幼儿，他们都需要从老师温柔亲切的身体接触中获得情绪的安全感。

"老师，贝贝又不跟我玩了。"一一直接冲到了老师身边，抱起了老师的大腿，向老师诉说起了自己的不满。老师蹲下身子拥抱住一一，询问道："一一，发生什么事情了呀？""贝贝跟别人玩了，不跟我玩。""没事哒，班级里大家都是好朋友，我们可以和他们一起玩呀。"老师摸了摸一一的脑袋，鼓励一一参与到朋友的小圈子中去。"棒棒，你怎么了呀？"老师发现棒棒站在独木桥边，看着独木桥而不前行。"勇敢点，我来保护你吧。"于是，老师伸出了手，握住了棒棒的小手，棒棒鼓起勇气，走上了独木桥。

从一一的反应中，可以看出一一和老师之间有着良好的师幼关系，当面对一一生气的告状时，老师的选择是通过肢体及语言给予其安抚，同时给予合适的问题解决策略。老师的拥抱给予了刚刚在朋友那儿受挫的一一安抚，同时亲密的身体接触让一一体验到了安全感与被呵护。她所需要的依恋得到了回应。而在棒棒的身上，我们能发现，小小的肢体接触可以在孩子面对困难时，帮助其勇敢地面对挑战，树立信心。

由于家庭教养方式及文化背景的不同、幼儿年龄特点的差异等各种因素，并非每个孩子都喜欢和老师进行拥抱。这时，就需要老师根据孩子的特点给予不同的支持方式。例如，对于大班的孩子而言，他们虽然有时渴望拥抱，但又觉得自己已经是幼儿园里的大哥哥大姐姐了，这时老师可以通过轻拍肩膀、鼓励性质的摸摸脑袋给予其认可和肯定。

小贴士

刚刚进入幼儿园的那段时间是分离焦虑期，作为老师，不妨每天给予来园的孩子一个大大的拥抱，慢慢地和孩子们建立起良好的关系。而对于中、大班的孩子，他们对于拥抱同样需要，但是有时"小大人"们会有些不好意思，因此，可以借由击掌、拍拍肩膀、摸摸脑袋等肢体动作给予他们鼓励与支持。当然男孩和女孩对于他们所喜爱的肢体接触方式也不同，可以在平日里留个心，给予孩子个性化的鼓励方式。

四、语音、语调与语言

在与幼儿日常的相处过程中，语言交流是必不可少的。幼儿在与成人的沟通中，可以获得存在感，幼儿可以从成人的语言中习得语音、语调。同时，可以从中积累词汇，增强以后的阅读能力。因此，与孩子交流的过程中，语音、语调与语言的区别是十分需要老师留意的。

首先，在语音上，当面对班级人数较多时，有些老师会不自觉地放大音量，以免幼儿听不见。渐渐地可以发现这个班级的孩子声音也会越来越大，而相应的，老师的声音也逐渐增大，由此逐渐形成了班级嘈杂的氛围。因此，在语音上，老师可以选取适当的语音，有起有伏，对于孩子而言反而更有吸引力，同时可以培养幼儿安静倾听的好习惯。

其次，在语调上，老师需要用温柔、安心、关心的语调与幼儿沟通，这样能够通过言语向幼儿传递安全感，鉴于幼儿的理解能力有限，有时语调比用词更为重要，特别是新手老师可能不会很好地运用适合幼儿理解力的语言，幼儿可能听不懂你的话，但他能从你的语音语调里，体会到你是在关注他、关心他，而非责怪。此外，当你和孩子形成了良好的默契之后，语音语调上的微微变化，便可给予孩子们暗示，帮助他们及时关注自己的行为。

这个时候，班级的常规便会易于维护。

最后，在语言方面，年幼和年长的幼儿则有着不同需要。年幼的孩子需要温柔、使其安心、显示老师关心的音调，老师儿童化的语言更能拉近与孩子间的距离。而年长的幼儿则需要老师在温柔的音调上进行准确、清晰的语言表达，帮助幼儿习得良好的语言，同时给予孩子安全感。例如，在孩子需要寻求老师协助的时候，老师可以用"我现在需要……，请你等一会儿再……好吗？"的语言模式，提示幼儿等待。在对孩子表达欣赏时，可以用"我相信你能行"。当师生之间习惯于用准确且清晰的语言进行交流之后，孩子们慢慢会将老师的话语内化，并在日常的交流中进行运用。

除了用清晰的语言表述之外，在面对年长幼儿时，随着其理解能力及记忆力的发展，老师可以尝试运用语言帮助幼儿建立过去与现在的连接，鼓励幼儿回忆并表述过去的经验。例如，在春游前夕，进行安全教育时，提醒幼儿："还记得我们上次去春游的事情吗？我们得做哪些准备？在过程中要注意些什么？这次秋游，我们也同样要做到哦。"或是："还记得我们上周介绍的图画书吗？这次的这本和上次的故事是一个系列的。你觉得会发生些什么事儿？"通过开放性的提问，帮助幼儿分析思考，帮助幼儿从中树立对现在和未来的信心。

【专栏】3.1 男性教师在幼儿园的重要性

随着时代的发展，以及社会观念的转变，幼儿园男教师越来越受到园所和家长的欢迎。近年来从关于父亲参与幼儿成长的研究中可以发现，男性同样是养育幼儿的重要参与者，无论是父亲还是男老师都可以帮助幼儿发展情感上的安全感，帮助其了解和表达他们的情感。

虽然市场需求很大，但真正从事幼教的男性教师占幼儿园教师队伍的比例却很小，不到1%。这可能还是与教师的收入及长久以来人们对幼儿教师的性别刻板印象所致。目前，在幼儿园中，男性教师的职业发展前景较好，对于幼儿而言，科班出身的幼儿园男性教师可以帮助其弥补女性教师的不足。

相对于女教师而言，幼儿园中的男教师拥有着自己的特色，在与男性教师的互动中，幼儿可以体会到男老师也是十分有爱心且温和的，只是出于自己的个人风格及性别特点，男性教师对于幼儿的教养方式与女性教师有所不同，可以弥补女性的不足。男教师拥有更充沛的精力参与幼儿的各类活动中；男教师会以更多不可预知的方式与孩子们进行互动；男教师更容易在介入帮助之前，让幼儿探究更多新的经验。这些由性别差异带来的不同，可以帮助幼儿形成开放的个性特征，发展更为积极的人际关系。

第四节　影响幼儿情绪安全感发展的关键时机

幼儿对于情绪安全感的需求，会随着幼儿的发展以及环境的变化而有所改变。作为老师，需要了解到这些变化的关键时期，给予其相应的回应与辅助，使幼儿的需要得到满足。影响幼儿情绪安全感发展的关键时期包括：进入一所新幼儿园时、换老师时以及开始新的知识学习时或学习遇到困难时。

一、进入一所新幼儿园时

作为一名新生进入幼儿园时，幼儿需要面对与主要照料者分开后的分离焦虑，需要面临对周围环境的不确定而产生的焦虑，这是幼儿情绪发展的关键时期。在这个过程中，在老师与父母的帮助下，幼儿将努力地让自己熟悉新环境，建立安全感。

在这个过程中，孩子会有许多不适宜的行为出现，最常见的是哭闹、发脾气。有一些孩子会出现退缩行为，或拒绝一切活动，仅仅是安静地观察着大伙儿。也有部分幼儿会表现出疯狂的活动以及其他不适宜的行为，例如，在户外活动时尝试往外逃离；躺倒在地，不愿起身等。

为了帮助孩子更好地度过这个阶段，老师可以在幼儿入园前及入园后为幼儿做好相应的辅助工作。

1. 入园前

（1）家访。这是在新生入园前不可或缺的一个步骤。老师在家访之前首先与家长取得联系，与家长进行简单的交流，例如介绍班级的基本情况。建议家长在老师到达之前和幼儿先进行简单的交流等。在家访时，老师在幼儿熟悉的环境中与幼儿见面，通过温和的语音语调和幼儿进行相互自我介绍，简单握手与交流。及时向父母或主要照料者了解幼儿的基本情况，并向父母和幼儿介绍入园的注意事项等，与幼儿和家长之间形成友好、安全的关系。

在家访的过程中，可以请家长提供一些全家福、父母照片等物品，在幼儿入园之前的教室布置中融入这些元素，让幼儿进入教室后，能够同样看到自己喜爱的父母。此外，可以建议在新生入园时，家长给孩子带上一件孩子的依恋物，如孩子的安全毯，增加幼儿的安全感，减少入园焦虑。

（2）参观幼儿园。在开学之前，老师组织进行亲子活动，邀请爸爸妈妈带着宝宝一起来到幼儿园内。让宝宝在爸爸妈妈的陪同下体验一次在幼儿园的生活，同时能够让他们熟悉幼儿园的环境。经过幼儿的亲身体会，以及爸爸妈妈的协助回顾，帮助幼儿熟悉在园生活的各个环节，使幼儿对幼儿园生活产生预期。

2. 入园后

（1）鼓励幼儿参观教室。在入园伊始，幼儿进入班级之后，给予孩子时间去熟悉教室环境，当孩子停止哭泣时，鼓励其去教室的各个角落摆弄材料，欣赏教室的环境布置，试着寻找好朋友。当部分幼儿十分想念父母，十分焦虑时，可以鼓励他们前往照片墙前，寻找自己的全家福，同时欣赏别人的全家福。在此过程中，孩子会对教室产生熟悉和安全感。

（2）允许幼儿独自旁观。对于缺乏安全感的孩子而言，可以允许他在老师的陪伴下单独地在一边旁观，等他逐渐适应团队互动之后，再适时地鼓励其选择进入集体的活动。

（3）帮助幼儿体验成就感。对于幼儿而言，在幼儿园里一切都是新的。进入班级、在幼儿园吃点心、在幼儿园独立进餐、在幼儿园午睡……对于孩子而言这些都是挑战，老师应及时地帮助孩子体验成功的喜悦，例如这样说："宝宝今天自己把饭吃得干干净净的，你真棒。"孩子体验到了成功，才会勇于进一步的尝试，喜欢上在园的生活。

（4）清楚地界定幼儿的行为规范。进入班级之后，幼儿需要在了解在教室内哪些是被期待的行为，哪些是不被允许的行为，从而建立和维持幼儿的安全感。由此，幼儿可以知道老师会如何妥善处理争议和爱护幼儿，同时也让幼儿明白，如果他们违反教室规定，老师也不会放纵他们，在帮助幼儿建立预期形成情绪上的安全感的同时，也有助于形成良好的班级常规。

小贴士

除了新入园的小班幼儿之外，面对转学生时，上述教师行为同样适用，面对中、大班的转学生时，教师可以先给原先班级幼儿预告，鼓励幼儿和老师一起用行动欢迎新同学，在平日里多多帮助他，这样不仅可以提高班级幼儿的助人意识和助人行为，同时也能帮助新生更快地适应班级生活。

二、换老师时

面对自己的离职，有些老师觉得孩子年纪小，说不定等过完假期他们就会忘记老师，因此无需和他们道别；有些老师则担心孩子们的哭闹而不愿向孩子们透露；甚至有些老师会认为无声无息地离开是最好的选择，其实不然。

幼儿与老师之间良好、亲密的关系可以帮助幼儿主动探索与学习，促进幼儿社会能力的发展，提高幼儿的学业成绩。一旦这样的关系形成之后，与老师之间的分离，便会和与父母分离一样，对孩子造成分离感，随着老师的离开，幼儿悲伤和忧郁的情绪也可能就会产生了。如果老师无声无息地离开，可能会影响成人在幼儿心中的可信任或可依赖的程度。

由此，当老师出于自身原因或单位调动原因，需要离开原先所在班级时，老师需要事先告知幼儿。老师和孩子们一起分享彼此间值得纪念的回忆，进行告别，同时进行新老师的介绍，这样孩子们在了解了事情之后同样会理解老师，并更快地接受新老师。

> **小贴士**
>
> 老师和孩子一旦形成良好的依恋关系之后，特别是非常牢固的关系之后，当老师变换时，孩子会产生不适应。特别是中、大班的幼儿，有些孩子会明确地对家长或新老师表示，我以前的老师不在这个班级了，这个不是我的老师，是新老师。面对两位老师离开一位的状况时，留任的那位老师，除了给予孩子们情绪上的支持之外，还需要协助新老师与孩子之间建立良好的关系。除此之外，关于教育内活动规则制定等问题的磨合也是与孩子建立良好关系中的一个重要环节。

三、开始新知识的学习或学习遇到困难时

在每天的幼儿园生活中，孩子都面临着新事物与新挑战。这些有挑战性或有难度的活动可能会让幼儿担心被嘲笑、担心自己会做错、担心自己可能会因为做得不好而被忽略，因此，这些新挑战可能会动摇幼儿的情绪安全感。在年长幼儿和害羞幼儿中这种担心更为常见。

其实，当幼儿面对挫折时，如果能够得到妥善的处理，例如，在老师、同伴处获得鼓励或支持，那么对于幼儿而言不但收获了信心与安全感，同时收获了相互支持的经历。

作为老师，可以通过以下行为将开始新的学习或学习有困难时的积极影响发挥出来。

1. 搭建鹰架

作为教师，在设计活动时，需要充分考虑班中幼儿的已有经验，关注幼儿的最近发展区，在幼儿的已有经验上，搭建鹰架，帮助幼儿成长。在帮助孩子解决困难时，也要从孩子实际的角度出发，给予提示与引导，帮助其分析思考，从而完成挑战。

2. 鼓励努力和进步

对于孩子的努力和进步应及时地给予认可，使孩子获得支持感与成就感，养成自信与

勇于挑战的信念。

小贴士

所谓的搭建鹰架，就如同我们在造房子时，在房屋外面建立脚手架一样。鹰架的作用在于辅助幼儿从自己已有的经验基础上，向上攀登。当然，由于个体差异，当面对个体问题时，每个孩子所需要的鹰架可能各不相同，需要老师对幼儿有充分的了解。

本章总结

在本章中，我们充分认识了创造一个情绪安全感的环境，对于幼儿的重要性。并且对教师如何创设一个有情绪安全感的环境进行了论述，对于缺乏安全感的幼儿而言，教师与之形成良好的师生关系，有助于幼儿的发展。

幼儿在园的一日生活中，情绪安全感对于适应群体、参与活动、心理发展、学业发展都是十分重要的，教师对于外部环境的创设、教师的言行举止都能对幼儿的情绪安全感造成影响。因此，作为一名教师需要对孩子安全感发展的敏感期非常敏感，从而帮助幼儿建立良好的安全感，形成良好的师幼关系。

请你思考

当面对一个缺乏安全感的孩子作为转学生进入你的班级时，你能做些什么来帮助他更好地融入集体？

拓展阅读

《儿童心理学》，作者谢弗。

该书对儿童心理学这门学科现有的发现和成果作了介绍和总结，回答了近些年来家长、老师和社会都广泛关注的儿童成长方面的问题，比如，有没有一些"正确的"抚养孩子的方法，如何充分挖掘孩子的潜能，孩子的哪些问题是家长和老师需要了解和矫正的，儿童每天应该看多长时间的电视，是否能够从儿童期的行为预测长大后的智力，等等。

该书的语言浅显易懂，深入浅出，无论是选修心理学课程的学生，还是各级教育工作者，或者是想知道"孩子为什么不高兴了"的家长，都会发现本书不仅有用，而且有趣。

第四章

帮助幼儿理解情绪

孩子们陆陆续续来到幼儿园，准备和老师进行户外运动了。老师点了点人数，发现美美还没有来，可能今天美美又不想来幼儿园了吧。已经是小班的第二学期了，美美依旧对上幼儿园这件事情，显得很焦虑。等老师带领小朋友进行了热身运动后，美美才从操场的一角，极不情愿地低着头，小手插兜，慢慢地走向老师和小朋友们。看到美美来了，老师热情地和美美问早，美美却低下头，小声地说了句老师早，便站在一边看着大家运动。看到美美情绪不高，老师停下来走到美美身边，轻轻地抱住她说："美美，今天有点不舒服吗？"美美点点头说："我有点累。"老师接着问："那你是要休息一下吗？老师现在要和小朋友们做一个很有意思的游戏哦？你也来参加吧，好吗？"美美摇摇头，说："我不想。"老师说："发生什么不开心的事情了吗？"美美说："妈妈今天没有送我来幼儿园，是外公送的。"老师恍然大悟："哦，原来美美是因为妈妈没有送你来幼儿园，有点难过，对吗？"美美点点头，眼圈开始有点红了。老师用力抱了抱美美，说："嗯，没关系，宝宝和妈妈分开是会有一点点伤心，有一点点难过，但是我们只和妈妈分开一小会，睡醒觉，外婆来接美美，回家就能看到妈妈了，对不对？"美美抬头看了看老师，点了点头。老师对美美说："你今天可以站在老师旁边，和老师拉着手来做游戏，你愿意吗？"美美点点头，和老师拉着手，走到了小朋友们中间。

识别并理解自己的情绪，对于发展幼儿情绪理解能力来讲是十分重要的。幼儿的情绪智力首先要建立在他对自己情绪的理解以及对他人情绪理解的基础上。幼儿情绪理解能力是幼儿社会性发展领域研究的重要内容。儿童情绪发展的最高境界不仅仅包括对自己情感的表达和控制，也包括对他人情感的正确理解，也就是理解他人情感的原因、性质和真实性。在幼儿情绪发展过程中，缺失哪一个方面都是情感发展的不健康表现。本章，我们将聚焦幼儿情绪理解能力的发展。

第一节 幼儿情绪理解能力

情绪理解（emotion understanding）可简单地解释为个体对情绪的理解。情绪理解能力作为情绪智力的一个成分，被认为是有关情绪—认知发展研究的一个关键因素。情绪理解为情绪交流和社会关系提供基础，是个体发展和社会适应的良好反映指标。情绪理解在幼儿管理情绪和处理同伴冲突中是一个十分有效的工具，它的发展有助于幼儿交流自己的感受，预测他人的感受和行为，对事件和情绪之间的因果联系进行更完整地加工，对其社会能力的发展也有着重要的作用。情绪理解能力在整个幼儿期处于不断发展之中，对幼儿的日常生活和社会交往具有不容忽视的作用。

一、情绪理解能力的含义

对于情绪理解，国内外研究者提出了不同的概念界定。

我国学者姚端维等人（2004）认为，情绪理解是指对所面临的情绪线索和情境信息进行解释的能力；杨丽珠等人（2003）认为，情绪理解就是个体对自己或他人的内在情绪体验的推测和理解；徐琴美、何洁（2006）认为，情绪理解是儿童理解情绪的原因和结果的能力，以及应用这些信息对自我和他人产生合适的情绪反应的能力；马春红（2010）在结合他人结论和自己研究的基础上，认为情绪理解是个体根据所面临的情绪线索和情境信息，对自己和他人的内在情绪体验进行推测和解释，并作出合适的情绪反应的能力。

国外学者对情绪理解能力的研究及界定较为丰富。卡姆拉斯（Camras，1980）认为，情绪理解就是幼儿在早期形成的解释情绪表达和理解情绪与其他心理活动、行为和情境之间关系的能力。考恩等人（Nannis & Cowan，1987）提出情绪理解是指儿童对自己和他人的情绪以及情绪如何起作用的认知，并将情绪理解作为一种社会认知能力进行研究。卡西迪与帕克（Cassidy & Parke，1992）认为，情绪理解是儿童理解情绪的原因和结果的能力，以及应用这些信息对自我和他人产生合适的情绪反应的能力。在心理理论中，伊泽德、哈里斯（Izard & Harris，1995）把情绪理解定义为是对情绪加工过程（如情绪状态和情绪调节）有意识的了解，或者对情绪如何起作用的认识，是研究个体对他人情绪外部表现以及他人外部情绪表现与他人内部心理状态的关系。

综合前人观点，情绪理解能力是个体理解情绪的原因和结果的能力，并对自己和他人的内在情绪体验进行推测、解释以及作出恰当反应的能力。

二、情绪理解能力的要素

幼儿心理理论中对情绪理解的研究包括儿童对简单面部表情和引起这些情绪的情境的识别；对基于愿望的情绪理解，对基于信念的情绪理解；对冲突情绪的理解，对观点采择的研究，以及对情绪调节的研究。

本文把幼儿的情绪理解能力分为对情绪状态和情绪过程的理解两个大的领域。

（一）幼儿对情绪状态的理解

1. 面部表情的理解

面部表情是人们情绪体验的外在表现，根据面部表情可以推测一个人的情绪状态。面部表情识别的研究通常是让幼儿再认高兴、生气、伤心、恐惧等情绪表情的图片，考察幼儿识别基本情绪的能力。有研究指出，9个月的婴儿就已能根据面部表情正确推断成人高兴和悲伤的情绪。哈维兰等人（Haviland）让10周大的婴儿识别高兴、悲伤和生气三种表情，结果发现他们能再认面部表情。此外，还有研究发现，幼儿对积极表情的识别能力要高于对消极表情的识别。尼尔森（Nelson）提出，面部表情的识别能够反映出幼儿可以通过情绪表情推测他人的内部心理状态，并且这种推测仅仅是基于外部环境，不受幼儿本人复杂的心理状态的影响。

2. 情绪情景的理解

情绪情景理解指的是在特定情景中，根据情景线索对主人公的情绪进行识别或推断。很多研究设计了一系列特定情绪情景，如德纳姆（Denham）通过木偶的肢体语言、声音、表情线索来呈现明显情景任务和非明显情景任务，以考察幼儿是否可以对情景中人物的情绪进行正确识别。明显情景任务指大多数人在此情景中都体验到同一种情绪，非明显情景任务是指在情景中有些人体验到某种情绪，而另一些人体验到另一种情绪。实验中事先有幼儿的母亲报告该情景中的情绪体验，而呈现的木偶的情绪与母亲报告的幼儿情绪相反，从而探讨幼儿能否推断违背自身体验的他人情绪。研究结果表明，在明显情景中，高兴、伤心等积极情绪最容易识别，害怕最难识别；在非明显情景中，当木偶的情绪和幼儿相反时，幼儿更容易识别，积极—消极情绪的组合较消极—消极情绪的组合容易识别。还有研究考察了情景线索与其他主要是表情线索冲突时的情绪识别，结果发现，从6岁开始幼儿能够综合考虑矛盾情景的情绪线索来推断他人情绪。

3. 混合情绪理解

混合情绪理解能力指个体意识到同一情景可以同时诱发两种不同的甚至矛盾的情绪反应的能力。混合情绪理解常用故事访谈法研究，其故事情景具有引起混合情绪或冲突情绪反应的特点。比如，将要放假时，面对放假的轻松和与老师、朋友的暂时分别，就会同时体验到高兴和难过两种情绪。经典的混合情绪研究范式通常分为三个任务：其一为简单解释任务，即向幼儿讲述一个情绪冲突故事，并说明故事主角感到两种相冲突的情绪，让幼儿解释原因。其二为解释/探测任务，即仅仅向幼儿讲述故事，然后问幼儿故事中人物的感受是什么。其三为讲述自己的经历，问幼儿是否同时感受过高兴和难过的事情，并讲给主试听。一些研究表明，5岁幼儿对冲突情绪的理解仍然有困难；到了6岁，幼儿开始知道同一客体可以引发一种以上的冲突情绪。

（二）幼儿对情绪过程的理解

如果说对情绪状态的理解更多是静态的，是对个体或他人当时的情绪理解，那么对情绪过程的理解则是相对动态的。儿童对情绪过程的理解，不仅仅是理解他人当时的情绪，还在于理解情绪形成的原因与过程。

1. 情绪归因的理解

情绪归因能力就是在一定的情境中，个体对他人的情绪体验，以及使他人产生情绪体验的情境作出原因性解释和推断的能力。研究者一般采用半结构的访谈法，以幼儿的情绪观点采择和情绪原因的解释为指标，探讨幼儿在情绪归因上的发展。比如德纳姆让幼儿探讨玩偶的情绪产生的原因；卡西迪（Cassidy）等人让幼儿谈论自己、父母和同伴产生某种情绪的原因。结果表明，5～6岁的幼儿能够对自己和他人的情绪体验给出合理的解释。姚端纬等人的研究表明幼儿在情绪归因上年龄和性别存在着显著的差异，但性别和年龄的交互作用不显著，3～4岁是幼儿情绪观点采择发展的一个关键时期，而情绪观点采择能力能够促进情绪调节能力发展。还有研究表明，即使是3岁的幼儿也能够在情绪原因解释上表现出一定的能力。

2. 基于愿望与信念的情绪理解

基于愿望的情绪理解是指个体对于自己或他人在情景是否满足愿望时所产生情绪的理解。研究表明，3～7岁幼儿对情绪的预期，与他们理解愿望是一种主观的心理状态的能力有关，一个情境引发人何种情绪，要看它是否满足了他的愿望，个体的愿望是决定情绪状态的最主要原因。有的研究者认为，3岁左右的幼儿就能够理解情绪和愿望之间的联系，3岁幼儿能准确预测故事主角扔出的球被期望的对象接到时，会感到高兴；如果是另外一个对象接到，会感到难过。威尔曼和伍利（Wellman & Woolley）发现，2.5～3岁的幼儿知道故事中的人得到他期望已久的兔子时，感到高兴；但当兔子换为小狗时，将感到难过。这些研究表明，3岁可能是幼儿获得基于愿望的情绪理解能力的关键年龄。哈里斯和约翰逊（Harris & Johnson）等研究发现，3岁幼儿能够正确理解基于愿望的情绪，但不能正确理解基于信念的情绪，4岁幼儿开始能够理解和信念有关的情绪，到6岁时幼儿才能够较普遍地通过基于信念的情绪理解任务。这些研究表明了幼儿基于信念的情绪理解晚于基于愿望的情绪理解。

3. 情绪表现规则的理解

情绪表现规则是指个体在社会化过程中获得的用以指导特定社会情景下的情绪表达，以符合社会期望的规则。在许多情况下，社会环境促使幼儿根据更多的社会期望来调节自己的情绪，比如，即使收到不喜欢的礼物，也要微笑并表示喜欢这个礼物等。哈里斯等人的研究发现，6岁幼儿能够初步区分有关情绪表现规则的面部表露和内心体验。也有研究者提供了一个较客观的实验范式：即给幼儿一个失望的礼物，比较实验者在场和不在场时幼儿的情绪反应，发现4岁女孩已经能够使用情绪表现规则。

4. 情绪调节的理解

情绪调节是指对情绪产生、继续的过程和对内部情感状态的发生、强度或持续时间的调节，以及和情绪有关的生理过程。对情绪调节的研究总体上较少，现有的研究主要涉及产生情绪后的调节策略、产生的情绪对他人的影响等问题。研究主要采用自我报告法，首先呈现故事情景图片，然后让儿童回答：主人公的情绪反应，他怎么做才能使自己感觉好一点。结果发现，幼儿认为生气/羞愧的最佳调节方式是问题解决，伤心的最佳调节方式是寻求支持，害怕的最佳调节方式是问题解决和寻求支持。

综合来看，幼儿情绪理解的发展是可以划分为不同层次的。早期的情绪理解与具体情景相联系，此时情绪理解与事件呈一一对应的静态关系。后期，幼儿的情绪理解开始了变通，能认识到同一个情景或事件对不同的人来说可以引起不同的情绪，这些受控于他们的愿望、信念等的中介作用；随着复杂情绪理解的发展，幼儿能判断同一情景可以引发一种以上的冲突情绪，情绪调节则是幼儿情绪理解能力发展状况的最终外在表现。

三、学前儿童的情绪理解能力

国内外研究者一致认为，情绪理解能力对幼儿同伴关系和社会能力的发展具有积极的促进作用。德纳姆（Denham，1986）的研究中发现，学前阶段的幼儿逐渐学会了识别表情和情绪情境，同时也逐渐能够用口头语言对自己和他人的情绪原因进行一致地、流利地解释。德纳姆等人的研究表明，情绪理解与幼儿社会能力和积极的同伴关系存在显著相关，幼儿的情绪理解能力越好，与同伴的交流就越多，越有可能对同伴表现出亲社会行为，也就越有可能被教师评价为社会能力高。

幼儿对自己情绪理解已有了发展，对他人的情绪理解能力也在逐步提高。3岁前的幼儿很难正确地命名图片中的人物或木偶的表现，但随着认知能力的发展，3～5岁的幼儿逐渐开始掌握了正确命名他人或木偶面部情绪的词汇，除了偏爱"快乐"这一标签，他们开始使用诸如伤心、生气等词来形容消极情绪，4～5岁幼儿能正确判断各种基本情绪产生的外部原因，如孩子们会说"我今天表现很乖，老师表扬了我，我很开心""她的玩具被抢走了，她很伤心"。他们甚至能理解一个人的情绪与心理活动相联系，如"一想到爸爸妈妈，就会想哭，就会伤心"。5岁的幼儿除了能够根据面部表情进行情绪识别，还能够根据身体动作所蕴含的情绪信息加以识别，如观看一些成人舞蹈，幼儿能够区分一些基本的情绪，如快乐、悲伤。此外，学前儿童还能根据一个人当时的情绪预测、推理他的行为，如我不开心，我就不愿意把自己喜欢的玩具借给别人玩。但幼儿在处理情绪的内部原因时，困难要大一些，如将想象与现实相互混淆。有研究者观察到，一名幼儿为了吓唬同伴假装一个妖怪，由于分不清真伪，把自己吓哭了。

读小班的涵涵最不喜欢玩"狼来了"的游戏，因为老师一数到十，就会变成大灰狼，即便用小手自己搭一个屋子，蹲下来，表明小羊已经回家，但是大灰狼还是会来抓她的。所以，每次和老师玩这个游戏，涵涵都会含着眼泪说："我不玩了，我累了，我不要玩，我想妈妈了。"

在这种情况下，教师应该尊重幼儿的这种情绪表现，让幼儿知道自己的这种情绪能够被老师所接纳，并学会如何调节和控制自己的情绪。

第二节 情绪理解能力的发展及其影响因素

情绪理解能力的发展可以使幼儿能够了解自己和他人的情绪，而且指导着他们的社会化行为。幼儿情绪理解与其日常生活中的社会互动、社会交往以及同伴关系等方面的发展紧密相关。以下，我们将讨论影响情绪理解能力的因素。

一、认知发展与情绪理解能力

幼儿的情绪理解能力的发展，与幼儿的认知发展有关。在皮亚杰的守恒任务中，能同时考虑不同信息的幼儿，对情绪的理解能力也较高，特别是对混合情绪理解的能力。受到认知水平的限制，幼儿很难相信一个人同时有两种不同的情绪，正如一位幼儿认为，一个人不可能一边哭、一边笑，因为他只有一张嘴。还有幼儿这样认为，没有两个脑袋，所以不能一边哭一边笑。六七岁之前，幼儿一般只能描述先后诱发的两种情绪，如"先开心，然后生气"，到十岁所有，幼儿才能够认识到一个人可能同时体验到两种相反的情绪，如又高兴又伤心。

能够分析多元信息并解释他人情绪的能力是在儿童中期发展起来的，一项研究给幼儿关于人的情绪的两种矛盾的提示：一种是情境性的，另一种是面部表情。如果给他们看一张图，上面是一个笑眯眯的男孩和一辆坏了的玩具车，4～5岁的幼儿会根据面部表情解释为"他是开心的，因为他喜欢他的玩具车"，而8～9岁的幼儿则会结合两种线索认为"他的车坏了，妈妈答应新买一辆给他，他很开心"。

二、同伴互动与情绪理解能力

认知发展必然使孩子对情绪的理解更加深入，但在与同伴的互动中，也能够促进幼儿

图 4.1　当一名幼儿能够接受同伴的安慰时,说明她已经能够了解并控制自己的情绪了
（上海师范大学闵行实验幼儿园家长唐海燕供图）

情绪理解能力的发展。在幼儿的社会化过程中,同伴的影响力不容小觑。近几年来,研究者们开始关注同伴关系对情绪理解能力的影响,同辈群体对于儿童的发展是深远而广泛的。相对于亲子关系而言,同伴关系是对称性的,双方具有平等的社会地位和行为权力,同伴之间的交往形成一定同伴群体规则,在与同伴互动中,幼儿积累了情绪产生的原因和特定情绪可能诱发的行为的经验。如一个生气了的同伴,可能会出现攻击行为,在同伴交往中,幼儿还有机会学习和实践环节同伴消极情感的有效方法,比如用拥抱来减少缓解同伴的悲伤。为了和同伴更好地进行交往,同伴群体中的个体就需要理解对方的情绪,具有相同的情绪体验,在发生矛盾和冲突的时候,还要通过使用一定的策略,进行情绪调节。

　　妞妞今天来园时,因为不舍得和妈妈说再见,被老师抱进教室后,呜呜地哭得很伤心,在一旁的依依正在玩玩具,看到妞妞在哭,跑过来询问老师妞妞为什么哭。老师说:"因为妞妞有点想妈妈,所以有点难过。"依依听到后,噔噔噔地跑去拿了一张纸巾过来,一边帮妞妞擦眼泪,一边说:"不要哭了,妈妈下了班就来接我们回家了。"

三、家庭环境与情绪理解能力

　　儿童最先在家庭中学习情绪,成人与婴儿交往的方式可以传达以下信息,包括怎样表现情绪、可以表达情绪的场合、用来应对引发情绪的环境的行为等。因此,儿童与他人关系的类型可能会决定情绪社会化发生的方式和程度。

父母经常与孩子讨论情绪问题，或者有兄弟姐妹的幼儿，经常经历冲突情绪情景，他们的情绪理解能力会有更好的发展。早期研究主要从家庭环境、亲子关系探讨幼儿情绪理解的影响因素，有研究发现，幼儿的家庭情绪环境对其情绪理解能力的发展有着重要的影响。例如，母亲在讨论家庭成员的情绪上花的时间越多，她3岁的孩子的情绪观点采择能力越好，学前阶段的情绪理解能力也越好。如果18个月的幼儿听到关于感受方面的谈话比较多时，那么该幼儿在2岁时就会比那些听得较少的幼儿更爱谈论自己和他人的感受；在家庭对话中，听到较多关于感情话题的3岁幼儿，在6岁半时能够更好地识别他人的情感，而这一现象与幼儿的语言表达能力、家庭中的谈话总量无关。依恋方面的研究也表明，父母能否对孩子们发出的情绪信号作出及时反应，对其情绪发展有很大影响。对母亲的安全依恋能促进学前幼儿对消极情绪以及混合情绪的理解，对父母具有不安全依恋的幼儿容易对同伴的意图作出敌意的归因。如果母亲比较情绪化，而且他们在与子女的交谈中较多提到并解释和情绪有关的词，孩子说话中就更多使用这些词。

其实，家庭成员中表达情绪方式的不同（Dunsmore & Halberstadt，1997；Halberstadt，Crisp，& Eaton，1999），也会影响幼儿理解各种不同情况下所引发的情绪。一般来说，情感表达丰富的家庭，提供幼儿许多机会去发展情绪理解能力。然而，有些家庭限制了情绪的表达，或在充满冲突的家庭和暴力的小区里，幼儿接触了很多强烈的情绪经验，使得幼儿常常被孤立于恐惧、困惑的状态，无法正确来处理自己的情绪及他人的情绪（Camras et al.，1996；Repetti，Taylor，& Seeman，2002）。

所以，父母作为幼儿情绪发展中的支持者和引导者，对幼儿的情绪理解能力的发展起着重要的影响作用。

小贴士

父母与孩子多交谈一些情绪方面的话题，可以有以下作用：

（1）可以使孩子能够直面自己的情绪；

（2）能够帮助解释别人的行为；

（3）能够加深孩子对范围不断扩大的情绪的理解；

（4）可以洞察人际关系的实质和背景；

（5）能够使孩子与他人分享情绪经历，并纳入到自己的人际关系之中。

第三节 帮助幼儿理解情绪的策略

自从上了幼儿园，孩子们和老师的接触时间往往长于和父母们一起的时间。因此，作为老师要充分利用幼儿园的一日活动，帮助幼儿理解情绪，将情绪教育渗透于幼儿生活的各个方面。

一、支持情绪理解的活动，尊重幼儿获得情绪概念的方式

角色游戏对于幼儿学习情绪极具重要性，也是幼儿活动出现次数最多的游戏方式。从这些角色游戏中，幼儿可以自然地使用情绪语言，并将情绪反应或行为，通过角色游戏生动地表现出来（Dunn & Brown，1991）。没有任何一部连续剧可比得上幼儿自主自发所表现的角色游戏。老师在游戏冲突和纠纷中提供的适当支持，可以帮助幼儿进行经验迁移，从而让幼儿学习体察他人情绪，理解并感受他人的情绪。学前儿童特别是小年龄的幼儿，更是在模仿和行动中获得经验，对于情绪的学习也不例外。因此，这些情绪感受在幼儿一次又一次角色游戏的过程中，为其情绪理解提供了丰富的素材和经验。

在角色游戏中，老师们经常会听到、看到孩子们之间发生纠纷、冲突，从而引起情绪上的波动，这时，老师可以使用正式或非正式的方式，告诉幼儿为什么别人这样做以及他人的感受。我们已经知道，一些与情绪相关的对话，有助于幼儿理解他们自己和其他人的情绪，而这些对话在帮助幼儿理解情绪的功效上远超过仅仅提供他们正确的情绪名称。一些研究指出，幼儿能够逐渐理解不同原因会造成不同的情绪反应，以及每一个人可能会因为不同的理由而感到快乐或生气。这些镶嵌在幼儿日常生活对话中的内容，将会更有助于幼儿加深对他人观点的理解（Dunn et al.，1991）。

然而，作为教师必须注意，对于幼儿的情绪教育，要在一些自然的情境下，帮助幼儿获得经验，进行学习，而不能只考虑到某些预设课程的进度或目标，限制了幼儿的情绪理解活动。因为相对于教师所预设的游戏，幼儿在角色游戏中，更能够透过个人自由的想象，编织成一部部能确实提高幼儿情绪理解的角色游戏。所以，作为教师，作为幼儿情绪活动的支持者和观察者，要以尊重、温和的方式，敏锐地判断幼儿的需要，并为幼儿提供充足的时间、空间和真实的素材，让幼儿自由自在地进行角色游戏，理解自己与他人的情绪。

【专栏】4.1 帮助幼儿理解情绪的游戏和活动

其实，在幼儿园一日活动中，除了扮演游戏外，很多活动和教材对于发展情绪理解有所帮助。经过筛选的良好书籍、歌曲和录像带，也都可以帮助幼儿了解他人与自己的感觉

和情绪。发展心理学家们建议，关于情绪的书籍和游戏（无论是某种程度的情绪或是描绘与情绪相关的事件）都可加入幼儿课程或活动中。以下的游戏和活动，都可以成为帮助幼儿理解情绪以及学习与情绪相关的锦囊。

1. 骰子脸谱

利用小盒子或牛奶盒做出立方体的骰子并将骰子的每一面都贴上不同的情绪脸谱，也可在骰子内放入一些豆子增加游戏时的趣味性。幼儿轮流丢掷骰子，当骰子停止后，幼儿再根据骰子上的表情，说明这个情绪表情代表什么意义以及何时会出现这种情绪表情。

2. 情绪转盘

将转轮盘游戏（Twister game）上的颜色，更改为情绪脸谱或自行制作一个情绪脸谱的转盘，并将转盘其中一格空下来。幼儿轮流转动转盘，并说明转盘停下后指针所指的情绪表情之意义，以及何时会出现这种情绪表情；若转盘停止在空白格子时，请幼儿描述此刻的心情。

3. 传帽子

从儿童杂志或其他杂志里剪下与情绪相关的表情图片，将其放在帽子或大型信封袋里，当音乐响起时幼儿开始传帽子（或信封袋）。当音乐停止时，手上拿有帽子的幼儿从帽子中抽出一张表情，并说明这张图片代表何种情绪，以及何时会出现这种情绪表情。当音乐再度响起，幼儿继续传递帽子（也可将已描述过的图片抽出避免重复）。

4. 奇妙的镜子

发给每一位幼儿或两人一组一面小镜子，播放 Hap Palmer 的歌曲 *Feeling*，当歌词提到"表演当你感到生气时你会有什么表情"（快乐、伤心等等的表情），请幼儿对着手上的镜子做出歌词中所要求的表情，或是请两人一组的幼儿彼此做出歌词中所要求的表情。

5. 一周心情小书

这个活动强调情绪改变的时间点。幼儿每天画下自己当天的情绪表情或选择自己当天的情绪表情图画上颜色，并说明为什么会有这种情绪（教师可一边问、一边记录）。到了星期五，教师将幼儿这周的表情图案制作成小书，让幼儿比较、观察和讨论自己与他人的情绪在这一周所发生的改变。

6. 比手画脚

将一信封袋内装入不同的情绪表情图案，一次一位幼儿从信封袋中抽取一张情绪表情图案，当幼儿抽出后必须以肢体动作或声音来表达自己所抽到的情绪表情图案，让其他幼儿猜测。

7.如果你开心你就会明白

利用这一首歌曲来进行许多不同的情绪表达，也可请幼儿利用这首歌曲发明一些新的情绪歌词或动作。

附注：以上某些活动引自 Joseph & Strain。如果您想了解更多的活动内容，建议您参考幼儿社会情绪学习中心的网站（http://csefel.uiuc.edu）。

二、回应幼儿的情绪

情绪发展包含在社会情绪脉络之内，幼儿对情绪的表达天生且具普遍性。教师的情绪以及周围同伴、环境的情绪对幼儿情绪会产生深刻的影响，并且，好的氛围将对幼儿在情绪理解的发展上有明显的益处。幼儿如果可以在日常生活中接触多样化的情绪表达现象，他就会反应与评估自己的情绪感受。幼儿之间的生生互动，也帮助幼儿开始理解自己的情绪会对其他人造成影响（Dunn，Brown & Beardsall，1991），也是透过情绪感受的形态与其他人进行沟通与分享。

比如依依最近特别喜欢让老师抱着，当老师坐在小椅子上和其他的朋友说说笑笑时，依依总会自己爬到老师的腿上，依偎在老师的怀里，看着旁边的小朋友。看到别人开心地玩儿，依依也会自己笑出声。老师也会借此"亲密"的机会，和依依聊一聊开心的和不开心的事情。

图 4.2　教师对幼儿情绪的积极接纳，能够帮助幼儿发展情绪理解能力
（上海师范大学闵行实验幼儿园家长谢虹供图）

三、接纳幼儿的情绪感受

情绪的沟通方式有很多种，幼儿往往会使用非语言的方式来表现自己的情绪状况，这一点在小年龄幼儿身上体现得十分明显。当幼儿面对发生的情绪事件时，老师要始终以冷静的态度，鼓励和安慰幼儿的反应。比如，前面提到的老师对害怕"老狼游戏"的幼儿的安慰，或者幼儿在运动中鞋子掉了，非常难为情时。老师的积极回应特别是对那些先观察老师的语言和行动再决定自己行为反应的幼儿，对于幼儿学习情绪理解有很大的帮助。

这种类型的互动对于提高幼儿理解他们的情绪具有一定的重要性。幼儿发现当他们使用语言或非语言的方式来表现他们的情绪时，其他人确实能理解他们内心的一些情绪状态，如果他们很幸运地遇到一些较敏锐的父母亲，或是像开篇案例中的老师一样的照顾者，当他们感到伤心或不舒服时，成人能从旁协助使他们感到安慰；当他们高兴时，成人能与他们一起分享快乐；当他们失去控制时，成人能为他们创造一个支持的氛围，幼儿们也从中学习，并知道他们可以信赖成人的反应。

四、使用正确的情绪名称，提供幼儿情绪识别和理解的能力

幼儿具有很宽广、很丰富的情绪感受，但是却没有足够的语言能力来表达自己的情绪。因此，老师要为自己所照顾的幼儿提供正确的情绪名称，来形容幼儿当下可能的心情。除了"想不想要""喜不喜欢""怎么了"等这些情绪语言以外，一般正确的情绪名称，诸如"生气、高兴和伤心"，都可以常常提供给幼儿。除了确认幼儿的情绪表达之外，老师还可以将所使用的一些简单的情绪名称或词组，提供并帮助所有幼儿理解情绪的类别，这使得幼儿有机会接触更多的情绪名称。在以往研究中，不仅仅是老师，幼儿的情绪能力也和其父母对情绪词汇的使用呈正比。

比如，今天一早，小雨来到幼儿园，两只手插在兜里，老师和她打招呼，小雨也没有开心的回应。老师蹲下来，拉着小雨的手，说："今天早晨，小雨遇到什么不开心的事了吗？"小雨低着头，不理会老师的话。老师抱了抱小雨说："老师觉得小雨今天不开心了，以前，小雨都是很有礼貌的宝宝。"小雨说："我害羞。"老师笑着说："原来是害羞啊？老师很喜欢你，你不用害羞的。"小雨说："妈妈昨天说今天早晨我可以骑小车来幼儿园的，可是今天早晨不让我骑车子。"老师说："哦，原来是这样啊，那么小雨是因为妈妈答应你了，却没有做到，有点生气是不是？"小雨点点头："嗯，我很生气。"

小贴士

有些情绪名词和情绪心态的分类与界定,会受到与幼儿所处的文化及成人教导的方式不同而有所不同。有些文化对于情绪名称之定义,却更多元且更不相同。例如,某些非洲语使用相同的名称来表达伤心和生气;阿拉斯加的因努伊特族,使用不同的名称来表达因身体受到伤害而害怕,和因受到严酷的对待所产生的害怕。

五、与幼儿共同讨论情绪事件和情绪感受

在幼儿园的一日活动中,孩子们经常会遇到一些情绪事件,比如说,打预防针,孩子们会怕疼,年龄稍大一些的孩子能够控制自己的害怕情绪,而年龄较小的孩子,则可能往往会用哭的方式宣泄自己的情绪。遇到这样的问题,师生一起共同探讨情绪事件,比如:"谁能说说,打针的时候,你有什么感觉?你们会害怕吗?"这样的形式是一个帮助孩子们了解自己情绪、调节自己情绪的好时机,进而也提升了幼儿的情绪能力。遇到类似情绪事件时,教师可以创造轻松、愉悦的氛围,进行师生互动或生生互动,帮助幼儿进行经验的分享以及情绪情感的传递。这十分有助于联系师生之间的情感,也是师生建立情感的重要方式。同时,教师和幼儿的一致性的情感体验,能够满足幼儿的心理需要,从而帮助幼儿认识自己的情绪、接纳自己的情绪,促进幼儿情绪理解能力的发展。

图 4.3 同伴间的亲密关系和互动,能够让幼儿尽情地表现自己的各种真实情绪
(上海师范大学闵行实验幼儿园家长曹伟、胡晓慧供图)

六、促进同伴间情绪的互动

同伴对于幼儿而言是必不可少的,是幼儿社会性发展中重要的支柱。幼儿只有在和别人的互动中,才有机会去体验、观察和表达情绪,才能够理解情绪。当幼儿开始了幼儿园的生活,他们每周有五天时间会相处在一起,因此幼儿之间会渐渐发展出亲密的同伴关系,并且逐渐变成非常具有凝聚性的小团体。在这样的环境中,孩子们通过同伴互动,往往会发展出如同手足间的亲密关系,而这些亲密的同伴关系对于情绪理解的发展非常重要。当幼儿与他们的朋友相处时,他们会展现正面与负面的各种真实情绪。同伴关系犹如开启了一扇门,让幼儿尽情显露各式各样的情绪类型(Hartup, Laursen, Stewart, & Eastenson, 1998; Maguric & Dunn, 1997)。尽管幼儿在同伴互动中不仅仅只体会到积极情绪,也会因为存在着纠纷与矛盾,产生消极情绪,甚至教师有时因必须解决这些幼儿情绪互动而感到无奈,但正是这些互动,为幼儿逐渐开始的情绪概念学习,提供了必要的素材。

七、把握情绪理解能力发展的关键时机

其实在一些情绪教育活动中,老师也会注意到存在着某些关键时机(prime times),这些关键时机可以促进幼儿情绪理解力的发展,就如开篇案例中的美美。教师可以为每一位孩子提供特别丰富的情绪理解和情绪认同方式,根据他们的心理需要,无论是拥抱、亲密的对话、共同分享有趣的玩具或是当孩子受伤时,都使用温柔亲切的方式与每一位孩子互动。而在这些时刻里,幼儿似乎较容易接受与学习情绪表达,即使是在冲突的环境或消极情绪氛围中,同样能够提供幼儿学习情绪的机会。在幼儿园中,特别是小年龄幼儿受情绪支配较强,他们会因为争夺某个东西、轮流游戏或争夺某个地位而争吵,作为老师,就要知道并能够辨别,哪些情况可以通过协助,让幼儿深刻地理解情绪表现的起因和结果,哪些情况可以作为促进幼儿情绪理解能力发展的契机。因此教师要深入观察幼儿之间的互动,提供适当的处理方式,为促进幼儿情绪理解能力的发展,建立一个完整的体系。

【专栏】4.2 不要给幼儿贴"有情绪困扰"的标签

发展心理学家们认为,教师可以利用镜子、正确的情绪名称和说明情绪感受,帮助幼儿发展其情绪理解力。但我们必须看到,这些方式也可能会经常被过度使用或误用。综合前几节的内容可以发现,老师在对幼儿进行情绪教育活动时,往往使用较不正式的方式,或以比较轻松且愉快的态度,来理解、区辨幼儿每一个情绪的细微差别,而不是以沉重和

过度干涉的方式，来面对幼儿的情绪表现。

1. 运用适当的教学策略

科普尔等（Bredekamp & Copple，1997）认为，不同年龄层的幼儿可经由不同的方式来促进情绪理解能力的发展，学前儿童可以使用神奇的镜子游戏或模仿幼儿非语言的情绪表达方式来促进其对情绪的理解，而对于年龄较小的幼儿而言，则会比较适合面对面情绪表情交换游戏。教师所提供的正确情绪名称，对于刚开始发展语言技巧的幼儿而言，是一项非常重要的活动。两岁以后，幼儿开始发展同伴关系并对更为广阔的周围环境产生兴趣。这时，对于幼儿来说，最重要的工作在于解释、说明一些他人可能出现的情绪反应。但是对于接近上小学年龄的幼儿来说，他们通常不喜欢成人告诉他们自己内心的感受。在这个渴望发展个人隐私、习惯和同伴关系的年龄阶段里，幼儿也可能会隐藏自己的私密性的情绪感受。敏锐的老师同意幼儿能保有这些隐私，并适时地满足幼儿的需求。

2. 尊重幼儿年龄、个别差异和文化背景

在进行情绪教育活动时，幼儿的个别差异和文化背景都必须列为考虑要点。如果幼儿在一个提供较少机会学习情绪的家庭中成长，那么他就需要更频繁地学习明确的情绪名称与情绪感受的说明，同时需要教师更频繁并采用正式的活动来介入，以此增加幼儿对于情绪的理解（Denham，1998；Raver，2002）。老师要关注到每位幼儿对理解他人所可能表现出的各式各样的情绪，并且在每一个活动中，寻找最佳的情绪理解介入方式。

文化背景也可能会影响幼儿情绪理解能力的发展。例如，在幼儿所熟悉的家庭或社区文化中，幼儿可以很容易了解何时或如何表达情绪，也就是说幼儿可以理解自己所熟悉的环境中之情绪表达的规则。在美籍墨西哥裔家庭中，他们鼓励幼儿表达情绪的机会较多。对幼儿而言，家庭与幼儿园对情绪词汇的定义有所不同时，都会阻碍幼儿情绪理解能力的发展。

本章总结

本章我们看到了发展心理学家们提供各种方法，来帮助幼儿发展情绪理解的能力。其实，幼儿的情绪理解能力并不能自发、自主地进行快速发展。它受到个体发展的限制、家庭背景、社区环境以及文化差异等的影响。小年龄幼儿只具有一点点的能力去理解他人的快乐、伤心或生气等情绪表现。即使是较大的幼儿，当他们遇到陌生情境时，或是当其他人的感受与自己不同时，他们很难去描绘或推论这些状况所可能引发的情绪。幼儿可能无法理解某些事件中情绪的因果关系和情绪反应，他们也很难理解复杂的情绪经验或混合的情绪（Denham，1998）。然而，在幼儿期只有情绪理解是不够的，幼儿早期发展学家也希望幼儿能在个别的情境和文化背景中，表现出较真诚、直接且合宜的情绪行为。

请你思考

当幼儿在游戏中发生同伴冲突，作为教师要如何利用这一契机帮助幼儿提升情绪能力，从而促进其社会性发展？

拓展阅读

《完整的成长》，作者孙瑞雪。

我们应该允许孩子发泄自己的情绪，允许孩子哭，然后告诉孩子：宝贝，你很安全，老师时刻陪着你，保护你……

第五章

示范真诚合适的情绪表达

每周一和周三的早上,李老师都会将运动器械设置成一个运动游戏让幼儿进行体育锻炼,目的在于培养幼儿对运动活动的喜爱,让幼儿更自主地投入到运动活动中以更好地发展自己的大小肌肉。今天又逢周一,幼儿们运动热身后已站在红线后面等待,李老师说:"今天我们将要玩一种不一样的拍皮球游戏。"她请配班张老师拿来了障碍物板,将操场分割成两半;又取了好几个障碍物路障按一定的距离摆放,同时拿出了一大堆的呼啦圈和皮球。幼儿们好奇地窃窃私语起来。李老师说:"我现在说一下这个游戏的玩法和规则。游戏分成两个部分,一部分小朋友沿着障碍物板拍皮球,你们的身体在左边,右边是皮球,你们要侧着身体隔着障碍物板拍皮球。另一部分的小朋友拿着呼啦圈在第二个障碍物处等待,等拍球的小朋友过来后一起合作把球拍到终点,拿圈的小朋友要一直套住这个球,而拍球的小朋友要把球拍在这个圈里。"李老师解释完游戏玩法和规则以后,她和张老师一起演示了一遍整个游戏,给幼儿几分钟想清楚等一下要怎么玩这个游戏。不少幼儿已经叫道:"这个好难啊!""真难!我肯定玩不好!"李老师很真诚地说:"请小朋友注意听,我知道这个游戏是困难的,因为你可能会把球拍出去,你也有可能套不住球或者让球逃出圈去。这些都是正常的现象,所以没有关系,更何况你们从来没有这样练习过。"李老师的语调渐渐轻松起来,脸部也露出一些笑容,她逐一看着班上的每一个幼儿,在眼睛注视着每一个幼儿的同时,李老师以洪亮及坚定的口吻,说:"小朋友请放心,你们不但今天有机会练习这个游戏,这周三、下周一、下周三和下下周,你们都有机会继续练习。我相信下周你们一定能更熟练地侧着身体拍球,也能和别人合作拍球,因为你们已经有过好多次练习的机会。"李老师说完之后,露出很有信心的坚定表情,而且面带微笑,一边看着大家,一边自己点点头,表示你们一定能做得到,不会有问题的。

当教师突然改变一贯的教学内容和方法时,幼儿或许会产生好奇兴奋、紧张恐慌的情绪,对接下来进行的活动不知所措。关注幼儿情绪成长的教师会敏感地意识到这一点,以正向的情绪引导幼儿顺利开展活动。案例中的李老师首先用清晰明确的语言向孩子们介绍新活动开展的要求;讲解的过程中她敏感地意识到自己的情绪和语言可能对孩子的影响,所以她十分注意自己的情绪和言语控制。李老师把孩子可能对于新活动的感受以"真诚"的语气表达出来,并以"语调渐渐轻松""洪亮及坚定"等口吻向孩子表述了产生这种感受的正常性,表达了对孩子的支持和信任、理解与宽容。同时以"有信心的坚定表情"和微笑给予孩子正能量和信心,激励幼儿积极去尝试,排除幼儿对新活动方式的不适应而可能产生的紧张和慌乱感,鼓励幼儿主动去参加富有挑战的活动,使幼儿逐渐摆脱紧张而跟着老师的情绪进入活动状态。

关注幼儿情绪成长的教师,她所安排的课程必然有明确的情绪发展目标;关注幼儿情绪成长的教师会鼓励幼儿用积极的态度来正面思考、主动解决问题，或者参与富有挑战性的、动脑的智力活动；关注幼儿情绪成长的教师能意识到自己所说的话很可能会伤到对方的心，所以会用自我调适情绪、自我控制情绪表达的方式与内容；关注幼儿情绪成长的教师不但善于调节和沟通自己的情绪感受，也能正确地说出别人内心的情绪感受。为了帮助幼儿更好地达到其情绪发展的目标，本章将介绍一种有效的策略，那就是教师如何向幼儿真诚地示范最合宜的情绪表达方式与内容。

第一节 真诚合适的情绪示范

李老师在跟幼儿讲解新活动时，幼儿不仅听到了这个新活动的玩法和规则，同时也看到了李老师用她的面部表情、声音以及所使用的词语，示范了复杂的情绪。当李老师告诉幼儿："我知道这个游戏是困难的，因为你可能会把球拍出去，你也有可能套不住球或者让球逃出圈去。"此时的李老师，是用一种受挫的语调和描述失败情境的词汇在表达幼儿可能在游戏中产生的令人挫败的情景，以此来表达她能同理幼儿的内在情绪感受；接着，当李老师对幼儿说："这周三、下周一、下周三和下下周，你们都有机会继续练习。我相信下周你们一定能更熟练地侧着身体拍球；能和别人合作拍球，因为你们已经有过好多次练习的机会。"此时的李老师脸上则显露出很有信心的坚定表情，并且面带微笑地一边看着幼儿，一边点头。这时李老师所表现出内心的想法是：她很理解并能体会幼儿对这个新活动产生的内在好奇和紧张的情绪感受，但她对幼儿之后能完成这个活动充满着信心与期待。她很喜欢这群孩子，也很感兴趣和享受与幼儿的相处过程，她很乐意与孩子一起积极应对这个共同且长远又具有挑战性的目标。

一、成人是情绪示范的楷模

对幼儿来说，教师、父母和其他与幼儿亲近的成人在生活中都随时为幼儿的情绪发展提供了观察学习的机会：如何表达情绪、何时表达情绪、如何管理与调适情绪、如何为情绪命名、如何了解别人的情绪等（Denham，1998；Eisenberg et al.，2001）。事实上，孩子天生就对成人的情绪表达感兴趣，他们喜欢观察别人的脸部表情、倾听别人的音调变化，而当他们在观察别人的过程中学习就发生了。社会学习理论学家班杜拉（Bandura，1986；Schunk，2000）认为，人类的大部分学习是直接学习榜样的过程，即观察学习。在观察学习的过程中，人们获得了示范活动的象征性表象，并将表象储存于大脑，而婴幼儿最主要的学习方式就是观察学习，比如他们会观察别人是怎样进行一个动作的，当他们的动作发展成熟时，就会应用观察所学到的方法，表现出相同的动作（Bandura，1977）。成人，尤其是父母与教师，是幼儿最重要的示范楷模。父母和教师要知道，不管示范者知不知道自己的行为正在被孩子观察，也不管幼儿是否已注意到并且能记住示范者的行为表现，示范仍然发生了（Bandura 1977，1986；Schunk & Zimmerman，1977），所以成人要注意示范自己的情绪表达，为幼儿的情绪表达提供正确合适的观察学习的榜样。

二、成人情绪示范作用的相关研究

孩子从婴儿时期就会模仿成人的面部表情。当母亲和婴儿的脸部表情被拍摄下来并且记录分析时，很容易发现母亲的表情是如何影响她们的婴儿，如果婴儿看到母亲的表情改变，婴儿的表情也会跟着改变。研究者们发现某些亲子间有很相似的面部表情，一个经常扬眉的母亲有一个喜欢扬眉的婴儿；一个经常微笑的母亲其婴儿也喜欢微笑（MalateSta & Haviland，1982），这就是成人情绪示范的效果之一。

图 5.1　儿子与母亲表情一致（王斐供图）

当 12 个月大的婴儿处于一个新的或不确定的情境时，他们就会去看大人的脸部表情，从大人的表情中去寻找线索，并利用得到的信息调整自己的行为，这个过程就叫作"社会参照"（Social referencing）（Klinnert，Campos，Sorce，Emdce，& Svejda，1983；Walden & Ogan，1988；Feinman，1992）。研究者们主要采用视崖、陌生人情境和新异玩具三种范式来研究婴儿的社会性参照能力。比如面对深崖的婴儿会依照母亲的面部表情和声音语调的不同采取不同的行动，如果母亲面部表现得轻松高兴，用鼓励积极的语气，则婴儿爬过深崖的几率就更高；反之，母亲表现出惊吓恐惧的反应，则婴儿可能就不会爬过去（Sorce，Emde，J.Campos & Klinnert，1985）。同样的，陌生人情境和新异玩具的实验也得出了相似的结果，当母亲对陌生人或玩具表现出高兴等积极的态度，则婴儿会增加接近陌生人或玩具的行为（Boccia & Campos，1989，Feinman & Lewis，1983，Feiring, Lewis, & Starr，1984；Hirshberg & Svejda，1990，Hornik et al.，1987，Rosen, et al.，1992）。这些实验结果都表明婴儿与母亲的情绪表达存在较高的一致性，母亲的情绪示范对婴幼儿的情绪表达具有重大的影响（见专栏5.1）。

社会性参照的能力随婴儿年龄的增长逐步增强，参照的对象也从父母发展到重要他人。他们通过观察成人的表情和行为来了解成人的情绪，获得处理压力情境的方法。例如，经常示范同理心、慷慨和容忍挫折的成人，跟着他的幼儿则比较容易发展这些情绪与人格特质（Eisengerg & Fabes，1998）。成人对生气或冲突的处理方式，也会对幼儿产生持续的影响（见专栏5.2）。

【专栏】5.1 产后抑郁症对孩子的影响

产后抑郁症（post-natal depression）是指产妇在分娩后出现的抑郁障碍，其表现与其他抑郁障碍相同，情绪低落、快感缺乏、悲伤哭泣、担心多虑、胆小害怕、烦躁不安、易激惹发火，严重时失去生活自理和照顾婴儿的能力，悲观绝望，甚至自伤自杀。产后抑郁症不仅对母亲的心身有严重的影响，也会造成母婴之间的连接障碍。母婴连接是指母亲和婴儿间的情绪纽带，包括母婴间躯体接触、婴儿的行为和母亲的情绪反应性。

患产后抑郁症的母亲不愿抱婴儿或不能给婴儿有效的喂食及观察婴儿冷暖与否；不注意婴儿的反应，婴儿的啼哭不能唤起母亲注意；由于母亲的不正常抚摸，婴儿有时变得难以管理；母亲与婴儿相处不融洽，比如手臂伸直抱孩子，不与婴儿有目光接触，忽视婴儿的交往信号，把婴儿的微笑或咯咯笑视为换气而不认为是社会交往的表示；厌恶孩子或害怕接触孩子，甚至出现一些妄想。

母亲对孩子的这些不正常的行为反应在婴儿早期就会产生不良影响。孩子在出生后的3个月左右可能会出现行为困难，比如婴儿的情绪较为紧张，较少感到满足，容易疲惫，动作发展滞后等。产后抑郁症的母亲对孩子的发展还有持续性的影响。有研究表明，有产后抑郁症的母亲其孩子在1岁时的认知水平显著低于其他正常孩子，在幼儿4~5岁时这种影响仍然存在。

【专栏】5.2 《反暴力法》

从1997年开始，全美幼教学会参与《反暴力法》（Act Against Violence）的制定，旨在倡导反暴力必须由成人先进行正确示范，而且应该在关键的幼儿期，就开始一起共同努力，才能培养出一个不使用暴力的人。

《反暴力法》强调，幼儿期是反暴力教育的关键期。因为在幼儿阶段，幼儿的成熟准备度已经可以让幼儿开始观察学习他们身边成人的言行举止。从观察与聆听成人的过程中，幼儿可能学到如何对冲突、压力、攻击和暴力作出合适的响应，如果身边的成人正确示范，则幼儿可以学到更好、更和平的处理冲突、压力、攻击和暴力的方式。成人如何处理他们的愤怒、不愉快情绪、冲突，直接影响幼儿的情绪能力发展，能有效处理冲突、压力、攻击和暴力的幼儿，在未来可能会有较少的暴力行为表现。

《反暴力法》提供一个网站（www.actagainstviolence.org），希望所有成人，包括父母与老师都能有使命感地一起参与反暴力行动。有关反暴力训练机会讯息、反暴力教材等都可以在该网站上获得。

第二节　真诚合适的情绪示范在幼儿园的应用

既然成人的情绪示范是幼儿观察学习情绪表达的重要途径，幼儿园教师就要意识到自己的情绪表达可能成为幼儿观察、模仿的对象，要有意识地调节自己的情绪，适宜地表达自己的情绪，并预设一些情境以进行情绪示范。要事先想好情绪示范的目标、内容与方法，在情绪示范的过程中有意识地寻找并把握情绪示范的时机，进行正确的情绪示范，并及时向幼儿加以说明。为此，幼儿园教师要从以下四个方面考虑对幼儿进行的情绪示范：选择所要示范的情绪、找机会示范合宜的情绪、培养有效情绪示范者的特征、促进幼儿对情绪示范楷模的模仿。

一、选择所要示范的情绪

情绪示范的内容取决于教师的教育哲学和个人的价值观，但无论是选择积极还是消极的情绪内容，最终都以积极应对情绪和解决问题为目标。提供以下四种情绪为例给幼儿教师与父母作为参考：快乐且愉悦的人际关系、对人或事物的兴趣与好奇心、应对困难带来的挫折感、面对挑战时的自信心。

（一）快乐且愉悦的人际关系

研究表明母亲与婴儿的情绪存在较高的一致性，一个喜爱微笑的母亲其孩子也喜欢微笑（MalateSta & Haviland，1982），而在和睦融洽的家庭中长大的孩子，其性格大都活泼开朗，有健康良好的个性（赵茂矩，2007）。同样，在班级中营造一种快乐且愉悦的氛围，让幼儿在安全的环境中生活、学习、与他人交往，则能让幼儿获得更多的积极情绪，最终促进其认知、社会性等多方面的发展。

帮助幼儿建立快乐、愉悦的人际关系，首先需要教师的引领示范。教师可以利用一日生活中的多个环节向幼儿示范他与幼儿、与其他成人交往互动时快乐愉悦的人际关系，比如与幼儿说话时表现出专心倾听的态度，与家长和谐尊重的相处模式，来园和离园时对幼儿和家长表示欢迎，对个别缺席幼儿的针对性问候等。譬如来园时，当一个缺席几天的幼儿进入教室后，教师可以蹲下来以欢迎的口吻对该幼儿说："园园，好高兴看到你来了，我们都好想你哦！"并适时地加入一些肢体接触，如拥抱、轻拍幼儿的背部等。"你好久没来了。现在你回来了，请问你今天打算选择什么游戏区角，和谁一起玩呢？"对于因病请假的孩子，教师还可以适度地询问下孩子的身体恢复情况，"你妈妈说前几天你生病了，我想你当时肯定很难受。现在感觉好点了吗？"离园时，教师可以向家长表达关怀与理解："园园前几天生病了，我想你当时一定很担心吧。他没来的几天，我们老师和班里的孩子都很想他。现在他身体好了，我们很高兴他能回到幼儿园这个大集体中。"

（二）对人或事物的兴趣与好奇心

兴趣与好奇心，是人类各种情绪反应的源头（Renninger，Hidi & Krapp，1992），同时也是孩子学习的积极情绪之一。兴趣与好奇心对幼儿的学习态度，智力发展，对事物的专注力、理解力和记忆力等都有影响，所以教师要善于激发幼儿在活动中的兴趣与好奇心，同时在一日活动的各环节中表达对幼儿某些行为的兴趣与好奇，从而起到正确示范的作用。

在区角游戏中，教师在巡视和个别指导幼儿操作学习的同时，也要对幼儿的游戏内容和作品表达兴趣与好奇感，"让我猜猜看你搭的是什么？"科学活动中，教师对某些现象和结果的产生表现出想要继续探索的兴趣，"为什么是这样呢？"自由游戏时，对幼儿合作的过程和完成的内容表示好奇和感兴趣的情绪，"请告诉我，为什么你们两个是一组呢？"或"丁丁，谁是你的好朋友呢？阳阳是你的好朋友吗？阳阳，你是丁丁的好朋友对不对？让老师猜猜，你们这对好朋友干了什么了不起的事？喔！你们合作拼出了一个骆驼！是不是觉得自己很棒呢？"教师在活动中示范真诚好奇、感兴趣的情绪，不仅能让幼儿感受到教师对自己的关注和认可，更能引发幼儿产生相似的情绪体验，从而使他们对活动更积极投入，进行更深层次的互动。

（三）应对困难带来的挫折感

挫折感（frustrated）是一种感觉到挫败、阻挠、失意的消极情绪状态。无论是成人还是孩子都会体验到不同程度的挫折感。对于幼儿而言，随着年龄的增长他们逐步走出自我中心，学习与周围的人和事物打交道，交往的过程中他们渐渐发现不是自己所有的愿望都能得到满足。当他们产生的动机指向的目标行为受阻时便会体验到挫折感。挫折的结果有利有弊，一方面可能会引导个人的认识产生创造性的变化，增长解决问题的能力，进而引导人们以更好的方法满足欲望；另一方面可能给人们的心理造成负担，产生情绪骚扰和行为偏差，甚至引起种种疾病（李燕，2002）。

挫折是一种主观的感受，且每个人对挫折的适应能力也大不相同，它受到个体生理条件、已有经验与学习及对挫折的知觉判断等因素的影响。所以教师可以在教学中适时地创设有各种难度的活动，让幼儿体验挫折并思考受挫感产生的原因，并积极示范、引导解决困难，从而提高他们的耐挫力。以下是李老师示范作为一名关注情绪的教师如何面对并调适自己的挫败情绪：

一天早上李老师正在布置"班级园地"的布告栏，当她试着去订一张纸时，订书机卡住了。她自言自语地抱怨道："这个订书机真是让我感到很烦恼，突然出毛病不能用了。我很着急，我很想立刻把布告栏完成，但是却没有办法，因为订书机坏了。"然后李老师打开了订书机，她检查了下里面，说："没关系，我或许有办法能修好，让我看看里面到底怎么回事？喔！原来是有一只订书针卡住了，让我试试看怎么把这个卡住的订书针拿出来。耶！我拿出来了，现在我又可以用订书机了，我相信我能及时把布告栏布置好的！"

李老师花了一番心思把她面对困难情境时的心理感受用语言详细地表达了出来，这番心思很有必要，因为她向幼儿直观地示范了一场产生挫折感时的消极体验以及想办法解决问题后产生的自豪感。看到这一幕的幼儿，他们学习到：原来成人和自己一样也会因为一些达不到期望的事情而沮丧，但是他们没有哭闹、发脾气，而是想办法找出解决问题的策略。通过尝试，找出产生问题的根源，积极解决，最后问题是可以迎刃而解的。

（四）面对挑战时的自信心

自信心（Self-confidence），或称自信感，是指个体对自身行为能力与价值的客观认识和充分评估的一种体验，是一种健康向上的心理品质。自信心的产生是幼儿自我意识不断成熟和发展的标志，是幼儿人格发展的一个重要方面，对幼儿的认知发展、社会性发展等都有积极的作用。国内研究者认为幼儿自信心结构由自我评价、自我表现、独立性和主动性四个因素组成（姜立君、杨丽珠，2001），即自信心较高的幼儿有积极的自我评价，更容易产生愉快的感受；有积极主动的活动愿望，更能独立自主地大胆投入探索，积极思考；乐于与人交往，从而有较高的学业水平和较好的人际关系（王娥蕊，2006）。

研究表明幼儿期是促进人的自信心发展的重要时期（Vrij. A & Bush. N，2000）。我国纲领性文件《幼儿园工作规程》和《幼儿园教育指导纲要（试行）》明确把培养和增强幼儿"自信"的内容囊括其中，国内外的研究也表明幼儿园和学校是发展幼儿自信心的重要场所，教师开展的教育训练和积极的评价是发展幼儿自信心的重要途径（王娥蕊 & 杨丽珠，2006）。教师可以通过设计基于幼儿已有经验但又有一定难度的活动，帮助幼儿积累"克服困难—增强自信"的经验。章前故事中的李老师在幼儿已掌握独自原地拍球和向前边拍皮球边走的经验上，设计了隔着障碍物侧身拍皮球和合作拍皮球两个新的运动活动。李老师预设幼儿可能对新活动表现出一定的退却，因此李老师在活动的开始就用真诚的语气向孩子们预知了可能面对的困难，同时也用积极鼓励的话语向孩子表述克服困难后取得成功时的愉快体验。对于那些害羞或更容易产生挫败感的幼儿，教师在此过程中还要给予更多积极的评价，包括动作爱抚、语言鼓励、点头微笑、奖品表彰等多种形式。通过帮助幼儿努力解决更困难的问题，让幼儿们体验到克服困难后更强的自信心与更大的成就感，感受自己的能力，享受自己成长带来的快乐。

二、找机会示范适宜的情绪

选择好所要示范的情绪内容之后，教师就要有计划、有目的地寻找机会向幼儿示范合宜的情绪，让幼儿观察教师对这些情绪的合理的行为表达。然而，情绪示范的机会不仅仅只是通过教师设计系统的以情绪为中心的课程活动或只有当幼儿做出不当的行为表现时，教师才进行教导、提供正确合宜的情绪示范，而是应该将适宜的情绪示范落实在幼儿一日活动的各个环节中。

关注幼儿情绪成长的幼儿园，教师的情绪示范是发生在任何有师生互动和幼儿参与的各项活动情境中的，不管是教师预设的正式系统的课程活动，还是平时例行的各种区角、小组或个人的活动环节，教师总是示范真诚的情绪，并以合宜的行为方式表达情绪。下面分别从教师预设的活动情境和幼儿在活动中生成的情境来说明教师是如何向幼儿示范情绪调适并表现出合适的情绪表达。

（一）预设活动中的情绪示范

1. 幼儿园一日活动

幼儿教师的工作不同于其他年龄段儿童的教师工作，他们几乎一整天都与幼儿相处在一起，因此幼儿在一日活动中，随时都在观察、记住、模仿与学习教师的情绪表现和对情绪的处理方式。然而幼儿教师的角色和工作不仅仅只是面对幼儿，他们在家里是子女，是伴侣，是父母，他们要面对家庭生活的点滴；他们在幼儿园是员工，是同事，他们要完成除了教学以外的例行工作；他们有时还要接见家长，以合适的方式与家长沟通孩子的成长。因为每天总是有忙不完的事情要处理，幼儿教师总会有情绪低落、烦躁和心情不佳的时刻，他们可以将这些消极的情绪展现在孩子面前，但需要注意的是他们必须要示范消极情绪的合适表达以及如何调适、处理这些消极情绪。如案例中的李老师为无法顺利完成布告栏的任务而焦躁，但她同时将内心的感受用合适的语言表述出来并示范了问题的解决，从而让幼儿观察学习到挫折情绪的处理。教师也可以适时地与幼儿分享自己家庭生活中的情绪事件，示范面对家人情绪反应的合宜方式。

2. 集体教学活动

以集体活动的形式创设有关情绪表达的学习活动可以让教师更系统更全面地教授幼儿情绪方面的知识，比如教师可以通过合作饰演一场短剧或者用手偶的方式向幼儿示范合宜的情绪表达和调适行为。

教师根据对幼儿日常情绪事件的捕捉和观察，以短剧或手偶的形式创造一个以第三人称为主的情境，重现或改编幼儿的情绪表现并示范真诚合宜的情绪表达，这样更容易被幼儿接受和学习，尤其是对待容易害羞或自尊心较强的幼儿，用这样的形式可以避免发生在直接教导情况下可能出现的冲突或伤害。特别当教师处理无法直接表达或难以表达的消极情绪时，或教室里不常发生的情境时，利用短剧或手偶的方式是十分有效的。例如，面对好朋友的转学或毕业分离，教师可以利用手偶配以生动的声音效果用语言表达难过和焦虑等消极情绪，然后作出彼此安慰，如拥抱、轻抚、打电话或写信等方式的积极调适。面对暴力事件后处理害怕的情绪，通过手偶来抒发经历暴力事件时害怕和恐惧的心情，并以正向的方式来平复情绪。还可以通过短剧或手偶的形式向幼儿示范生气时的情绪控制及用合理的方式表达怒气，以及面对他人伤心、沮丧等消极情绪时如何表达同理心等。

（二）生成活动中的情绪示范

1. 参与幼儿的自发活动

幼儿园的一日活动中不是每个环节都需要教师的参与，有些时候如自由活动、小组游戏时需要教师给幼儿时间和空间让他们自己探索或与同伴交流合作。但当幼儿有需要，教师参与进幼儿的活动时，教师就可以利用这个时机正确示范许多想要示范的情绪回应（Moore & Dunham，1995，Trevarthenn & Aitkeen，2001）。当教师与幼儿合作探索某项活动时，教师可以示范他是如何表达积极的情绪与材料互动的。他可以透过脸部表情、言语和肢体动作表现他对这项活动的好奇与兴趣；也可以用言语肯定和肢体拥抱或击掌等形式示范对幼儿成功表现的欣喜和自豪的积极情绪；当幼儿对情境表现出不明确、害怕或失落等消极情绪时，教师要特别重视正确情绪的示范，可以对情境作出相似的消极情绪感受但要示范积极处理情绪的方式，或对幼儿的情绪表示认同，允许幼儿以合宜的方式表达消极的情绪并引导幼儿以积极的方式回应。

2. 回应幼儿的行为表现

幼儿在自由活动或游戏中最容易表现出真实自然的行为，教师要善于观察幼儿在这个阶段所需要的情绪回应，提供正确恰当的情绪回应示范。下面是一个关注幼儿情绪成长的教师对幼儿行为表现作出正确情绪回应的实例。

结构活动室，孩子们正在自由地进行建构游戏。大型积木区，几个男孩子正在用大木块堆高，他们堆的高度已经快要接近他们的身高，而且木块看起来摇摇欲坠，但是他们还在继续往上垒。李老师走向那群男孩，看着他们堆高的成品，脸上表现出欣喜和骄傲："这是你们搭的房子吗？"几个男孩子自豪地给予了肯定的回应。李老师继续肯定到："哇！你们真棒，搭的楼可真高，都快和你们一样高了。我想搭这样一幢楼肯定很不容易，你们在搭的时候肯定很专注、很努力，才能搭出这样一幢高楼！"孩子们因为得到了李老师的肯定而脸上表现出骄傲、自豪和愉悦等积极的情绪表现。然后，李老师的脸部表情从欣喜转变为难过，她用真诚而遗憾的语调对孩子们说道："虽然你们很努力，你们的作品也很棒，但是这幢大楼不能再往上垒高了，而且你们要拆掉它。"她以眼神接触每一个孩子，并用担心的口吻解释说："这幢楼太高了，而且还有点不稳，我很担心它会倒下来压伤你们！"孩子们看懂了李老师的情绪感受，其中一个男孩子也自然地流露出相似的表情，并表示愿意再搭一座更稳固更安全的大楼。

在这个实例中，李老师针对不同的情境对幼儿示范了合宜的情绪表达，如对幼儿努力搭建的过程和作品表示欣赏、骄傲和肯定；当要求大楼不能再垒高并且要拆掉时表现的难过和遗憾，以及用担心和害怕的表情向幼儿说明这么做的理由是考虑到幼儿的安全问题。李老师用脸部表情、语言和声音表现了对幼儿行为的关心及回应，表现的过程也让幼儿学习了正确的情绪表达，如为自己的努力过程和结果表现出骄傲和喜悦的积极感受，从而获得自我价值的肯定；为无法实现愿望表示遗憾和难过，但是能够理解、接受并作出新的尝试。

三、培养有效情绪示范者的特征

在本章，我们提到幼儿喜欢观察、模仿成人的行为表现，因此成人的情绪表达成为幼儿发展情绪能力时重要的学习途径之一。在幼儿园，教师有意或无意的情绪表达和对情绪的调适处理都会被幼儿所观察并作出有意和无意模仿，包括教师独特的教学风格和他在教学中常用的一些口头禅。比如一个对生活和工作充满热情和积极态度的老师总喜欢说："让我来猜猜这是什么？""我有个很有趣的东西给你们看""哇，你完成了！"教师通过言语、语调和脸部表情、肢体动作等表现出对幼儿生活、学习内容的好奇兴趣、积极喜悦，从而让幼儿知道教师对自己的关注和对生活的乐观态度。此外，教师对生活、工作的态度；与其他教师相处的模式以及接待家长的态度都会成为幼儿观察、模仿的内容。但是真正促进幼儿情绪能力发展的观察学习要求教师是一名有效的情绪示范者，成为一名有效情绪示范者的教师除了自身拥有良好的情绪能力外，还要是一名有情绪影响力的示范楷模，成为幼儿喜欢模仿和学习的对象。想要成为一名有效情绪示范者，必须具有如下三个特征：关怀幼儿、建立合适的教师权威及分享表达与幼儿的相似性。

（一）关怀幼儿

关怀幼儿的方式有很多种，一些成人认为放纵和溺爱也是关怀幼儿的一种方式，但是这样的方式常常会导致不良的教养效果。关注幼儿情绪成长的教师要成为一名有效的情绪示范者，让幼儿愿意主动观察学习、喜欢效仿教师的行为表现，那就要以平等尊重的态度关怀每一名幼儿。这样的教师总是充满朝气与活力，对幼儿充满积极的感情，他不仅享受与幼儿相处互动的时间，也乐意主动用言语或肢体行为向幼儿表达这种积极的情感。例如对于生病或因事缺席的幼儿，他会主动表示关心和慰问，向孩子们表述："老师注意到这几天你没有来，你怎么了？我们都好想你！"或主动亲近幼儿，通过轻拍、轻抚、拥抱等方式向幼儿表达教师对他的关怀。幼儿通过感受教师的关怀表达一方面会更积极、敏感地注意、回应教师；另一方面也观察学习这种关怀他人的良好模式，并尝试运用于幼儿间的交往互动。

（二）建立合适的教师权威

为了保证教育教学的有效性，权威作为一种隐性的管理手段有其存在的必要性，而教师权威更是教育教学过程中最直接最重要的组成部分（刘春兰、郑友训，2012）。在幼儿园，教师是幼儿使用资源和组织开展学习活动的计划者和提供者，而幼儿因为不成熟的身心特点更是依赖、遵从于教师的安排，所以幼儿教师拥有自然的教师权威。然而，这样的权威不是专制、高控制地要求幼儿以绝对的标准听从教师的一切命令，而是教师以自身丰富的知识、娴熟的教学技巧、公正富有爱心的道德品质使幼儿产生一种自发的内心信服。

父母教养方式的研究表明权威开明型父母，即与孩子制定弹性规则、积极与孩子沟通、接受和鼓励孩子表现自主性等教养方式更容易教导出能干友善型的孩子，而且孩子直到青少年时期在认知与社会能力上都有卓越的表现（Baumrind，Ritter，Leiderman，Roberts & Fraleigh，1987）。同样，幼儿教师的权威以幼儿为主体，建立在平等民主、理解包容的基础上，那么幼儿对活动的参与和表现会更积极、自主和高能力。

幼儿教师的权威可以体现在这些方面。第一，规则的表述清楚、明确。幼儿一日生活的各环节有赖于规则的制定，规则可以由幼儿园或教师制定，也可以由师生共同商讨决定。不管是生活常规、游戏常规还是学习常规，活动开始前教师都需要对幼儿进行清楚明确地规则表述，以保证幼儿的安全，帮助幼儿更好地遵守规则和养成良好习惯，提高幼儿自律自理能力以及保证各活动的顺利进行。比如，区角游戏前，幼儿教师会向幼儿说明各玩教具的使用要求和游戏后的整理要求。他清楚地说明如何把积木篮子从柜子里拿出来；如何把积木块轻拿轻放；用完的积木块需要及时放回篮子以防丢失等，同时他也会说："如果我注意到有的玩具没有归位或丢失了，我就会说：'抱歉，你将有一段时间无法玩这个玩具了。'"第二，对活动安排内容的自信表达。当教师创设了一个新的活动内容或当活动内容对幼儿而言有难度时，教师要以自信的语气向幼儿说明活动的内容安排、活动可能带来的感觉以及表达对幼儿的鼓励和肯定。如同章前故事中的李老师，她以真诚自信的态度说明了活动内容，并承认活动内容对幼儿而言有一定的难度，但同时表述简单的内容幼儿已经掌握，为了帮助幼儿学到更多新的内容才决定提高活动的难度，并表明通过一定的练习会使得情况有所改善，表现出对幼儿的肯定与期待。

（三）分享表达与幼儿的相似性

谚语所谓"物以类聚，人以群分"，其中所描述的相似性是认同作用发生的一个条件，这对观察学习的榜样示范同样适用。研究表明，与主体的客观条件越相似或越相近的对象，对主体的吸引力就越大，就越能成为主体模仿的对象（杨晓燕，2006）。也就是说，幼儿会更倾向于注意、仰慕和模仿与他相似的人，这样一种可接近的亲切感，易于让幼儿激起被认同的愿望，所以教师要寻找并分享表达与幼儿的相似性。生活中，教师可以表达与幼儿相似的经历、兴趣爱好和需求等，也可以分享表达相似的感受。如在冬日的早晨完成早锻炼回到教室后，幼儿因室内较高的温度感到舒适表示出"外面好冷，教室里好舒服啊"的感叹时，教师回应："确实是一种很好的感觉！我也觉得教室里好温暖啊，待在教室的感觉真好！"

关注幼儿情绪成长的教师会有意识地在个人特质、兴趣爱好及与幼儿的互动中寻找、分享并表达与幼儿的相似性。他们尊重并欣赏幼儿的兴趣，真诚好奇地加入幼儿的活动，积极投入并表达喜爱之情，让幼儿感受到教师与自己的紧密关系。

四、促进幼儿对情绪示范楷模的模仿

教师有计划有意识地选择好所要示范的情绪内容，找到情绪示范的时机，并努力培养自身成为有效的情绪示范者，即让幼儿感受到教师对自己的喜爱、亲密、关怀和尊重，那么这时教师作出的情绪示范，幼儿就一定会模仿吗？就一定能达成情绪示范的目标吗？答案是不一定。如何促进幼儿对成人情绪示范楷模的模仿呢？可以从以下三个方面来尝试：提醒幼儿专心注意老师；提供符合幼儿发展水平的示范行为；给予幼儿关注和赞美。

（一）提醒幼儿专心注意老师

模仿发生的先决条件是确保主体注意到示范者的行为，即观察学习的第一阶段——注意阶段（Robert，2004），所以情绪示范前，教师必须先聚焦幼儿的注意力。教师可以以明确的语言告知小班幼儿，如"小朋友，请你们的小眼睛找到我，看老师怎么做""小朋友，请把你们的小耳朵竖起来，仔细听老师说的话"等，或者以语调、眼神和肢体动作暗示幼儿集中注意力。在本章一开始的例子里，当李老师要示范对挫折情绪的积极回应时，她刻意停顿了一下并以眼神接触每一位幼儿，这些表现都说明了她希望幼儿注意观察接下来她所要示范的情绪、感受所营造的情绪情境。

（二）提供符合幼儿发展水平的示范行为

不管教师是多么有影响力的示范者还是教师的示范多么详尽，都不能期望幼儿能模仿出超乎他们发展能力的行为或态度。教师提供的情绪示范要如同教授认知方面的知识一样，符合幼儿的发展水平，搭建支架（Wood，Bruner & Ross，1976），逐层发展幼儿的情绪能力。

除了对幼儿的能力发展敏感外，教师还要以语言或非语言的形式告诉幼儿他们可能无法一次就做到教师所示范的某些事情或者他们可能在行动的过程中发生一些错误，并要求幼儿注意观察教师是如何处理错误或挫折情绪的。

（三）给予幼儿关注和赞美

教师的注意和赞美可以增加幼儿模仿行为发生的次数，这也是观察学习的动机阶段。

幼儿关注教师的榜样行为，练习这种行为并在某些时候再现这种行为，而幼儿这种恰当的模仿行为一旦被教师关注到并得到教师的赞美，那么幼儿就会增加这种行为的再次发生。关注幼儿情绪成长的教师会对缺席来园的幼儿表现真诚的关怀，而班中的其他幼儿受到教师的影响，也会尝试学着教师关怀的模式向缺席的幼儿表示慰问。一旦有幼儿做出这种行为时，教师就要表达赞美："我想在他没来幼儿园的时候，你肯定很想他。现在他来了，你对他表示关心，你真是一个懂得关心别人的好孩子！"这样的肯定与赞美不仅会强化个别幼儿下次良好行为的发生，也会影响其他观察到整个过程的幼儿尝试做出相似的行为表现。

第三节 真诚合适的情绪示范在幼儿园实践中应注意的问题

即使教师努力地培养自身情绪示范的能力，有目的有计划地准备情绪示范的内容和情境，但在实际操作中还是可能会遇到一些问题和困难，包括真诚的情绪表达、合适的情绪表达以及如何示范消极情绪，如生气的感觉。本节的内容将通过以下三个案例具体说明。

案例一

结构游戏时间，孩子们正沉浸在自己的建构世界。突然"轰隆"一声，阳阳和恺恺搭的"摩天大楼"应声倒下，李老师忙赶到事发地点了解情况。两个孩子红着眼眶说："李老师，浩浩把我们的摩天大楼推倒了！"李老师："浩浩，你是不小心把积木碰倒的吗？""他是故意的！因为他想要这块大积木，我们也需要，没有借给他。他就把我们的大楼推倒了！"

案例二

这是一节大班的科学活动"观察蚂蚁"。李老师向全体幼儿交代好本次活动的观察对象和操作要求后，请幼儿两两合作开展实验观察。露露想和好朋友悠悠一起完成，但是悠悠已经和心心一起合作了。最后，在老师的帮助下，请露露和蔡蔡两个人一组，但露露却说："老师，我不喜欢蔡蔡，我不想和她一组！"

案例三

某周五的午后，按照惯例孩子们坐在教室听李老师讲睡前故事，为午睡做准备。但今天孩子们似乎有点兴奋，一直没有安静下来，李老师不得不多次停下讲故事来维持纪律。阳阳和浩浩更是不断找借口，一会儿出去喝水，一会儿出去上厕所……终于，李老师爆发了她压制已久的怒气,大声喝止了阳阳和浩浩,并惩罚他们站到门口。而班里其他的孩子也因为李老师突然的生气举动,顿时变得鸦雀无声。

一、真诚地表达情绪

成人之间的情绪表达有时并不完全真诚,因为一些目的或关系的限制,成人要学会根据不同的对象或场合婉转地表达情绪。然而面对幼儿,虽然教师总是习惯用更夸张的方式来表达情绪,比如用儿语化的方式或用幼儿听得懂的词汇和幼儿对话,因为这样的表达方式更能引起和保持幼儿的注意(Malatesu-Magi,1991),但是教师的情绪示范表达必须是真诚的。

心理学家埃里克森认为0~3岁婴幼儿主要的发展任务是建立对人基本的信任感,而信任感的培养离不开婴幼儿与成人之间亲密依恋关系的建立。安全的依恋关系首先始于照顾者敏感的抚养行为,即对婴儿的需求和情绪作出及时的、一致的和适当的反应,其次是家庭中多种依恋关系的发生,如对父亲、兄弟姐妹、祖父母等。当幼儿进入幼儿园时,就要与幼儿教师建立亲密的依恋关系。研究发现,与成人有更好依恋关系的3~5岁幼儿能更好地理解和表达感情,但许多成人却并不了解与幼儿的亲密依恋关系和他们日后与人相处中表现的信任感等良好的社会交往有显著相关。

关注幼儿情绪成长的教师要有意识地与幼儿建立真诚且亲密的关系,尤其是对于那些情绪能力较弱的幼儿,不能担心因为指出幼儿错误的行为会影响到亲密的师生关系,而是应该作出正确的归因,诚实地指出幼儿的不足,以真诚的态度理解幼儿的情绪,并给予合适的情绪表达示范。案例一里的幼儿因为没有借到积木块而挑衅地推倒其他幼儿正在搭建的积木,教师的回应不应该是"这是不小心的意外",因为事实上教师与幼儿都清楚地知道这是故意的,教师的包庇会使得该名幼儿下一次需求得不到满足时,再次使用这个不当的行为发泄。所以教师应该在情境发生时及时指出幼儿行为的不恰当,表示对幼儿当下情绪的理解并一同找出更好的方式来解决问题,如:"没有借到你想要的积木你很难过,但是你撞倒了别人搭好的作品,他也会很伤心,你伤害了他,你要向他道歉!"随后再和孩子商量解决问题的合适方法。

二、合适地表达情绪

不同于成人世界有时的隐藏与伪装,幼儿总是直白地表现自己当下的情绪感受。对幼儿来说,要学会抑制某些情绪,这是一项需要学习的重要技能,即学会遵守特定文化中情绪表达的规则。虽然学龄前儿童每年都在逐渐学会如何伪装自己的外在情绪,但是5岁的幼儿仍不精通伪装情绪,也不擅长去说服怀疑自己的人(Polak & Harris,1999)。而到了小学阶段,儿童才会逐渐理解情绪的社会规则,并学会在特定的社会情境中合适地表达自己的情绪或抑制情绪(Jones,Abbey & Cumberland,1998)。

在关注幼儿情绪成长的幼儿园里,教师们尝试在不同的情境中更好地权衡真诚的情绪表达与合适的情绪表达两者之间的关系,并对幼儿作出合理的示范。日常活动中分组或小组活动可能会发生案例二的情形,教师能敏感地观察到以往的分组活动中某些幼儿会不想要与班中的一些幼儿合作,所以选择在某一次分组活动开展前,以幽默的方式示范合适的情绪表达是良好的契机。比如,教师可以假装生气地说:"如果我想要的好朋友跟别人一组了,该怎么办?"教师继续夸张地装出讨厌的表情皱起脸说:"如果我被分到和xxx(另一位带班老师的名字)一组怎么办?""我可以说'我不要xxx,我不要xxx当我的伙伴吗?'"孩子们被他夸张的表情和语言逗得哈哈大笑。教师平复了下情绪,以眼神接触每一位幼儿说道:"不,我不会那样,因为xxx是我的同学,而且我不想伤害她的感情,所以我还是会和她一起合作完成这个活动的。"说完,拍了拍xxx的肩膀,面带微笑地说:"我相信我们会合作得很好!"

这里,教师既有示范真诚的情绪表达,也更强调了情绪表达的合适性。他根据日常观察幼儿的真实表现,示范了幼儿可能不喜欢班中的一些伙伴,并承认允许他们有不喜欢的权利。为了引导幼儿之间的团结友爱,教师没有虚情假意地鼓吹"我们要爱班级里的每个人,我们要友爱",而是通过幽默地表演出有这类想法的幼儿的内心感受,强调直接对其他幼儿表达不喜欢的有害结果,并示范愿意与不喜欢的幼儿相处试试的友爱表现。

三、建设性地表达消极情绪

教师在幼儿面前表现或示范生气情绪可能会受到争议。有的教师认为生气的示范会导致幼儿处于一种被鼓励或被允许他们自由无度地表达情绪的状态,从而造成幼儿情绪失控或对生气情绪过度敏感;而有的教师则认为,表达生气可以帮助教师减缓沉重的压力,更有利于教育教学(HySon & l.Cc,1996)。不管他们所持的理念如何,我们不得不承认所有从事有关幼儿工作的成人都会有真正生气的时候。有时候,幼儿的活动过度、不遵守规则或者拒绝合作的行为会让教师生气;幼儿的消极情绪会引发教师情绪性的生气,尤其当教师还为领导布置的任务、同事间的矛盾或家庭的琐事所分心时,教师可能感到压力,产生更多的烦躁情绪。所以我们提倡教师建设性地示范生气的情绪和示范生气后的解决过程,以预防突发的、过度的生气爆发。

首先,教师需要预设自己可能会生气的情境,比如幼儿不符合期望的表现、幼儿消极情绪的不合适表达以及生活或工作中不如意的事件等。其次，教师产生生气情绪时要学会控制并适宜地表达，可以通过控制班级的情绪气氛、生气时的短暂离开及生气后的反思检讨来达成。简化的教室环境可以帮助教师更好地控制班上幼儿的情绪气氛，明确干净的区角划分和布置能让幼儿感受到较少的监督，从而更自由地活动；设置"冷静角"和提供一些合适发泄生气的道具，如橡皮泥、纸、沙包、垫子等，帮助幼儿减缓焦躁或紧张等情绪。当教师面临可能令人生气的情境时，要先做好一定的心理准备和调适。当感觉生气的情绪即将来袭时，在幼儿有其他带班老师看管的情况下可以先短暂地离开，自我冷静一会儿。有时尽管作了以上的努力，许多教师仍然会有比较直接且剧烈地表达生气情绪的时刻。比如，有的教师生气时对幼儿大吼大叫；有的教师则有摔书或摔玩具的行为；还有的教师则冲动地用语言或行为伤害幼儿。教师爆发的情绪和进行的不当行为无疑会被观察他们的幼儿注意到甚至牢记心中，一方面幼儿们可能被教师非常态的行为吓到；另一方面幼儿可能会模仿成人生气时的不当行为表现。所以教师在事情发生后可以及时和幼儿讨论自己不合适的行为表现，进行契机教育，向幼儿教导和示范正向的、合适的情绪表达，纠正幼儿先前的观察。

　　以下是案例三的教师检讨自己生气时表现不当的例子："今天中午我在说故事时，你们很吵，我感到很生气，所以我对你们大吼大叫了。我想我大吼大叫的表现可能吓到你们了，对你们做了这件事，我感到很抱歉。我知道教师不应该对幼儿大吼大叫，但是我应该用其他的方式让你们知道：你们不认真听我说故事这件事让我真的很生气，感觉你们很不尊重我。或许我可以先合上书本等待你们一下，或者说'我真的对你们的吵闹感到心烦，因为没有人可以听到我说的故事，我感到很难过。'如果我这样做，你们可能就会知道我在生气，同时又不会吓到你们。"教师真诚地向幼儿检讨自己不恰当的情绪表达方式，与幼儿讨论生气对自己和别人的影响，帮助幼儿区分并示范合适的生气表达。

本章总结

　　成人的情绪示范对幼儿情绪能力的发展有重要影响，幼儿天生对成人的情绪表达敏感且感兴趣，并有模仿学习的冲动。然而，幼儿毕竟不是相机的底片，被动地复制他们眼前看到的东西，而是会将观察到的行为加工处理并在相应的情境中表现出来。关注幼儿情绪成长的幼儿园课程旨在培养幼儿的情绪能力，是让幼儿有能力自主自发地调控自己的情绪和与情绪相关的行为，而不是简单地模仿成人的行为表现。

　　情绪示范是帮助幼儿学习情绪调控的方法之一，也是发展幼儿情绪能力的一个重要策略。在以情绪为中心的幼儿园里，为促进幼儿情绪发展，教师首先要积极地培养和提升自身有效的情绪示范能力，并有意识有计划地选择在不同的情境中示范正确、合宜的情绪表达。同时，为了将情绪更好地整合到课程的每个层面，让幼儿更有效地习得合适的情绪表达，教师需要预设符合幼儿发展水平的、恰当的示范行为并请幼儿注意观察学习教师合宜的情绪表达；当幼儿表现出教师所期望的行为后，教师可用赞美和表扬来强化幼儿的学习效果。

在现实生活中，教师面对幼儿表达自己的情绪时，也面临很多困难和矛盾，真诚的情绪表达能够帮助幼儿建立亲密的关系，但也包含对事件的正确归因。合适的情绪表达允许幼儿有不喜欢等负面的情绪，但引导幼儿要以不伤害他人的方式表达内心的感受。虽然向幼儿示范生气等消极情绪有一定的争议，但是目的是帮助幼儿对问题进行积极的应对。此外，针对教师如何预防作出生气的错误示范和示范生气后合适的引导，本章也提出了一些策略供参考。

请你思考

1. 婴幼儿是如何学习情绪表达的？

2. 教师可以从哪些方面对幼儿进行情绪示范？教师有效的情绪示范有哪些要点？如何促进幼儿对成人情绪示范的模仿？

3. 情绪示范在幼儿园的实践应用中有哪些应注意的问题？

拓展阅读

1.《小怪物说不》，作者奥丝拉格·琼斯多特尔、凯勒·古特勒、拉琪尔·海姆斯达。

北欧最佳童书，儿童情绪管理启蒙佳作，主题为恰当地表达拒绝。本书讲述了友谊、沟通与礼貌，当然还有"不"这个不起眼的词——某些时候应该学会运用它，学会拒绝。

2.《大怪物不哭》，作者奥丝拉格·琼斯多特尔、凯勒·古特勒、拉琪尔·海姆斯达。

北欧最佳童书，儿童情绪管理启蒙佳作，主题为学会适度地宣泄。小怪物招人喜欢，什么事都能做得很好。可大怪物做事却很笨拙。大怪物越来越沮丧，他是不是真的一无是处呢？该怎样处理悲伤的情绪呢？谁都知道，大怪物从来不哭……

第六章

支持幼儿的情绪调节

角色游戏时间，佳佳和晨晨两人在哈哈医院门口相互僵持着，眼看两人的嗓门越来越高，情绪越来越激动，出现了推搡的小动作，老师快步上前，提醒两个朋友，好好商量再游戏。"老师，晨晨又不肯让我当医生。"佳佳告起了状。"佳佳，你们是怎么商量的呀？"老师询问道。"他上次说，让他当看病医生，我当挂号医生，下次我们俩交换的。可是今天他又不愿意了。"在佳佳和老师告状的当口，晨晨站在那里穿起医生的白大褂了，老师先请晨晨将白大褂放下，先把角色商量好。"我当医生，他当挂号医生。"两人互不相让。两位"医生"在医院门口再次争执了起来。"佳佳、晨晨，这样吧，我先帮你们照看一下医院，请你们到小圆桌旁协商下，什么时候商量好，什么时候再来吧。请记得要好好和朋友说话，做个有礼貌的朋友。"佳佳和晨晨来到了小圆桌旁，"我来吧。"佳佳说，"不，我来当医生。"晨晨不依不饶道，"你怎么可以赖皮呢！"佳佳的情绪又激动了起来。"佳佳，请注意，好好和朋友商量，当你们的问题用口头商量的办法解决不了的话，不如想想其他的办法。""要不我们剪刀石头布吧，赢的人当医生，输的当挂号医生？"佳佳问晨晨道。"好的，快来吧。"佳佳赢得了比赛，开始不依不饶的晨晨也遵守了游戏规则，让佳佳当上了医生。"老师，我们商量好了。我们要开始上班咯。"佳佳、晨晨走到老师身边轻轻地说道。"好的，请好好为病人服务吧。"

这样的情景，其实在幼儿园中十分常见，受独生子女政策的影响，现如今在幼儿园的这批宝宝已经是第二代独生子女了，由此形成了一个宝宝六人宠的局面，孩子们在家庭中往往是中心、是焦点，常常以自己的需要为主，却忽略了旁人。例如，案例中的晨晨便是如此，在家中是个不折不扣的"小霸王"。当孩子们进入幼儿园这个小社会中之后，他们便开始了人际交往，在过程中难免会产生友好的交往或摩擦，那么在这个交互的过程中，作为老师是该鼓励还是限制幼儿开放式地进行情感的表达呢？

有人认为让孩子把情绪情感直接发泄出来是有好处的，也有人认为任何一种负面情绪的表达都是有害的且会造成问题。前者认为幼儿对于负面情绪的直接表达可以帮助其宣泄情绪，减少负面情绪的压抑，使幼儿摆脱情绪情感上的负担，进而在其成长过程中可以形成更为健康的人格。而后者则担心孩子们习惯直接宣泄情绪之后，会失去对情绪的控制能力，在生活中对自己或对他人产生伤害，这种观点的持有者认为成人有责任去阻止或压抑幼儿任意的情绪情感宣泄，教导幼儿不要违反规则或不要做成人认为不对的事情。

结合幼儿身心发展的特点以及以幼儿发展为本的儿童观，以上两种观点都是不可取的。就情绪的发泄而言，幼儿的确得到了情绪的宣泄，但过度的情绪表达同样会产生问题，会使幼儿对自己产生的负面情绪进行积累。而一味压抑，又会造成情绪的失控，情绪的失控对自己对他人都不好，让自己经常处于一种情绪状态，并非一件好事。我们所需要做的是帮助幼儿学会情绪的调适，达到情绪的平衡。在案例中，面对两个孩子的争执，老师在干预过程中，并没有直接告诉幼儿谁对谁错，而是以情绪事件引导者的身份参与了整个过程，当发现幼儿的情绪逐渐激动，有不恰当行为出现时，及时给予引导与帮助。透过一次次类似的过程，幼儿可以渐渐地习得、学会控制情绪反应，就如佳佳一样，当他的情绪激动甚至有肢体动作产生时，老师的适时引导，让他意识到了自己的状态，在老师的引导下尝试友好地与同伴沟通。

良好的情绪调节能力，能够帮助幼儿更快、更好地融入新环境，尽快适应规则，建立良好的师幼关系，在日常交往中，与同伴、与老师之间相互亲密、相互依赖。已有研究表明，情绪调节能力可以被视作为幼儿入学准备、心理健康、社会能力发展、学校适应力和学业成就的基础（Denham，1998；Kopp，2002；Shields et al.，2001；Thompson，2002）。因此，本章的目的在于帮助老师了解幼儿情绪调节能力的发展，了解自身在帮助幼儿情绪调节能力发展过程中的作用，从而更好地协助幼儿学习控制情绪反应，管理情绪对他们造成的负面影响，帮助其习得社会规范，从而完成情绪的社会化。

小贴士

作为老师，我们在帮助幼儿发展情绪能力时，可以这样做：

（1）帮助孩子进行情绪调适；

（2）教孩子一些情绪调适的方法，或者是社会交往方法；

（3）创造一个支持的、安全的学习环境，使其能够在其中调整情绪，给予其平稳的状态；

（4）适时地、有效地介入——给孩子进行情绪调适的机会。

而为了完成上述几项，需要教师先让自己成为一名具有高回应能力、能够帮助他人进行情绪调适、不受负面情绪困扰、亲社会、拥有同情心、有积极的自我概念、有更好的自我效能感，在遇到困难时相较于他人会更有信心的高情商者。

第一节　情绪调节

情绪需要适度的规范与调试，这适度的规范与调适来自于成人的教导和示范（Lzard & Kobak，1991）。幼儿是在日常生活的点滴中，慢慢学会进行情绪调适的，提高情绪能力的，情绪能力在幼儿的日常中有扮演着极为重要的角色，幼儿正是通过有关情绪能力的学习，拥有了正面的自我概念与积极的情绪能力，不再受其以往的负面情绪的困扰。通过情绪调节的这个过程，幼儿正向与负向情绪的感受都能得到提升与修正，帮助其表现出更正确、更适宜的情绪（Eisenberg，2002）。

情绪调节（emotion regulation）作为情绪能力的重要组成部分，指的是个体用社会认可的并且接受的方式对各种情绪作出反应的能力，旨在迅速而有效地适应社会情境，维持良好的人际方往。

情绪调节包含许多重要的技巧，情绪调节能力的提高是逐步渐进的，对于幼儿而言，情绪调适能力指的是如下几方面。

1. 识别自己情绪的能力

对情绪进行调适调节，必须建立在认识情绪的基础上。此处识别自己情绪的能力其实便是一种情绪的自我察觉。小班下学期的幼儿基本已能通过表情识别高兴、生气、害怕、伤心这四种情绪。但通过观察发现，在小班、中班年龄段中，大部分对于情绪的识别主要集中在表情识别层面，而在日常生活中，他们对于情绪的理解及调适则较为薄弱。例如，有些幼儿在愿望及需求得不到满足时，常常会用"我生气了""我不高兴了"等语言表达自己的不满或期望关注，但对于到底什么是生气却不理解。由此可以发现，他们的对于情绪的习得仅仅停留在了语言上、字面上。正因为如此，作为提高情绪调节能力的基础，老师可以帮助其先认识基本情绪，从而更好地了解自己当前的情绪状态。

2. 控制不适宜的情绪

在商场、超市中，时常可以遇见这样的情景：孩子指着货架上的物品说"我要这个玩具，我一定要"。当家长拒绝时，孩子可能会有两种反应：继续与父母商量，商量未果则跟父母走；另一种则是尝试运用哭闹的方式换得成人的妥协。这时孩子不适宜的情绪宣泄同样会影响到家长的情绪，有些家长妥协了，另一些家长的情绪可能被激化，以斥责等方式惩罚孩子，和孩子形成了对立的两面。

在这里我们看到，有些孩子能够与父母进行良好的沟通，在父母的引导下缓解情绪，控制不适宜的情绪。这是因为这些父母更加了解孩子，能接受孩子的消极的负面反应，并能通过语言和肢体动作对孩子的当前情绪进行引导及调节，进而帮助幼儿控制冲动，进行情绪调适，达成情绪的平衡。在这个过程中，孩子不仅仅是在控制情绪，同时也是其情绪能力提高的重要经历。

相反的，无论是家长妥协或者是家长的情绪被孩子激化，这对于当事幼儿而言都是不利的。家长的妥协会助长幼儿以哭闹换取需求的气焰，养成不良习惯。幼儿是在生活的点滴中学习情绪的，而家长的情绪被激化后给孩子树立了一个情绪处理的坏榜样。处于这样的环境中，孩子会较多地去发泄情绪而非控制情绪。因此，需要从成人开始改变，更好地辅助幼儿的成长。

3. 调节情绪体验

当幼儿能够识别、察觉自己的情绪，并能够尝试控制不适宜的情绪表现之后，幼儿开始需要尝试了解如何调节情绪体验，即当处于高度情绪化的时候，通过一定的方式让自己的情绪舒缓下来，尝试进行自我放松，让自己变得冷静。

对于紧张，每个人的生理反应可能不相同，但种种迹象表明，生理的状态与心理状况相关。因此，当幼儿处于一个负面情绪状态时，可以多多鼓励幼儿通过深呼吸等身体放松的方式进行肌肉放松，从而达到自我放松的状态，进行情绪调节。在第十二章的以图画书为媒介开展的情绪教育活动分析中，我们将会结合案例介绍如何带领幼儿进行深呼吸，帮助其通过学习的形式习得自我放松的本领，从而缓解自己的负面情绪。

4. 积极的思考方式

与积极的思考方式所相对应是一种消极的思考方式，可能是懊恼，也可能是自暴自弃。当一个人对自己或者对生活失去希望或者追求之时，他将自己关进了一个消极的"牢笼"里，其结果不容乐观。具有良好情绪的调适能力的幼儿能够用积极的思维方式去思考，协调自己的感觉、想法并且调整自己的行为以到达目的。便如同上文中所提及的超市购物的案例，当有积极思考方式的幼儿面对此状况时，可以通过与成人商量或者交换意见等方式，尝试达成自己希望获取物品的愿望，而当愿望落空时，能较快接受成人给予的合理理由。

希望孩子拥有积极的思考方式，那么作为孩子学习的榜样，成年人就应该在平日的生活中为其树立良好的积极思维的方式。例如，在日常与孩子交流的过程中注意自己情绪表达与调试。又如，当遇到困难时，可以表述为："这可真是个难题，不过我觉得我努力下，一定能把它完成。"而不是："这个怎么这么难！"通过前一种表达方式，你既向幼儿阐明了你的感受，同时又向其展示了你将如何积极地去面对它。长此以往，孩子会在生活中，从成年人的身上潜移默化地习得或者学到这些积极的思考方式，并调整自己的行为去达到目的。

（1）使用情绪去影响他人的感觉和行为

情绪除了影响自己之外，有时对外的情绪表达会影响他人的感觉和行为。

今天是家委会组织的拍皮球比赛，孩子们在家长的陪同下欢天喜地地前来参加比赛。比赛结束后，主委会特地为成绩突出的孩子准备了奖状。睿睿拉着妈妈的手兴高采烈地竖着耳朵希望能在喇叭里听到自己的名字，也能上台领个奖。可是随着最后一个第三名名额报完之后，睿睿还是没有听到自己的名字。"我也拍得很多的。我也要拿奖状。"睿睿失落地对着妈妈说道。"你今天表现已经很棒了，可是其他小朋友更厉害，回去妈妈奖励你吧。"妈妈安慰睿睿到。"不要，不要，我也要奖状……"睿睿发起了脾气。当着大伙的面，妈妈显得束手无策。"睿睿，没关系的，老师知道你今天已经有很大的进步了。"老师蹲下身子，给了睿睿一个大大的拥抱："我们下次还有机会呢，回去练得更好，下次再来和他们比赛吧。今天已经很棒了，能和这么多好朋友一起玩，多开心呀。"在老师的安抚下，睿睿的眼泪止住了，可是小嘴还是撅得老高。这时，睿睿的小邻居麦子走了过来："哥哥，不要不高兴啦。我没有拿到奖状，可是我还是很高兴。有好多朋友一起玩，真开心。""是呀，没有拿到奖状，可是有这么多朋友一起玩真高兴。"老师接着麦子的话，一起安慰着睿睿。"哥哥，我们去那里看看吧。"麦子向睿睿伸出小手提议道。"好。"睿睿的情绪好多了。

当睿睿控制不住自己进行着情绪宣泄时，麦子以同伴的身份出现，并且用自己的情绪表达及积极的思考方式影响了睿睿的感觉和行为。在这个过程中，麦子以一个朋友的身份，通过自己的一个亲社会行为给予了处于低落情绪中的睿睿强有力的安慰，在此过程中，他们不仅仅是亲社会行为的发展，情绪能力得到了发展，他们之间的友谊也得到了建立与维持。

（2）遵照文化上的规范，合适的情绪表达

处于不同的文化背景下，孩子可能拥有着不同的情绪表达方式。例如，在固有的认知里，将西方人视为奔放，而东方人视为内敛。又如，不同的文化习俗，对于情绪的表达有不同观点，中国人常以摸摸孩子的脑袋作为一种鼓励与安抚，而在泰国抚摸孩子的脑袋却是一种非常不礼貌的行为。因此，我们需要遵照文化上的规范，让孩子建立起合适的情绪表达，其前提便需要我们及时帮助幼儿熟悉、了解、遵守一些文化规范及守则，养成良好的行为习惯。

第二节 情绪调适能力的发展

当幼儿从家庭走向幼儿园时,他(她)便犹如父母进入职场一样,进入了幼儿园这个小小"社会"中,在这里,他们开始学着与他人交往、相处。在幼儿园中,孩子需要学习的有许多,在情绪调适能力方面,幼儿园环境对于孩子们有着以下要求:

(1)理解自己和别人的期望;

(2)学习等待,学习常规;

(3)学习回应他人的情绪。

对于幼儿而言,幼儿园环境提出的这些要求,既是挑战,又能帮助其成长。以下我们分别从幼儿情绪调节与控制能力的发展、幼儿情绪调适能力发展的影响因素两个方面进行分析。

一、情绪调节与控制能力的发展

(一)什么是情绪调节

情绪调节是对情绪的内部过程和外部行为表现所采取的监控、调节,以适应外界环境和人际关系需要的动力过程。

情绪调节涉及以下四点:

(1)管理自己的情绪体验,如体察自己的情绪并尝试缓解,生气时尝试深呼吸;

(2)管理与情绪有关的机体反应,如将生气发抖的自己慢慢平静下来,控制自己要打人的冲动;

(3)管理与情绪相关的归因与评价,如能够把自己不开心的事往积极的方面思考;

(4)管理与情绪有关的表情,如收到不喜欢的礼物时适当控制自己的失望表情并表示感谢。

已有研究表明,理想的情绪调节对幸福感和情绪平衡自我效能感、与他人的沟通均有贡献,有效的情绪调节促进结构性问题解决策略的产生和对社会关系的合理评价。因此,面对在一日生活中可能需要面对的众多情绪问题,幼儿需要在成人的帮助下,尝试学会如何进行情绪调节,从而更好、更从容地在幼儿园或者生活中快乐成长。

(二)情绪调节能力的发展

情绪调节能力的发展从何时开始?作为成人如何引导幼儿,首先在于了解幼儿情绪能力发展的过程。

1. 情绪调节与控制能力的缘起（1岁以前）

在婴儿早期，父母与其的互动过程是婴儿学习情绪表达规则的第一课堂。此外，父母或照顾者也会对婴儿的情绪作出选择性反应，于是婴儿通过这样的基本学习过程学会了更多情感表达规则。

在出生的头几个月里是照料者调节着婴儿情绪的觉醒状态，他们通过控制婴儿有节制地接触一些事件以避免造成刺激过度，或是通过摇动、抚摸、怀抱和唱歌等方式让情绪觉醒过高的婴儿平静下来（Rock，Trainor & Addison，1999）。但当到了6个月左右，婴儿在调节自己的消极情绪方面取得了一些进步。例如6个月大的婴儿为了降低消极的情绪体验，他们会转身避开引起消极情绪的刺激，或是转而寻找可以吸吮的对象，比如自己的拇指或从照顾者处寻求安慰。6个月的女孩比6个月的男孩更善于调节不愉快的情绪觉醒状态，男孩比女孩更倾向于发出消极情绪的信号，如哭，以引起照顾者的安抚与支持（Weinberg et al.，1999）。

母亲也参与了婴儿情绪自我调节能力的发展。母亲正在与她7个月大的宝宝玩耍时，她所展现出来的情绪多半是快乐、感兴趣和惊奇，这些情绪是宝宝获得积极情绪体验的源泉和榜样。母亲还会对孩子的情绪作出有选择性的反应，在宝宝出生后的头几个月里，母亲们开始逐渐关注婴儿表现出的感兴趣和惊奇的情绪（Malatesta et al.，1986）。通过基本的学习过程，婴儿学会了表达更多的能引起父母反应的一些情绪，如更多地表现愉快的面部表情，更少地表现不高兴的表情。

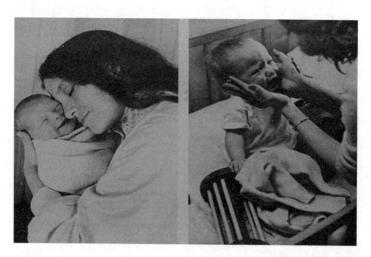

图6.1 母亲对孩子的安慰和情感交流（图片来自李燕的《学前儿童发展心理学》）

然而，有些情绪的社会接受性存在很大的文化差异。在不同社会文化背景下成长的婴儿便学习了各自不同的情绪表达规则。例如美国父母总是喜欢逗弄他们的孩子到达快乐的顶峰，因此美国的婴儿学会了尽情表达自己的积极情绪；而非洲中部某些部落的习俗，是尽可能地满足婴儿让其保持安静，因此那里的婴儿便学会了压抑自己的情绪，无论是积极的还是消极的。要遵循这些情绪规则，婴儿就必须要对他们的情绪加以调节和控制，其中包括对情绪唤起的抑制、维持甚至增强。这对于婴儿来说无疑是比较困难的，他们只能通过将身体从引起不愉快的物体旁移开，或是通过不断吸吮的方式减少某些不愉快的冲动。

2. 情绪调节与控制能力的早期发展（2～3岁）

接近1岁时，婴儿开始使用一些其他策略来减少不愉快的情绪，如摇晃自己的身体、用嘴咬东西和避开引起他们不愉快的人或事物。18～24个月的婴儿，开始有意控制那些让他们感到不舒服的人和物。而且，此时他们也开始能处理一些挫折事件，如在等待食物、索要礼物、等待游戏的时候，他们能让自己把视线转移开（Grolnick，Bridges & Connell，1996）。这个年龄的婴儿已经能用皱眉和抿嘴唇的行为来抑制自己的生气或伤心的情绪了（Malatesta et al.，1989）。但是婴儿还无法掩饰他们的恐惧情绪，因此，他们学会了一些可以有效引发照顾者注意和安抚恐惧的表达方式。

在婴幼儿阶段，孩子们情绪掩饰的能力也有发展。在3岁以前，婴幼儿就开始表现出一些有限的隐藏自己真实情绪的能力。路易斯等人（Lewis，Stanger，Sullivan，1989）发现，撒谎说自己没有看过不允许他们看的玩具的3岁儿童，只显示出微妙的痛苦表情，但是他们却有能力隐藏自己的真实情绪，以至于成人无法从他们的表情中辨别谁真的没有看过，而谁又在撒谎。

然而随着语言能力的发展，婴幼儿调节恐惧或其他消极情绪的能力逐渐增强。2岁的孩子可以进行言语交流，他们会同父母和其他照顾者谈论自己的感受，因此成人便能更好地帮助他们应对消极情绪，如将儿童的注意力从不愉快环境中转移开，或者帮助孩子理解他们的恐惧、挫折和失望等消极经验。成人支持性的干预措施，有利于婴幼儿学会有效调节自己的情绪，使他们以后也能自己通过转移注意力或用美好的想象来应对消极的情绪体验，也能够用自己更好的方式重新解释消极事件。总之，随着年龄的增长及心智的不断成熟，婴幼儿对情绪的有效调节能力逐渐增强，冲动性逐渐减少，稳定性逐渐提高，使他们能够更积极地应对挑战，和谐地与他人交往。

3. 幼儿情绪管理和控制能力的发展（3岁以后）

在表达、语言和自我概念上的发展促进了儿童早期的情感发展。在3岁以后，儿童能够更好地理解自己和他人的情感，更好地掌握情感表达机能。自我的发展又促进了自我意识情感，如羞怯、尴尬、罪过、嫉妒和骄傲等的发展。

幼儿学习有关调节负向情绪的策略是其发展过程中一个重要的任务（Kopp，1989）。研究者将儿童的情绪调节策略的发展特征归纳为四项（Brenner & Salovey，1997）：（1）年龄越大的儿童运用内在认知的策略越多；（2）年龄越大的儿童越会使用个人策略；（3）儿童随着年龄的增长，越能区分如何控制情绪，在可控制的情境下采取问题解决的策略，在不可控制的情境下，则会采取分散注意力的策略来应对；（4）使用调整的策略存在性别差异，女孩更多通过寻求社会支持来化解情绪困扰，而男孩则更多的通过户外活动来处理自己的情绪问题。

对于3～6岁年龄段的幼儿而言，他们开始逐步使用一些策略，试图用语言、自我安慰等方式，来帮助自己调节和控制自己的情绪。

今天是孩子们在幼儿园里验血的日子。在中班的教室里，波波老师发给了每个孩子一张验血单，并请孩子们根据报到名字的顺序到老师跟前排队，准备验血。由于前一天已经为孩子们讲解了验血的步骤及和家长一起给予了孩子们鼓励。在走出教室的时候，大家都显得十分轻松，但随着离验血室的距离越来越近，个别孩子显示出了紧张的神情。"波波老师，验血不疼的，对吧，就像蚊子轻轻咬一口，只是有一点点难受。"安安一脸慌张的对老师说道。"是呀，一会儿会儿就好了。"波波老师安抚道。队伍进入了验血室，孩子们在老师的陪伴下，挨个向前。安安在队伍中，默默地抹着眼泪。波波老师再次上前给了安安拥抱并安抚，安安对老师再次说道："我不是怕疼，我只是有点点害怕。能等会儿吗？""可以，我先陪你一会儿，等你觉得可以了，我们再去吧。"排在安安身后的豆豆也感染了安安紧张的情绪，一下子泪如雨下，"这个很疼的吧。""豆豆，没事哒，只是轻轻碰一下，你看，你的小豆豆不是在陪你吗。"豆豆捏了捏衣服上的小娃娃，"那我也待会儿再验，行吗？""好的，你可以先缓一缓。"豆豆和安安一起到了队伍的最后。不知不觉一半的宝宝已经很勇敢地完成了验血，在旁休息等候。丰丰来到了医生面前："这个不疼的吧，医生叔叔，你轻一点吧，一会儿就好了。""是哒，一会儿就好了，小朋友你真棒。"在分散丰丰注意力的同时，医生完成了验血工作。丰丰转身对身后的小博说："真的不疼。""我是小怪兽，我不怕针。"小博一边振振有词，一边挥舞着小手走到了医生面前，可医生刚刚把棉花球放上小博的手指上时，小博"哇"一声大叫，并后退了。"老师，要不你帮我用手遮一遮吧，看不到就不怕了。""好的，我保护你，你放心吧。"于是波波老师拥住了小博，并帮他遮住了眼睛。最后，豆豆和安安也在老师的保护下，完成了验血，大家都得到了老师的表扬。

在这个案例中，我们可以看到幼儿情绪调节的策略如下。

1. 使用语言和认知策略来控制自己的情绪状态

随着年龄的增长和生活经验的丰富，3 岁以上幼儿的语言和认知都得到了进一步的发展，在此基础上，在面对某些消极情境时，他们会尝试通过语言或者认知的策略来调节自己的情绪。丰丰害怕验血，为了让自己感觉更好一点，她在打针前喃喃自语自我安慰，还与成人交流，借此缓解了自己的焦虑。

2. 自我安慰

在 3 岁以后，幼儿从成人身上习得了一些安慰的方法，他们会尝试进行自我安慰。安安和豆豆的表现都可以体现自我安慰这项调节策略。首先，就安安而言，在前往验血室的路上，安安已经在试图用语言以及与老师的对话进行自我安慰了，但是效果不大，当进入室内后，安安的情绪有过短暂的失控，但是通过与老师之间亲密且安全的交流之后，安安情绪得到了逐渐平复。其次，对于豆豆而言，通过与老师的交流，豆豆通过抚摸自己的依恋物件——衣服上的小娃娃缓解自己的情绪。

3. 用一些愉快的想法来克服负面情绪

小博希望通过让自己扮演自己喜欢的小怪兽这个方法来使自己变得更加勇敢，虽然他在稍后仍需要老师的蒙眼限制感觉输入来减缓负面情绪，但他最先尝试的是用一些快乐的念头来帮助自己变得不害怕。

在小班的孩子们身上，我们同样可以发现这样的策略。在开学初期，由于前期入园工作的铺垫，我们可以在一些入园焦虑较轻的孩子口中听到这样的话："妈妈送我来幼儿园，妈妈要去上班，等妈妈下班了，她就会来接我，我就能回家和妈妈玩了。"这些言语也正体现了这项策略。

4. 重新解释消极情绪产生的原因

安安向老师哭诉时的表达其实是在告知老师他会哭的原因，向老师解释着他并非怕疼，而是害怕，从而可以帮助老师更好地协助他缓解当下的情绪状况。

除了安安的这个表现之外，另一种实例也十分具有代表性，当孩子看到电视中死亡情节时，他会用"他没有死，是在演戏，演戏是假的"这样的语言来为自己重新解释，从而使自己摆脱伤心的感受。

5. 通过改变目标来转换心情

这项策略虽然在案例中没有体现，但在孩子们的一日生活中，特别是进行游戏时十分常见，尤其是在大年龄的幼儿身上可以得到很好的体现。正如章前故事中所提及的一样，孩子们在游戏的过程中，当他们的预期目标由于场地、人数等条件限制实现不了时，冲突是难免的。随着孩子的情绪能力和社交能力提高之后，他会进行思考以及调整。因此，当一个孩子被一个游戏小组拒绝后,他能决定参加另一个小组的游戏,那么就可以表明这个孩子已经学会了通过改变目标来转换心情的策略了。

6. 情绪表达规则的获得

在生活中,当一个人即使收到一个自己不太喜欢的礼物时,也会对送礼者面带微笑地表示自己比较喜欢这个礼物,研究者运用"情绪表达规则"来对这种现象进行了解释(Ekman & Friesen 1969)。所谓的情绪表达规则指的是个体在社会化过程中获得,用以指导特定社会情境下表现社会期望情绪的一套规则。它规定个体在什么情境下,对谁,应该表现出什么样的情绪,而不管个体内心真正的情绪状态如何。

情绪表达规则目标主要包括三种:自我保护目标——为了远离麻烦和维持自尊;亲社会目标——为了考虑他人的感受;社会规范目标——为了维持社会规范和准则。

对于幼儿而言,他们运用情绪表达规则调节外部情绪表现具体可以分为四类,分别如下。

(1)最小化规则,指与真正的感受相比,情绪的表达在强度上减弱。例如儿童内心的情绪体验是生气或愤怒,但表现出来的情绪却只是闷闷不乐,很显然儿童为了某种目的减弱了内心的真实情绪。

(2)最大化规则,主要指夸大真实的情绪体验。例如儿童在收到第一件礼物时,他们会表现得比真实的情绪更高兴。

(3)面具规则,是指表现出一种看似自然或中性的表情(一张面无表情的脸)。

(4)替代规则,指个体用一种完全不同(通常是相反的)于真实情绪的表情来掩饰内心的真实情绪。

最小化和最大化规则比其他两个规则出现的时间要早。2岁大的孩子就会为了得到妈妈的同情而夸张地哭,这个例子说明他已经掌握了后一个规则,但这个时候儿童似乎意识不到他们的真实感受和他们的表现的不同。此外,研究表明受认识技能和社会技能的影响,学龄前幼儿情绪表达规则发展非常缓慢,到了小学阶段,随着复杂认知技能和社会技能的发展,真实和表象之间的区别才完全被掌握,这时儿童才明显地体会到感情和行为可以不对应。

幼儿情绪表达规则发展的过程中,家庭情绪环境是一个十分重要的影响因素,尤其是母亲或抚养者的情绪表现对幼儿情绪发展有更加深远的影响。积极的情绪环境有助于幼儿获得更多的情绪知识,表现更多的积极情绪;反之,消极的家庭情绪环境则与幼儿较少的情绪知识和较少的积极情绪相关。积极的家庭情绪环境使幼儿保持积极情绪表现的时间更长。然而,值得注意的一点是,促进幼儿情绪社会化最理想的家庭情绪环境,并不是仅鼓励幼儿表达积极情绪的家庭，而是支持幼儿保持积极情绪的同时也鼓励他们表达适当消极情绪的家庭。因为积极的家庭情绪环境为幼儿保持积极情绪提供了外部支持，而消极情绪的适当表达又减轻了幼儿内部情绪的紧张，使幼儿在情绪发展的过程中，更少体验到紧张感，获得更多有效应对情绪情境的技能。

【专栏】6.1 情绪调适对于幼儿的好处

1. 良好的情绪调适能力可以帮助幼儿达到他们想要的目标。

对于幼儿而言，首先，良好的情绪调适能力，能帮助其避免过多的情绪困扰，从而更好地发展。其次，可以使幼儿在与他人互动中，减少自身及对他人情绪的消极影响，从而更好地进行人际交往。此外，还能帮助幼儿抗拒诱惑，从而获得更大的满足。

2. 良好的情绪调适能力能帮助幼儿获得更积极的情绪体验。

无论是正面情绪还是负面情绪，当情绪过分激昂或是消沉时，都会造成混乱，引起惊慌的失控感。因此，当幼儿了解他们能够独自或在成人的协助下对自己的感觉和情绪表达有所控制时，并且了解自己的感受能被他人接受及认可时，他们会比较安心，从而获得更为积极的情绪体验。

3. 良好的情绪调适能帮助幼儿体验到自己的能干与熟练。

具备良好的情绪调适能力，使幼儿拥有了有情绪调节的自我效能感，除了让孩子体会到对情绪能有控制之外，还使其体会到他对于情境的控制感与胜任感，从而使其能够自信地根据自己的选择，表达情绪感受，并且获得别人的认同与肯定。

4. 良好的情绪调适能力能帮助幼儿更好地融入社会文化。

各地不同的情绪管理的规范是受不同文化所影响的，因此，善于情绪管理的幼儿能够更好地融入社会文化中，与他人所使用的情绪管理规范相同，从而更好地融入社会共同体中。

5. 良好的情绪调适能力能帮助幼儿变得更有社会能力。

作为一个小小社会人，无论是在家中或是在幼儿园里，幼儿常常会遇到与自己情绪需求不同的人，他们需要去调适自己的情绪表达，并且倾听他人的感受。能力越强者，在同伴之间则会越受欢迎。

二、幼儿情绪调适能力发展的影响因素

幼儿的情绪调节可分为支持性的调节策略、参与性的调节策略和独立运用的调节策略。并且在学步期和学龄前期，主要依靠照料者提供的支持性的情绪调节，随着年龄的增长，幼儿渐渐能够灵活地、独立地运用各种情绪调节策略（Denham，1998）。

对于孩子而言,在学龄前阶段,他的活动主要集中于两大场所,一是他的家庭,二是幼儿园。由此,主要的照料者可以分为两大类,即家长和教师。

(一)家庭的影响

在家庭中,主要照料人,特别是母亲,为孩子提供了情绪表达的榜样。

如果孩子由喜怒无常的母亲或者患有抑郁症的母亲进行照料,那么由于榜样的情绪表达及调节有失偏颇,幼儿的情绪自我控制与情绪能力发展将会受到负面影响。与之相反,如果在生活中,母亲能对孩子的情绪作出有选择性的反应,例如,母亲能关注孩子快乐、感兴趣和惊奇的情绪,并且用积极的社会互动和愉快的表情给予回应;尝试调节孩子消极的情绪,安慰,让孩子有机会学会情绪调节与控制;在与孩子交流情感问题,对孩子的情绪进行命名和评价,那么她将对孩子的情绪调适能力发展提供良好的契机和动力。

除了家庭主要照料人的榜样作用之外,贫穷、暴力、家庭不稳定等家庭因素,可能会使孩子在生气、发怒、抑郁的时候有冲动控制障碍,影响其对愤怒和悲伤的调节与控制。

(二)教师的理念与专业能力

幼儿园就像是一个"小人国",在幼儿园一日活动中,幼儿离开父母,与教师及其他幼儿一起进行生活活动、游戏、运动与学习。在此过程中,难免会遇到一些情绪问题。

每个幼儿都是一个独立的个体,每位幼儿的情绪能力发展水平也不相同。在对幼儿在幼儿园内的一日生活进行观察之后,可以发现,幼儿的情绪问题产生来源大致归纳为五类:受自身状态影响、受同伴影响、受教师影响、受家庭因素影响、受外界其他因素影响(详见表6.1)。幼儿表述消极情绪的表现多为哭泣,也有少数幼儿以异于平时的状态来表示自己的生气状态,如闷声不响、不愿参与活动等。

在幼儿园一日生活中,面对幼儿的情绪问题时,教师通常会给予安慰,主要为询问具体原因。主要安抚方式包括语言安慰及肢体安抚。教师会给予其口头安慰如"没关系的""不用害怕"等,或肢体接触安慰,如拥抱、摸摸头等。面对由于同伴矛盾产生的情绪问题时,老师会针对事件的产生,向幼儿说理,安抚幼儿。

这些就足够了吗?到底在面对幼儿的情绪问题时,教师应该如何处理?

这取决于教师的理念与专业能力,而这两项内容也同时影响着幼儿的情绪调适能力发展。

那么就教师的理念而言,在情绪调适的策略和支持的观点上,我们是该鼓励表达?鼓励宣泄?还是鼓励控制?

表 6.1　幼儿园一日活动中幼儿情绪问题产生来源描述

影响因素	阐述	案例
自身	幼儿的健康状况及心理状况等自身因素影响幼儿的情绪状态	幼儿 A 往日每天都能开开心心地进入幼儿园，可是今天的状态却不是很好，进入班级时默不作声，情绪较为低落。教师感到该幼儿的不寻常，主动上前询问查看，才知道该幼儿扁桃体发炎
同伴	在与同伴的互动中，一些摩擦或争议影响幼儿的情绪状态	进入幼儿园后，孩子们拿起自己的照片，开始寻找自己感兴趣的区角，开始游戏。突然娃娃家里的幼儿 B 和美发室里的幼儿 D，开始了玩具争抢，幼儿 B 拿走了幼儿 D 的玩具后，幼儿 D 哭了起来
教师	在活动中的指导或规则维护时的一些行为影响幼儿的情绪状态	自由活动时，教师给小朋友放映动画片，应多数小朋友的要求，教师选择了《猫和老鼠》，而在一旁的幼儿 F 在抱怨自己不喜欢看这个动画片，××动画片才有意思，见没有小朋友支持他，便低头闷闷地坐在椅子上
家庭	家庭中幼儿主要抚养者的状态及情绪状况对幼儿的情绪状态有影响	幼儿 C 今天入园后就显得有些闷闷不乐，活动积极性也不高，教师询问得知，幼儿 C 十分想念妈妈，可妈妈外出出差，一个礼拜不能回家
其他	一些自然状态下的突发干扰或其他因素对幼儿的情绪状态有影响	户外活动时，孩子们跟着教师一起做广播操，突然幼儿 Z 大声哭了起来。原来一只蜜蜂不停在其周围打转，他十分害怕

其实，面对不同的文化背景、孩子的个体差异，面对不同的情境，老师需要给予不同的鼓励，因此，老师需要掌握各种策略、各种方案，给予不同幼儿个性化的指导及示范。只有当老师探讨清楚所有帮助幼儿情绪调适的策略与技巧之后，才能知道如何选择最适合幼儿的不同需要、不同文化期望与教育目标的方法，产生更有效的情绪调节策略（Bredekamp & Copple，1997；NAEYC，2001）。因此，这对于幼儿教师自身的专业能力便提出了更高的要求。

就教师的专业能力而言，教师需认识到自己不仅是幼儿的照料者，同时也是教育者，需要成为课程的设计者、鹰架者以及文化引导者。

作为课程设计者，需要使课程内容精致丰富、有吸引力，符合幼儿的发展适应性。在幼儿园中，一日生活即课程，提供幼儿充分的途径去表达他们的情感，并且运用有建设性且对幼儿而言有挑战性的方法协助他们进行情绪调适。老师就好比盛宴中的主人，安排各种精美的菜肴吸引她的客人（Howes，1992），老师提供丰富的材料，并介绍给幼儿，引导幼儿进行操作与使用，从而喜欢上老师提供的东西，并运用于日常生活中。

有研究者提出将应用鹰架学习的概念运用在自我调适、幼儿情绪发展中（Bodrova &

Leong）。作为鹰架者，教师需要分析幼儿的基本能力与学习目标，在与幼儿亲密的师生互动中，帮助幼儿一步步达到情绪调适所需要的目标。老师可以以"你可以……,你需要……"的语句给予幼儿建议，多多鼓励幼儿进行情绪调适。此外，鹰架者还在幼儿遇到情绪困境时适时地介入，给予其帮助。

作为文化引导者的教师应提供幼儿符合文化的、符合社会规范的习惯、方式与知识，例如，告知幼儿要经过物品主人的许可才能拿东西；运用礼貌用语——"请、谢谢、对不起"；为伤到别人而道歉；抑或是当幼儿出现不文明言语时，及时提醒"那样的方式和朋友说话是不好的"，从而使其意识到尊重他人。当然，上述的直接教导之外，教师还需以身作则，起到良好的榜样作用。孩子的眼睛时刻关注着老师，从老师的行为中，他们同样能够观察并习得情绪调适。

第三节 创造有利于情绪调适能力发展的幼儿园班级环境

幼儿是在与环境的互动中成长的。在幼儿园中，老师需要创造一种有利于情绪调适能力发展的环境，使幼儿能够从中培养并调适自己的情绪能力，以及回应他人情绪反应的能力。

一、创造和谐的人际关系

在一间教室中，积极氛围反映了师幼之间、幼儿与幼儿之间情感的连接、尊重与欢乐。正如第二章所描述的：处于积极氛围中的幼儿感到幸福、放松以及感受到自己和他人是有关系的时候，他们会有更多的学习动力，更乐于参与其中，并且能够从课程中收获更多。

教师可以和幼儿一起努力营造积极的、爱的氛围，使身处其中的每个人都是快乐的，且是充满爱心的。处于和谐氛围中的幼儿心情是愉悦的。心情愉悦的幼儿相对而言较容易与他人的感觉达到协调与平衡，对他人表现得较为慷慨，且较为愿意帮助有困难的人（Moore，1985）。

尽管是一个积极和谐的氛围，但幼儿之间难免总会产生一些争执或者有一些不恰当的行为出现。而在此时，教师作为课程设计者、鹰架者、文化引导者，需要坦然地接受幼儿的各种情绪，以开放的方式鼓励幼儿进行情感交流，积极地解决问题，为幼儿树立一个良好的情绪调适榜样，引导幼儿控制沮丧，鼓励其进行良好沟通，协助其学习常规以及积极的情绪表达和调适方式，帮助其树立同情心，并且形成健康的自我控制。

此外，在个别或小组交流之外，老师还可以在集体性的活动中，鼓励幼儿大胆地分享情绪感受，可以帮助其理解自己和他人的情绪，学习自我控制。在这一过程中，幼儿可以通过讲述及聆听，理解并关注自己的行为对别人的影响，从而提高对他人情绪感受的敏感性，培养同理心，从中师生之间、生生之间更有机会产生合作、顺从以及亲社会行为。

在这个过程中，老师需要留意的是，运用儿童化的语言深入浅出地帮助幼儿理解，如果老师的语言是成人化的，过度理性的，抑或是脱离幼儿自身感受的，那么幼儿可能会对这种情绪调适的模式不适应，直接而言就是不能理解，从而不会习得与运用。教师需要有技巧的介入与引导。

【专栏】6.2　面对幼儿在园的情绪失控，老师该怎么做？

1. 当幼儿面对其他人的怒气时

面对其他人的怒气时，不同的幼儿有不同的表现，有人会很快报复，有人则会退缩以避免冲突。而成人对于孩子负面情绪所作的反应，是可以预测出幼儿对于其他幼儿生气时的反应的（Eisenberg & Fabes，1992b）。因此，当幼儿面对其他人的怒气时，老师对幼儿的怒气表现得无论是苦恼、忽视、震惊或者生气都是不可取的。许多老师都认同且维护幼儿如下行为——为自己的权利辩护，但不失控。

2. 当幼儿伤害到别人的感情时

当幼儿的言行伤害到别人的情感时，如对他人的失误或残疾进行调侃时，老师需要明确告知幼儿他的言行是被禁止的。Eisenberg和Valiente的研究表明，很明白地接受父母指导去控制自己的情绪表达、避免伤害别人感受（如盯着残障人士看）的幼儿，通常比较有同情心。在禁止之后，需要与被禁止的幼儿讨论他人的情绪体验，帮助其了解为何老师会禁止其言行，从而进一步学习，避免再次伤害他人的情绪。

3. 当幼儿感到焦虑时

每个人都会害怕，当面对孩子的焦虑害怕时，我们首先需要了解的是孩子的害怕是一般的害怕，如害怕打针；还是特别的害怕，如害怕黑影子、害怕做面膜的妈妈等。对于不同的害怕有不同的处理方式：对于一般的害怕而言，老师运用榜样作用或者试图转移幼儿注意力；当特殊的害怕发生时，老师应当及时处理眼前发生的事件，并且控制他们畏惧和焦虑的程度。例如，当出现黑影时，及时给予照明，帮助孩子了解黑影只是物品的影子，而不是其幻想出来的恶魔。又如，及时与妈妈联系，让妈妈做面膜时，让孩子参与到整个过程中，知道妈妈只是敷了一层纸在脸上，与其他时候没有不同。

4. 当幼儿需要等待的时候

在一日活动中，孩子们总会遇到需要等待的时候，并且在任何团体环境下，等待都是不可避免的。能够延缓满足是情绪控制能力的一项重要指标，因此，等待可以让幼儿练习情绪的调适与控制能力。但不能让孩子们空等，可以适当转移幼儿的注意力，使其为了想要的东西而等待；或者在等待的时间内，为孩子提供一些材料，让其做一些有意义的事情，例如，在早晨等待其他宝宝来园的时候，可以去照顾自然角的植物等等。

二、促进同伴互动

在幼儿园一日生活，或者是在日常的生活中，孩子之间的互动也是学习情绪调适的有效时机。孩子们彼此之间难免有些磕磕绊绊，而那些情绪调节能力较弱的孩子在与同伴的互动过程中往往会被其他幼儿拒绝。在此时，老师的适当介入，可以帮助幼儿更好地学习如何调节他们的负向情绪。

此外，情绪调适能力发展较好的孩子还能在互动中影响或者协助其他幼儿进行情绪调适，如，在上文所提及的案例中，睿睿便从与麦子的互动中得到了情绪调适的策略，转变了目标，将自己的目标从获得名次，转移到了参与活动，与同伴一起游戏上，他悲伤的情绪得到了缓解。

在彼此的互动中，孩子的情绪调节能力增强了。此外，通过互动，他们的自我价值感以及交往能力都得到了提升。

三、提供机会从游戏活动中学习

作为一名关注幼儿发展的老师，会在设计好的游戏活动中，让幼儿表达他们的经验，鼓励他们感受到自我控制的效能。例如，运用假装游戏帮助幼儿通过情景再现的形式，帮助幼儿体验情绪，进而通过分享与交流，大家一起分享情绪体验与情绪理解。又如，可以通过实际绘画或其他创意活动舞蹈、音乐、唱歌，在艺术元素的辅助下，在快乐的氛围中，帮助幼儿实践情绪表达的最大化、最小化。在过程中，学习与别人情绪的互动，尝试用语言、肢体语言、图文等形式抒发自己的情绪。

本章总结

情绪调适能力对于幼儿的成长而言十分重要，良好的情绪管理技巧是其入学准备中不可或缺的一部分。在幼儿一日生活中，家长、老师都会对孩子的情绪调适产生影响。因此，成人需要做好情绪调适的榜样。除此之外，由于学龄前幼儿的年龄特点，成人需要适时引导，通过假装再现情境等方式，帮助幼儿体验情绪，进行情绪调节。

请你思考

1. 促进孩子情绪能力发展的方法有哪些?
2. 请分别针对章前故事中佳佳与晨晨的状况,模拟老师与家长的沟通,尝试给予家园合作建议。

拓展阅读

《窗边的小豆豆》,作者黑柳彻子。

该书讲述了作者上小学时的一段真实的故事。作者因淘气被原学校退学后,来到巴学园。在小林校长的爱护和引导下,一般人眼里"怪怪"的小豆豆逐渐成了一个大家都能接受的孩子,并奠定了她一生的基础。这本书不仅带给世界千万读者无数的笑声和感动,而且为现代教育的发展注入了新的活力,成为20世纪全球最有影响的作品之一。

第七章

了解并尊重幼儿情绪表达风格的个体差异

片段一：早晨来到幼儿园，小语都会一路嘻嘻哈哈地尖叫着冲进教室，和老师来一个热情的拥抱。如果有老师在门口迎接她，她就会更快乐地扑进老师的怀里，然后抱着老师不肯松手，当老师提醒她把来园准备的事情先做好时，她才会从老师身上蹦下来，去放书包、换鞋子。如果带了什么好玩的东西，小语是一定要拿出来和老师分享的。

片段二：媛媛每天早晨来到幼儿园，先站在门口往教室里瞅一瞅，如果看到了老师，就会轻轻地打个招呼，然后自己去放书包、鞋子，安静地做自己的事情。有时候老师会主动去抱抱媛媛，但是，媛媛好像有点不太喜欢老师这样的亲近，经常会挣脱老师的怀抱。

片段三：小婕每天来到幼儿园，总是要拉着妈妈的手不肯松开。已经要上中班了，小婕还是粘着妈妈送到教室门口，看着自己放书包、换鞋子。完成了来园准备，还要再和妈妈抱一抱、亲一亲，才恋恋不舍地和妈妈告别。

一个简单的来园活动，就能看出孩子们各种不同的情绪表达风格。如果我们请一位老师来形容她班上的孩子们，那么老师很可能会运用一些与情绪相关的字。例如，天天很安静而且害羞；轩轩表情丰富而且很自信；臣臣很谨慎而犹豫。为了尊重孩子们独特的表达风格，帮助幼儿发展他们的情绪能力，老师必须辨认与尊重孩子们在情绪表达风格上的个别差异。本章将会帮助教师了解幼儿情绪表达风格上的个体差异，并提供一些策略，帮助教师能够更仔细地关注到幼儿在情绪能力发展方面的差异并及时作相应的记录。在本章末节，我们将探讨影响老师识别幼儿情绪表达方式的因素。

第一节 情绪表达风格的意涵

一、情绪表达风格的定义

情绪表达风格可以定义为持续性的个人情感回应之风格（DenhamL, ehman, Moser, & Reeves.1995 Halberstadt, 1991；Malatesta, Culver, Tesmiln, & Shepard, 1989）。情绪表达是人们用来表现情绪的各种方式，其功能就是纾解情绪水位，使情绪水位下降。情感是全世界共通的，不论是老人还是孩子，诸如快乐、生气、悲伤以及兴趣等都是他们对情绪的表达，学前期的幼儿也都有其独特的情感反应模式或风格。就用早晨来园活动时的情绪反应来讲，每个孩子对老师的感受和情绪表达都有所不同，有的会倾向于外显，有的会比较内敛，总之，孩子们会用很不一样的方式来表达他们内心的感受。例如，小语在来园时的兴奋和对老师的喜爱都表现在表情和动作上，并且她也十分享受这种情绪的表达方式。

二、情绪表达风格的缘起

情绪表达风格的发展是存在着个体差异的，就像幼儿其他方面的发展一样。哈尔贝施塔德（Halberstadt，1991）认为情绪表达风格是一种复杂的个人情感沟通模式。这些风格会渐渐经由时间而发展起来，并受到文化和社会的影响。因此随着幼儿年龄的增长，他们所表现出来的情绪表达风格的个体差异就越来越大。但是，个体在婴儿时期与幼儿时期的情绪表达方式却是相似的和可预测的。比如，我们在小语还在婴儿期的时候就了解她的情绪表达方式，那么我们基本可以预测她在8岁时将展现的情绪表达风格，因为她的基因遗传可能使她成为一个善于交际且随时笑脸迎人的人。但是，情绪表达的方式并不是由单一的先天遗传或后天习得而决定的，它受到二者的交互作用。小语的家庭环境也塑造了她个人的情绪表达风格走向。小语和爸爸、妈妈、奶奶生活在一起，家庭中的人际关系比较和谐，她在家庭中感受到了来自各个方面的关注和爱护，有着非常丰富的情感体验。爸爸妈妈对于小语的情绪表现比较宽容，并往往能够耐心地进行引导，对小语所表现出的自己情绪比较敏感，并尊重、理解她的情感表达内容和方式，同时，小语的父母在处理自己的情绪表达方式时也比较冷静，有较好的情绪控制能力。小语的父母认为给予孩子一个宽松、愉快的心理氛围更能够帮助她身心健康和谐的发展。因此可见，小语的情绪表达方式一方面受父母的育儿观、价值观以及文化的影响；另一方面是从小就受到来自家庭内部成员表达情绪方式的影响。因此当小语来到幼儿园时，她的情感风格已经发展健全和成熟了。

最后，我们还要知道的是，幼儿在不同的社会环境下会展现自己不同的、独特的情绪表达方式。有俗语说"一个小宝两个样"，也就是说幼儿会随着不同的社会情境表现出不尽相同的情绪表达方式，他们能够调整自己的情绪表达方式，以符合各种不同的社会场合。

浩浩是小班的宝宝，平日在幼儿园老师的眼里，是一个有想法又懂事的宝宝，老师不允许做的事情，经过沟通后，浩浩是能够遵守要求的。但是一天放学，和妈妈的谈话中，老师才得知，原来，浩浩在家里一旦要求得不到满足，就会发脾气甚至打滚，让照顾他的奶奶束手无策。

第二节 幼儿情绪表达风格的维度

针对幼儿情绪表达风格的不同纬度，哈尔贝施塔德（1991）描述了以下六种不同的表现。

一、积极情绪与消极情绪的平衡

每个人都会产生积极和消极的情绪，但是人们经历和表现这些感觉却是有所不同。愉快的情绪能对幼儿机体的生命活动和正常的生长发育起到促进作用；相反，消极的情绪一方面是幼儿适应环境的一种必要的反应，另一方面也会影响幼儿的心理活动状况，甚至是神经机能的活动。比如，多多经常表现出来的情绪是积极的，那么当某些情况下她显得伤心或生气时，作为教师就要及时、敏感地关注到她的情绪状况，了解她遇到的问题，并提供支持。

二、特定情绪展现的频率

每个幼儿在某种特定情境中，所表现出来的情绪是有着固定差异的。比如，淘淘在自己比较陌生的环境中，会表现出畏惧和害羞，这种情绪表现在他接触新环境之初，特别是在公共场合，大家关注他的时候显得更加羞怯。相反，真真的情绪表现则很明显，甚至有点"人来疯"，愿意在大家面前表现自己，得到别人的夸奖，就更加开心，不仅如此，在班级中，她是最常鼓掌的、笑得最开心的宝宝，一点好玩有意思的事情都经常会引得她哈哈大笑。

三、情绪表达的强度

虽然可能有些孩子在表达诸如像愤怒这类情绪的频率上会有些相似，但是孩子们在表达此种情绪的强度上也会有所不同。

航航和天天为了争夺卖货员的位置，两个人在抢玩具，天天很大声音，很生气地说："我才是卖货员，这个是我的，我要这个玩具。"天天一边大声喊，一边握紧小拳头。航航对天天的愤怒不予回应，只是用手紧紧地握住玩具，嘟着嘴巴，皱着眉头，小脸涨得通红。

天天在生气的时候会狂暴地爆发出来，到处跺脚并对任何挡住他的人吼叫。而航航在生气时则比较柔和，他不会像天天一样爆发出来，而是比较执拗又安静地紧握玩具，并且怒目注视着招惹她生气的人。

其实，不仅仅是愤怒，对于高兴、伤心以及害怕等其他情绪，幼儿也会表现出不同的情绪表达强度。比如，当老师用一个新的游戏让孩子们感到惊奇时，有的幼儿会微微睁大她的眼睛并且充满期待地喘息着，而有的孩子则是会拍打自己大腿，嘴里一直在发出感叹，甚至还会夸张地示意出惊讶的表情。

四、情绪表达的持久度

在幼儿园的一日生活中,孩子们之间以及师幼之间的情绪事件,会一直影响着孩子们的情绪状态。在同样的状况下,有些幼儿会纠结于情绪事件所诱发的情绪状态,而有些幼儿则会很快从一种情绪状态转换到另一种。比如在早晨做操的时候,轩轩想和欣欣拉手,但是欣欣却甩开了轩轩的手,找彤彤去做朋友转圈圈了,为了这个事情,轩轩难过了一天。然而这种事情如果发生在小语身上,即使是被一个同学所拒绝,只要这时候老师或者另一个小朋友来邀请小语一起玩,她很快就会积极投入到新的活动中去,并忘记被拒绝时的受挫情绪。

五、单一情绪与混合情绪的表达

当我们仔细观察幼儿们的面部表情时,就会发现他们的表情很耐人寻味。所有的幼儿在逐渐趋向成熟时,会主动运用混合情绪的表达方式。与这些混合情绪运用的频率相比,那种直接而单一的情绪表达频率存在着很大的个体差异。在班级中,往往会有这种孩子,他的开心和不开心都写在脸上,因此所有人都能了解并感受到他现在的情绪状态,因为他的脸上真实地反应出了他基本的情绪变化。当他感到快乐时,他脸部的表情几乎是典型的快乐的表情,眼睛弯弯向下,嘴角向上扬起;而当他生气时,他脸上皱起的每一个线条和身体每一块紧绷的肌肉都显现出非常单一的情绪。然而对比之下,在班级中也不难发现这样的孩子,他的面部和肢体动作显示出典型的较为复杂的混合情绪,比如在他得到表扬或者快乐的时候,他的快乐常常夹杂着害羞的情感;当他面对一些挑战的时候,他脸上则交叉显示出兴趣和哀伤的情绪。

六、情绪表达的速度

除了上述的几点情绪表达规则维度外,从幼儿对自身情绪的启动速度来讲,同样存在着情绪表达方式的个体差异。比如,当老师出示一个可爱、漂亮的玩具时,班级中所有的孩子都表现出了对这个玩具的惊喜和向往,但并非每个人都同时流露出这种情绪状态。小语首先会发出她的笑声和惊叹声,这是小语一贯的常态反映;涵涵则过了一会儿才跟着发出感叹,表现出自己喜欢这个玩具的情绪;航航则是抿着嘴,笑眯眯地看着这个有趣的玩具。

面对幼儿的这些不同表现和差异,作为教师要更为细致地关注幼儿在独特情感特征上的表现,这将对教师理解并帮助幼儿发展情绪能力很有帮助。

【专栏】7.1　幼儿情绪表达差异的维度

当你观察你班上的幼儿时，想一想他们的情感型差异，没有较好或是较差，只是不一样而已。

1. 积极情绪与消极情绪的平衡

谁总是乐观的？谁总是中立的？谁大部分的时间显得垂头丧气的？谁的情绪变化很极端？

2. 特定情绪出现的频率

谁是班上最会害怕的小孩？谁最会生气？谁总是会对于新事物感到惊讶？

3. 情绪表达的强度

谁的情绪最为生动而强烈（正面还是负面的）？谁的情绪看起来是最低调而细微的？

4. 情绪表达的持久度

当一个团体对于一个新活动感到兴奋时，谁的兴奋持续最久？当在游乐场发生一起争端时，谁的恼怒需要最久被安顿下来？

5. 单一情绪与混合情绪的表达

谁的情绪常常是复杂的混合型态，一点畏惧，一点兴奋，一点伤心和一点兴趣？还有谁的情绪是最单纯的？百分之百的快乐或是生气？

6. 情绪表达的速度

当班级里的孩子们得知去动物园的旅行时，谁是最先兴奋得跳起来的人？当孩子们得知动物园之行被取消时，谁是反映最慢的人？

这里并没有正确的答案，这些问题只是帮助你更仔细地观察你班级中的幼儿，让你更加了解并体会幼儿的情绪状态，甚至是你自己的情绪状态。

第三节　了解幼儿情绪表达风格的途径

老师需要运用一些较为简单的工具来帮助他们了解幼儿的情绪表达风格。这些工具不仅仅能在情绪表达风格上给教师提供帮助，更能够让教师对幼儿发展与学习之间的关联有更为深刻的认识。

一、教室的组织与活动

在幼儿园的日常生活中，为了要了解并掌握幼儿们的情绪表达风格，老师需要一个能够随时后退一步的空间，来观察幼儿的游戏、学习以及生活活动。

随着幼儿的年龄增长和自理、自控能力的发展以及对幼儿园的一日生活活动的熟悉，老师可以尝试将活动内容的选择和安排的权力交给幼儿，鼓励幼儿在各个时间环节内自行选择并完成任务。比如，在美术活动中，有些老师可能会给幼儿一个既定的轮廓图案，再给他们指定的颜色去上色；而有些老师则会采取一个较为能够激发幼儿自主参与的有效策略，他们会在前期经验铺垫中来共同讨论某一内容，再请幼儿根据所讨论的内容，画出"这首好听的歌所带给你们的感觉"。

每位幼儿的图画所透露出来的独特之情绪风格都令人着迷。从教师所提供的相似的活动机会中，通过幼儿的自主表达表现，我们更能够明显地感受到幼儿在情绪表达方式上的个体差异，有些活动中更是几乎能够凸显出他们表达风格的不同之处。从幼儿的活动中，作为观察者的教师可以分析、了解并发现更多幼儿的信息，即使当他们在进行同一种活动时，孩子们也会使用各自不同的操作方式来完成任务。比如，在生活活动环节中，孩子们可以自己的需要，自行选择喝水、聊天或者是看书。又如，每天的户外活动中，幼儿也可以自行选择想要使用的运动器械，并根据区域安排，自主探索、发现不同材料的使用方法。因此，在除了建立安全感与自尊之外，这些策略的使用可以帮助老师有充分的时间和精力来真正关注幼儿的当前活动状态、面临的问题以及发展需要。

二、观察的方法

幼儿教育家一直以来都很重视对幼儿行为的完整观察。近来有很多对幼儿情绪发展有兴趣的心理学家也都遵循这项传统，他们在家里、小区里和学校环境里来观察、记录幼儿自然发生的行为，甚至越来越多的研究者已经开始在幼儿园和其他学前机构来观察幼儿的情感发展（denham，1995）。

（一）做笔记

很多幼儿教师和幼儿教育工作者都接受过轶事记录的训练。然而这项工作的挑战不在于如何去进行记录，而是如何找时间去进行。在观察幼儿行为时，每个老师都有自己的记录方式，比如，有的老师制作了一个适合自己做笔记的方式，用一个很长很大的空白标签贴纸，这样就很容易、方便地做笔记，特别是当她在教室里随时走动并观察幼儿活动时，她就可以用这些有黏性的贴纸来记录幼儿各方面的行为。这些贴纸可以从背后撕开，并附在幼儿自己的成长档案中。这种记录方式的便利性还适用于教师和幼儿讨论、阅读以及写作的时候，甚至可以记录孩子们对课堂活动的情绪反应。

对于以实际教室活动为主体的档案评价、活动观察记录、事件取样记录和其他评量幼儿进步的各种真实记录，不仅丰富了幼儿学习与成长的研究资源，同时也会提供给老师们实际的教学参考建议。其实，对于老师们而言，没有哪一种记录方式是最好的，重要的是要找出最合适而且能够善于运用的工具。

（二）摄录像

幼儿的情绪表达往往会通过脸部表情、手势以及身体运动来传达，因此摄像也是一种适合老师观察的便利工具。目前我们对于幼儿情感发展所进行的深入研究和研究者所使用的精密录像科技产品是息息相关的，这些仪器可以用来记录和观察幼儿的情感表达。

现在，越来越多的幼儿园以及学前教育机构都会给教师配备照相机或摄影机。老师可以藉此来观察记录幼儿的表现，再通过对活动的分析，反思自己的教育教学，从而学到很多东西，获得进步。比如，在嘈杂的教室，如果没有录像设备的帮助，那么教师可能就没有办法对离自己较远处幼儿的活动情况、细微情绪形态在一日活动结束后进行回顾，更没有机会在每周的教科研会议上进行分析，挖掘它的价值。与此同时，录像资料不仅仅能够为教师活动后的反思和研究者的研究服务，还将会为幼儿的语言和读写能力发展、数学能力以及社会技能发展提供帮助，给孩子们的成长留下足迹。

很多新入职的教师会担心自己不能够兼顾摄像和观察幼儿这两项活动，但其实，摄录像并非那样复杂，而且对于录像和相关的记录方式的实用建议，都很容易查阅（Helm，Bcnckc-，& Steinheim，1997）。教室中两位教师可以互相配合，共同记录幼儿的活动，或者由配班老师负责进行录像，从而便于日后对活动的观察、分析和记录。

解决了老师的分工问题，关于录像的内容应该包含什么呢？关于幼儿的一日生活中的任何内容都会给研究者或者教师提供有价值的信息，尤其是关于幼儿从事某种开放性、富含情绪情感活动的录像，对于教师和研究者来说，是十分有价值的。

（三）评量表和检核表

除了观察记录表、录像等方法外，还有一种十分有效的观察工具——与幼儿情绪发展相关的评价量表。这些量表包含着幼儿情绪表达以及情绪表达与管理的指标，易于教师观察与记录和其他类似的工具一样，运用这些评价量表的方法是很重要的，只有科学地使用，才能完整、正确地得知幼儿的优点和需要。

第四节 情绪表达风格的差异对教学的启发

小贴士

了解并善用幼儿的情绪表达方式

（1）在计划活动时，预先设想哪些幼儿会有正面以及负面的反应。为了求调和必须要调整活动设计以包容这些反应。

（2）设计课程和活动以符合幼儿个人与独特文化成员的表达风格。

（3）尊重幼儿的个人情绪特色，同时也要指导幼儿运用他们的个人以及文化特性，来使整个团体能够良好地运作。

小贴士中提供了一些教师如何了解幼儿情绪表达的方法，从而能够让教师用所具备的知识，应对幼儿的情绪表达风格的个体差异。以下将系统介绍教师应对幼儿的情绪表达风格个体差异的教育教学方法。

一、预期幼儿的个别状况

老师可以用观察记录的方法，预期幼儿可能发生的状况，从而对自己的活动设计进行调整，以便适合更多的孩子。从某位老师的观察和记录中，我们可以看到，她对班级中的孩子十分了解，知道航航对于新状况会产生忧虑；知道小语对于假装游戏以及具有创作性的活动会十分热衷的参与。因此，这样的情况下，老师完全可以预知幼儿对于老师所计划的活动，将会作何反应。

二、用个别化教学以适应幼儿的情绪表达形态

在充分了解幼儿的情绪反应和情绪沟通形态与特征之后，老师可以依据幼儿的喜好和优点，来调整学习活动。例如，班级中的孩子们大部分都富于表达表现，并且这些孩子们会积极、强烈地表示她们的正向感受，因此，教师的活动就要透过一系列丰富的活动，使幼儿能够及时并生动地表达自己的感觉，从而满足他们的自身兴趣和需求。幼儿会在教师的引导下，主动地表述他们的意见和想法，从而对老师的活动引发积极参与的兴趣。教师越能够理解幼儿独特的情感回应形态，也就意味着越能够运用这个信息来建立一个正面的、

以情感为主的课堂氛围。另外，在区角活动、分组活动和集体活动中，通过师生互动和生生互动，也能够帮助比较害羞与安静的幼儿逐渐表露自己的情绪，从而使他们也能够融入到这种积极的教室氛围中，感受其中的快乐，对班级产生认同感和归属感。

三、尊重幼儿的个人特色

一个以情感为主的课程，就要尊重幼儿的个人特色。教师用尊重的语气提及幼儿的情绪状态，传递了教师对他们个体差异的尊重。比如，对于安静的幼儿，教师可能会说："你坐在那里这么认真地思考，你有想到什么主意吗？"而对活泼、带冲劲的幼儿，则会说："你可以等我们一起念完这首诗以后再去做那件事吗？"

本章总结

在关注幼儿成长的幼儿园中，尊重幼儿个人的情绪特质是很必要的，但是，尊敬未必意味着完全赞同或是鼓励。每一位老师，都必须要了解幼儿的情绪反应是否会带给幼儿本身和别人困扰或不快乐。当发现幼儿自身的情绪表达会带给别人困扰时，教师就要及时选择更好的方式，帮助幼儿采用更合适的方法，来解决面临的问题，从而帮助幼儿积累经验，学会如何表达自己的情绪。

有一句广告海报说"我是独一无二的，我就是我"。本章的目的就是帮助幼儿教师和教育者尝试着去描述并学会尊重"我"。

请你思考

除了本章介绍的关于教师了解幼儿情绪表达风格的途径外，你在实践中还获得了哪些好的方法？

拓展阅读

《给幼儿教师的一把钥匙》，作者王化敏。

该书介绍了常见的宣泄情绪、移情情绪、体验情绪、避免幼儿产生不良情绪等方法。让幼儿宣泄情绪很重要，我们可以让幼儿用活动来发泄不愉快的情绪，如让他去跑步、跳跃、大声吼叫等，在剧烈运动中将积累的情绪能量发散到其他地方。

第八章

支持幼儿应对消极情绪

冰冰是一个脾气有点暴躁的小姑娘，遇到让她气愤和不如意的事情时，她最喜欢的做法是"砰"的一声关上房门，然后在自己的房间里摔东西。在冰冰5岁的时候，父母因为感情不和而离婚，这对她的心理造成难以抹去的伤痛。冰冰的母亲是一个外表文静、内心却极度暴躁的女人，在与冰冰父亲相处的几年里，常常为了一些小事发脾气，每次吵架她都会将家里能砸的东西都砸了。在教育冰冰的方法上，也会采取非常手段，如冰冰两三岁时因为做错了一件小事，被她关在家里的小黑屋里几个小时不准出来。长大后的冰冰脾气性格和母亲非常像，一旦产生消极情绪，她就会用砸东西、摔东西的方式尽情宣泄情绪。

在儿童成长的过程中，不仅会产生各种积极、正面的情绪，同时也会面临很多消极、负面的情绪。消极情绪对儿童的成长不是没有好处的，相反却是必要的。本章将要介绍儿童可能面临的消极情绪、消极情绪对儿童具有的价值、成人对儿童的消极情绪应该如何进行回应等相关知识。

第一节 幼儿的消极情绪反应

一、幼儿可能面临的消极情绪

在情绪类型的划分上，存在多种分类方式。传统的情绪理论认为人类的情绪可以通过几个维度进行区分，目前较为常用的是"效价—唤醒度"的划分方法。依据"效价"（valence），人们将情绪分为正、负两极，位于正极的称为"积极情绪"，通常给人带来愉悦感受；位于负极的称为"消极情绪"，通常令人产生不愉悦感受。同时，人们依据"唤醒度"（arousal）来区分情绪的强弱，唤醒度越大，所产生的情绪就越强烈。

消极情绪被认为是人类进化过程中具有适应意义的产物，是我们的祖先面对威胁时所产生的适应行为，如愤怒产生攻击行为，恐惧促使个体逃跑，厌恶产生驱逐行为。处于消极情绪状态的个体，思维会变得狭窄，往往聚焦于引起消极情绪的事件或情境，心态变得警惕而紧张，肢体血流加速，以备随时的"争斗"或"逃离"。可以说，这些功能都有利于我们在生命受到威胁的环境中获得生存（Fredickson，1998，2001，2003，2005）。

精神分析学派创始人弗洛伊德认为，情绪是人类本能的内驱力的满足。儿童消极情绪反应是儿童内在需要未能得到满足时，伴随一定生理变化所产生的一种简单的内在体验，具有较明显的冲动性、情境性，并伴随着相应的外部行为表现和表情。儿童在成长过程中所面临的消极情绪主要有：焦虑、抑郁、恐惧和愤怒。

1. 焦虑

焦虑实质上是由外在的、模糊的、危险的刺激（包括人和事）所引起的一种强烈的、持久的、消极的情绪体验，并引起相应的生理和行为变化，如个体遇到不能克服的障碍而形成主观上的焦虑和紧张以及行为上的局促不安。焦虑涉及轻重不等的一系列情绪，最轻的是不安和担心，其次是害怕和惊慌，最严重的是极端恐怖。弗洛伊德认为，人的焦虑最早来自婴儿出生时与母体分离时的"出生创伤"，婴儿由于突然离开母体，面临着许多内外刺激，从而产生一种对危险的无力感，这种情绪体验就是"焦虑"。

幼儿焦虑有不同的表现形式，可以表现为无缘无故哭泣、注意力难集中、坐立不安、找借口离园、念叨、跟人、恋物、怕独处、怕黑、怕高、担心自己或亲人突然死亡、容易发脾气、攻击他人和咬手指甲等。焦虑还可以通过幼儿的身体特征清楚地表现出来，如心跳加快、气促、流汗、尿频、头疼和肚子疼等。如果焦虑的程度恰当并主要针对某种特定的情境，则人们可将其视为一种正常反应；若焦虑已泛化且强度过大，则成为一种异常或病理的状态。也就是说，适度的焦虑是人们处于应激状态时的正常反应，过度焦虑则会影响正常的学习和生活，不利于身心健康。

在幼儿园里，幼儿会产生种种焦虑，如分离焦虑（刚入园时，与父母分开时产生的焦虑）、交往焦虑（在幼儿园中，不能与其他小朋友很好地交往时产生的焦虑）、习得焦虑（家长过度强调幼儿园里的注意事项，夸大教师的负面形象时让幼儿产生的焦虑）、自尊焦虑（幼儿担心自己不是教师眼中的好孩子时产生的焦虑）、伤害焦虑（幼儿担心在幼儿园会被其他小朋友欺负产生的焦虑）、秩序焦虑（幼儿在家建立的秩序感与幼儿园里的发生冲突时产生的焦虑）、等待焦虑（接园时，幼儿担心自己的家长来晚而产生的焦虑）。进入小学后，儿童会产生考试焦虑。尤其是当教师或家长过度强调考试成绩或排名时，考试焦虑与个体对考试情景（考试的难度、机会因素等）的认知有关，它是在一定的应试情境下激发的，在家庭、学校的压力以及考生自身的生理、心理等主客观因素共同作用下形成的。考试焦虑是以担忧考试结果为特征，以防御或逃避考试为行为方式的负性情绪反应。考试焦虑者往往具有自我怀疑、无能感、自我非难等特征。严重的考试焦虑会影响智力活动的正常发挥和认知任务的顺利进行，这是存在于儿童与青少年发展性情绪中最常见的一个问题。

2. 抑郁

抑郁是一种复杂的复合情绪，它以人的痛苦体验为主，并因情况不同而诱发愤怒、悲伤、忧愁、自罪感、羞愧等情绪（Izard，1977，1991），产生抑郁情绪的人会对生活感到悲哀、受挫、无助，对多数活动丧失兴趣，其睡眠、食欲、注意力和精力都将受到干扰。抑郁比任何单一的消极情绪体验都更强烈和持久。抑郁体验发生的频率在儿童青春期阶段急剧增加，而且女性比男性更容易体验到抑郁，这一性别差异将持续终生。

抑郁有正常与异常之分。抑郁者可能开始是忧郁的，可称为抑郁状态。一般来说，忧郁者如果对自身处境与身体状况有恰当的认识，对自身行为的控制与调节符合社会常规，并有足够的自信和自尊，这都属于正常现象。它不会导致极端行为和人格解体，也不致产生思维的严重障碍。但如果人处在某种不适宜情境下，长期经受忧郁的痛苦就可能向病态抑郁转化。如一个人由于过度压力而情绪低落或绝望，失去兴趣而不能进行正常学习、工作，甚至产生自杀等极端意念和行为，他就可产生抑郁症。

幼儿抑郁的表现不同于成年人。成年人抑郁时，可能表现为目光呆滞，或长久失神地注视着某一个地方，儿童则不同，他们可能不会像成人一样描述自己的悲伤或抑郁情绪，而是可能通过厌烦、孤僻甚至愤怒来表达悲伤。幼儿抑郁主要有以下表现。（1）不愿与人交往、孤独、离群。对待同伴和周围发生的事情很冷漠，对任何事物都无兴趣。（2）自我责备、自我贬低。儿童总认为自己很笨、很差，同时又很敏感。（3）反应冷淡，无进取心。对学习活动不感兴趣，缺乏热情，读书成绩下降，思维迟钝，难以完成课内及课外学习任务。（4）性格变得古怪。有的患儿会变得固执，烦躁不安，易发脾气，具有周期性的喜怒无常，而且发作没有前兆。爱挑衅，有破坏性行为和攻击性行为，甚至发生自伤和自残行为。（5）各种不适的身体症状。如头痛、腹痛、失眠、食欲不好、消瘦、全身游走性疼痛或瘙痒等。由于抑郁症以情绪低落为主要表现，患儿活动可能减少，因而这样的孩子常常不被人注意，容易被家人或老师、同学忽视。值得注意的是，3岁左右学龄前儿童患有抑郁症时，可能会用发怒、暴躁、异常依赖父母、身体疼痛或许多其他的症状表达出来，这点应该引起家长和医生的注意。

3. 恐惧

幼儿恐惧情绪的产生受环境与文化的影响。幼儿接触到的负面信息，尤其是电视上的信息，是他们最常见的恐惧来源；其次是直接接触到令人恐惧的事件（Muris et al., 2001）。恐惧是对某一特殊物质、活动或情境产生持续、不合理的恐惧为特征的神经症性障碍，常伴有植物神经功能紊乱症状，幼儿常不得不回避某个害怕的对象或情境。

多数幼儿会积极对待恐惧，采取和父母、教师、同伴讲述以及依靠有效的处理策略等方式来予以克服。因此，10岁以后，儿童的恐惧慢慢减少。但是大约5%的学龄儿童会产生强烈的、无法控制的恐惧，从而导致对恐惧情境的持续逃避，称为恐惧症。恐惧症是违背人意志的强迫性行为，患者自己明知这种恐惧过分、不正常并且无必要，但不能自制、无法摆脱。气质内向的儿童危险性更高，他们表现出恐惧症的几率比其他儿童高出若干倍。

学龄儿童有可能出现学校恐惧症。儿童对上学感到十分恐惧，常伴随着身体疾病（眩晕、恶心、胃痛、呕吐），一旦允许他们留在家中，这些症状就会消失。多数儿童的学校恐惧症出现在11～13岁，即在儿童期向青春期转变的过程中。引起学校恐惧症的主要原因在于儿童发现学校生活的某个方面令他十分恐惧，如教师对学生过于严格与苛求、学校中频频发生同伴欺负、父母对孩子学业成功的过高要求等，因此，他只能设法回避使自己感到心安。

人的一生中，不同的事件会引起不同的情绪。高兴是对胜利、创造性工作或减轻压力的反映；生气则发生在个体被阻止追求自己的目标时，或者他们被冒犯、被打断、被利用或被迫违背自己的愿望、长期的痛苦或长时间压抑的情况下；难过产生于人们被其他人孤立或当他们经历了其他形式的损失时，如孤立、拒绝、缺乏关心；害怕是对危险情绪的反映（Berk，2000；Ekman & Davidson，1994）。尽管引发情绪的事情是固定的，认知的成熟和经验却影响儿童对得到或损失、冒犯、危险的解释。由于儿童是在不同的场合和不同的年龄体验相同的情绪，因此对情绪的解释也会不同。例如，2岁的烁烁害怕大的声音，因此当她妈妈使用真空吸尘器时，她会哭着跑出屋。而贾剑和李强是两个六年级的孩子，一个来自上海，一个来自北京，他们两个是笔友。在最近的通信中他们都表现出对面临期末考试的焦虑。年龄小的和年龄大的儿童都会体验到害怕，但他们害怕的事物不同。烁烁因为幼稚的想法和有限的经历而对大的声音感到害怕，她认为这种无害的噪音是危险的。在同样的情况下，贾剑和李强可能认为声音不会伤害他们，因此不害怕。从另一方面说，2岁的儿童不理解考试失败的潜在消极后果，因此她不会注意到贾剑和李强关心的事情。

不同发展阶段的儿童，其恐惧的典型反应是相同的（Brazelton，1992）。表8.1列举了一些不同年龄段儿童恐惧的来源。

表8.1 不同年龄段儿童恐惧的来源

年龄	害怕的来源
0～6个月	缺乏身体支持，大声音，光照，突然运动
7～12个月	陌生人，突然的、未经历过的、若隐若现的物体
1岁	和父母分离，上厕所，陌生人
2岁	和父母分离，大声音，黑暗，大物体或机器，不熟悉的同龄人，熟悉的环境发生变化
3岁	和父母分离，面具，小丑，黑暗，动物
4岁	和父母分离，黑暗，动物，噪音（特别在夜里），噩梦
5岁	和父母分离，动物，身体受伤，黑暗，坏人，噩梦
6岁	和父母分离，黑暗，魔鬼，女巫，身体伤害，打雷和闪电，单独睡或一个人留下，噩梦
7～8岁	和父母分离，黑暗，魔鬼，女巫，一个人睡或留下，受威胁的生活环境

4. 愤怒

愤怒是一种强烈的情感状态，往往有丧失自我控制的特点。愤怒可以表现在身体上，通过面部表情、身体姿势、肌肉紧张、血压和温度上升等表现出来。这些生理变化带来的一组特定的生化物质称作神经物质，它充当传递机体和大脑反应愤怒情绪的信使。

愤怒是幼儿经历的一种觉醒状态，当他们在目标受挫时，他们的自尊心受到威胁（被侮辱、拒绝或不公平对待）时，或者他们的需要没有得到满足时（Goleman，1995；Marion，1997）。幼儿愤怒有许多潜在的原因，主要有不能立即拥有某个东西或者做某件事而失望；为了学习一样新的技能而进行抗争；表达自己的需求与渴望时产生困难；感情上受到伤害；身体疼痛；失望；被别人误解；感到自己无助或无能；感到匆匆忙忙。表8.2呈现了几个引起愤怒情绪的因素。

表8.2　有关儿童的愤怒因素

环境因素	• 在学校、家和社区里拥挤、混乱、意外情况，创伤性事件 • 环境中的温度、化学物质、灯光或噪音引起的压力 • 缺乏适合年龄的活动材料 • 缺少体育锻炼的机会
关系和榜样的作用	• 媒体中的暴力、即时满足和恶劣的语言 • 社区和社会现实生活中的暴力行为 • 家庭里的暴力、儿童虐待或忽视 • 重要的家庭变化，诸如：分居、离婚或家中出现新的成人 • 压力变化，诸如：移居、新生儿出生或老人的去世 • 对儿童不恰当的要求——"你已经很大了，不能哭了"、"你应该安静地待在那儿" • 儿童和照看者之间的变化、斗争 • 有严厉惩罚的权威型父母 • 早期护理遇到的身体或情绪问题
儿童个人因素	• 敏感的环境刺激 • 易激动、抗挫折能力低 • 缺乏睡眠或食物、疾病、药物反应、食物过敏 • 不能口头表达情感、语言技巧有限、亲社会技能有限、缺乏冲动控制 • 与父母长期分离 • 听觉、视觉，或身体上的限制导致沮丧或不快乐
同伴影响	• 所有物、空间、特权或注意力需要的争斗 • 取笑和欺凌 • 被同伴拒绝

二、幼儿消极情绪的价值

一般来说，积极的情绪可以提高活动效率，起正向推动作用；而消极的情绪会降低活动效率，甚至引发不良行为，起反向推动作用。长期以来，我们都强调积极情绪对幼儿的促进作用，想方设法地让幼儿拒绝接受消极情绪的体验，这使得当幼儿在现实生活中碰到触发消极情绪的事件时，往往不知所措，情绪波动较大，这是非常糟糕的情况。

人们把幼儿看作是"情绪的俘虏"。研究表明，情绪的动机作用有正反两个方面，而生活中每个人都会遇到不如意，都会产生消极情绪。幼儿与成人一样，也具有喜怒哀乐等情绪体验，并且他们的情绪表现是不加掩饰的。他们高兴时，会喜笑眉开；他们感到愤怒、受压抑或不顺心时，他们敢于发泄，或是发脾气，或是大哭大闹，总之他们不会让不愉快的事情长期积压在心头。幼儿这种敢说敢笑敢哭敢闹的天性，会使他们的各种情绪得到及时宣泄，这既是幼儿心理卫生方面的一个先天优势，也有利于他们心理的健康发展。

当幼儿发脾气或感到悲伤失望时，很多家长会错误地认为，这就是幼儿不好或者家长自己做得不好。其实，学会面对、表达和处理消极情绪是每个幼儿都需要学习的基本技能，它有助于幼儿为成功面对生活做好准备。

体验和面对生活中的消极情绪是一种非常重要的能力，家长要做的是帮助幼儿去面对、表达和处理这种情绪，而不是将这种让幼儿心灵成长的机会挡在门外。家长应该给幼儿创造安全的环境，让他们能够表达愤怒、痛苦以及害怕等消极情绪，这可以帮助幼儿们发展感觉自己情绪的能力。

家长在工作和生活中也会产生消极情绪，他们对这种消极情绪处理得当与否，同样会影响到幼儿。有的父母用情绪控制幼儿，这是一件很危险的事情，因为这会使幼儿变得麻木，失去自我意志。在威胁下长大的幼儿，或者叛逆，或者非常懦弱。

第二节 情绪反应类型的相关理论

一、成人对幼儿消极情绪的反应方式

父母在幼儿情绪能力发展的过程中起着重要作用，是幼儿情绪社会化的主要影响者。他们是与幼儿联系最紧密，对幼儿身体成长、心理发展影响最大的社会关系体。他们不仅为幼儿提供成长的营养条件，还提供各种刺激以丰富幼儿的经验，促进幼儿情绪能力发展。

在日常生活中，幼儿总是通过面部表情、行为、语言表达自己的积极情绪或消极情绪。父母对这些情绪的反应就是孩子的情绪获得社会化的机会，可以教导孩子表达情绪、理解自己和他人情绪和行为以及处理情绪的具体方式（Esienberg，1998）。父母对幼儿情绪的反应可以分为支持性反应方式（supportive reactions）、非支持性反应方式（nonsupportive reactions）（Eisenberg 1994，1996）。支持性反应方式是指父母采用积极的态度对待子女的消极情绪，鼓励幼儿表达情绪（encourage expression of emotion），表现出积极的情感关注（emotion-focused reactions），或者提出应对消极情绪的方法——即问题关注反应（problem-focused reactions）。而非支持性反应方式则是指父母对幼儿的消极情绪表现出困扰，或者惩罚、淡化幼儿的消极情绪，具体做法为惩罚反应（punitive responses）、淡化反应（minimizing responses）和困扰反应（parental distress reactions）。

成人不恰当的回应方式可能会造成儿童处理情绪时的困难。想象一下，当小学一年级的佳佳骄傲地宣布，她获得了这次拼音听写的满分时，如果母亲的反应是"你真棒"或"我真为你高兴"，佳佳所接收到的信息是自己得到了他人的认可，她的骄傲和喜悦也是理所应当。相反，如果母亲说："不错，但什么时候你的算术也能得满分就好了。"这可能让佳佳觉得自己不应该表现出愉快情绪。而如果母亲说了"别太骄傲了，要谦虚一点，小心下次考不好哦"这种更为消极的信息，则让佳佳感觉到她这次的骄傲和成就感是不恰当的。老师和家长对儿童情绪反应的评价直接影响儿童对情绪的体验，告知儿童他的情绪是错的可能会引起儿童消极地评价自己体验的情绪。虽然儿童在成长过程中，会很自然地体会各种各样的情绪，但如果这种不良倾向继续下去，将影响儿童对自己自然情绪反应的接受。

这可能导致儿童在处理自己的情绪时采取一些不恰当的做法。比如佳佳可能用自负来掩饰自己日益衰退的自信；可能对别人通过努力取得的成就嗤之以鼻；可能不再那么努力，并且逃避骄傲和成就感；或者通过不客观地贬低自我来显示自己的谦虚等。所有这些方式都不利于佳佳成为一个自信而快乐的人。

研究发现，成人对于幼儿消极情绪所作的反应，可以预测幼儿对其他幼儿生气时的反应（Eisenberg & Fabes，1992）。可想而知，那些因有消极情绪而被成人处罚的幼儿比较有可能会对激怒他的人进行报复；而那些能够被成人认真看待自己的苦恼且不使用处罚的幼儿，在面对同伴的侵犯时则比较能够控制自己的怒气。

成人对幼儿消极情绪的不恰当回应方式主要有四种：忽视幼儿、对幼儿撒谎、拒绝幼儿的情绪和羞辱幼儿。这些回应方式不仅在使用时会对幼儿的心理造成伤害，也会渐渐导致成人无法成为幼儿的心理支持。

（一）忽视幼儿

6岁的沐沐在建筑区专心致志地搭自己的"旋转飞椅"，沐沐的作品还有一步就完成了。男孩邦邦忽然从教室中间冲了过来，身体正好撞在沐沐的"旋转飞椅"上，"飞椅"瞬间掉到地面上，变得支离破碎。沐沐蹲在地上"哇"的一声哭了！沐沐一天都闷闷不乐，心里充满气愤和委屈。下午奶奶来接她放学时，虽然看到她不像往常那么活泼跳跃，但想到小朋友偶尔也有一些小情绪，认为没必要理她，一会儿就没事了，就忽视了沐沐的情绪。

有些成年人想当然认为，如果他们忽视了幼儿的情绪，这些情绪就会自动消失。事实上，幼儿的这些消极情绪仍然存在，并且由于成人的忽视，幼儿无法从成人那里获得处理消极情绪的正确和积极的示范，他们在处理消极情绪时会产生很多问题。更糟糕的是，成人对幼儿情绪的忽视，会让幼儿产生自己不是很重要的感觉，他们会认为自己在成人心目中的地位不高，认为自己不值得成人关心和爱护，这不利于幼儿自尊自信的建立。

（二）对幼儿撒谎

小志在幼儿园里，总是受到大伟的欺负，因此常常不愿意上幼儿园，虽然小志的妈妈找过大伟的家长，大伟的行为也有所收敛，但一向嚣张跋扈的大伟偶尔还是会吓吓小志。那天，小志又不想去幼儿园了，他告诉妈妈，大伟会打他，他怕被大伟打。妈妈为了哄小志去上幼儿园，就骗小志说："我刚才打电话问老师了，老师说大伟今天生病请假不去幼儿园了，你就放心去吧。"然而当小志到幼儿园后，看到正在玩的大伟，心里的恐惧一下子蹿出来了，眼里的泪水都快涌出来了。

有些时候，成人试图通过说谎来制造一种"保护伞"以掩盖真相。比如小志妈妈的这种行为，就是利用谎言来使小志产生一种"安全感"的错觉，这不但让小志对入园后面对大伟的情况没有心理准备，也从心里产生了对妈妈的不信任感，破坏了亲子之间那种亲密无间、无话不说的和谐氛围。

（三）拒绝幼儿的情绪

成人有时会说些制止幼儿情绪的语言，比如在小朋友当众表演节目或演讲时说"不要紧张""不要害怕"；在小朋友遭遇愤怒事件时说"不要生气"；有些时候，成人会否定幼儿表达自己情绪的重要性，比如小勇的胳膊被门撞了一下，感觉很疼，嘴巴里说"爸爸，好痛"，成人可能会告诉他"这么点痛不算什么，小勇你是男孩子，要坚强一点"；还有些时候，成人会否定幼儿声称自己体验到的情绪，比如成人会说"我知道其实没那么痛""哪有那么恐怖，你在装吧""别哭了，笑一个"。

以上这些都是成人拒绝和否定幼儿情绪的方式。当成人拒绝和否定幼儿的情绪时，传递给幼儿的信息是他们的体验是错的，是不重要的。幼儿会对自己的情绪体验产生怀疑，对自我价值感产生疑问。更重要的是，成人反馈给幼儿的这些信息既不是事实，也不能帮助幼儿正确处理消极情绪。

（四）羞辱幼儿

由于遗传，果果很小就戴上了眼镜。果果虽然觉得戴眼镜有点麻烦，也不是很好看，但从不抗拒戴眼镜。有一天放学后，果果和妈妈在小区里玩耍，妈妈的一个朋友走过来打招呼，看到果果后，她用一种很惋惜的语气说："唉，这么漂亮的小姑娘，这么小就戴眼镜喽，真是可惜啊！"果果心里有一点不高兴，她明显觉得原来戴眼镜是一件不好的事情，果果开始有点讨厌戴眼镜了。第二天去幼儿园，果果死活都不肯戴眼镜，妈妈却说："其他的小朋友眼睛不好，戴着眼镜一样可以开开心心的，你为什么不能跟他们一样呢？真没想到你是这样的小孩。"

以上的事例中，妈妈的朋友首先用自己的"惋惜"羞辱了果果，让她对一件稀松平常的事情产生歪曲的认识，后来妈妈又通过语言羞辱，让果果放弃自己的情绪。成人通过开玩笑或羞辱从而使幼儿放弃自己情绪的方式，是一种破坏性的做法。成人的某些话如"你怎么那么不讨人喜欢""真没想到你是这样的小孩""别的小朋友都开开心心，你怎么回事"等都会让幼儿感觉心里沮丧。这样的羞辱会让幼儿产生对自我的怀疑和不自信，进而导致他们在处理情绪和事情时的不胜任感。幼儿也无法从这种羞辱中获得积极的情绪表达和调节策略。

成人应该采取支持性的策略对幼儿的消极情绪进行回应，承认并接受幼儿的消极情绪。父母常常对孩子说"你不可能这么想""你在说反话，你一定是累了""这么点小事，至于那么伤心吗"等，这种长期否定的语言，否定了幼儿真实的心理感受，使幼儿感到困惑与愤怒，对自我感受的体验也变得不自信了。

二、父母不同类型情绪反应模式对幼儿发展的影响

巴克提出父母对孩子消极情绪的负面态度会让孩子倾向于隐藏自己的消极情绪以避免受到惩罚，这会导致幼儿情绪能力发展滞缓（Buck，1984）。在巴克的基础上，埃森伯格提出消极应对幼儿的消极情绪会导致幼儿情绪唤醒的水平更高，增加孩子的情绪困扰，还会让幼儿丧失学习的机会。因为当幼儿的情绪表达受到父母的打击和惩罚时，幼儿感到自己或他人的情绪是消极的情况下而错失学习应对消极情绪的方法。父母对幼儿消极情

绪的积极应对会促进幼儿社会技能的发展，消极应对则会导致幼儿的社会能力发展受阻（Warren，2008；Esienberg，1994；双赫，2004；李燕，2010）。

父母积极的、支持性的情绪反应与幼儿情绪理解能力呈现正相关。反之，父母消极的情绪反应将不利于幼儿情绪能力的发展。研究发现鼓励幼儿表达情绪有利于他们情绪理解能力的发展（Denham，1997）。当父母采用情感关注和问题关注的方式应对孩子的消极情绪时，幼儿会更具有安全感，从而采取更多的社会探索行为以及更多地使用积极的情绪调节策略。宋（Song，2008）和汤普森（Thompson，2007）等人在研究中指出，当父母接受并采用支持性的反应回应幼儿的消极情绪时，孩子可以发展更多建设性的情绪调节策略。父母对幼儿消极情绪的支持性反应是一种鼓励孩子探索情绪事件的意义的方法，有助于幼儿理解情绪并调节情绪。

在孩子因为受到同伴欺负而出现消极情绪时，父母的非支持性将导致幼儿在调节自己情绪时较少使用建设性的应对策略。当父母更多使用安慰或者问题关注的反应方式时，幼儿会以更为积极的方式应对出现的情绪困扰，因而具有更好的适应力（Jamie L.Abaled，2010）。Wong（2008）在研究中发现母亲鼓励孩子消极情绪表达的水平与幼儿对自己社会交往能力的认知之间呈现正偏态曲线，母亲越鼓励孩子表达自己的消极情绪，其同伴接受会越高，但是较高的鼓励幼儿消极情绪的表达以及抑制幼儿的消极情绪表达都不利于幼儿同伴接受能力的发展。

当一些不具有威胁性的消极情绪受到父母的非支持性反应时，幼儿会表现出较低的社会能力。父母忽略幼儿的消极情绪，告诉孩子反应过度，会导致幼儿隐藏自己的消极情绪，幼儿也较易出现情绪表达障碍。父母的非支持性应对方式与幼儿的低水平的社会情绪能力有关。父母的惩罚和淡化反应，使得幼儿在同伴中表现出较少的亲社会行为和移情，幼儿也较少地对他人的情绪作出积极回应，因而相对较少受到同伴群体的欢迎。同样，幼儿会内化父母对待消极情绪的反应，较少地寻求情感和问题解决的知识，习惯于采用回避等方式对待自己和他人的消极情绪。

第三节　帮助幼儿应对消极情绪

消极情绪不仅影响幼儿心理的发展，而且还影响幼儿身体的发展。幼儿长期处于消极的情绪状态，其生长发育会受到阻碍。因此，培养幼儿积极的情感，帮助幼儿调节和控制消极情绪十分重要。

一、回应幼儿的情绪

在日常生活中,每个人都会有高兴、快乐、郁闷、烦躁的时候,这些积极情绪和消极情绪每天都在产生,幼儿也不例外。因此,产生消极情绪并不可怕,关键是我们要正确地认识它。例如,幼儿因为没得到老师的表扬而生气时,家长可以安慰孩子:"没有得到表扬你很不高兴。但我看到你也在努力,这真是件值得高兴的事情。"

二、创设充满爱与理解的环境,尽量避免使幼儿产生消极情绪的情境或事件

幼儿的情绪因处于从主要满足生理需要向主要满足社会性需要的过渡阶段中,故年龄越大的幼儿的社会性需要越来越多,如幼儿非常希望自己被人关注、重视和关爱。这些社会性需要是否得到满足,直接影响幼儿的情绪。直接跟孩子朝夕相处的成人需要为幼儿创设充满爱与理解的环境,更要加强与幼儿的情感沟通,随时了解孩子内心的需求,给予正确的引导。如为了防止幼儿产生恐惧感,成人要用正确的方式教育幼儿,尽量避免采取体罚、斥责、变相体罚等措施;成人要为幼儿创设安全的环境,避免幼儿观看恐怖或暴力电影,让幼儿以健康的心态面对周围的世界。为了防止幼儿产生紧张感,要为幼儿营造良好的人际环境和氛围。在家庭里,父母要尊重孩子,不要过分重视孩子的学业,压抑孩子其他的爱好;在教育方式上,父母尽量少用命令的方式教育孩子,多用说理的方式教育孩子,使家庭保持轻松、愉快的气氛,为孩子的成长创设宽松的家庭环境。在学校里,教师对幼儿要友善、随和,多给幼儿创造与同伴交流的机会,使幼儿的身心得到和谐发展。为了防止幼儿产生失败感,父母和教师要从幼儿的实际出发,在幼儿的"最近发展区"内对幼儿提出切实可行的要求,即提出的目标既要有一定的难度,又要在幼儿的能力范围之内,以激发幼儿的成就动机,避免幼儿产生失败感。

三、采取适当策略,应对幼儿的消极情绪

1. 榜样示范法

要想让幼儿学会调节自己的情绪,成人必须以身作则。在家庭里,父母是孩子的第一任老师,孩子的言行举止多半是从父母身上潜移默化而来的。要使孩子学会控制消极情绪,父母首先要管理好自己的情绪,尽量不要让孩子看到自己抑郁、消沉、愤怒或焦虑的样子。父母要和善待人,为孩子营造祥和、宽松的气氛,让孩子的消极情绪消释在这种安定、温暖的气氛中,使孩子的心境渐渐变得平和。

2. 暂时回避法

行为主义心理学家斯金纳(B. F. Skinner)认为,成人对幼儿某些情绪和行为的关注

会提高这些情绪和行为再次发生的频率。因此，要想使幼儿的消极情绪有所减少，一个有效的办法就是对幼儿的某些消极情绪采取回避的态度。如当幼儿表现出消极情绪时，教师可假装没看见，排除对幼儿的注意，由幼儿自己协商解决问题，会更有利于幼儿调节自己的情绪。

3. 注意转移法

幼儿情绪极不稳定，一点小事都会影响他们的情绪，成人必须有敏锐的观察力随时注意幼儿的情绪变化，一旦发现幼儿有消极情绪后，应采取有力措施让其转移注意，如转移话题或让他们暂时去做别的事情。

四、教给幼儿调节情绪的技巧

幼儿是一个独立的人，他的情绪调节不应当只依赖别人。家长和教师应当让幼儿明白，他不仅要对自己的行为负责，也要对自己的情绪负责。当幼儿表现出消极情绪时，成人应该帮助幼儿学习管理自己的消极情绪。

成人往往有这样的体验，当自己的情绪十分低落或恶劣时，大喊大叫发泄一通后会觉得很轻松，这说明消极情绪需要宣泄。幼儿也会常常因需要得不到满足而大发"脾气"，如大哭大闹，蛮不讲理，甚至还会去攻击别人。所以成人应为幼儿创设一些发泄区，让幼儿生气时打打沙袋，伤心时去说说悄悄话，让幼儿的消极情绪得到宣泄。此外，还可以使用言语宣泄。与别人交谈是使幼儿消极情绪得到缓解的有效途径，如果幼儿心里有委屈和怒气，成人要教会他们以平缓的方式向人倾诉，与成人沟通；幼儿年龄小，容易受暗示，因此，当幼儿有了消极情绪，教师可通过积极的语言暗示，使其消极情绪得到缓解。如上课时有个别幼儿不认真听讲，教师可以说："我来看看，谁上课最认真。"在积极的语言暗示过程中，教师要不断对幼儿出现的积极情绪进行强化，如一些不认真听讲的幼儿，在受到老师语言的暗示后立即变得很认真，教师则应对他进行表扬和肯定。这是在帮助幼儿用语言进行积极的自我调控。在进行语言暗示的过程中，教师要注意使用正面的暗示语，而避免使用容易误导幼儿的反面暗示，因为幼儿还不会区分老师说的"反话"。

幼儿是情绪调控的主体，培养幼儿情绪的自我调控能力是幼儿情感教育的重要目标，幼儿情绪的自我调控有一个从被动到主动的发展过程，因此，成人的主导作用十分明显。俗话说"孩子的脸，六月的天"，这句话形象地说明了孩子情感的外显性、多变性和不稳定性。孩子的情绪就像琴键上的音节有高有低，成人应仔细观察、时时在意、处处维护、把握分寸，从而真正成为孩子情感的合格调控师。

小贴士
如何帮助儿童管理消极情绪？

1. 音乐调节法

音乐调节法是借助情绪色彩鲜明的音乐来振奋精神，调节心理活动，以保持良好情绪和行为的一种方法。音乐调节法在我国有着悠久历史，东汉思想家桓谭在《新论》中就有礼乐和行为关系的精辟论述，现代医学的研究进一步证明了音乐对人的身心活动具有重要的调节作用。

不同的音乐有不同的作用，节奏明快的乐曲能振奋人的情绪；旋律舒缓的乐曲则使人安静、轻松愉快，并有助于消除紧张和疲劳；悲壮的乐曲会使人热泪盈眶；靡靡之音使人消沉；雄壮的军乐则能鼓舞斗志。音乐的音调不同，可以引起不同的情绪反应。古希腊人就认为A调高昂，B调哀怨，C调和谐，D调热烈，E调安定，G调浮躁。因而，古希腊最推崇C调，认为C调最适宜于陶冶青年。音乐导致情绪的不同变化，也与音乐欣赏水平及音乐素质有关。音乐本身只能引起抽象的情绪，如平静、欣喜、凄凉等。因此在心理调节过程中，要根据不同对象的经历、思想变化、兴趣、情绪状态以及主观接受能力的程度来选择乐曲，这样才能引起共鸣，唤起信心，鼓舞士气，达到较好的心理调节效果。

2. 呼吸调节法

腹式呼吸法（深呼吸法）的具体做法如下：长长地吸气,再缓慢地呼气。让你的膈肌作缓慢地升降，腹肌作有力地回收，尽量能有那种"前心贴后背"的感觉，然后再放松。必要时可配以头部的来回上仰和下垂、双肩的上下提升，以及用默数"1、2、3……"的方式来控制呼吸的速度。

这是一种通过调整呼吸以利于放松情绪、集中注意力的方法。其具体做法如下。

（1）以一种舒适的姿势开始，或坐在椅子上，或自然站立。轻轻闭上双眼或半睁双眼。

（2）先把气从口中和鼻子里慢慢吐出，边吐边使腹部凹进去。待空气完全吐出后，闭上嘴，从鼻子慢慢吸进空气，把腹部渐渐鼓起来。

（3）吸足了气之后，暂停呼吸。然后再一边从鼻孔里轻轻地把气吐出来，一边让腹部凹进去。

（4）初练时可用嘴配合吐气，以后用鼻子呼吸。

（5）在练习时，还可以边吐气边默数"1、2、3……"数到10时，再回过头从1数起，注意力就会自然地集中到数数上。所以，这也是培养注意力的一种练习。

3. 表情调节法

表情调节法的具体做法如下。

（1）笔直地坐在椅子上，两腿分开与臀部同宽。双脚放在地上，双手舒服地放在大腿上。闭上双眼，正常地呼吸。

（2）放松面部所有肌肉，想象自己在一个非常舒适的地方，看到自己的微笑从面部露出来，并感觉那种微笑的力量，感觉它放松了你面部所有的皮肤，感觉它进入了你的面部肌肉，放松、温暖着你的整个面部。

（3）让微笑滑进你的嘴里，轻轻抬起你的嘴角；继续微笑，携带卷起的能量进入你的下颚，放松；让微笑下行，进入你的脖颈和喉咙，感觉微笑融化了那里的所有紧张。

（4）让微笑进入你的左侧心脏，对心脏微笑并感谢它从事不间断的重要工作——输送血液到你的全身，让微笑的能量充满快乐的心房。

（5）让微笑进入肺部，感谢它不断为你供应氧气，当你呼吸空气进入肺部时，你会感觉自己充满了善良和勇气。

（6）现在微笑进入你的肝脏和肾，感谢它们帮助消化、清洁血液，你能感觉到你自己排除了任何可能出现的愤怒和恐惧。

（7）微笑开始进入胃部，感谢它消化你吃进去的食物，并继续送微笑进入肠部，感谢它从食物中吸收营养送入你的身体。

（8）现在，微笑正一步一步走进你的臀部和大腿，并感觉到你微笑、温暖的能量放松了那里所有的肌肉。此时，微笑已扩展到了你的小腿和脚。

（9）啊，多么美妙的感觉，你的整个身体都沉浸在爱和感激中……

本章总结

本章主要讨论了支持幼儿应对消极情绪的相关知识，我们学习了幼儿的消极情绪反应，情绪反应类型的相关理论，以及帮助幼儿应对消极情绪。在幼儿的生活中，他们可能面临焦虑、抑郁、恐惧和愤怒等消极情绪，成人对幼儿消极情绪的反应方式可分为支持性反应方式和非支持性反应方式，反应方式不同对幼儿的影响也不同。在幼儿有消极情绪时，应及时恰当地应对幼儿的情绪，创设充满爱与理解的环境，尽量避免使幼儿产生消极情绪的情境或事件，采取适当的策略，并教给幼儿调节情绪的技巧。

> **请你思考**

1. 幼儿可能面临哪些消极情绪，成人应如何回应？
2. 如何帮助幼儿处理消极情绪？请举例说明。

第九章

支持幼儿应对压力事件

小D是个胖嘟嘟的小男孩，浑身上下圆滚滚的，吃饭的时候其他小朋友都在吃鳝丝，唯独他的小碗中盛着有利于减肥的山药，这份食物是幼儿园给超重幼儿特供的。午睡时间，当所有小朋友都自觉地睡下时，他却得到了老师的特许——可以先坐在小椅子上"休息休息"，他可以比其他小朋友晚上床一个小时。由于老师说了不能作声，他只能一直静静地坐着，也不知道小脑瓜中在想些什么。随着时钟指针的不停转动，他一个人常常会有坐得不耐烦的时候，这时他会申请"我想在床上躺会儿"，得到老师允许后，他很快脱掉衣服躺了下来，不过却很难快速地安静下来，辗转反侧。当走到他床头边时，他会和老师做鬼脸，让人心悦的是，最后他还是能够睡着，但两个小时的午休时间他只能睡到三四十分钟。小D是我见过的第一个被允许午睡可以打折扣的孩子。放学后作为实习生的我从带班老师那儿得到信息，小D很不喜欢睡午觉，如果在学校被老师要求午睡了，他回到家定会向爸妈投诉，要是爸妈还一直要求他在园午睡的话，他就会呕吐出所有食物，以至于后来一听到午睡就呕吐。他爸妈想为孩子寻求心理医生的帮助，幼儿园老师说那样做的话可能更会加重他的心理压力，会让他以为自己的问题非常严重，还不如在幼儿园给他一些"特权"让他慢慢适应比较好，孩子不想睡就让他静静地坐着，等他感觉到睡意的时候，可以邀请他躺一躺，避免提到"午睡"等敏感字眼。

对很多孩子而言，一上午的活动后，需要一段时间的休息，以缓解疲劳和恢复精力。我们可以看到孩子们在两个小时左右的休息过后，体力又恢复了，精神又重新振奋了，和午睡前的疲惫状态完全不一样。但是，我们也应该看到，并不是所有的孩子都会自然而然地安静入睡，也有部分孩子不容易疲劳，往往午餐后还有很强的活动欲望，如果这时候强行限制孩子的活动自由，逼迫孩子安静地躺着，就容易让孩子对午睡产生厌恶，并连带对老师产生反感，而有的老师用恐吓、暴力等手段胁迫孩子睡觉，必定会让孩子产生严重的生理、心理和行为反应。所以在安排午睡时，我们应该关注每个孩子的真实感受，仔细甄别，区别对待。就如上述案例所提及，如果老师和父母强逼着小D午睡，后果可能会很严重。小D是相对幸运的，他遇到了懂他的老师和父母。但生活中其实还有许多孩子是不幸的，有的从小就承受着外界施加的巨大心理压力。本章将带领读者探究幼儿心理压力的来源、危害及缓解策略，让老师和父母更加了解孩子，最终帮助孩子追寻属于自己的美好童年。

第一节 现代幼儿面临的压力

现代社会缤纷复杂，人类财富急剧增加，生活节奏不断加快，匆忙的成人世界也正在衍生出匆忙的幼儿世界。这是最好的时代,同时也是最坏的时代,人类对自我的认识不断加深,但人类的幸福度却并没有想象中的增加。看看我们的幼儿,他们的压力状况不容乐观。

一、幼儿压力的定义

幼儿压力研究者通常会以不同的方式使用"压力(stress)"这个词,所以很难给"压力"一个明确的定义。苏珊娜(Suzanne,2004)认为压力是一种对人有利有弊的现象,压力既是身体对任何超过个体应对能力需求的反应,也是个体面对异常状况或承受经常性重负时的心理状态。哈特(Hart,1998)认为,幼儿遭遇到的一些特殊要求和陌生事物,都会迫使他们投入过多的精力,这些精力超过了他们平时应对一般事件所需的精力,此时,幼儿便面临压力(Childhood stress)。我们应该看到,压力是一把双刃剑,对个体或群体而言它既是挑战也是机遇,它既可能摧毁人,也能让人成长并变得更坚强。

关注幼儿压力,主要有两方面的原因:一是我们对压力后果的了解正在逐渐增多,大量证据表明无法释放的压力会直接导致疾病或延长患病时间,另外,压力和幼儿精神上的创伤会导致行为上的混乱并使心理更加脆弱;二是目前我们无法确保幼儿处理压力的方式是积极的还是消极的,假若幼儿从榜样(父母、兄弟姐妹、老师、同伴)身上习得的压力处理方法是消极的,那只会让幼儿在再次面对压力时更加脆弱。所以,我们的工作目标也有两点:一是减少幼儿生活中不必要的压力;二是在幼儿习得消极的方法以及压力对他们的身心产生消极影响之前,教给孩子们积极的压力处理方法。

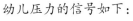
小贴士

幼儿压力的信号如下:
(1)面容沉重、严肃、很少微笑或者突然大笑;
(2)进入幼儿园哭了好几个月(尽管教师很温和并且很负责);
(3)表现得闷闷不乐、反抗(当教师解释他的错误行为如何伤害别人时,他经常说"我不管");
(4)通过打自己、敲头或者骂自己(说自己是坏孩子)来自我惩罚;
(5)骄傲地告诉教师他打了其他的孩子;
(6)无法与学龄前的同伴一起长时间做游戏;
(7)关注想象中可怕的怪物或其他施暴的人;

（8）有迟钝、空虚的情感反应，似乎努力不去想那些让他有压力的精神创伤，或者力图否认自己有压力；

（9）极度活跃，在房间里绕圈，自己摆弄并破坏玩具、游戏，不能够进行建构性游戏；

（10）表现出身体功能方面的问题，如饮食障碍、便秘、腹泻等，在完成如厕训练后，还常常会弄脏自己；

（11）肌肉紧张，面部表情僵硬；

（12）表现出注意力的缺陷，即便照料者很清楚沟通方面的技巧，幼儿仍无法将精力集中在行为和要求上；

（13）不断地自我刺激（长时间地吸手指、摇动身体等）；

（14）感觉很恐慌；

（15）经常对其他人甚至成人表现出敌意；

（16）做噩梦。

资料来源：Reprinted by permission，A.S.Honing,"Research in Review：Stress and coping in children（Part2）Interpersonal Family Relationship，" Young Children（1986）41（5）：53。

图9.1 满脸惆怅的孩子（袁军荣 供图）

二、幼儿对压力的感知和处理

当压力情境出现时，幼儿能否感受得到，如果能够感受到，幼儿会对压力情境有何种反应，即幼儿会采用何种处理方式，这是我们即将讨论的问题。

（一）幼儿对压力的感知

幼儿对压力的感知（perception of a stressor）很重要，当一个人认为他的能力无法控制某种情形时，他便会感受到压力。比如，当一个成人接近一个经常被成人虐待的孩子时，孩子会把这种接近感知为威胁，尽管事实上可能并不存在这样的威胁。而另一个没有这种经历的孩子对此的理解可能就截然不同。是否有这种经历在幼儿生理、心理和行为上的影响是完全不同的。没有感到威胁的孩子会将成人的行为看作是一般事件；而感到害怕的孩子，他们会不自觉地表现出一些诸如逃避、退缩或发抖等行为。

表面上看起来微不足道的压力，如果累积起来便可使孩子感受到严重的打击。斯坦斯伯里和哈里斯（Stansbury & Harris, 2001）就认为幼儿会受到多种压力事件相互作用的影响，并且会出现累加效应。一个成人可以很快判断他所面对的压力是什么，他会采用先前的理解，并且通过躲避或调整环境来保护自己以求保持平衡，对出现的挑战作出反应，但孩子却很难做到这样。成人常常会忽略孩子在童年期的压力。其实孩子每天在家里、幼儿园以及在同伴群体中，都被要求作很多次的调整，他们必须经常凭借自身有限的能力和经验来应对这些转变，所以孩子同样面临着各种压力。

（二）幼儿处理压力的方式

处理压力通常有两种策略：面对压力并适应压力或者逃避压力。后者通常是对困扰的事情作出的最初反应。我们会利用自身的防御机制来缓和紧张，以恢复暂时的平衡感。布伦纳（Brenner, 1997）描述了幼儿四种逃避压力的方式：否认（deny）、退化（regression）、退出（withdrawal）和冲动发泄（impulsive acting out）。

否认。当采用否认策略时，幼儿会感到压力消失。例如，一个学龄前的孩子得知他的亲人去世时，并不作出特别反应，仍然继续玩游戏。否认能够减少孩子的痛苦，可以帮助孩子保持心理平衡。年幼的孩子也通过想象来否认现实，他们可能用假想的朋友来与自己做伴，或依靠魔术来保护自己和自己所爱的人。

退化。孩子作出比实际年龄小的行为时，就在采用退化方式。他们会变得依赖性更强，有更多要求。因为这样他们就会得到比平时更多的身体抚慰和爱护，能够在压力下得到放松。

退出。孩子会远离带给他压力的情境或变得安静。他们把精力放在宠物和没有生命的物体上，当他们的身体无法逃避压力时，就会沉迷在自己的白日梦中，他们的努力会让紧张的心情暂时得到缓和。

冲动发泄。孩子们表现得很冲动，往往肆意妄为，既不考虑过去，也不考虑现在行为的后果。他们通过激怒别人来掩盖自己的痛苦，寻找迅速且容易的止痛方式。在这一过程中，他们关注自身状态，寻找立即缓解压力的方法。但是，从长远看，这种方法和上面提到的其他方法都是有害的。

三、幼儿压力的来源

现代幼儿在复杂的世界中成长，这个世界包含着大量潜在或真实的压力。运用布朗芬布伦纳（1979）的社会生态系统模型可以很好地审视幼儿压力来源。这些系统包括家庭、朋友、学校和扩展家庭等微观系统；由微观系统中各元素间的互动构成的中观系统；由间接影响幼儿的方案或机构等构成的外观系统，如教育政策制定单位或父母的工作单位等；由有着不同价值观和信念以及不同的文化社会等组成的宏观系统。

因为压力是个体对某一特定时间或氛围的独特反应，所以幼儿的压力来源大都植根于微观系统和中观系统，只有一部分来自外观系统，当然，宏观系统会作为社会因素影响幼儿，政策会对家庭造成影响。为了方便讨论，我们将关注一些常见压力来源，其中许多已经得到了研究者和理论家的重视。

（一）家庭

紧张快速的家庭生活是幼儿压力产生的重要来源，其中包括父母方面的问题，如父母争执并离婚；健康方面的问题，如自身的疾病或父母的病痛等；家庭内的死亡事件，如亲人的离世或宠物的死亡等；幼儿受虐待和忽视，如身体虐待或情绪虐待等。

1. 父母离婚和重组

父母离婚是当今幼儿面临的最为普遍的压力。在我们的社会中，大量的幼儿在他们成长中的某些节点上会经历父母离婚。许多专业人员都认为在父母离婚过程中，幼儿可能能够适应并克服危机带来的临时压力。但科学研究的结果对这一结论产生了质疑。沃勒斯坦（Wallerstein）和他的同事对父母离过婚的幼儿进行了25年的跟踪研究，结果发现，父母离婚对幼儿有长期深远的影响，并且这种影响会继续至成年状态（Wallerstein, Lewis & Blakeslee, 2000）。因此，父母离婚的过程和离婚后的生活都会对幼儿产生影响。

离婚通常伴随着一系列其他能对幼儿产生重大影响的问题发生。离婚前，父母通常会发怒、吵架、公开打斗，这些都会让幼儿十分恐惧。离婚后，90%以上的幼儿会结束与原生母亲一起生活的经历（Hetherington，Stanley-Hagan & Anderson，1989），他们不仅仅会经历从双亲到单亲的转变，也同样会遭受如低收入、资源贫乏等，可能会居住在廉租房内或在过渡家庭内（如爷爷家或母亲的新男友家）和强调新生活方式的父母住一起，或者需要在托儿所待上更长的时间（Hilton，Essa & Murray，1991）。所有的这些改变，都可能会对幼儿产生心理创伤。

单亲家庭正越来越多地出现在我们的生活中。单亲家庭里孩子的压力，较少与作为家长的母亲的状态有关，而更多的是与家庭可得到的资源有关。几乎所有单亲家庭的家长都有共同的压力：经济困难、角色压力、孤独、挫折感、重新建立自尊的需要等，这些家庭压力也同样可以转化为孩子个人的压力。

重组家庭正在成为一种普通的家庭模式。依赖父母的孩子幻想着新的家庭会带来正常和自然的家庭生活，但是这种期待能够完全变成现实的很少。这样的新家庭可能被大量的问题所困扰：不同的生活经历、对家庭角色的不同理解、亲生父母与继父母的冲突、新的兄弟姐妹间的冲突、偏向谁之类的情感矛盾等。这些家庭通常没有闲暇来沟通没有血缘关系的父母和孩子，有时，孩子会将继父母看作是入侵者，继父母也以相同的方式认为他们是夫妻关系的障碍。孩子会认为是继父母破坏了亲生父母的婚姻。孩子会经常拿继父母与由于死亡或离婚而"失去了的"亲生父母作比较，家长却经常以为时间会改变孩子的观念。

在重组家庭中，孩子会认为他们将在新的家庭里失去原来的地位。如最大的孩子可能不再是最大的了，最小的孩子不再是最小的。以前是独生子女的现在可能有了两个或三个兄妹，从此，这些孩子要与他或她们分享父母的关爱（Visher，1996）。而继父母对孩子的惩罚，也可能会引起这个孩子对继父母的强烈怨恨。

2. 健康的威胁

幼儿从胎儿期开始，便可能带上了"先天性"的健康问题。母亲怀孕时滥用药物会带来很多严重的问题，包括新生儿体重过轻、传染病、先天畸形等（Anthony，1992）。严重的酒瘾是现今幼儿智力减退的主要原因，母亲怀孕时犯酒瘾最严重的后果是导致孩子身体畸形，如明显的面部变形，或个头矮小。面部的缺陷随着孩子进入青春期、成年期而变得不那么明显；而那些在智力、学习和适应力方面所造成的影响将很难消失。出生后长期处在一些药品接触的环境中，如被动吸入或直接食用、有意或无意地从哺乳中摄入药物，都会导致一些神经发育方面的问题。其他的问题则与家庭的社会经济和教育状况、住房条件、抚养能力、营养供给等环境因素有关。

当幼儿目睹父母生病痛苦的表现时，他们的内心也会留下阴影。久而久之，他们对生病就会怀有强烈的恐惧感，即使是一次小的表皮创伤也会让幼儿担心不已。此外，还有一些患有慢性疾病的孩子，他们不仅自身身体时刻遭受着痛苦，而且还经常会从父母和医生的交谈及其间的表情中体会到绝望。还有些孩子，由于各种原因，肢体并不健全，当他们的自我意识萌芽时，就会体验到自己和他人的不一样，并产生自己是"丑的""怪的"的想法，让自己悲观至极。对于这些孩子，我们成人要慎言慎行，以防给他们带去二次创伤。

3. 死亡

作为幼儿教育工作者，和幼儿讨论、解释死亡是很有必要的，或许是因为教室内饲养的长尾小鹦鹉僵硬地躺在鸟笼里，也或许是因为某个幼儿的亲人去世。很多幼儿都经历过死亡事件，无论是他们的祖辈、父母、兄弟姐妹、朋友、宠物的去世，还是发现院子里一条死了的虫子这些都是死亡事件。

家庭成员的死亡，会给家长和孩子带来很大压力（Greeberg，1996；Holmes & Rahe，1967）。当与去世的家长分离时，所有7个月以上的孩子都会表现出悲伤，所产生创伤的程度取决于孩子的年龄，取决于孩子对整件事情的理解和这件事情对孩子现在和将来所产生的影响。

现有研究表明，2岁前的孩子对死亡的理解非常少。从3岁开始，幼儿要经历多个阶段才能对死亡形成较为客观的认识，才能明白死亡的必然性（所有动植物最终都会死）、不可逆性（死后不能复生）和绝对性（死后所有功能停止）。尽管在对孩子观念转变的年龄划分方面存在不同意见，但是人们一致认为影响孩子对死亡认知过程的因素包括：孩子自我中心的思维和他们对时间与因果关系概念的掌握程度。

幼儿对死亡的理解是认知发展的一个任务。处于前运算阶段的幼儿的认知发展缺乏相应的心理能力，即不能完全掌握包含死亡在内的所有概念。尽管如此，关于轶事的研究显示出学步儿对死亡已有一些认知（Essa & Murray，1994）。当年幼幼儿在面对死亡的时候，有限的理解可能导致幼儿在基于"魔法或其他前逻辑解释"上的误解（Wass，1984）。维斯（Wass，1984）引用了幼儿对死亡的反应："我爷爷晚上吃得太多了，所以死了""如果大家不散步的话，就会死掉""男孩子只有被车压到才会死，但是如果他们去医院的话，我想他们能够活过来的"。

死亡不是一个单一概念，它包含很多亚成分。我们不能通过魔法、药物或其他方式起死还生，但是年幼幼儿通常认为起死还生是可以实现的；死亡会发生在所有生物身上，幼儿通常会认为只有别人才会死自己不会；死亡意味着身体所有的功能，包括运动、思维、感觉都会永远地停止，幼儿通常很难掌握这一概念。在5～7岁，幼儿会逐渐获得对这三个概念的理解。此外，死亡大部分是由内在因素如疾病或年老导致的，而不是外在的因素导致的，年幼幼儿对这种因果关系的掌握是最难实现的，大多数幼儿并不能理解这层关系

（Essa & Murray，1994）。

丧失亲人的孤寂。虽然年幼幼儿对死亡的理解很有限，但并不意味着他们在重要他人丧失时体会不到真正的悲伤。孤寂是自然的过程，是对丧失的基本反应，需要我们尽力消除（Goldman，1997）。幼儿对死亡的反应是多种多样的，尽管有些幼儿会没有明显的悲哀痕迹，但某些幼儿可能会生气、发脾气和出现破坏性的愤怒。其实幼儿和成人一样会经历悲哀的几个阶段：否定、生气、半信半疑、沮丧，最后是接受（Kubler-Ross.1969），但并不是每个人都会经历这些阶段。

小贴士

和孩子谈论死亡有这样一些技巧。

1. 用适当的语言讨论死亡和临终

用"死亡""临终"和"去世"这样的词汇来讨论死亡。避免用"去睡觉"替代"临终"，或委婉地说"过去了""失去了"或是"离开了"。孩子对语言的解释是咬文嚼字的，所以，使用缓和不幸的词汇可能会让孩子更难理解实际情况。

2. 通过对身体功能的描述来谈论死亡

在描述死亡意味着什么时，要告诉孩子们死亡通常意味着身体功能的停止，如心脏停止了跳动，没有了呼吸、感觉、情绪、爱、思想、睡眠和进食（Furman，1978）。

4. 虐待和忽视

对于遭受虐待和忽视的幼儿，压力必定是个问题，这可能会对他们造成严重伤害。幼年时期是儿童最容易遭受虐待的时期（Guterman，2001），因为幼儿缺乏经验，他们非常依赖成人对他们的照顾，所以特别容易受到虐待。当然，很多时候虐待和忽视并不总是发生在家庭中的。

幼儿虐待包括任何对幼儿故意造成的伤害行为，或是让幼儿处于危险中的行为。沃尔夫（Wolfe，1999）把幼儿虐待分成了四种主要类型。

（1）身体虐待：包括受到身体伤害或造成伤害的处罚，通常是因为受到拳打、敲击、踢踹、咬或其他伤害形式。刀切伤口、鞭痕或灼伤口都可看成是虐待可能发生了的信号。

（2）忽视：被定义为未能为幼儿提供基本的生理、情感和教育的需要。信号包括食物不足、缺少庇护处、穿不暖和、有病不能就医等。有些幼儿遭受着情绪忽略，这些幼儿一般注意力不集中，缺乏情感。

（3）性虐待：包括调戏、发生性关系或对幼儿性骚扰。幼儿可能会因此导致相关的健康问题（如尿道感染）以及各种情绪和行为问题。

（4）情绪虐待：通常发生在当幼儿的智力、情感、社会性发展和功能受到伤害时。不平常的惩罚形式（如把孩子关进暗室）、言语贬低和辱骂、被当成替罪羔羊等都是这种虐待的信号。

据统计，大约45%的虐待案件属于由身体忽视引起的，22%的是由身体忽略和情绪忽略共同引起的，18%的是由情绪虐待引起的，11%的是性虐待引起的（Wolfe，1999）。

身体上的痕迹或反常行为都可能告诉你一个幼儿已经或是正处在危机之中，或被虐待或被忽视，尽管这些信号有时很难看到。香烟灼伤幼儿身体的这类虐待，远远比要幼儿长时间被迫坐在某人腿上的这类性骚扰更好识别。情绪虐待和忽略则特别难识读，因为行为的征兆可能是由很多原因造成。

（二）幼儿园

幼儿园在幼儿的生命中有着很高的地位，幼儿园中的三年学习和生活会让幼儿养成良好的习惯，学会各种生活和学习技能，为未来学校生活做好准备。即便如此，幼儿园教育也难以避免成为幼儿压力的源头，如老师的批评惩罚和忽视、保育员的行为不当、同伴的侵害和学业的负担等。

1. 来自老师方面的压力

老师的批评和惩罚。老师粗暴的批评和惩罚会对幼儿的生活产生严重影响，会让幼儿产生消极情绪，久而久之，就会成为幼儿心理压力的重要源头。在当前的幼儿园环境中，老师往往会在全体幼儿前面批评一个或某一些幼儿，老师往往采取"杀鸡给猴看"的批评惩罚形式，让幼儿引以为戒。这种形式必定会让受批评惩罚的幼儿倍感紧张和焦虑，心理压力剧增，特别是对于自我意识发展较快的中大班幼儿而言，当众接受批评和惩罚会严重伤害孩子的自尊心。这一形式的连锁反应是，这些幼儿稍后会受到其他幼儿的嘲笑和排斥，而事后其他见证批评惩罚过程的孩子也会感到不安，只能提心吊胆地生活。老师的某些批评惩罚措施对我们成人来说可能会觉得很正常，但对于孩子而言，老师的这些行为可能会意味着更多，特别是有些老师在实施惩罚时的严厉语气和夸张动作会让孩子们受到惊吓，也有些孩子会觉得自己被班集体给抛弃了，从而产生失落感，如老师对孩子说"你再不乖，就把你扔到小班去"。苏联著名教育家马卡连柯曾经说过："批评不仅仅是一种手段，更应该是一种艺术,一种智慧。"幼儿园老师简单粗暴的批评只会导致幼儿对老师产生恐惧,长期下来便会形成心理阴影,严重影响幼儿的成长,根本达不到教育的效果。对于惩罚,在幼儿教育中,体罚和变相体罚都是严令禁止的,幼儿园老师在处理幼儿问题时,应以尊重幼儿为前提,必须保证不损害幼儿的身心健康。

老师的忽视。幼儿园阶段的幼儿非常期望得到成人的关注和肯定的评价。但是在当前幼儿园生活中,由于一个老师要照应十多个或几十个孩子,很多时候老师会忽视幼儿的请求,有时有意有时无。当孩子们的请求无法得到老师的积极回应时,他们会觉得老师可能不喜欢自己,而不会想到老师是因为事务繁忙无法关注到自己。老师有时也会选择性地忽视某些幼儿的请求,如上课时候,老师可能会为了照顾那些不太积极的孩子,经常把积极活跃的孩子"冷"在一旁。

保育员的不当行为。在幼儿园里,除了老师之外,保育员是幼儿接触最多的成人。作为幼儿在园生活的最主要照料者,保育员同老师一样是幼儿生活中的重要他人,保育员对幼儿健康以及良好生活习惯的养成有着无法替代的作用。但是保育员的不良态度和行为也会让幼儿蒙受心理压力。保育员最常出现的时间是幼儿用餐时间、午睡时间和盥洗时间。老师和保育员作为幼儿在园的教育者和照料者,他们的一言一行必定会对幼儿产生较大的影响,一旦他们有粗暴的言语和行为,其对象必定针对幼儿,幼儿也就成了最大受害者。

2. 来自同伴方面的压力

有的孩子会突然不想去幼儿园,他们会告诉父母"我不想去幼儿园,东东又打我了",这让父母很担忧。父母和老师必须要看到,幼儿园的同伴群体中,有些弱势孩子会经常受到同伴的侵害。

同伴侵害(peer victimization),是指个体遭受同伴攻击的经历,同伴侵害分为身体侵害、关系侵害和财物侵害。对幼儿来说,身体侵害主要是指遭受来自同伴身体上的攻击,如打、推、挤、咬、踢等行为或是借助物体导致幼儿发生伤害的行为;关系侵害主要是指幼儿遭受来自同伴言语上的攻击,如大声叫喊名字或绰号、不让参与游戏或排斥幼儿等;财物侵害主要是指幼儿遭受来自同伴的物品抢夺,如玩具、黏纸被抢走等。

同伴侵害会给遭受侵害的一方造成消极后果,使受侵害者产生生理、心理和行为问题。许多研究发现,受侵害者比一般幼儿有更多的消极情绪(如恐惧和愤怒),甚至出现严重的抑郁症状,他们会经常感到孤独、焦虑。董会芹(2010)在关于同伴侵害和内化问题的关系研究中发现,与一般幼儿相比,受侵害幼儿表现更多的内化问题,他们在抑郁、社交退缩和体诉(主要表现为找不出明显原因的头晕、过度疲劳,或者是存在不能由医学原因解释的头痛、呕吐、肚子痛等躯体问题）方面均高于一般幼儿。在性别差异方面，男孩更可能表现出诸如头疼、恶心、呕吐等躯体化症状，而女孩则会表现出更多的害羞、胆小、孤独不合群等退缩症状。董会芹（2010）认为这可能与我国文化对男孩和女孩的要求不一样有关。

不健康的同伴关系是影响幼儿压力产生的重要因素。健康的同伴关系是相互友爱、和谐相处，幼儿在这样的同伴关系中会出现更多乐观、合作、帮助、分享的行为。反之，若幼儿相互攻击、排斥，就容易产生独占、攻击等粗暴的行为，或者出现胆怯、孤独、不合群等行为，必然会影响幼儿生理、心理和社会性的发展。许多成年问题行为者，追溯其童年期都有不良的同伴关系，有的遭受挫折或压力后会逐渐形成退缩、孤僻的个性。由此可见为幼儿创设一个和谐的同伴集体非常重要。

图 9.2　不让参加游戏（袁军荣 供图）

3. 来自学业方面的压力

"孩子很忙"是当今幼儿生活的写照，有的孩子在给远方的爷爷奶奶打电话时说："奶奶，我好忙，周一要学钢琴，周二要学书法，周三要学舞蹈……可是我不想学这么多，我累了，我要睡觉去了……"这种状况的出现是家长和老师应该思考的问题。

在市场化经济逐渐发展的今天，我国很多幼儿园为了迎合家长对幼儿学业取向的需求，给幼儿安排大量的集体学习活动时间，让他们学识字、学珠心算，结果可想而知，孩子会很累，他们承受着巨大的学业压力。看看下面这位母亲的倾诉我们也许会有更为直观的感受。

"女儿刚到新幼儿园中班上了 4 天学。第一天去接孩子时，我看到教室黑板上写着家庭作业，作业的内容竟是，把当天学的一个汉字'太'写一张练习纸，把 20 到 30 之间的数字各写半行。此外，还留有语文课本上《小红帽》的练习题，要求孩子把习题做完，并且还要预习下一篇语文课文。孩子每天一到家就想睡觉，总说写了一天字，太累了。""婷婷上小班时，幼儿园从来没有留过书面作业，换到这家幼儿园一下子要写这么多作业，孩子和家长一时都适应不过来"，婷婷妈这样说。第二天她找到幼儿园老师，希望老师不要对女儿的作业要求过于认真和严格。老师是这样回答我的："我们会尽快给你女儿补上这些课，得让她跟得上进度。"

每到周末或是暑假，总能看到年幼孩子背着书包、画夹或是乐器出入于各种培训或辅导机构之间，我们很少能在这些孩子的脸上看到灿烂的笑容，看到更多的却是满脸倦容。在经济转型时期的中国社会，年轻的父母们往往承受着巨大的压力，工作、买房等压得人喘不过气，于是孩子便成了他们的压力着陆点，他们希望孩子能比自己优秀，能在未来生活中游刃有余。在他们的观念中，为未来生活做准备是最重要的，而现在的付出会在将来得到更好的回报。于是幼儿园和各种教育辅导机构顺应了家长的观念需求，为了达到商业目的，不断推出各种样式新颖的培训和辅导。有时他们盲目夸大早期教育的作用，各种超前教育方案或是天才幼儿培养计划应接不暇，他们不断以违背幼儿身心发展规律的方式来寻求幼儿的发展，以迎合家长，共同剥夺幼儿宝贵的童年，让幼儿承受巨大压力。

（三）社会

社会节奏的急剧加快让幼儿气喘吁吁，各种残酷的战争和自然灾害更让幼儿感受到种种不安全感，这些都让幼儿承受巨大的压力。

1. 快速的生活节奏

现代社会很多人都崇尚快速消费，和时间与金钱赛跑，其根源在于经济社会的节奏整体加速，让人们没有停歇的机会。成人社会的压力正在迅速地渗透到幼儿世界，"不要让孩子输在起跑线上""天才走好第一步"等宣传广告充斥在大街小巷，让人感觉如果不提前教育，自己的孩子就必将失败。美国心理学家和教育家爱尔坎德（Elkind）曾著书《匆忙的儿童》(The Hurried Child: Grouping Up Too Fast Too Soon)，该书主要阐述了家庭、学校和社会多方面的原因造成幼儿过快成长，违背了幼儿的生长发展规律，给幼儿巨大压力的同时也伴随着巨大的危害。匆忙的社会造就匆忙的父母，匆忙的父母又造就匆忙的幼儿，导致紧张、快速的快餐式生活模式，于是孩子和父母间的交流机会越来越稀缺。生活变得单调、乏味，对生活的意义也变得不那么明确。

2. 自然灾害和人为灾害

地震、洪水、火灾、龙卷风或者台风之类的自然灾害，可以顷刻间摧毁幼儿的世界，这些灾难让他们失去了财产、家园或者亲密的人。如2008年的中国汶川大地震，瞬间山崩地裂让无数生灵涂炭，而现场见证这一过程的孩子和通过电视网络收看报道的孩子，他们的内心会受到剧烈的冲击，他们不明白为什么会有这样的灾难，他们会对自己的生活产生极强的不安全感。孩子的世界失去了平衡，他们对世界的可预见性和稳定性受到了威胁，而恐怖引起的极大压力和焦虑使他们产生混乱。此外，人类所制造的社会创伤，正在越来越频繁、越来越严重地影响我们的幼儿。一些战争地区的孩子成了战争的牺牲品，或者是武装斗争、抢劫、盗窃、袭击的见证人。交通事故的频发会让孩子感觉世界太不安全，特别是亲身经历或目睹过车祸的孩子，他们的头脑中会经常闪过恐怖可悲的现场景象，以至于精神萎靡、注意力不集中、无法安心学习。所有这些经历过灾难的孩子往往害怕黑夜，害怕在外面玩耍，从小就认为他们的生活是没有目标、没有意义或者是没有未来的。这些孩子的共同特征是焦虑、冲动、没有食欲、注意力不集中、厌学和逃学等（Barfield, Simpson & Groves, 1992）。

即使孩子们没有亲身经历过那些事件，也会从电视中了解到残酷的现实。他们看到受伤的、死亡的幼儿，那些孩子是暴力的牺牲品。他们见证了战争的残酷，恐怖分子制造的飞机、汽车和火车事故、对政治领导人进行的谋杀，战争所带来的无家可归、寒冷、饥饿、疾病和肢体的残疾等问题。在电视中，他们看到了被拐幼儿的照片，听到幼儿被强暴的报道，他们在新闻中听到有的母亲遗弃了自己的孩子，还有杀人的医生或医生被杀等等。

如今还存在着很多对幼儿的直接伤害，包括我们给幼儿吃的各类不健康食物，幼儿看到的各种不良电视节目，那些侵占幼儿游戏时间以成人为导向的额外的烦人的课程活动，那些让人感到难受的清晨催促等。爱尔坎德（Elkind）指出，我们虽然没有夺走孩子的天真，但是他们的天真中有着迷惑和压抑。成人应该像一位很好的守卫者，在幼儿发展的最初阶段给予他们应有的保护。

第二节 压力与幼儿的成长

压力是一柄双刃剑，对幼儿的成长既是机会也是挑战，压力有时会对幼儿有消极影响，有时也会促进幼儿的成长，这与压力出现的时间和强度有关，也与幼儿的个性有关。

一、压力对幼儿的消极影响

2011年5月17日，美国波士顿幼儿医院神经学家查尔斯·尼尔森（Charles Nelson）和他的同事们在《分子精神病学》（*Molecular Psychiatry*）杂志上发文称，压力会导致幼儿端粒缩短。端粒是位于染色体末端的一段非编码性的DNA序列，会随着每一次细胞分裂而变短。在成年人中，较短的端粒与衰老、心血管疾病和认知能力下降相关联，同时也与氧化应激和生理应激相关联。查尔斯团队在对生活在罗马尼亚首都布加勒斯特收容所的孩子所进行的研究表明，幼儿时期经历过多的压力事件会导致端粒缩短。这是一项持续多年的实证研究，研究者随机地将生活在布加勒斯特收容所的100名6～30个月大的幼儿分为两组：52名幼儿由外人收养，48名幼儿则一直待在收容所里，在收容所的幼儿较少得到关注，而且生活上的管制更为严格。当他们到6～10岁时，研究人员测试这些孩子的端粒长度，结果发现待在收容所里的那组孩子的端粒明显短于被收养的那组孩子，而且这两组孩子的端粒长度与他们4.5岁之前在收容所停留的总时间相关联。这一研究结果告诉我们，人类在幼儿时期承受的压力会随着他们的成长在DNA中体现出来，压力会对幼儿的生理产生巨大长久影响。

爱尔坎德（Elkind）认为压力影响下的幼儿会从有信任感、自主感转变为有怀疑感、羞怯感和多疑，会从积极活跃、有主动感变为消极、有罪恶感。蔡特林和威廉姆森（Zeitlin & Williamson，1994）指出压力可以影响幼儿思考、行动和感觉的方式。美国戴维斯卫生系统的专家认为在压力出现时，为了应对危险状况，幼儿大脑的HPA（下丘脑—垂体—肾上腺）系统会被激活并释放主要压力激素——皮质醇，皮质醇能组织所有的身体系统来快速处理压力，但是如果压力持续增多，皮质醇就会处于居高不下的境地，过多的压力激素可能会抑制幼儿大脑中的短时记忆、注意集中等方面的运行。

布洛姆（Blom，1986）等人认为压力能够造成很多种反应。这些反应依赖于幼儿自身的特质和压力事件的种类，这些反应被划分为以下四种类型（Blom，Cheney & Snoddy，1986）：感情——这一类型包括哭泣、发脾气、羞怯、恐惧、孤独、不自信、悲伤、愤怒和抑郁等；思想——这一类反应包括注意时间短、注意力分散、混乱等；行动——行动反应包括打架、偷盗、调戏、退缩、过度依赖、冲动、躲藏和失控等；身体反应——压力的身体表现可能包括抽搐、多动、头疼、口吃、膀胱和肠胃控制失调、笨拙、咬指甲、胃疼和吸吮手指等。

李江雪和申荷永（2006）总结了幼儿在面临压力时的四类反应，分别是生理上的反应、行为上的反常、情绪上的变化和性格上的改变。综合而言，压力对幼儿的消极影响主要体现在这四个方面。

生理上，压力的反应包括身体症状，如头疼或肚子疼、过度疲劳、睡眠障碍、入厕困难、易患感冒或其他感染。压力还可能会引起机体的其他生理反应，如心跳加快、呼吸急促、肌肉紧张、脖子僵硬、体温增高、口干、手心出汗、双手颤抖、胃疼、没胃口、失眠等症状。这些症状的出现，会严重影响幼儿的生长发育，长此以往，可能会造成长不高、消瘦等严重后果。

行为上，压力可能会引起幼儿行为异常。包括规避性行为，如不出声、回避他人目光、很少和同伴交流或是独自掉泪、哇哇大哭等；破坏性行为，如顶撞父母和老师、经常和同伴引发冲突或破坏玩教具等；倒退性行为，如尿裤子、咬指甲、口吃或健忘等。

情绪上，压力可能会引起幼儿情绪失常。比如整天闷闷不乐、爱发脾气或低沉、缺乏幼儿的活泼、丧失信心，参加活动时提不起精神等。

性格上，压力可能会让幼儿性格发生改变。比如出现易躁易怒、爱钻牛角尖或退缩孤僻、不合群等消极性格等。

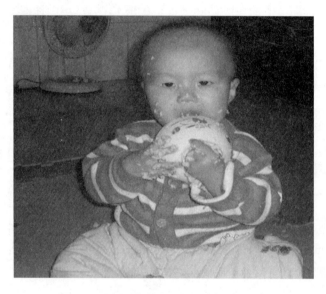

图 9.3　用自己的方式吃饭（袁军荣 供图）

二、适度的压力与幼儿的成长

压力本身并不仅仅是一种消极力量，事实上，它也经常会给个体提升、成长和成熟提供挑战机会和推动力量。爱丽丝霍尼格（Alice Honig，1986a，1986b）在关于压力述评和幼儿应对压力的经典论证中指出：压力会持续不断地为发展造就里程碑。想想一个正蹒跚学步的婴孩是如何屡次摔倒、爬起、再摔倒、再勇敢地爬起的？压力有时被认为是绝佳的挑战，对此，婴孩努力地学习行走就是很好的例证，学习行走产生的压力会激励婴孩为更多的成熟行为而奋斗。因此，我们务必注意到并非所有压力都是有害的。有时候，恰恰是压力推动我们成功地面对挑战。对幼儿来说也是一样，适度的压力能够促使他们表现得更成熟，在面对危险时更加谨慎。

幼儿年龄越小，压力事件对他们造成的影响就越大，这些事件成为强烈而潜在的消极压力的可能性就越大。何亚柳（2009）认为虽然压力对幼儿存在一定的消极影响，但是由于幼儿不具备较好的自控能力和辨识能力，很多压力的存在都是必要的。例如，老师要求幼儿回家后完成一些作业，在幼儿园时老师要求幼儿遵从常规，父母在家阻止幼儿长时间地收看电视、玩电脑游戏等等。因此，父母和教师必须斟酌区分哪些是幼儿应当承受的压力，哪些是幼儿不应当承受的压力，并合理把握幼儿所承受的压力的程度。同时，如果父母和教师能够帮助幼儿正确地认识和利用压力，压力就会转换为动力，从而有效地促进幼儿的发展。

三、弹性幼儿的优势

以上提到了幼儿在压力影响下的不良反应，但并非所有孩子都会在压力情境下产生消极反应，譬如有研究者发现生活中存在着有这样一类心理的"弹性幼儿"（resilience children），他们即使生活在压力氛围中，也同样会表现出健康、友好和乐观的心态。"弹性幼儿"这个词通常用来形容那些能够有效处理压力事件的幼儿。很多研究已经证实了弹性幼儿有着一些共同的特质。在沃纳和史密斯（Werner & Smith, 1982）的早期研究中，他们跟踪研究在夏威夷的高危幼儿近30年，发现三分之一的幼儿长大后成为了有能力的人。后续的研究发现，父母的情绪反应在帮助幼儿有效地处理生活中多种风险因素过程中有着重要影响（Wyman et al., 1999）。

弹性幼儿被认为天生具有能从成人那里引起积极反应的气质特性，他们在幼儿时期就可爱、温柔、好养育。他们至少和一位养育者有着亲密的联结，养育者能给他们提供安全感和信任感。在学前期他们就开始显现出明显的独立性、精力充沛、无所畏惧和自力更生的想法。到了学校，他们开始表现出较高的社会能力，并经常和最喜欢的老师发展紧密联结，事实上，他们也被描述为开始熟练地招聘"替代父母"，即除父母外的其他亲密依恋者。因为贫困、虐待、家庭破碎和其他的长期悲痛等，弹性幼儿长大后会感觉到命运、爱和同情心就掌握在自己手中（Werner，1984）。

第三节　帮助幼儿应对压力

如果父母和教师能够帮助幼儿正确地认识和利用压力，并学会如何减少消极压力，压力就会转换为动力，从而有效地保证幼儿的身心健康。

一、树立合理的压力意识

首先,父母和教师要有合理的压力意识。要认识到压力的普遍性,即压力无时不有,无处不在。父母和教师要对幼儿可能面对的压力保持敏感,一旦外界的刺激超过了幼儿的身心所承受界限时,压力便出现了。压力的来源很广泛,家庭、幼儿园、社会和幼儿自身都可能产生大量压力。大到经历一场灾难,小到被刺耳的刹车声吓到,压力似乎总会不约而至。同时也要认识到压力是会变化的,如任其蔓延,小压力可能发展成为大压力,如方法得当大压力也可能减弱成为小压力甚至消除,关键是父母和教师能否掌握减压方法并合理教授和实施。

其次,父母和教师要注意关注幼儿所受压力的程度。可通过观察幼儿的生理、心理、行为和性格去给幼儿压力划定等级。通过参考幼儿压力信号的表现作推测,如各种异常行为比较明显时,说明幼儿所承受压力程度已经比较严重了,这时就应该悉心排除压力源并合理引导,让压力消散。如遇到特别剧烈的异常反应时,应该寻求专业心理咨询人员的帮助,切不可任其发展。当然,适中的压力可能还会有益于幼儿的发展,让幼儿从小认识到现实世界压力是普遍的,应为未来的压力生活做准备。此外,父母和教师给幼儿施加适中的压力,可能还会激发幼儿的上进心。

小贴士
如何关注孩子的压力?

1. 观察孩子应对压力的能力

要注意那些退缩的孩子和表现出消极情绪的孩子。对待这两类孩子你都必须耐心,因为在努力让孩子感到轻松的尝试中,很可能会遇到抵抗。退缩的孩子会有很强烈的排斥感,愤怒的、有攻击行为的孩子将会拒绝你的帮助。

2. 使用非言语的方法

关注孩子的感受,同样也要关注当他们遇到困难时会说些什么。细心观察孩子的态度、表情、音调和其他一些非语言特征的变化,因为这些都会影响交流。使用你的身体语言表达兴趣与关注,控制你的情绪和行为。当你对情形不是完全了解时,不要匆忙下结论或找捷径。应当接受这样的事实,幼儿的压力会使你也同样感到沮丧,孩子最需要的是他人的理解和关心。

3. 使用有效的行动和情感作回应

让孩子知道你很乐于帮助他们,并且会引导他或她采取更加有效的处理方式。采用反省的方法鼓励孩子进行适当的自我揭发。说出你的看法,以帮助孩子检验自己的认识,学会明确直接地与他们交流。

二、家园合力营造适宜的环境

构建温馨的物理环境。家庭中,家长或长辈应该给幼儿提供安静舒适的居住环境,远离噪音、粉尘、强烈光线等污染,如居住在闹市区,则需在家庭装修时考虑房子的隔音隔热隔尘防光功能,尽量避免让幼儿遭受来自外界的干扰。同时,在房屋的内部设计上,尽可能少地采用黑色、灰色等暗淡低沉的颜色,而应以鲜亮明快的色调为主,让幼儿能够得到积极的刺激。幼儿园中,设计者在物理环境的构建中,也应该考虑和上述家庭中考虑的相同因素。幼儿园应该给幼儿提供宽敞的活动空间和开阔的视野,教室和活动室的布置也应该以简洁明净环境为主,避免让幼儿产生压抑感。

营造和谐的心理环境。家庭中,家长首先要善于学习和采用科学的育儿观念和育儿方法,以构建民主的家庭氛围为目标。对幼儿的疑问,要积极地回应,让幼儿感受到来自家庭的安全感。对幼儿的异常行为,要保持一定的敏感度,并帮助其解决。家长要善于调控家庭情绪氛围,不同情绪氛围家庭中的孩子会有不同的性格。宁静愉快家庭中的孩子,在家里感到安全,生活乐观、愉快、信心十足,待人和善;气氛紧张及冲突家庭中的孩子缺乏安全感,情绪不稳定,容易紧张和焦虑,忧心忡忡,害怕父母迁怒于自己而受到严厉的惩罚,对人不信任,容易发生情绪与行为问题。所以,构建融洽的家庭情绪氛围很关键。对于教师来说,同样需要为幼儿营造和谐的心理环境,尊重幼儿,保护幼儿,促进幼儿发展。家长和教师要意识到幼儿可能会感受到压力,并时刻关注幼儿的行为表现,如果幼儿表现出明显的异常行为,切不可简单地批评和惩罚,而要及时交流沟通,为他们提供安全、温馨的氛围,消除他们的忧虑和担心,使他们的消极情绪得以宣泄。

教师应与家长合作减轻孩子的压力,共同担负起幼儿社会化的责任。为解决教师和家长沟通问题,专家为教师提供了以下建议:

(1)让家长知道幼儿什么时候会表现出压力;

(2)对家长的压力保持敏感;

（3）通过小组讨论与简报的形式了解成人与幼儿压力方面的信息；

（4）用心倾听家长诉说他们的压力；

（5）让家长知道要通过合作来相互支持，帮助幼儿承受压力。

此外，教师需要提醒离婚或分居的家长，让他们给孩子解释离婚将会如何影响他们的生活。离婚的父母可能不会意识到让孩子知道具体的细节会对他们有好处。如他们将会到哪里吃饭、睡觉，与谁一起生活，与非监护方的家长见面的次数。使家长能够关注这些，并且帮助他们找到向孩子合理解释这些问题的方式。

小贴士

如何建立安全有保障的环境？

1. 发生侵犯冲突时必须马上介入

不要让孩子通过伤害其他人来表现自己的紧张，对侵犯其他人的孩子要立刻制止，安抚受到伤害的孩子。发展幼儿的亲社会行为来增进集体感，当孩子表现出同情和对他人的尊敬时要称赞他。

2. 使每个孩子知道每天要做的事

让孩子知道每日计划，对每天要做的事有充分的了解，以排除孩子对未知的恐惧，可以采用和孩子一起制订计划，或者让孩子复述每天要做的事情，以增加孩子对计划的了解。

3. 接受孩子对游戏主题的选择（死亡、离婚、暴力和恐怖事件）

不要试图去指导幼儿的游戏或者决定游戏的细节。当孩子们感到害怕和不确定时，游戏会增进孩子的控制感。做游戏时孩子们会把问题减少到可控制的范围，并且既理解他人也理解自己。例如，当孩子刚有过住院治疗的经历时，他们通常玩"看病"的游戏。这些孩子很少有兴趣扮演病人。相反，他们喜欢扮演医生，因为他们确信他们能"控制"局面。

孩子们将死亡作为游戏的主题也是很普遍的，比如倒下、死去、杀死某人、一个伙伴讲吓人的故事，或者是装作在棺材里。游戏是安全而适宜的探索死亡的手段。当你看到这种游戏时，即使觉得压抑并且不健康也不要急于进行干预。事实上，表演自己理解困难的概念和情况是孩子的一种解决问题的方式。

4. 根除不必要的竞争

保护学前儿童，因为他们在竞争活动中是脆弱的。例如，8岁的孩子非常喜欢"音乐椅子"的游戏，这个游戏却让年龄小、以自我为中心的孩子痛苦。当可能的时候，给上学的孩子选择合作活动，使其焦点集中于整体的成就而不是个人的表现。

5. 在活动中要有放松的时间

计划一个放松的时间，在活动中孩子能够加入其中，例如，通过拉伸肌肉、肌肉放松、体操练习、运动等活动来放松呼吸。参加这些活动的孩子们能更好地集中精力完成自己的任务。让孩子们假想精彩的假期，让他们闭上眼睛一起去旅行，使用感官词汇鼓励精彩的想象。有时让孩子们假装他们正在尝试一个具有挑战性的任务，在他们深呼吸时，帮助他们想象自己是一个能够面对挑战的演员。

6. 运用教具、教学策略和教育资源，鼓励不同思想和不同意见的集中

在提出解决问题的其他方法时可以说"想一想我还可以怎样利用这些材料"，或"如果我们采用其他的方法，结果可能会非常不同。让我们试试吧"。

选择那些分别适用于男孩与女孩的练习册或其他课程材料。选择那些描述不同家庭结构和情形的材料，而不是那些千篇一律正常家庭的材料。采用积极的词汇描述不同的文化和民族群体。

7. 对不适应的行为采取其他的方法

尽管应该尊重个体差异，但也要尽可能地去改正不利于幼儿成长或不利于其他人的不良行为。当孩子学习一种新的行为方式时，要鼓励他或她："我知道这对你有困难，我会帮助你。"要承认自我改进作出的哪怕是很小的努力，对很小的成功也要给予表扬。如果经过长时间的努力，仍很难改变某一不良行为，那么就需要向更熟练的专家求助。

改编自：〔美〕克斯特尔尼克等著. 幼儿社会性发展指南理论到实践[M]. 北京：人民教育出版社，2009，219—229。

三、引导幼儿正确对待媒体

以电视和电脑为主的媒体现在已成为幼儿的"重要他人",很多年轻的父母因为忙于工作,很喜欢把电视当成"baby-sitter"(幼儿看护),因为大部分孩子都能在电视机或电脑前坐很长时间。张向葵等学者在2002年"中国城市幼儿媒介接触调查"中发现,中国城市幼儿每天接触电视的时间是40分钟左右(不包含周末),每周看电视时间约为5～7小时,而在农村地区这个数字更高,现在这个数据正在急剧攀升。幼儿过度收看电视或玩电脑,往往会变得思维呆滞、兴趣单一、人际交往冷淡以及身体素质下降等。特别是无选择性地收看电视节目时,有过多的暴力、色情镜头映入眼帘,会给幼儿造成巨大的恐慌和疑惑。这就需要各界努力,共同保证让幼儿少遭受来自媒体的压力。

父母需要有选择性地供应媒体节目。父母应该充当电视节目的过滤器,尽量对幼儿收看的节目进行"审查",切不可从成人视角去遴选节目,而应该从幼儿角度选择符合他们年龄阶段的节目。对于只适合成人观看的节目,应该避免幼儿加入,以免节目中的暴力血腥对他们产生巨大阴影。一旦幼儿观看到了这些节目,父母和教师应该对幼儿作出解释,指出很多节目是人类大脑想象的创造物,现实生活中此类状况不一定存在。

亲子共同观看节目,关键时刻予以解析。父母如果时间充裕,可以和幼儿一同观看适合他们年龄阶段的节目。并鼓励幼儿发问,父母积极解答。亲子共同观看节目,会让幼儿感到无比的温馨,即使节目中不良镜头很多,有父母的陪伴,他们的紧张感也会降低很多。

此外,受媒体或日常压力事件的影响,幼儿可能会经常做噩梦,遇到这种情况,父母或老师可以抱着幼儿并询问具体事件,以同理心感受幼儿的感受,然后再告诉幼儿梦出现的原因以及梦与现实生活的区别。

美国医学协会(AMA,1996)为缓解媒体对幼儿的影响,给家长提供了以下指导原则。

(1)监督孩子所看的电视及电脑的内容。

(2)不要让电视机、录像机或者游戏机来陪伴孩子。这不仅要将电视关掉,还要与其他家庭成员一起组织一些生动的活动,这样才有效。

(3)限制孩子与媒体的接触。每天孩子看电视的时间应控制在1～2小时,最好在一些时间让他们远离媒体,如上学前、白天、用餐时间或是没有完成作业时。

(4)用餐时间关闭电视,用这段时间来相互交流。

(5)当有特别值得观看的节目时,可以打开电视机。不要抱着看看有什么节目的心态打开电视机。

(6)不要使电视机成为屋子里关注的焦点,不要把电视机摆在屋里最显眼的地方。

(7)观看孩子们正在看的节目,这样就会知道他们的想法并有机会和他一同讨论一些问题。

（8）要特别注意入睡前观看的节目，引起情绪波动的形象会潜入梦中。

（9）了解租来或买来的录像，并且明确表态哪种影片是不可以租看的。

（10）成为大众传媒的识别者。学会评价传媒的贡献，教给孩子如何面对传媒的影响。

（11）限制自己观看电视的时间，在节制与鉴赏能力方面作出最好的榜样。

（12）提高呼吁力度，倡导适宜的幼儿节目。为了孩子，我们应该提高并坚持对健康节目的呼吁力度。

四、教授幼儿减压技巧

父母或教师可以给幼儿教授减压的技巧。苏珊妮和乔布（Suzanne & Joan Baronberg）探索了几种幼儿减压方法，下面介绍两种。

一种是练习慢深呼吸。在幼儿感受到压力时，比如经受过一次冲突，或是目睹过一起暴力事件后，可以引导他们深呼吸。对幼儿来说，首先要让他们明白吸入和呼出的区别，吸入是吸一口气而呼出是吹一口气。吹一口气在手指上，你能感觉到它。张开五个手指假装是生日蜡烛，慢慢地吸然后呼出吹灭每一支蜡烛。在幼儿明白如何吸入和呼出后，教他们放慢呼吸。当他们用鼻子吸的时候，大声地慢数到三，呼出时也慢数到三。多次练习直到他们真的学会了放慢呼吸。同时提醒幼儿练习腹部呼吸，每次呼吸的时候，腹部也随之运动。

另外一种是教幼儿简单的按摩技巧。把右手放在左肩后部，轻轻挤压，然后手指以圆周作运动。同样的，用左手按右肩。然后两手放在前额，以圆周运动轻轻地按摩。最后两手在颈部后面。一边按压一边数三下，然后以圆周运动按摩。一旦幼儿对自我按摩失去了兴趣，可以让他们给对方按摩。询问幼儿是否喜欢互相按摩。应该尊重不愿参与的幼儿，让他们自由观察，不久之后你会惊奇地发现很多幼儿都会选择加入互相按摩中去的。在这个过程中指定合作伙伴，第一个孩子按摩第二个孩子的背，然后第二个孩子按摩第一个孩子的背。让幼儿不时地停下来询问对方是否舒适。幼儿之间轮流进行，让他们感受到彼此间的温柔和安全。

除此之外，父母和教师应该多鼓励幼儿自我表达和自由想象，将心中的压抑和不快释放出来，如可以和幼儿一起参与角色表演，将生活中的某些情境以表演的形式呈现出来，父母和教师可以抓住机会给幼儿作出解释。在幼儿的生活起居方面，确保幼儿进食质量、睡眠时间也是很有必要的，只有营养丰富的食物和良好的睡眠才能够满足幼儿生长发育的需求。

五、帮助幼儿积累应对压力的经验

压力的持续增加会产生叠加效应,最终让幼儿处境艰难。作为父母和教师应该帮助幼儿积累应对压力的经验,让这些经验也产生叠加效应,以解决不断出现的新压力。父母和教师可以从以下几个方面帮助幼儿。

1. 端正幼儿对压力事件的认识

告诉幼儿生活中可能会出现各种各样的压力事件。比如宠物丢失、铅笔盒忘在家里、做错事被老师批评等。这些事件可能很难避免,一旦他们出现,我们需要积极应对,寻找解决问题、缓解压力的方法。

2. 帮助幼儿感受自己解决问题的能力,以增加幼儿的自信心

父母和教师可以鼓励幼儿自己解决问题,如铅笔盒忘在家里了怎么办,首先不能哭泣,要想解决方法,可以找同学借,可以打电话叫家人送来,也可以自己去购买。告诉幼儿,他们可以通过自己的智慧解决问题,当然,父母和教师需要作必要的支持,比如借钱给幼儿,给幼儿提供和家长联系的机会。当幼儿通过自己的努力达成目标时,父母和教师要及时地强化,表扬他刚才的表现,以增加幼儿的自尊感,从而为下次自信满满地应对压力事件做好准备。

3. 培养幼儿对问题的积极态度

生活中,父母和教师要为幼儿树立乐观向上的榜样,遇到问题和挫折,积极主动地去解决,而不是悲观抱怨。当幼儿自暴自弃时,鼓励他们振作起来继续坚持寻找解决办法,并告诉他们,生活中没有解决不了的问题,只有对问题保持积极的态度,我们的生活才会丰富多彩。

小贴士

如何训练孩子更好地应对压力?

1. 训练孩子在面对潜在威胁和紧急事件时如何应对

可以尝试通过讨论和角色游戏来进行准备练习,例如问"当你与父母在百货公司走散时应该怎么办?"或者问"当比你强壮、年长的孩子向你强要午餐钱时你该怎么办?"

2. 扩展幼儿的词汇量,以便他们能够通过交流表达其感情和想法中的困惑

与孩子一起读一些描述压力情境的幼儿图书,或为能独立阅读的孩子提供书目。学习用简洁的语言表达感情,如"你今天精力很充沛"或"我发现

你今天很沮丧"。帮助孩子在感觉有压力时,准确地表达自己的感受。要记住,压力很可能来自诸如聚会这样的非常愉快的事情,也可能来自如宠物死亡等难过的事情。

3. 除非结果会给幼儿身心造成伤害,否则应让幼儿体验自己的决定所带来的或好或坏的结果

告诉孩子犯错误对于他们发现更好的做事方法是有用的,要求他们使用可能带来不同结果的另一种方法。成人不要介入,除非有很明显的危害存在。

4. 为每天积极的锻炼提供机会

教育孩子每天的锻炼将会有利于减压及身体健康。不要认为孩子的锻炼已经足够,这通常是不对的。幼儿和成人每天需要至少20分钟的积极锻炼。压力和锻炼的关系可以这样表达:"我感觉迟钝,因为今天的日子过得很艰苦。现在我有机会进行有氧运动了。我感觉很好。你呢?"

5. 教孩子专门的放松技巧

鼓励孩子进行练习,如肌肉放松和呼吸放松,使孩子养成习惯。孩子在回家前进行一些放松练习,会使他们到家时不会感到很紧张。一位老师要求孩子找出身上所有的"关键部位"(脖子、肘、手腕、骨盆、膝盖、脚踝),然后将所有这些点进行练习,让他们在放松时体验身体的感觉,教他们当各个关节收紧时如何放松,这些游戏使幼儿能够将紧张与放松的感觉进行对比。

6. 在紧张的时候,教给孩子练习积极的自言自语

教孩子在对一种情形作出反应之前,告诉自己要放松冷静。年幼的孩子可能需要大声对自己说:"我要控制""我能冷静""我害怕,但是我能控制它"。

改编自:〔美〕克斯特尔尼克等著. 幼儿社会性发展指南理论到实践[M]. 北京:人民教育出版社,2009,219—229。

> **本章总结**

本章主要关注幼儿的心理压力，分别阐述了幼儿压力的含义、幼儿压力的来源、压力对幼儿成长的利弊，以及家长和老师如何帮助幼儿应对压力。当幼儿自身所拥有的资源无法让其正常其应对外界刺激情境时，压力便产生了，或者说幼儿压力是当幼儿面对异常状况或经常性重负时的心理状态。幼儿压力主要来源于家庭、幼儿园和社会三个方面。紧张而快速的家庭生活是幼儿压力产生的重要来源，其中包括父母方面的问题，如父母争执并离婚；健康方面的问题，如自身的疾病或父母的病痛等；家庭内的死亡事件，如亲人的离世或宠物的死亡等；幼儿虐待和忽视，如身体虐待或情绪虐待等。幼儿园教育中的问题包括老师的批评惩罚和忽视、保育员的不当行为、同伴的侵害和学业的负担等。社会节奏的急剧加快让幼儿气喘吁吁，各种残酷的战争和自然灾害更让幼儿感受到种种不安全。不同幼儿会以不同的方式应对压力，或者主动应对，或者选择逃避。同样的压力情境对不同幼儿可能会产生截然不同的影响，"弹性幼儿"的介绍让我们看到了逆境中成长起来的某些孩子也能积极正常地适应外界世界。压力对幼儿的发展是一柄双刃剑，对幼儿的发展既是挑战也是机遇，适度的压力会促进幼儿的成长，为幼儿的成长积蓄力量。家长和教师可以从五个方面帮助幼儿应对压力：树立合理的压力意识、营造适宜的环境、引导幼儿正确对待媒体、教授幼儿减压技巧、帮助幼儿积累应对压力的经验。家庭、幼儿园和社会紧密合作，一定能为幼儿构建安全健康的成长环境，引导幼儿积极乐观地面对生活。

> **请你思考**

1. 幼儿压力的来源有哪些？
2. 压力对幼儿成长的利与弊。
3. 幼儿压力和幼儿情绪的关系。
4. 材料分析：

小A今年4岁，在某幼儿园的小班学习。近来，老师发现以往都是妈妈送她上幼儿园，但是最近每天都是爸爸来送她，送完后总是匆匆忙忙就走了，而且要到很晚才会来接。老师发现小A比以前沉默了许多，并且偶尔会偷偷落泪，在开展活动时注意力很不集中，经常跟不上节奏。老师还发现在下午放学时她看到其他小朋友的妈妈来接孩子，眼睛总是直直地盯着。老师想向小A爸爸了解情况，但他总是以很忙来回应。老师问小A为什么会这样，她却回答不上来。如果你是负责照看小A的老师，请结合本章有关幼儿压力的知识，为小A提供一些帮助。

第十章

促进幼儿社会问题解决能力的发展

区角活动时间到了，孩子们欢呼雀跃地到自己喜欢的区角中去玩，刚开始玩，表演区就传来了争吵声。"是我先进来的，我先拿到进区卡的！""是我先拿到卡片的，老师说要先拿到卡片后才能进去。"主班老师随声望去，只见琪琪与玲玲正在争夺表演区中白雪公主的角色。琪琪的脸儿气得通红，一双小手却毫不放松地紧抓着白雪公主的裙子。玲玲也不甘示弱，一手抓着裙子一手还叉着腰。两人你一言我一语，谁都不让谁！当老师正要走过去劝阻时，旁边的瑶瑶大叫起来："你们两个别抢了！老这样抢谁都玩不上！"她们听到瑶瑶这样说，都齐刷刷地将眼睛投向瑶瑶。琪琪说："那你说我们怎么办？"瑶瑶和琪琪是好朋友，瑶瑶对着琪琪说："我们先玩棋类吧，一会儿再过来玩这个吧！"琪琪想了想，依依不舍地和瑶瑶去玩棋了。

老师以为事情就这样结束了，没想到，琪琪玩了会儿黑白棋，觉得没意思，又跑到表演区想扮演白雪公主，但是玲玲仍然不让，她们俩又争执起来。这时候有一些孩子围过来，大家开始发表自己的意见，有的让玲玲先玩，有的让琪琪先玩，有孩子急急忙忙跑去告诉老师……

问题发生了，在活动中，每个孩子都会遇到这样的问题，每个孩子都难免会与小朋友发生争执，老师可能希望孩子能绕过这些问题，并努力为孩子铺平前进的道路。然而，恰恰是这些让孩子、老师头痛的小问题给了孩子可贵的发展机会，他们从中学会与人交往的技巧，学会解决问题的方法。那么，如何教授孩子独立解决问题呢？本章将介绍儿童解决问题的相关知识，给老师和家长提供一些培养儿童解决问题的策略，以及如何利用班会来让儿童解决问题，让老师和家长能够在问题发生的时候多一点耐心，多一点等待，多给儿童一点自己解决问题的空间，让儿童健康快乐地成长。

第一节 儿童社会问题解决能力的发展

一、什么是社会问题解决

社会问题解决的最初理论是由德泽瑞勒和格德菲尔德（D'Zurilla & Goldfried，1969）提出的，他们把社会问题解决界定为个体在解决现实生活中的社会问题时的认知—情感—行为的过程。在这一过程中，个体必须找出各种可用来处理问题情境的有效反应，并在这些可用反应中选择最有效的途径以增加解决问题的可能性。社会问题解决是通过社会互动实现个人目标的过程，其中的关键是发现解决问题的方法，它通过对问题情境的确认、产生多种可选择的解决方法、选择适合于情境的方法和策略、执行等步骤来实现的。

社会问题解决中的问题是指存在的或预期的生活情境或任务，解决是指改变问题性质的解决策略，或个体对问题的消极情绪反应。在面临问题情境时，个体为了适应的需求必须应对这种情境和任务。这些问题可以是单一的事件，也可以是一系列的事件，或者是慢性发展的情境。然而，有的个体会存在各种各样的障碍，他们在面对这种情境时，可能不会对此作出及时有效的应对。

社会问题解决的研究涉及生活中可能影响人们社会适应的各类问题，包括日常生活事件、个人情绪问题、行为问题、认知问题或健康问题、人际关系问题以及更广泛的社会和社区问题（如犯罪、种族歧视）。社会问题解决能力缺乏可能是导致攻击和暴力行为产生的最重要的危险因素。

二、问题解决能力与个体适应

社会问题解决能力不是单一的整体结构，而是多维的结构。德泽瑞勒和格德菲尔德（D'Zurilla & Goldfried，1971）最早提出了社会问题解决理论模型，后来被德泽瑞勒和根津（D'Zurilla & Nezu，1990）修改并发展。该模型认为社会问题解决包括两个相对独立的组成部分：（1）问题倾向（problem orientation）；（2）问题解决类型（problem-solving style）。问题倾向包括两个维度：积极问题倾向和消极问题倾向，问题解决类型包括理性问题解决类型、冲动/疏忽类型、逃避/回避类型三个维度，如图10.1所示。

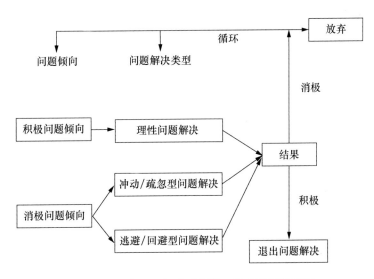

图10.1 社会问题解决过程的五维度模型示意图

问题倾向是一组相对稳定的认知—情感图式，这个图式描述了一个人关于日常生活问题的一般信念、态度和情绪反应，以及成功应对这些问题的能力。问题解决风格指的是个体对情境控制的自我知觉，具有以自我效能和结果期待为基础的两个特点。班杜拉（Bandura，1997）研究表明，积极的自我效能和结果期待有利于应激情境的适应性应对，并减少焦虑和其他的情绪苦恼；而消极的自我效能和结果期待则倾向增加焦虑、回避行为，以及应激情境中的其他不良适应性的反应。建设性的或有效的问题解决被认为是积极的问题倾向，并且这种积极的问题倾向有利于理性地解决问题（如有目的地、系统地运用有效的问题解决技能）。功能不良的或无效的问题解决被认为是消极的问题倾向，将会导致冲动或逃避的风格，它们都可能导致消极的结果。在三种不同的问题解决风格中，一种是适应性的，另外两种是不良适应性的。理性的问题解决是一种建构的问题解决方式，包含系统、计划地应用具体技能。它包括四个具体的理性问题解决技能：确定与描述问题、产生选择方法、作出决定、实施与验证解决方法。采用理性问题解决方式的个体，能够积极、有效地解决问题，并产生自我强化。问题解决的另两种风格，都具有功能失调或不良适应的特点。冲动/疏忽类型的个体虽然可能会积极考虑和运用一些解决的方法，但通常冲动地以最先想到的方法行动，这样的做法都是偏激的、匆忙的、不成熟的。逃避/回避类型是另外一种不良适应的问题解决模式，这种类型的问题解决者一般是回避问题，而不是积极面对问题，他们尽可能地推迟解决问题，等待问题自行解决，并试图把解决问题的责任转嫁给他人。总的来说，这两种类型都会导致无效的或不成功的问题解决。实际上，这两种问题解决风格都可能会恶化已存在的问题，甚至产生新的问题。

三、儿童社会问题解决的策略

儿童在生活中面临着许多冲突问题，儿童与儿童之间可能会因为玩具、语言等问题而发生冲突。那么，这些冲突有哪些类型？面对这些冲突时，儿童又如何解决？以下我们介绍儿童冲突类型及儿童冲突解决策略。

（一）儿童冲突类型

儿童常见的冲突类型有以下几种。

1. 所有物争斗

年幼儿童喜欢有各种玩具和材料的儿童化环境，以自我为中心的天性使他们不能认识到其他儿童的需要和欲望，进而导致幼儿园里儿童对玩具和材料的争斗行为很频繁。如常常看到两个孩子为了一个玩具小汽车而"大打出手"。

2. 得到关注

渴望关注的儿童经常使用消极的方法试图得到注意，例如通过撞或挤压其他儿童、干扰游戏、破坏游戏材料等方式来得到老师和小朋友的关注。如果这些行为得到他们想要的关注（甚至是各种形式的斥责和惩罚），那么他们就会继续使用这些策略。

3. 权力争端

有些儿童，为了显示自己的权威或特权，想控制他们周围所有事情。他们想由他们自己选择材料、成为第一个玩游戏的人、在角色扮演中挑选角色、在吃点心时选择座位、决定如何建构积木、成为领导者、做一项喜爱的任务（喂小动物）、帮助老师等。一旦有儿童不服从，权力争端就会出现。

4. 团体参与或排斥

当儿童试图进入一个已经在进行的集体活动并且被拒绝时，这种冲突就发生了。一些团体进入策略经常被儿童拒绝，包括问"我可以加入吗"，发表声明"我先到这里的"，或者摆出攻击性的姿态，或者通过弄乱游戏材料或推旁边的儿童来扰乱游戏。

5. 起外号或羞辱儿童

起外号可能是友好嘲弄的结果，也可能是对儿童的行为或言语的一种生气的反应，或者是以一种不适当的方式试图获得关注。

6. 嘲笑

用言语和行为来惹恼一个儿童或使一个儿童尴尬，这可能是一个儿童或一群儿童的表现。

（二）儿童冲突解决策略

儿童人际适应中出现的很多问题，都与社会问题解决策略的误用有关。儿童处理人际关系的能力，以及应用人际矛盾应对策略的能力，是儿童社会化和社会适应的重要指标之一。三四岁的幼儿，会日益频繁地参与到与他人的社会互动中。那些能较好地运用问题解决策略来处理人际冲突和人际矛盾的儿童，人际适应状况良好，在同伴中一般更受欢迎，更容易被同伴所接受。而成为攻击者和被攻击者的儿童，大都会存在人际适应不良，这是社会化程度偏低的一种表现。有效的社会问题解决可以帮助儿童缓解压力，调节消极情绪，控制攻击性行为的产生（Frye & Goodman，2000）。

克莱斯诺和罗宾在对15名3.5~4.5岁幼儿的观察中发现（Krasnor & Rubin，1983），幼儿在被观察的5小时里，平均发生421.3次社会问题解决行为，这些行为是其社会互动的主要成分。所有社会问题解决尝试中，57%是成功的，这些成功的社会问题解决使儿童可以获得物理资源（如玩具）和社会资源（如他人的注意和帮助）。

幼儿解决社会问题的目标有很多，如阻止他人行为、获得别人对自己行为的许可（如加入群体活动）、引发他人行为、获得物品、获得注意/承认、影响他人、得到信息、非具体的发起等。在这些目标中，具体的行为目标最多（23.1%），如获得他人的帮助或指导游戏；非具体的行为目标有20.1%，这类互动目标是为了建立社会接触，没有其他明确的目的，指令性、社会性都较低；引起注意的行为（16.2%）也较多。

研究者发现，在幼儿要达成的社会性目标中，幼儿已有许多不同的策略来达到自己的目标。他们的社会问题解决策略包括11类，分别是：（1）指令，包括直接和间接的命令、陈述需求或允许的指令、欺骗或威胁；（2）建议；（3）描述；（4）声明；（5）提出疑问；（6）叫人，如叫"老师"；（7）发出噪音；（8）所有物争斗，如抢东西；（9）个人攻击，如打别人；（10）定向，如呈现、指示；（11）接纳，如拥抱、握手。社会问题解决可由一个或一个以上具体策略组成。幼儿最有效的社会问题解决策略是描述、物品攻击、接纳和定向。作为不符合社会要求的策略，物品攻击和个体攻击策略成功的可能性分别为62.7%和55%，如果教师不干预，这两种策略在实现阻止他人行为的社会目标时最为成功。在这些情况下，幼儿用社会接受性高但效果较差的策略（如叫人）来代替攻击策略还是比较难的。但具体策略成功的可能性高，并不必然导致使用频率高，某种策略的社会接受性等因素比自然发生的强化更有力地决定着策略的选择。

总的说来，幼儿社会问题解决技能已经有了相当的发展，他们基本能够以符合社会要求的策略来努力实现自己的目标，并能初步根据目标或对象的不同调整自己的策略。与此相似，幼儿在达成自己目标的行为受到其他人的抵制而与他人产生冲突时，其解决冲突的技能也有进一步的发展。

【专栏】10.1 人际关系冲突问题解决观察

人际关系冲突问题是一种结构不良问题，没有明确的初始状态和目标状态，问题解决的策略来源于经验。人际冲突问题是社会性问题中非常重要的一类问题，儿童在生活过程中习得解决这类问题的经验与策略。

一、观察目的

了解幼儿园小、中、大班不同性别儿童对解决人际关系冲突问题所采取的方式，进而研究幼儿对人际关系冲突问题的解决策略发展情况。

二、观察对象

幼儿园小、中、大班幼儿，以班级为单位观察。

三、观察方法

自然情境下非参与式直接观察，事件取样观察法。

四、观察记录方法

符号记录法与连续记录相结合,具体格式见表10.1。

表10.1 幼儿解决人际关系冲突问题观察记录表

幼儿园			观察时间		观察者	
观察对象	甲		乙		实况记录	
行为类型	语言	行为	语言	行为		
前奏						
起因						
过程						
结果						

符号编码:

语言:1-辱骂 2-劝解 3-安慰 4-赔礼道歉 5-解释 6-哭泣 7-告状 8-叫嚷

行为:1-手推 2-脚踢 3-逃跑 4-用物品打人 5-抚慰 6-摔打物品 7-拥抱等友好行为 8-走开

五、观察记录材料处理方法

分析综合法与描述性统计、推断统计相结合。

六、结果分析

1. 从冲突的前奏、冲突的起因、冲突的过程、结果如何等方面分析。

2. 找出幼儿冲突的应对策略及冲突对幼儿发展的正面影响。

3. 教师在这一过程中起着什么作用?

第二节 培养幼儿社会问题解决的能力

在幼儿园里,许多幼儿采取求助、退让、暴力或其他攻击的方式来解决冲突,教师有时只是为了尽快解决冲突而强加给幼儿一个解决方法。虽然这些老师的反应可以让冲突立即停止,但是他们并没有教给幼儿更好的方法来处理以后的冲突。常常看到老师面对冲突的典型反应:老师安慰"受害者",批评或惩罚"犯罪者"。为了不被惩罚,"犯罪者"可能要被迫道歉。幼儿所学习到的只是用一句简单的"对不起"来免除一些责任。"对不起"成了万能的话,只要出现冲突,说句"对不起"就能解决。事实上,道歉的幼儿未必感到歉意,而被道歉的幼儿可能仍然感到生气。例如,壮壮一向霸道,经常欺负小朋友,刚才又撞在乐乐身上，乐乐哭着找老师，老师使劲地把壮壮拽到乐乐跟前，用命令地口气对壮壮说："向乐乐道歉。"一句"对不起"从壮壮口中说出，而他的表情中似乎还有很多不服气。乐乐哭着说："没关系。"老师随口安慰了一下乐乐。事情就这样解决了，事实上问题并未真正得到解决。

在这种冲突解决过程中，"受害者"其实也受到了伤害，他们收到来自权威人物的安慰和偶尔的被迫道歉，却未能学习到更多应对将来冲突的方法。这种应对冲突的传统惩罚方法，加上老师未能教给幼儿有效地应对冲突解决的技能，也导致在教室里继续出现这种恃强凌弱的关系（Gartrell，2002）。

一、幼儿社会问题解决的方法

有一些方法来教幼儿成功地解决问题，尤其是对那些缺乏语言技能和残疾的幼儿。教师通过用各种方法表现和给幼儿作示范直接教他们，在他们与同伴的交往中引导幼儿使用问题解决的程序，促进幼儿解决问题技能的进展。

1. 运用木偶

木偶能吸引幼儿的注意力，常常是幼儿的伙伴。木偶能用于角色扮演，是基于教室内普遍发生的情况，例如，起外号、不会分享或者难以确定顺序，或者对实际冲突的反应等等。这些问题都能通过木偶角色扮演表现出来，能更直观地帮助幼儿分析问题，找到解决的方法。克莱德勒（Kreidler，1984）建议，教师要确定"问题木偶"。在角色扮演过程中，教师来操作木偶，在冲突点上展现问题情境（有人会撞、喊、哭或叫老师）。木偶表演暂停在冲突点上，然后教师参与解决问题。一旦幼儿选择他们最喜欢的解决方法，木偶会扮演出结果，这样更有利于幼儿理解和接受。

2. 运用幼儿读物

幼儿喜欢听故事并且常常能认出书中的人物。书本能够介绍或延伸一个冲突解决的技巧，能够提供一种非威胁性的方法来讨论冲突，并且能展示人物如何用非暴力方式解决问题。

克莱德勒（Kreidler，1984）为如何阅读有关冲突的书籍提出了如下建议。

（1）在冲突点上读一本书。

（2）问幼儿他们对书中人物的感觉如何，比如问："考拉熊现在感觉怎样？"

（3）幼儿认识到冲突了吗？比如问："孩子，这里的问题是什么？"

（4）用头脑风暴的方法帮助幼儿解决书中人物的冲突。

（5）读故事剩余的部分。讨论书中人物解决冲突的方法："那是一个好方法吗？为什么?现在书中人物感觉怎么样?"对于低年级儿童,延伸这些问题,包括:"它是一种有效的、双赢的方法吗?你做的有什么不同?"如果呈现的方法是一个不充分的冲突解决模式,幼儿可以记下新的结果(Kreidler,1984)。

由于许多幼儿喜欢创作他们自己的故事,教师需要鼓励创作一个与问题联系的故事主题。教师最初进行这项活动时说:"你们给我讲一个故事吧,故事的情境是一个小女孩想玩玩具,而其他人也想玩,那她怎么做才能得到玩具呢。"对于年幼儿童,可能需要更多结构,老师提供一个童话故事的开始,然后让幼儿完成它。例如:"从前有个名叫凯威的男孩(不要用班里幼儿的名字),因为他不能与其他小朋友分享,所以他和学校的其他人相处得不好。一天,小女孩在玩一辆蓝色的汽车,凯威很暴力地抢走小汽车并且吓哭了她。"年幼儿童能向老师讲出故事并且稍后进行解释说明。对于低年级儿童,讲故事成为一项创作性的写作任务。儿童可以带着双赢的解决方法写下冲突故事,每页使用一些句子并给出说明。

3. 运用图片刺激

图片对冲突事件的讨论能提供一个刺激。教师根据图片(就像有关木偶和书本一样)创作出一个故事,引出一个冲突,然后,和幼儿讨论解决问题的步骤。例如,有一个正在哭的女孩的图片,老师说:"这是乐乐,看她的脸,让我告诉你们她怎么了。一天,在幼儿园里,乐乐想和小朋友们一起在玩具房里玩。她的朋友说:'不,我们这里人已经够了。'你们认为乐乐会有什么感觉?这里的问题是什么?你们认为乐乐会怎么做?"在教室里出示这个片段,幼儿会讨论如下的解决方法:乐乐可以拿一些玩具试图加入她们,找其他人玩,或者向老师寻求帮助。

4. 做一个"方法列表"

教师引导幼儿参与制作一个积极的问题解决方法列表,它是一个有简单文字说明的解决方法贴纸。在冲突期间,幼儿在可以运用贴纸中提到的一些潜在的问题解决方法。贴纸也可以被使用在问题情境期间,见表10.2。

5. 扮演角色游戏

对于练习解决冲突和提高幼儿转换角度思考问题的能力,角色扮演是一种较好的技巧。通常,由教师直接参与到小组活动中,教师描述一个冲突的情境,确定角色,由幼儿用不同的方法来表演解决冲突的过程。

对于低年级儿童,首先由幼儿集体讨论他们想扮演的情境,然后确信他们已经确定了合理双赢的方法,最后再开始角色扮演。克莱德勒(Kreidler,1984)建议,在角色扮演后,问儿童以下几个问题:

表 10.2　幼儿园的方法列表贴纸

当我们有问题时，我们能……
分享……
轮流……
交换玩具……
邀请另一个朋友……
向老师寻求帮助……
寻找另一个玩具……
走开……
道歉……
走到休闲角……

- 冲突是什么？
- 它是怎么解决的？
- 它是双赢的解决方法吗？
- 其他的方法有效果吗？
- 情境怎样被呈现的？
- 扮演者在角色里感觉怎么样？
- 这些感受怎样影响他们的行为？

二、幼儿问题解决模式在培养幼儿解决问题能力中的应用

（一）幼儿问题解决模式

苏霍姆林斯基说过："任何时候都不要揭发幼儿不良的应受指责的行为，不要急于把儿童的缺点在集体面前当众宣布，应该让幼儿表现出克服缺点的内在的精神力量，让集体首先看到他好的方面，这就是教育的艺术。"所以当幼儿之间发生冲突时，我们要教授幼儿学会解决问题，而不是随意批评或安慰幼儿。

有效的策略是教幼儿一种和平解决问题的步骤，它是一种非暴力解决问题的程序。早期环境能提供给幼儿学习和练习解决问题技能的机会。信息加工模式有不同版本（Carlesson-Parige & Levin，1998；Crick & Dodge，1994；Dinwiddie，1994；Gartrell，2002；Hewitt & Heidemenn，1998；Kreidler，1996；Levin，2003；Shure，1992），但基本上包括这些步骤：（1）"读"一种社会情况，识别表情并定位问题；（2）寻找可替换的解决方法；（3）评价被提议的方法；（4）同意并实施某一方案；（5）评价结果，判断它是否成功。

许多老师已经成功地使用了问题解决的方法,它有以下五个步骤。

1. 问题是什么?

认识问题,包括站在每个幼儿角度上讨论受害者和侵犯者的感受和需要(Dinwiddie, 1994)。这可以帮助定义问题和冲突。通常幼儿会基于明确的行为并站在他们自己的角度上表达问题,例如"毛毛想坐我的手推车",而不是"我们都想坐手推车"。教师需要在冲突中澄清每一个人的观点,包括:"明明,当毛毛坐在手推车里时,你看起来是生气的"和"毛毛,你看看明明的脸。你认为他有怎样的感受"。

在这一步中,教师的角色是帮助幼儿理解每个人的需要和感受,并且再确定一个共同的问题:"所以这个问题是,毛毛想坐手推车,明明也想坐。你们俩都想坐手推车。"

2. 我能做什么?

在头脑风暴阶段里,短时间内让幼儿想出许多观点。这时,教师鼓励幼儿表达观点而不是评价或者搁置观点。这种做法对幼儿是有帮助的,甚至对4岁的幼儿来说,他们所表达的观点也都是来自于思考的过程,没有对错之分,所以他们有机会去评价由冲动造成的结果和攻击性的行为。如果一个幼儿表达一个不切实际的观点,教师应该把它写在列表中,并对这个幼儿的创造性进行评价,切不可忽视或批评指责。

图 10.2 明明坐在超市手推车里,毛毛看见了也想坐(王厚菊 供图)

图 10.3 毛毛和明明在妈妈的指导下,协商解决问题(王厚菊 供图)

3. 可能发生什么?

在这一阶段中,通过推测每个解决方法所产生的结果来形成全班的评价,比如:"如果明明决定推毛毛,会发生什么呢?这样做安全吗?毛毛感觉怎么样呢?"在这一点上,一些可能的解决方法是不安全的或会伤害另一个幼儿的感受，这样的方法应该被消除。对于其他的观点，幼儿需要回答这个问题："它是公平的吗？它起作用吗？"在这一阶段中可以讨论幼儿提出的不恰当的建议。对年幼儿童，教师可能需要采用木偶来演示一些解决方法，让幼儿能够判断方法的合适性。

4. 选择一个方法并且实施

一旦幼儿选定了一个最好的解决方法，他们需要明确怎样成功地实施他们的计划。幼儿经常使用言语来解决问题，像"让我们轮流坐手推车吧"。但是，考虑幼儿以自我为中心的天性，他们每一个都认为自己应该是第一个。让幼儿决定谁是第一的方法，可以用抽签的形式。一旦决定谁第一，就要帮助幼儿决定玩的时间长短，并且需要把握时间或者设定计时器来确定轮流的公平性。

教师在这一阶段的角色是强调选定的方案，"轮流坐手推车"和明确怎样执行解决方法。当幼儿执行解决方法时，教师仍然需要在旁边监督是否依据计划进行。

5. 它起作用吗？如果没有，现在我们该怎么办？

最后阶段是评价解决问题的步骤，幼儿有机会仔细考虑他们计划实施的好坏和他们关于结果的感受。教师可以这样肯定幼儿的成功："你们想到了一个轮流玩手推车的解决方法，你们一起解决这个问题，这真是一个好办法。希望你们以后遇到这类问题时，可以使用这种解决方法，也可以想其他的方法。"

（二）幼儿问题解决模式在培养幼儿解决问题能力中的应用

逐步引入问题解决的程序，以让幼儿参与问题解决的头两步作为开始。用木偶演出一个小问题，然后停下来问："这里的问题是什么？"重述他们的回答，目的是建立共同的问题，诸如："他们都想玩手推车。"幼儿认识到木偶的感受，然后他们集体讨论并在纸上写下一些可能的解决方法。接着评价每个可能的方法："它是安全的吗？""它是公平的吗？""它起作用吗？""他们感觉怎么样？"让幼儿选择一个观点并且用木偶扮演出来。木偶扮演了选择的方法，幼儿决定它是否有效果。

1. 有效解决问题

通过以上描述的策略，幼儿重复地熟悉解决问题程序之后，教师能在真实的教室环境中实施它们。

最初的调解，成人需要耐心地处理和阻止任何伤害的行为。在开始调解时，创造一个安静且公平的氛围，身体语言很关键。埃文斯推荐几个比较好的技巧（Evans, 2002）。

（1）在两个幼儿中间摆好你自己的位置。把"公平"争夺的物体放在你的手里，让幼儿相信，你会听他们的。当幼儿为一个物体争夺时，对幼儿来说，只要有一个人抓住这个物体，通常是很难讨论解决方法的。

（2）阻止任何伤害行为。教师需要安慰幼儿，并鼓励幼儿平静下来，进行眼神交流，但是不要强迫幼儿。

（3）如果幼儿的声音很大，用一种平静的声音使幼儿变安静。

在幼儿学会了更独立地协商解决方法后，教师选择引入一个"和平桌"或"和平毯"的概念作为冲突解决的一个地点。解决方法的列表也贴在这个区域。当冲突发生时，幼儿到这个区域来完成问题解决的步骤。移动到一个远离最初冲突的区域，也会帮助幼儿缓和他们的情绪，并且能够让幼儿全神贯注于解决问题的程序。

2. 教师和教室的好处

教师如果能够投入时间、精力并作出周密计划去教幼儿解决问题，此后会节省很多时间，包括花很少的时间惩罚幼儿或介入到幼儿的冲突中（Adams & Wittmer，2001）。然后这些教师有更多的时间在教室里做更有意义的事情。教师也会高兴地看到，他们已经提高了幼儿应对问题的技能，这也增强了幼儿和平生活的能力。

3. 父母参与解决问题

教师要时刻与家长分享教室问题解决的方法，像家长会、家园互动栏，或者在每天与父母的交流中，这样他们能引入并强化问题解决的模式。

【专栏】10.2　家园互动——关于"问题解决"的家长会

在您孩子班级里，近期的活动主题主要是集中在帮助孩子学会问题解决方法。班级活动最主要目的是帮助孩子学会问题解决方法。我们希望孩子学会用关心和非暴力的方法处理他们自己的问题。我们用以下的步骤教孩子问题解决程序。

1. 问题是什么？

基于基本的表情、身体语言和口头语言帮助儿童识别每个人的感受，帮助儿童把陈述问题作为一种分享。通常儿童仅仅只能考虑到自己的需要。当孩子发生冲突时，教师要引导孩子认识到问题是什么。"所以问题是你们都想玩手推车。"

2. 我能做什么？（解决方法是什么？）

这一步是集体讨论，帮助儿童想出各种可能的方法来解决问题。"你们都想玩手推车，关于这个问题你能做什么？让我们讨论一些想法。"

3. 对于每个方法，问问你自己

帮助儿童通过考虑结果来评价每个可能的方法。在安全性、公平性和可行性的基础上评价这个观点。"如果你决定轮流玩手推车会发生什么？""它安全吗？""它公平吗？""它起作用吗？"

4. 选择一个方法并且实施它

一旦儿童选定了最好的解决方法，他们需要提出一项计划来付诸实践。为了解决问题，他们需要你来帮助决定怎么分享、轮流、寻求帮助、道歉或其他任何非暴力的观点。"你决定轮流玩手推车。你怎样制定顺序？我应该定三分钟计时器吗？它听起来会起作用吗？"

5. 它起作用吗？如果没有，现在我们能做什么？

帮助儿童评价问题解决的成功与否，当它起作用时，要及时强化。"你们现在都很开心，看起来轮流玩是起作用的。"

我们通过讨论、故事、木偶角色扮演和游戏教授这个程序，我们的目标是使儿童想出许多不同的方法解决在这些情景中出现的每个问题。然后当教室里出现问题时，我们建议在实际的冲突情景中使用问题解决程序。

我们要做的事情是制作可能的方法列表。例如，当两个儿童都想玩同一个玩具时，他们应该：

- 一起玩玩具（分享）；
- 先由一个孩子玩，然后另一个玩（轮流）；
- 提供不同的玩具（交换）；
- 站着不动，冷静一分钟；
- 走开并且在不同的区域玩或和其他人玩；
- 向成人寻求帮助。

小贴士
如何培养儿童解决问题的能力？

1. 启发孩子去寻求解决的办法

对于"爱告状"的儿童来说，老师不会直接帮他，而是启发他思考解决的办法。可以尝试引导他，对他说："你试着想想办法，对小朋友说'这是我的玩具，你再玩一会儿就还给我好吗？'"或建议他用另一个玩具去交换，或鼓励他想一个能一起玩的办法。古人云"授之以鱼，不如授之以渔"，家长需花时间教孩子解决问题的技能和策略。这个过程肯定比直接替孩子解决问题要麻烦，但一旦孩子愿意尝试，家长轻松，孩子也轻松。

2. 多鼓励孩子尝试，让孩子获得自信

如果孩子自信，那么当他遇到问题时，这种自信会推动他去迎接挑战。

幼儿园常常举办一些"小画家"的亲子活动。在活动中，由于孩子刚进入托班，有的甚至还不会拿蜡笔，作画时碰到了困难。家长也都觉得孩子那么小，能画出什么来呀？这时老师适时介入，教家长在孩子涂鸦的基础上"锦上添花"，最后创造出独一无二的作品来。家长用自己的合作而不是单纯靠口头上的赞许，表达了对孩子的鼓励和肯定，使他从自己的创造成果中感受莫大的快乐，这样孩子画画时就不会缩手缩脚了。

3. 培养孩子解决问题，也是生存教育

让孩子自己想办法解决问题，也是他们生存的重要保证。现在溺爱孩子的情况越来越普遍，社会上也有大孩子面对问题或挫折走极端的案例，这和他们从小依赖家长或老师，缺乏自己解决问题的信心与方法有关。试想一个孩子不曾经历一件事情可以有不同的解决方式，事情不如意就沮丧、发脾气，这样的孩子，其生存能力也是大打折扣的。所以说，教孩子解决问题，就是教孩子如何生存。

【专栏】10.3 请让孩子学会自己处理问题

案例

在幼儿园中，小朋友之间打架等不友好现象时有发生。孩子在玩的过程中，难免会产生摩擦，发生争执，身体的某个部位被经意或者不经意地伤害。在这种时候，孩子怎样处理自己与他人的关系？作为老师应扮演什么样的角色？孩子的父母们，在遇到自己的孩子带点小伤或者挂点小彩后如何处理？这是我们经常遇到而又必须及时处理好的一个现实问题。

策略分析

作为老师，发现孩子之间发生矛盾时，一方面，告诉孩子，打人是不文明、不礼貌的行为；另一方面，教给孩子一些与人交往的技巧，如相互关心、相互爱护，学会原谅别人的错误等。更要本着让孩子自己解决问题的态度，帮助孩子在自己亲自处理与其他孩子发生冲突的过程中，学会人际交往的本领，在与小朋友的争执中，慢慢体会与人相处的基本道理，学会面对小小的挫折。

作为家长，在对待孩子之间的争执，甚至小伤害时，应持冷静的态度，理智地进行处理。应该从培养孩子健康人格的角度处理，无论谁是谁非，对孩子都要采取多鼓励少责骂的方法，如果自己孩子不对，不能偏心袒护，更不能粗暴打骂，而要批评教育，让孩子认识到自己的错误，当面给被伤害的小朋友道歉，教育孩子做一个团结友爱、有礼貌、勇于承担责任，知错能改的好孩子。如果是自己的孩子受了委屈，也要认真分析实情，家长应该肯定孩子的行为："你是对的，你文明、有道理，你比他做得好，我为你自豪，他虽然打了你，他也很后悔，老师也批评了他，我们不生气，原谅他。"家长的肯定，可以让孩子丢掉委屈情绪，产生自豪感。这种自豪感对性格懦弱胆小的孩子来说，尤其重要。

另外，教给孩子一些自我保护的方法，告诉孩子，哭不但解决不了问题，还会被认为是胆小怯懦的表现。当别人打过来时，要知道用手去挡开，或者避开，不能待在那里让人打，还要及时将这一情况告诉老师，在该争的时候要去争，特别是遇到一些有害于小朋友、危害集体的事情，要勇敢地站起来敢于制止，必要时包括请求小朋友、老师的帮助和还手。

第三节　班会在培养幼儿解决社会问题能力中的应用

一、什么是班会

班会（meeting）就是一小群人坐在一起讨论，它不同于常规的教育活动，因为班会关注的是课堂和生活中真实的问题情境。班会的宗旨是让成人和幼儿讨论问题、互相倾听、作出选择，然后一起解决问题。

教师在班会上的任务，是创建一种能让幼儿感觉受到尊重、承认和保护的氛围。幼儿需要达到的目标是较好地理解自己的感觉和预测能力，以提高群体的社会技能。班会是被用来讨论问题和解决问题，为幼儿和教师提供一个聚集在一起谈论的机会，同时练习亲社会技能和作出教师期望的决定。

班会是一种指导策略，教师通过多种方式指导幼儿的行为并影响幼儿的社会能力。指导包括间接指导和直接指导。间接指导包括组织物理环境，安排一天的计划，依据年龄、经历和小组需要安排发展适宜性课程。影响幼儿行为的直接指导包括身体、语言和情感指导。身体指导包括许多形式，如接近幼儿、身体语言、模仿等。语言指导包括提供提醒物、明确设定限制和规则、强化恰当行为、提供选择、改变行为、教问题解决技能、使用逻辑推理结果等。情感指导是介入成人与幼儿间的互动，包含情感投入、集中注意、微笑和赞美。使用情感指导，成人要使用适合情绪环境的语调，积极主动地倾听幼儿，反应要敏感，并确认感受。

尽管班会上的直接指导是一种有效地教授新技能的方法，但其最终目标是让幼儿在现实生活情境中能够运用新技能，有时也叫"训练迁移"。所以更多时候，教师运用间接指导策略。

二、如何进行班会

（一）前期准备

教师应该确定班会的主题、焦点和目标，吸引并保持幼儿的注意力，在一天中选择合适的时间和地点。此外，班级规模和组成成员也很重要。班会最好在5~8人组成的小组中进行，特别是在需要介绍新技能和讨论更复杂问题的时候。前期准备包括以下三个部分。

1. 合理安排人员

当班会需要全体幼儿参加时，必须明确班会的领导者和助手的角色。是否有些幼儿需要特殊照顾？助手如何抑制幼儿分心？许多教师倾向于把班级分成两部分，一部分人由一个教师开展班会，另一部分人则由另一个教师进行其他的活动。然后再交换，即参加过班会的幼儿进行其他的活动，其他人则进行班会。

2. 制定小组活动规则

教师和幼儿一起制定小组活动规则，并时常重述规则。如班会时不要说的时间过长，让幼儿练习倾听技巧。一些教师会使用提醒物来提醒该谁说了，如使用道具"说话棒"作为麦克风。

3. 学会提问

可以使用这样的问题："如果……你认为将会发生什么？""你感觉如何？""如果……我们该如何做？"需要时，教师应该提前准备并使用视觉辅助物和支撑物，照片、木偶、玩偶、书本和其他适合这个年龄阶段的支撑物都可以用来吸引幼儿的注意力，这也使得话题更具体。

（二）进行班会

1. 读写活动

准备一些可以书写的便生生笺纸，用来写问题或者幼儿的观点和建议，只需使用少量的词语。对幼儿来说，每行两到三个字词就可以；小学生则可用简短的句子。也可使用从杂志上剪下的图片，画一条简单的线或者用一整张幼儿画来进行说明。

2. 身体或音乐活动

当幼儿有机会通过运动、音乐和游戏实践时，他们往往会更集中注意力并能学会新概念或新技能。

3. 不同的讨论方法

让所有幼儿都有机会尝试"搭档谈话"，而不是让每个幼儿排队发言，这也是给幼儿一对一交流的机会。通过提出一个简单的问题，像："你最喜欢的冰激凌味道是什么？你会去什么地方吃？和你的搭档谈谈冰激凌吧？"让两个幼儿进行谈论。

（三）结束班会

根据幼儿的年龄特点，到了规定时间教师就要按时结束班会。

1. 在班会结束时祝贺每一个幼儿

把班会当作一次获得归属感的良好机会。必须承认的是，对于成人和幼儿来说，班会都是较新的形式，所以每个人都需要时间去实践。

2. 敏感对待家庭和文化差异

由于一些幼儿和家长很少会讨论家庭外的感受或问题，所以教师必须和每个家庭交流班会的目的，并邀请家长亲自旁听班会。向家长征求意见以使班会对幼儿来说更轻松和实用。

三、以解决问题为中心的班会

以教幼儿解决问题为中心的班会开展要注意几个问题：班会时间的长短要恰当，选题要明确，组织要有规律性，最好能形成幼儿的一日常规内容。此外，家长的参与也很重要。

1. 合适的班会时间

合适的班会时间是由幼儿的年龄和发展水平、小组的规模、一年中的时节所决定的。只要幼儿感兴趣，班会就应该继续进行下去。3岁及3岁以下的年幼儿、有特殊需要的幼儿和刚参加班会不久的幼儿，对于这些幼儿来说，总的班会时间应该控制在5~10分钟，那些有更多班会经历的4~6岁幼儿应该保持在10~20分钟左右的时间。

教师要把班会当作常规来计划，每周至少要进行2~3次。一旦幼儿开始参加班会，他们会经常请求为自己再开班会。当需要时，班会可以随时发起，比如，刚刚在操场上发生的争吵。

2. 合适的班会主题

刚开始时，教师来制订计划和开展班会。当幼儿学会了表达他们的想法和观点后，班会要较少地聚焦在成人的领导力上，而应该更多地关注幼儿的参与和管理。当幼儿开始熟悉班会后，他们甚至可以提供班会主题。教师可以随时准备画纸或写字板，来记录幼儿想在班会上讨论的主题。班会时，教师可以查看幼儿的记录，及时总结幼儿所写的，这会真正地让幼儿感受到权利。

3. 提高班会的规律性

在有规律的班会期间，引进和教授解决问题的程序。在这些班会中，所有的幼儿会看到教师是怎样解决特别的问题的。班会的第一个目标是在幼儿之间形成开放的讨论氛围。为了达到这个目标，教师必须接受和认可每一个幼儿对讨论的贡献。第二个目标是发展幼儿解决问题的能力。在班会上，重要的是幼儿，而不是教师，幼儿会提出和选择他们认为会起作用的解决方法。

解决问题的班会应该在一天的固定时间或每周的几天有规律地举行。教师应主动举行班会解决即时问题，如刚刚发生的户外活动事件。

4. 家庭参与的重要性

父母和家庭对幼儿的学习和社会能力的发展起着最直接和最持久的影响。当父母参与时，幼儿会收获很多，表现出更多的积极态度和积极行为，在新的环境中会感到更舒适。教师需要与家庭取得联系，以建立良好的家园关系，吸引家长的积极参与。

家庭在促进幼儿积极的社会技能上是关键的合作者。家访、开放日、电话访谈、短信息、非正式书信、家园互动宣传栏、研讨会和有规律的面对面交流等形式，都可以让家长了解幼儿在幼儿园关注哪些社会技能，也能让教师知道幼儿在家时做些什么。

父母的参与和支持对班会的有效实施是很关键的。教师需要在幼儿进入计划后，了解幼儿的背景和家庭，给幼儿提出目标。此外，教师也要对家庭和文化差异保持敏感，通过倾听和交流，教师的敏感性能得到加强。接受幼儿家庭中的差异性，对每个幼儿和父母获得归属感是必不可少的。彼此尊重、合作和分担责任，协商家长和教师的不同意见，这些对实现幼儿的教育指导目标是有必要的。

家园互动中，教师与家庭应形成以下关系：

- 与家庭发展相互信任的关系；
- 在养育孩子的任务中，支持家庭完全接受孩子；
- 尊重每个家庭的尊严和文化、语言、习俗及信仰；
- 尊重家庭的教养价值观和给自己孩子作决定的权利；
- 帮助家庭成员提高理解幼儿的能力和他们作为父母的能力。

我国是个多民族的国家，并且有越来越多的外国人定居，他们拥有不同的种族、民族和语言。教师需要了解更多与他们不一样的文化和家庭养育方式。家庭参与计划可以帮助他们做到这些。建立对话和信任是关键的，这包括：表达向家长学习的请求、向家长寻求建议、讨论支持家庭的价值观和习俗的方式，并承认在同一个主题上会有很多的意见等。

【专栏】10.4 支持互动

许多年幼孩子很快地学会了如何解决自己的问题，如擦干溅出的水或找到材料。但是，解决和他人的冲突要复杂得多。大多数孩子需要从成人那里得到大量的支持和指导来和平解决各种问题。帮助孩子对可接受的行为保持密切的期待和限制。当你和孩子们互动时，确保能够经常示范和使用问题及冲突解决需要的技能。

1. 示范合作性语言

当孩子们不合作时，或许是因为家长和老师没有为孩子们创建一个让他们真正融入到创设计划、作出选择、头脑风暴得出解决方法的环境中去。在你和孩子互动时，要示范更多的合作行为而不是攻击、行贿、威胁或控制行为。

不要说	尝试说
"这样做，因为我说过。"	"让我一起来想办法。"
"打扫最快的人能得到玩具。"	"让我们来看看一起打扫房间有多快。"
"你拿出来的，所以你需要放回去或是再也不可以玩这个了。"	"让我们来帮助乐乐把积木收好。他搭飞机场用了很多的积木，现在我们来帮她收好吧。"

2. 使用"这是个问题"

改掉帮孩子们解决小问题的习惯，取而代之的是，把这些问题用短语"这是个问题"送还给他们。避免给孩子们提供如何解决问题的建议，除非他们真的陷入困境了。

当一个孩子说	尝试说
"我找不到鞋子。"	"哦，这是一个问题。"
"画刷掉地上了，弄得到处都是颜料。"	"噢，你遇到问题了。"
"点心助理是我的工作？"	"嗯。你不记得你的工作了？这是个问题。我想知道你该怎么找出你的工作？"

3. 从相互假设开始

当你知道一个孩子应该为某一特定事件负责，代替问他是否是他承担责任，应该从相互假设开始。

不要说	尝试说
"你有没有从毛毛那儿抢玩具？"	"告诉我那件玩具发生什么了。"
"你洒出水来了吗？"	"噢，我看到水溅出来了。让我们找一张纸巾擦干净。"
"你完成清扫美工区了吗？"	"让我到美工区检查检查。"
"是你踢翻了书架吗？"	"我看到你踢翻了书架。你刚才一定很生气。"

4. 训练果断语言

被动和攻击的孩子都需要学习果断的语言。不管孩子使用主动攻击行为还是被动行为，你都可以利用这些适合教学的时刻来帮助孩子们学会果断反应。

当	孩子可以说
一个孩子被另外一个孩子控制	"我不需要你的帮助，我自己会做。"
一个孩子被叫外号或被骂	"我不喜欢这些话语。停止。"
一个孩子受欺负	"我不喜欢那样。我要和其他人玩。"
有人正在抢玩具	"停下来，请排队。"

5. 示范果断语言

当然，教授果断语言和果断行为，最有力的工具是在你每日与孩子的互动中作示范。

当孩子	不要	尝试说
骂人	送他去隔离	"我不喜欢这些词语，我想现在就走开。"
在你要读故事时说话	说："在我读故事时讲话很不礼貌。"	"你说话的话，我读故事就比较困难了，我希望你能更安静点。"
叫另一个小孩的外号	说："太好了。"	"当你叫明明的外号时，我想知道你要说什么。让我来看看出了什么事，能不能用其他的方式来说。"
从其他孩子那抢玩具	抢回玩具并交还给那个孩子	"我不喜欢你抢玩具。我们应该爱护好教室里的人。我希望你能把玩具还回给乐乐。"

本章总结

本章主要讨论了促进幼儿社会问题解决能力的发展。我们学习了儿童社会问题解决能力的发展、培养幼儿问题解决的能力、班会在培养幼儿解决社会问题能力中的应用。儿童的社会问题解决对儿童的成长有着重要的作用。儿童常见的冲突类型有：所有物争斗、得到关注、权力争端、团体参与或排斥、起外号或羞辱儿童、嘲笑。幼儿问题解决的方法有：运用木偶、幼儿读物、图片刺激，做一个"方法列表"，扮演角色游戏等。引导幼儿建立问题解决的模式，熟悉问题解决的五个步骤。运用班会来培养幼儿解决社会问题的能力。

请你思考

1. 幼儿问题解决的方法有哪些？
2. 请您用案例说明幼儿问题解决模式。
3. 请您运用本章所学知识，去幼儿园为幼儿的冲突问题举行一次班会。

第十一章

积极的情绪与幼儿的学习

自由活动时间，幼儿们选择在教室的不同区角里玩喜欢的玩具或者做喜欢的事情。几个幼儿待在教室的图书角里，他们有的坐在软沙发里边摇晃着自己的小腿边翻着喜欢的故事书；有的用手撑着头趴在软垫上看故事。依依和洋洋肩并肩地挤在一张沙发上一起翻阅着一本故事书，"洋洋！洋洋！我看到你的名字了！"突然依依兴奋地大笑并且指着书中的一个字对洋洋叫道："这个是你的洋，这个是你的洋！"

　　当依依和洋洋为在书中找到和自己名字相同的字而高兴欢呼时，王老师停在了正在用橡皮泥捏出各种形状的嘟嘟和乐乐身边，弯下腰和善地说："哦，嘟嘟你在制作点心吗？"王老师微笑着看着嘟嘟又捏出一个圆形。"如果你在上面加一些装饰的话，我想这个点心应该会更加漂亮。"嘟嘟捏了些小圆点放在这个圆形上，抬起头给了王老师一个大大的笑容。"这个有点像我们早上点心时间吃的曲奇饼干，你觉得呢？"嘟嘟同意地点点头，再次露出了大大的笑容。王老师加入另一桌正在搭积木的幼儿，而嘟嘟转向乐乐，拉拉她的手，把刚刚做好的"点心"拿到她的面前，迫切地指给她看。"哇，棒呆了！"乐乐惊呼，眼睛因为惊奇而睁得大大的。

　　王老师在班上营造了一种轻松随意、温馨舒适的环境，孩子们能坐在软沙发上或趴坐在软垫上随意地翻看自己喜欢的故事书，这样的环境让幼儿感到自在惬意，幼儿可以根据自己的兴趣和喜好自由地选择活动内容，所以每个幼儿都能专注于自己的事情。在这一过程中，教师与幼儿建立了一种亲密、平等和信赖的关系，同时她又是幼儿活动的支持和引导者。王老师允许幼儿在活动中自由交流彼此的发现和想法，她也会适时地介入幼儿的活动，以"弯下腰和善地说"和"微笑"等积极正向的情绪引导、调动起幼儿的已有经验，鼓励幼儿进一步地探索和表现。而幼儿在支持自由的氛围下，他们的心情无疑是愉悦轻松的，所以他们"摇晃着自己的小腿""兴奋地大笑"，表现出自己对活动内容感兴趣或专注于选择的活动内容。对活动的体验又进一步激发他们对内容的兴趣和感到愉悦等积极正向的情绪，因此他们有强烈表达自己想法的欲望和需求，并与同伴进行了及时的分享交流，而同伴也给予了积极的回应，他们"共同欢呼""惊呼而睁大眼睛"或作出"棒呆了"的积极评价来表现出同样的兴趣、欣赏和喜悦感。

　　无论是幼儿的自由活动时间还是集体的教学活动，关注幼儿情绪成长的教师会结合幼儿的学习，引发和保持幼儿积极的正面情绪，并支持、鼓励幼儿进行自发的同伴间的分享交流。已有的日常经验告诉我们，愤怒、恐惧等负面情绪会逐渐减少儿童对学习的兴趣和效果，并且会降低儿童对幼儿园和学校的好感。在本章节中，我们会探讨有趣和愉悦等积极的情绪和幼儿学习的关系，并阐述最可能使幼儿产生兴趣和乐趣的学习经验，来讨论如何激发、维持、延伸这些积极的情绪并以此加强幼儿的智力发展。最后，我们会看到教师的积极介入可以帮助幼儿排除障碍并培养兴趣，带领学前儿童前往新鲜、对智力有挑战的学习之路。

第一节 积极的情绪对幼儿学习的影响

说起积极情绪，人们很容易就联想到兴奋愉悦等与高兴情绪有关的词汇，其实感兴趣、好奇、成功自豪等感受也是积极情绪的一部分。细心关注情绪方面的教师，会挑选适合幼儿的已有经验又富有一定挑战的具有教育价值的学习内容，以激发或维持幼儿的兴趣，并给予幼儿在学习的过程中体验的机会，以此产生正向的感觉（Bowman，Donovan，&Birnis，2001）。然而，关注幼儿情绪成长的教师不是设法让幼儿处于表面兴奋或者过度的兴奋状态，而是让幼儿处于一种自发自然、适度的积极状态。事实上，表面的兴奋或者过度的兴奋会干扰学习。美国心理学家研究发现，居安思危、适度快乐的人往往比满足于现状、高度快乐的人学历更高、更富有，甚至更健康。

一、学习兴趣与幼儿的智力发展

很多神经学家或者生理学家通过对大脑的杏仁核等区域的观察发现，特定的情绪会激发特定种类的适应行为，如愤怒情绪容易激发抗拒或战斗的行为，恐惧情绪会激发逃避的行为等，这是由于杏仁核扮演着大脑的报警中枢，将获取的信息传送到大脑的其他几个重要部分，像连接大脑的运动系统，作出相应的行为反应。同样，兴趣被认定是激发幼儿探索和问题解决的主要情绪（Izwd，1991；Renningeretal.，1992）。这里所说的兴趣，是一种先天性的情绪状态，而不是作为个性心理倾向的兴趣（卢家楣，2009）。

我们都有过这样的经验：因为感到好奇，我们会想去接触或探索那些让我们着迷的事物。探索之后，我们开始有了兴趣，这时即使身体已经显示出疲累、饥饿等信号，但我们仍会专心地坚持继续寻求问题的答案，直到我们得到满意的结论为止（Izard，1991）。好奇和兴趣是密切联系的，它们的产生主要"来自刺激的新异性和变化性"（孟昭兰，1989）。事实上，它们又有所差别。好奇"停留的时间很短，是一瞬间使整个有机体转向并指向刺激来源"，"如果这时的刺激足以使有机体继续对它维持注意并对它进行探索，好奇就转化成兴趣情绪。"可见，好奇是兴趣情绪的先导，两者是相通的。当客观事物（即刺激）超出了我们的预期，且又值得我们继续对它维持注意并对它进行探索时，兴趣情绪便得以引发（卢家楣，2009）。

兴趣和思维、记忆有着不可缺失的相关关系，如果缺少它的支持，那么智力的发展所濒临的险境程度不亚于脑组织损伤所带来的（孟昭兰，1997）。兴趣能强化记忆力、理解力和选择性专注力（Renning 2000；Renningeretal.，1992），学龄前儿童的年龄特点决定了他们的注意广度较小，以致他们不能长时间地把注意力集中于某一项活动上，所以兴趣维持了儿童的注意。如果没有对物体的集中注意，儿童的直觉将随机跳动，而这对幼儿的智力发展有极大的伤害（孟昭兰，1997）。因为上述种种原因，兴趣是教育、教学过程中获得成功的重要心理依据之一。

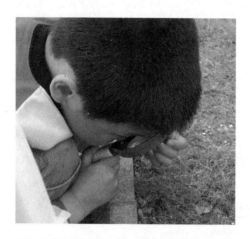

图 11.1　幼儿对活动感兴趣，就会专注地投身其中（王斐 供图）

二、愉悦感与幼儿的学习

如同兴趣情绪，愉悦感和快乐情绪也能促进幼儿的学习发展。当人感到愉悦时，他们会比较容易产生移情作用，比较乐于与他人分享想法和感觉（Izard，1991）。在王老师的案例中，依依兴奋地与洋洋分享她在图书中发现的文字秘密，而嘟嘟则快乐地向他的朋友乐乐展示他完成的"甜品"，我们可以发现学龄前儿童通常致力于富有情感的分享，他们会快乐积极地向父母、教师和同伴"献宝"（Kochanska & Murray，2000）。愉悦感同时伴随着自信心、活力和自尊心，这种积极正面的情绪让人处于一种松缓的状态，从而更能激发对问题的解决和创新能力。如同世界前五百强的谷歌（Google）公司为员工创设了舒适的办公条件和多种娱乐设施，旨在让员工在轻松惬意的氛围中提高工作效率，做出更有创造性的成果表现。愉悦和快乐也与成就感有直接联系，愉悦感中包含着力量和信心的体验（孟昭兰，1997），这种动机力量让人更愿意尝试新的或具有挑战性的经验。

幼儿的愉悦感来源之一就是在游戏或娱乐。游戏本身的趣味性和刚开始的不确定感就能激发幼儿的好奇，而游戏的过程又能给幼儿带来"快感"，从而产生积极的情绪。同时，在游戏的过程中，幼儿处于积极投入且轻松兴奋的状态，所以他们注意力更集中（Henderson

& Wilson，1991；Kagen et al.，1998），能更多更深刻地获得对物理世界的理解（Thomas，2000），得出更多有创造性的问题解决方法（Yarrow，1983；Caruso，1993）。所以，关注幼儿情绪成长的教师，会将大量、多元的游戏内容或机会，如角色游戏、建构游戏、规则游戏等融入课程活动安排。

愉悦感也能随着完成某种成就的努力或挑战或创造成果及有意义的活动而产生。游戏带来的趣味性是短暂的愉悦，而幼儿在自己的活动和活动成果中体验到的才是长久、深刻的真正的愉悦。这种愉悦感不是"有趣""好玩"，而是从中得到对世界、社会和人的信心和自信，得到对人宽容和忍耐的力量和应付环境的能力（孟昭兰，1997）。幼儿一旦体验过这种愉悦，就会找出能让他再度产生这种快乐的经验，这是幼儿继续学习和做事的真正动力。就像王老师班上的依依，在图书中找到和"洋洋"名字一样的"洋"字时，她的反应是兴奋又激动。这对依依来说是她识字方面的一个重大突破，是她努力结果的表现，这会有利于激发她日后在语言识字方面进一步地学习。

图 11.2　愉悦感让幼儿更乐于与他人分享想法和感觉，更富有创造力（王斐 供图）

三、消极情绪与幼儿的学习

积极正面的情绪有助于学习，而消极负面的情绪则会干扰学习，影响认知能力的发展。一方面，消极情绪使幼儿对事物、学习活动没有兴趣，没有探索外部世界的热情（Case，Hayward，Lewis & Hurst，1988；Renninger，2000）。在学校和幼儿园有关的学习活动中，这些幼儿可能会因为害怕惩罚或失败，而被动地参与活动、完成相关作业，如此，他们只是经历了完成作业或者参与活动的动作，而没有真正地投入其中，这不利于幼儿的认知发展。因为认知发展受幼儿确实投入活动的程度影响，幼儿真正投入的探索、模仿和解决问题等的时间、热情和专注等都会影响其在该领域的认知发展（Case et al.，1988）。另一方面，如果孩子对与某类学业有关的活动有消极的体验，在面临这类学习或活动情境时，他们消极的情绪和体验就会被唤起，他们会不自觉地回避真正参与这类活动，回避尝试、模仿和解决问题，并表现出在这类活动中的"无能"。如此恶性循环，不断强化孩子在这一领域的"无能感"和消极的自我概念，也强化了他对他人在该领域学习能力和发展潜能的看法，这对幼儿发展有长期消极影响。

焦虑也是影响儿童学习效率的因素之一。虽然适度的焦虑和紧张能更好地调动身体的能量，提高学习效率（见专栏11.1）。但过度的紧张、焦虑和恐惧等负面情绪会影响我们的注意力和大脑的工作效率，而这些消极的情绪更可能严重地缩减幼儿投入智力建构活动的机会和时间。

【专栏】11.1　适度焦虑的力量

每个人在面临重要任务时，都会有焦虑、恐惧等负面的情绪出现，它源自个体正常、成熟的自我意识，是一种适应性反应，是人们对即将到来的危险的预演。大多数人认为焦虑会给人带来不良的影响，只要有一点点焦虑前兆就避之唯恐不及。的确，过度的焦虑会带来恐惧、混乱和士气低落，让人无法心平气和地解决问题。但是，毫无焦虑感也会导致学习或工作效率低，反而让人停滞不前。焦虑就像是一根橡皮筋，如果拉得太紧，它会断掉；如果拉得不够紧，它的张力又得不到最大限度的发挥（Robert H.Rosen，2009）。所以掌控焦虑可能成为助力我们学习或工作成功的利器。

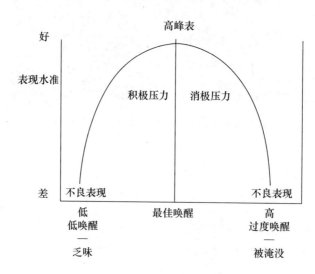

图11.3　压力与成绩的关系

（图出自张文海、申继亮．中学生学习压力、成就目标与学业成绩的关系研究[J]．西南大学学报（人文社会科学版）．2006.6）

心理学家叶克斯和多德森（Yerkes & Dodson，1908）通过研究发现了焦虑程度和解决问题的效率之间的关系，该定律指出焦虑水平与效率的关系是呈倒U字形的关系，即中等水平的焦虑最有利于学习效率的提高，而过低或过高的焦虑对问题解决的效率不利。适度的焦虑可使大脑警醒水平提高、兴奋性增强，意识的清晰度、注意力的集中性、记忆力等均有提高，从而增强个人对外界环境的适应能力。所以保持适度的焦虑有利于学习或工作效率的提高，面对压力情境之前，可以通过调整呼吸法、积极的心理暗示法和一些放松练习来调控焦虑的感觉，从而更好地调动身体的能力，发挥自己的潜能。

四、幼儿对学校的积极态度

研究表明，大多数的儿童在上学以前都会对学校生活产生向往与好奇心，但是有些儿童在入学后很快就会表现出对学校的消极态度（林崇德，2002），进而产生对学习的消极态度。造成这种消极态度的原因是多方面的，首先可能是幼儿对活动内容的好奇、热忱和偏好的差异；其次是家庭，与家人的分离焦虑、家庭营造的学习环境或氛围等都有可能引起幼儿对学校的消极态度；最后是学校，教师对幼儿的关注或态度、幼儿园安排的活动等，如果幼儿入学后不能立即适应学校生活，体验到了过多的挫败感，也会引起儿童的消极态度。对学习和学校抱有的态度是否积极，不仅可以成功预测幼儿之后对学习采用的方法，也可以预测当幼儿升至二年级时的学习表现结果。事实上，那些对学习和学校抱有正面态度的幼儿，在二年级学期末时，相较那些抱有消极态度的幼儿，语文和数学成绩的得分要更高（吕正欣，2008）。

即使是刚开始就对学校抱持正面态度的幼儿，每年也会逐渐产生对自己的能力和学校经验不如刚开始这么正面的感觉。研究指出，以情绪为中心的幼儿园更合乎幼儿发展的经验幼儿感受到的压力较小，幼儿对于学校会持有比较正向的态度（Hirsh，Pasek，Hyson & Resorla，1990）。所以除了教师积极关注幼儿的情绪以及自身积极的情绪示范外，幼儿园设计、准备的活动安排能让幼儿感受到兴趣和愉悦感，并由此让幼儿产生对学习积极正面的情绪也是极其重要的。幼儿园创设的活动，可以基于幼儿的已有经验但又富有一定挑战，基于幼儿的兴趣但又融合一定知识，提供幼儿与他人分享交流经验等等。专栏11.2提供的例子阐明如何将情绪内容导入认知型的目标。

【专栏】11.2　把情绪内容导入认知型目标

以情绪为中心的幼儿园，不管是认知方面的目标还是社会性方面的目标，都可以和情绪联系起来。美国的许多州立幼儿园在幼儿的学习方面采用了新的目标设定，有些目标有意识地包含了与情绪或者幼儿社会性教育有关的内容。下面是一些美国州立幼儿园修改后与情绪相关的目标。

科学目标：幼儿能够认出简单的规律，并且重复或是延伸这些规律。（美国康涅狄格州，1999）

加强情绪方面的目标：用脸部表情的图片卡展示不同的情绪，以此创造一个规律活动：快乐/悲伤/生气/害怕/快乐/悲伤/生气/害怕/快乐……请幼儿延伸这个规律或者改编这个规律。（美国康涅狄格州，1999）

科学目标：幼儿尝试推论出接下来会发生什么，并且通过实验等方法证实自己的猜想。（美国康涅狄格州，1999）

加强情绪方面的目标：设计提升幼儿预测能力的活动时，选择包含情绪的事件，比如，如果我们用积木再叠一座更高的塔会怎么样？它会摇摇晃晃吗？还是很稳？还是会倒下来？（美国康涅狄格州，1999）

科学目标：幼儿具备简单的时间观念和意识。（乔治亚学校预备办公室，2001）

加强情绪方面的目标：在活动中加入并讨论"倒计时"的概念，并且做简单的月历，画出具有情绪意义的事件，像是自己和同伴的生日、班级同乐会等。（乔治亚学校预备办公室，2001）

语言目标：幼儿开始表现出类似阅读的行为，比如假装读写行为。（加州教育部，2001）

加强情绪方面的目标：在每天的活动中，教师有意识地表现和示范阅读和写作带来的喜悦感和满足感。（加州教育部，2001）

语言目标：幼儿会说一些简单的诗歌、手指谣等。（密苏里州教育部，2002）

加强情绪方面的目标：教师邀请幼儿的家庭成员和幼儿分享与他们文化和社会有关的诗歌、歌谣等。（密苏里州教育部，2002）

第二节 发展幼儿对学业的兴趣和积极体验

怎样的学习活动或经验可以诱发幼儿的兴趣和乐趣？有哪些因素可能阻碍幼儿获得学习的兴趣？本章节通过阐述一些具有理论基础的方法和鲜活的实例，帮助教师知道一些阻碍幼儿兴趣的因素，并理解、掌握一些发展幼儿积极情绪的关键要素，从而提升教师加强幼儿正面学习倾向的能力。

一、有碍兴趣培养的因素

以情绪为主的教师都认定，理想的活动设计最好一开始就基于幼儿的兴趣和需求，或者让幼儿自发地在活动中找到自己感兴趣的内容，并尽可能地延续这项活动以达到熟练或成功的阶段。现实的教育情境却由于一些原因，幼儿的兴趣也许不总是能引发一场活动或在活动中被自然地培养。幼儿可能因为自身的气质因素，比如有的幼儿因为胆小害羞而不愿意尝试新的内容；有的则因为害怕被嘲笑或被处罚，也许会避开部分的学习活动（Henderson & fox，1998）。

幼儿所处的社会文化背景或家庭教养环境也可能造成个体间兴趣培养的方向差异。美国原住民、拉丁裔或是亚裔文化背景下的幼儿，更强调团队合作而不是竞争和个人成就（Lynch & Hanson，1998）。权威开明型的教养行为采用开放的沟通方式，鼓励幼儿独立性与个性的表现，因此在这种教养环境下的幼儿比权威专制型和容许型教养行为下的幼儿更有自信，更敢于挑战新活动或内容（Baumrind，1967，1971，1973，1977，1979）。

除此以外，对于社会文化价值既定的课程内容（文化和社会认定是值得学习的），不同的幼儿对不同领域的活动内容会有所偏好。有的幼儿很擅长语言类的活动，他们喜欢并愿意与别人交流自己的想法和感受，能大胆、清楚地表达自己的意见，具有良好的语言表达能力。但他们却可能对科学领域的活动不感兴趣，对数字和推理不敏感。有的幼儿创意丰富，能用多种艺术类的手段表达、创造美，但看到运动类活动却望而却步。虽然幼儿本身可能真的很想学好所有的活动内容，但是过程可能对他们来说相对艰辛，甚至会造成某种程度的心理伤害。

二、发展幼儿对学业兴趣和积极情感体验的关键因素

（一）创设求新求变的活动或环境

无数对婴儿时期到成人时期的专注力研究的结果显示，变化让人感到有趣以维持更长时间的专注力。新鲜事物和变化都容易让人产生好奇心，而好奇心是人类求知最原始的内在动力，它会促使个体对周围的新奇事物和变化信息去观察、探索、操弄、询问，从而采取对环境中诸般事物的进一步了解（张日昇等，2005）。

细微的变化常常可以重燃幼儿对原本熟悉事物的好奇心和热情。让我们来看这样一个案例。

王老师班上的角色游戏区——四季照相馆，从开馆至今幼儿来"拍照"的次数逐渐减少，因为幼儿已经熟悉了照相馆拍照的一套流程：选择照片的模板、化妆打扮、拍照、印照片

（由某个幼儿担任冲印师的工作将幼儿的样子画出来），每一次"冲印照片"的时间对幼儿来说尤其漫长，所以幼儿对这个游戏区角的兴趣慢慢减退了。今天游戏活动之前，王老师在照相馆投放了一些彩色蜡笔和颜色，扮演冲印师的幼儿兴奋地到处嚷嚷："今天照相馆可以印彩色照片啦！"顿时，一群孩子涌进了照相馆，抢着要"拍照"。孩子们在化妆打扮的环节也格外仔细起来，想着怎么让自己穿的衣服颜色更鲜艳，这样"拍"出来的效果更好。这股"彩色冲印"风又让四季照相馆的游戏热了好一阵，孩子们对于"彩色照片"起了极大的兴趣，教师也趁热给幼儿普及了有关"黑白照片"和"彩色照片"产生的背景和两者的差别等知识。

一个原本就将要不受幼儿欢迎的游戏，教师作了一些细微的变化，不仅能让幼儿重拾兴趣，还引发了幼儿对此更深层次的探索。

幼儿园的主题活动是教师对班里的环境布置以及活动设置进行较大变更的契机。主题活动的内容跟随幼儿的年龄发展特点及不断增加的生活经验来变动，而教师则可以利用这个机会，对班级的环境和活动设置进行较大地变动。如大班主题活动"春天来了"结合当下的春天时令开展活动，设置"四季照相馆""百草园"等具有春天特色的区角游戏和环境布置，让幼儿认识和春天有关的动植物，培养喜爱春天的情感；"我要上小学"主题活动则是大班下学期末的主题活动，设置"xx小学堂""我当小学生"等活动和环境，帮助幼儿了解小学的生活，体验当一名小学生的快乐与自豪感，激发上小学的积极情感。

一个关注幼儿情绪成长的教师在设计和准备以情绪为中心的活动时，不但注重活动本身的内容和活动过程是否能激发幼儿的兴趣与乐趣，也会根据幼儿的表现和反馈适时地变动或增添新的内容，从而维持幼儿的兴趣、加深其乐趣。当然，这章的焦点是成人的作用，但我们知道一个高质量的活动常常是幼儿发起活动，根据自己不断增长的需求和兴趣，改变方式，注入新的想法。

（二）示范生动的脸部表情

人类从婴儿时期就对脸部表情有着强烈的兴趣和敏感性，随着年龄增长，脸和脸呈现的关系更是让幼儿感到快乐和好奇。对出生4个月的婴儿呈现"有趣"刺激物（人的面容）和"无趣"刺激物（几何图形），发现有趣刺激物能引起婴儿更多的心率下降和更大的眨眼运动振幅，说明婴儿对人的面容更感兴趣（Campos，1989）。

教师弯下腰来靠近幼儿，和幼儿眼对眼地说话交流，这不仅仅是尊重、平等对待幼儿的表现，另一个作用是让幼儿能清楚地看到教师的脸部表情，感受到与教师相似的情绪体验。幼儿对脸部表情的兴趣也许就能解释为什么脸部表情丰富、善于将情绪表现在脸上的教师更能吸引幼儿在活动中的注意力及激发、维持他们对活动的兴趣和热情。这就好比观众总是更喜爱那些擅长将内心感受表现在脸部等外在特征的演员，因为他们能让观看的人身临其境、感同身受。

（三）展示形象的肢体语言

除了丰富的脸部表情，教师在活动中仅靠单一的口头语言进行教学容易使幼儿疲倦，所以教师在活动中运用生动的脸部表情和口头语言的同时，还不可缺少肢体语言的运用。教师肢体语言的运用是教师与幼儿进行沟通交流和情感交流的必要手段，对于活动的开展、活动的效果都发挥着不可替代的作用（邬艳艳，2008）。

一次角色游戏过后的分享与交流环节，一名幼儿向全班和教师反映娃娃家里的"电梯"发生了一件危险的事情——两名实习老师去乘电梯，差点把电梯挤坏了。他絮絮叨叨地讲了整个过程，下面听的孩子有的已经东张西望起来；有的则和旁边的小朋友悄悄讲起了其他的事情……眼看孩子们的注意力都要分散了，王老师一声令下："请两个实习老师再乘一次电梯吧！"两个实习老师搬着"电梯"过来，再次演绎了刚才角色游戏中"惊险的一幕"：两名教师一同挤进了狭小的纸箱子，然后用手和身体夸张地彼此推来推去，嘴里叫着："别挤我呀！别挤我呀！"眼看"电梯"就要被弄坏了，所有孩子都着急地叫起来："哎呀！电梯要坏了！""两个大人不能乘的呀！要弄坏掉了！""你们快点出来！"演示一结束，孩子们立刻激烈地讨论发生的问题和可能解决的办法。

王老师机智地让两名实习教师将整个状况用短剧的形式还原表现出来，让逐渐失去听讲兴趣和注意力已经有些分散的幼儿再次关注到角色游戏中发生的事情，并且激发了幼儿热烈地讨论。

（四）提供成功和胜任的机会

研究者通过对婴幼儿设置不同难度的实验任务，发现处于婴儿期的孩子在驾驭新挑战时就会有快乐的表现（White，1959），而2～5岁的幼儿在能完成富含适度挑战性的任务后，脸上会显露出微笑，把头和下巴抬得很高，甚至会要求研究者注意他们的成就，会说"我做的"或明显表现出成功的喜悦（Stipek et al.，1992）。

我们知道，兴趣是导致学习成功的原因之一。然而，进一步研究发现，兴趣与成功之间的关系并非简单的单向关系，学习成功也是导致兴趣的原因之一，它们是一种相互影响、互为因果的复杂关系（卢家楣，2007）。我们对自己所擅长的东西感兴趣，而一般情况下，人们很难对一种活动保持长久的兴趣，除非他在这种活动中能获得一定程度的胜任力（Bruner，1989）。所以幼儿教师在设计活动时，除了要以幼儿的兴趣和需求为基础，还要尽可能地为幼儿在学习中创设成功的机会,使他有切实的胜任感,尤其对某一方面的学习有困难的幼儿来说,更有特别重要的意义。

关注幼儿情绪成长的教师会在活动中设置基于幼儿已有经验,但又融入对不同发展程度的幼儿有不同程度挑战性的内容,并及时给予正面支持和回应,从而使幼儿体验到成功的积极情绪。王老师就在幼儿园的一日活动中创设了这样一个让幼儿逐步学习控制和熟练的活动——跳绳运动,她根据幼儿对跳绳掌握的不同程度设置了从简到难的要求:没有接触过绳子的幼儿只是手拿绳子光甩不跳;学会甩绳的幼儿以慢动作的形式将绳子甩到前面再双脚跳过去;能初步手脚配合跳的幼儿不要求连贯性一个一个断开跳;能连跳的幼儿根据熟练度逐步增加连跳的数量。有时候,王老师也让已经能熟练连跳绳子的幼儿一对一地教那些还不太跳的幼儿,让幼儿分享自己在逐步胜任跳绳这个活动上的心得和体会,而通过同伴帮助取得进步的幼儿和帮助他人成功的幼儿彼此间都有特别愉悦的成就感。今天小恩在悦悦的帮助下,成功地手脚配合跳过了一个,两个幼儿相视欢呼,小恩因为第一次成功地控制了手和脚跳过了绳子而兴奋地咧嘴大笑,而悦悦因为成功地帮助小恩而自豪地向周围的同伴和教师表现自己的能力。

三、一个引起幼儿学习兴趣的活动案例:自由落体实验

基于前述有碍幼儿兴趣培养的因素和发展幼儿积极情绪的因素,以情绪为主的教师要有意识地计划准备、介入幼儿的活动,激发或拓展他们对活动内容的兴趣和乐趣。下面王老师设计的一节科学活动——自由落体实验,可以体现上述的一些方法。

活动开始前,王老师叫全部幼儿一起坐在地垫上。她解释说:"今天的集体活动我们要做一个实验,这个实验非常有趣!我想你们应该会喜欢。这是一个'自由落体'的实验,我们先在这边示范给大家看。示范的时候,我们可能不需要全部幼儿的帮忙,如果你没有得到示范的机会,等会你可以在自由活动的时间找好朋友一起做做看。"

幼儿们全部坐在地垫上,挤在一起要看实验。王老师说:"现在,我们需要一个人当记录。"成成急忙举手自告奋勇。"好,成成的工作是要把大家对于自由落体的发现写下来。来,这是记录本(幼儿在这周的前几天都做过记录的活动,大家都很喜欢记录这个工作)。"王老师接下来让两个自愿的幼儿——依依和洋洋当自由落体的"科学观察员",给他们戴上很挺的大帽子,他们负责趴在地上。乐乐则在他们上方,站在桌上,他从篮子里选了两个东西并且举得高高的。

王老师声明:"我们需要做的是,看看哪个物体先落地。"乐乐拿了一个气球和一个足球。王老师很好奇地问幼儿:"你们觉得哪一个会先着地?"丁丁说:"我觉得气球会先落

地。"王老师的声音听起来真的很好奇，她问："为什么你会这样想？"丁丁回应道："嗯，因为气球里面有空气，足球里面没有。"西西打岔说："但是足球比较重，比较重的东西，掉得比较快。"悦悦耐心地解释："不会哦！西西，重的东西不会掉得比较快。"贝贝说："我觉得西西是对的。足球应该会掉得快，不过我不确定耶！"

王老师说："我们来看看哦！乐乐同时放手让两个球掉下，观察员依依和洋洋可以看哪一个先着地。我们应该试几次呢？"全班同意要试三次。每个人都很紧张地看着球落地，如果他们猜的对了，就欢呼。成成把结果都记录在记录本里，她决定用"↓+"表示"比较快"，把"↓+"写在她画得气球或是足球下面。

我们详细地描述这个活动，不是为了示范一个经典的科学活动，而是展示一个关注幼儿情绪成长的教师是如何在活动中激发和加深幼儿对活动内容的兴趣和乐趣。首先，王老师自然的积极情绪表现——对活动的热忱和对结果的好奇，感染了幼儿对活动产生相似的情绪感受，获得了幼儿同样积极的情绪回应。活动一开始，她向幼儿描述"这个实验非常有趣！我想你们应该会喜欢"来引发幼儿对活动内容产生正向的情绪感受。实验过程中，她多次以"好奇地问""声音听起来真的很好奇"等对实验结果的好奇情绪示范给幼儿，激发并加深幼儿对活动结果的好奇与探究兴趣。教师自身的情绪表现不仅能引发幼儿相似的情绪感受，对幼儿的情绪表达也起到重要的示范作用，因为教师是幼儿情感上的一部分依附（Hamre & Pianta，2001；Howes & Ritchie，2002），也是幼儿情绪感受与表达的被观察者之一（Denhsm，1998；Eisenberg et al.，2001）。

虽然本书提倡的幼儿园课程活动是以情绪为中心，但教师对于不同的活动内容本身所涵盖的知识目标要有明确的认识。王老师显然很明确本次科学活动的目标，她知道这一类的活动包含科学领域的目标既涵盖一定的科学知识（比如物体的重量和物体下降速度之间的关系），又包含对科学学习的积极情感和体验（激发探究兴趣，发展初步探究能力），而关注幼儿情绪成长的教师会更注重第二个目标。王老师对这次活动设定的主要目标是激发幼儿的探究兴趣，让幼儿体验自己是科学家的积极感受。所以，不管幼儿的性别，不管幼儿擅长的方面，他们可以在活动中选择想要扮演的角色——观察员、记录员、预测员和实证员，甚至允许有的幼儿什么都不干，只是在旁边看。成成平时的兴趣是阅读和制作属于自己的小书，活动中他成了记录员；依依和洋洋这对好朋友做很多事情都喜欢在一起，而且他们还很喜欢夸张的表演，所以他们成了"大帽子观察员"；乐乐平时做事很遵守规则，由他担任实证员做两个球体同时放手的实验，幼儿们都很放心。王老师根据班级幼儿的兴趣和已有经验，在活动中创设了相关的角色，鼓励幼儿将自己擅长和感兴趣的方面拓展到新的有关领域，并将活动延伸到自由活动时间，给予幼儿更多运用和熟练的机会和时间，从而满足其兴趣和乐趣，体验挑战胜利的喜悦感。

第三节 延伸幼儿的学习兴趣

关注幼儿情绪成长的教师除了在活动前和活动中积极筹备和介入以引发幼儿对学习的兴趣和乐趣之外，他们还要有一些方法来延伸幼儿的学习兴趣。

一、尊重幼儿的个体兴趣

每个幼儿出生时就会因为自身的气质有所差异。随着幼儿的年纪渐长，他们在不同的家庭教养环境中成长，接触到不同的社会环境，因此逐渐地形成具有个人风格的不同或共同的活动偏好。这些个体喜好，有的会变成他们短暂的迷恋，对某些活动热情投入，兴趣感十足；而有的也许成为幼儿尝试其他新经验的限制。作为一个关注幼儿情绪成长的教师，要尊重幼儿的这些个体兴趣，尝试将幼儿的兴趣当作桥梁，来连接已有熟悉的学习经验和新的学习经验，并允许幼儿以多种方式参与活动（Helm & Katz，2001；Katz & Omd，2000）。

二、提供幼儿充足的时间

当面对一个新的或不熟悉的学习内容或经验时，大部分的幼儿会经过一段熟悉和探索的一连串过程。起初，他们中的部分幼儿也许有一点好奇，想要一探究竟；也可能有一些犹豫担心，害怕自己胜任不了新任务而畏缩不前，然后他们开始初步的探索，以一种随机的方式尝试可能。经过一段漫无目的的摸索之后，有的幼儿似乎知道了诀窍，开始改变用更聪明更有效率的方法，专心地把焦点放在重要的内容上进行系统性地探究。一旦他们掌握、熟练以后，就会尝试在原有的经验上进行有创意的变化来增加挑战性以迎合自己的需求和兴趣，从而获得更大的满足和快乐。这样一连串的过程很可能帮助幼儿积累遇到新挑战时的成功体验，培养幼儿面对新经验的正面情绪（Bredekamp & Rosegrant，1992）。然而，这样的一连串过程需要教师给予幼儿足够的时间去探索新的学习经验，如果教师催赶幼儿从一个新活动转到下一个活动时，幼儿对此的体验就会变成短短的循环，无法充分感知过程带给他的积极情绪体验。

在王老师设计的科学活动中，避免了让幼儿只能进行一次的实验体验。她知道短短的一节活动无法让所有的幼儿都体验到这个实验的乐趣，而有的幼儿也不愿意在集体面前大胆尝试新的经验，所以她尽可能地让更多的幼儿参与进来，同时她也预留了时间和空间，让幼儿在活动以外的时间，在教室里的区角反复进行这个实验和进一步的探索。教室里进行的其他活动也都支持和鼓励幼儿探索的"一连串过程"。写作区总是陈列了不同种类的图画书和相关的写作工具，让幼儿自由地涂鸦、画画、复制图书或创作写故事。在幼儿的自由探索和教师激发幼儿尝试特定的写作之间，王老师取得了良好的平衡。

三、给予幼儿鼓励与信心

当教师相信幼儿有能力处理新的或有难度的学习内容时，幼儿对于学习的正面情绪会被扩大。美国心理学家罗森塔尔的实验表明，对学生赋以积极的期望，通过对学生进行积极的语言评价等，一方面，学生会感受到教师对其的信任，产生鼓舞作用，从而加倍努力，另一方面，学生在教师的期望中更加自信，潜能受到激发，从而表现出更优秀的结果（吴东林，2011）。

对于学前儿童这样低年级的孩子来说，教师的期望和积极评价就显得尤为重要，因为他们更注重成人的评价。幼儿期的孩子自我评价尚处于前自我评价阶段，由于认知水平的限制和对成人权威的尊重和服从，他们的自我评价是基于成人对其的评价，甚至是成人对他们评价的简单重复（李燕，2008）。此外，由于幼儿还不会对自己的内心活动和个性品质进行整体性评价，而是根据自我的外部行为表现作评价，所以教师对幼儿表达期望和积极评价的时候，需要联系幼儿已有的生活经验作具体的描述。王老师对两名自愿在实验中担任"观察员"的依依和洋洋说道："你们都可以当很好的观察员。你们的眼睛很明亮而且能注意到很多事情。""成成，你很喜欢看书，也很会制作属于自己的小书。你是一个很喜欢把东西写下来的孩子，所以你会是一个很好的记录员。"王老师对成成即将要担任实验中的"记录员"工作也表示肯定和期望。

需要注意的是，教师对幼儿给予的期望和鼓励要符合幼儿的能力，过高的期望可能增加幼儿的压力，过低的期望则不能激发幼儿的学习动机，而夸大的鼓励则可能让幼儿自我怀疑，令孩子变得更加不自信。不管如何，教师通过积极的评价或鼓励要传达给幼儿的是教师对幼儿敢于尝试具有一定难度或新活动的勇气的赞扬以及对他们能力的欣赏，而不是要求幼儿一定要做出什么好的结果。

四、为幼儿提供支架

社会文化理论学家认为，当幼儿处在当前的能力水平上不知如何将任务进行下去时，成人可以采取直接指导，将任务分解成可处理的单元，给幼儿提供建议和操作的基本原理，促进幼儿提高能力水平，而这个过程称为搭建支架（scaffolding）（Wood, Bruner & Ross,

1976）。所谓支架，是指有能力的参与者在一个教育阶段内调整支持力量以适应儿童当前的能力表现水平（李燕，2008）。拥有有效支架的幼儿对于面临的具有挑战性任务会持有更多的正面情绪，在以后独立尝试解决困难任务时会取得更多的成功，而比起正常的幼儿，身心障碍的幼儿则更需要教师更多活跃的介入（Bredekamp & Copple，1997；Sandall，McLean & Smith，2000）。

支架可以是对幼儿认知方面的支持，通过将任务难度肢解成小步骤，通过给幼儿提供每一步解决的策略，从而促进幼儿成熟地思考。支架也可以是情感方面的支持、鼓励幼儿，通过语言的暗示和肢体的接近，增加幼儿努力去解决问题的勇气。支架可以由成人，比如教师提供，成人的支架可能目的性更强、效果性更好，成人能根据幼儿能力水平的进展，逐渐地降低支架的高度或减少支架的数量，把更多的学习交给幼儿，尽力使幼儿提高最近发展区的水平。支架也可以在与同伴合作下得到体现，教师根据幼儿能力水平的差异来安排合作学习，使幼儿在合作中互相教学、互相帮助来获得能力水平的提高。

小贴士
积极情绪促进幼儿学习

教师可以通过以下方式，激发和延伸幼儿的兴趣，使他们以积极的情绪参与学习。

（1）尊重幼儿对某些种类的活动的特别喜好，延伸计划提供很多方法来合并个人喜好。

（2）根据每天固定的行程，提供幼儿选择的小组活动，以建立喜好的注意力。

（3）尊重个人和文化差异，确定活动支持共同研究、小组努力和个人成就。

（4）尊重有时漫长的自由探索和专注研究的循环，这可以减少对于新挑战的恐惧并且提供深入参与。提供延伸调查和探索新学习经验的时间。

（5）在关键时刻参与活动，以激起并挑战幼儿的进一步体验。

（6）在鼓励的气氛下，制造高度期望，向幼儿传达表示他们可以成功处理困难和学习挑战的信心。

（7）给予需要额外帮助的幼儿额外的支持，使他们可以成功地参与新的或是挑战的学习经验。

本章总结

在《法兰丝的面包和果酱（*Bread and Jam for Frances*）》一书中，法兰丝的父母拿她挑食的习惯没办法，只好固定给她最喜欢的食物：面包和果酱。随着时间的流逝，法兰丝觉得她最喜欢吃的东西开始变得无趣无味。当法兰丝终于问家人可不可以吃吃看意大利面和肉丸时，她的父母好意地告诉她，他们觉得法兰丝不会喜欢意大利面和肉丸的。法兰丝因此很难过地说："你们怎么不给我试试看，就知道我不喜欢？"这句话正说明了成人对幼儿需要的误解。

对有些幼儿来说，他们擅长的、稳定的和浅显易懂的东西确实能给他们带来愉悦，而面对更有难度的挑战或新的经验时，他们或许会因为害怕失败或是怕丢脸，或许因为先天的羞怯而表现出暂时的排斥或逃避的行为。如果这个时候的教师又迟疑太多，认为以教师为主的活动会给幼儿带来太大的压力，对幼儿听之任之，也许幼儿会走向另一个极端——自动假设他们不喜欢任何新的学习，认为自己永远不能熟悉和掌握新的内容。其实，给予幼儿新经验，提供幼儿机会培养新的喜好、新的热忱和新的能力领域，并支持他们尝试，对幼儿来说能获得更大的愉悦和满足感。

这章的内容，从各方面探讨了关注幼儿情绪成长的教师如何营造积极的情绪帮助幼儿扩展智力发展，学习新的经验。第一，教师建立情绪的安全环境是支持幼儿进行探索的主要因素。教师在活动中努力地营造一个有好奇心且快乐学习的榜样形象，以肢体或脸部表情示范出对活动和幼儿的兴趣、真诚，表达对每个幼儿喜好的尊重、情绪的理解和对他们的信心，让幼儿敢于对不同的事物表达自己真实的感觉，并切实地投入活动。第二，教师创设的求新求变的环境是激发幼儿进行探索的必要因素。在幼儿已有经验的基础上对创设的环境作出变化或创新能引起幼儿对活动的再次好奇和兴趣，一旦幼儿尝试了新的经验，教师要提供给他们不止一次的机会去重复探索和研究，以便幼儿有"摸索—探究—熟悉—变化"的一连串过程，从而让幼儿体会到成功和胜任的愉悦感。探索的过程中。教师需要根据幼儿的不同能力水平提供支架，以帮助幼儿更好地进入下一阶段。同时同伴间的合作，可以让幼儿通过观察与自己年龄相仿的同伴的学习过程，彼此分享自己经历的学习体验和情绪感受，更快更好地获得新的经验。

请你思考

1. 积极情绪有哪些？它们与幼儿的学习或智力发展有着怎样的关系？
2. 发展幼儿对学习的积极情绪有哪些关键因素？

3. 如何延伸幼儿的学习兴趣?

4. 请记录一个引起幼儿学习兴趣的活动案例。

拓展阅读

1.《教出乐观的孩子》，作者马丁·塞利格曼。

对为人父母的读者来说，这可谓是一本实用指南。在这本书里，塞利格曼博士用他亲身的实践和经历，为家长们提供了一条培养孩子积极品质的捷径。比如当你的孩子犯错的时候，对他的批评应该恰如其分，要让孩子明白自己错在哪里；当你的孩子有了某种问题而需要改变时，不要把这些问题夸大成为一种永久性的问题。因为，批评和改变都是一种技术，它们有自己的规律和特点，不当的批评很可能会影响孩子成年后的人格特征——悲观或是乐观。

2.《积极情绪的力量》，作者弗雷德里克森。

该书作者整合了积极心理学中的积极情绪的10大重要概念，如喜悦、感激、宁静、兴趣、希望、自豪、逗趣、激励、敬佩和爱，依托"扩展和建构"理论，将其冶于一炉，称为积极情绪。

第十二章

提升幼儿情绪调节与控制能力的实践研究——以图画书为载体

人生的成就最多只有20%归功于智商，其他80%则受到其他因素的影响。其中情绪能力较高的人，在人生各个阶段都较优秀，成功的机会也较多（Saklovey & Maye，1990）。

儿童早期的生理、情绪和社会满足的经验会影响他们今后的行为发展。幼儿园是幼儿步入集体生活的第一步，幼儿的角色从家中的焦点转换成为团体中的一分子。如果说学校对于学生而言犹如一个微型社会，那么幼儿园对于幼儿来说便是一个"小人国"。道林（Dowling）认为情绪对个人状态适应及学习的重要性十分显著。了解情绪有助于培养孩子的社会能力、同理心以及为他人设想的能力。幼儿情绪发展相当快速且影响深远，他们的情绪影响着他们的自尊、自我与他人关系以及行为的对错。

在幼儿园中，幼儿的角色由家中的宝贝转化成为集体中的一员，开始尝试与人交往，在与人、环境的互动中学习与成长。在此过程中，幼儿会产生不同的情绪体验，如和伙伴游戏等顺境时的正面情绪，遇到挫折等逆境时所产生的消极情绪。《幼儿园教育指导纲要（试行）》总则明确指出："幼儿园应该为幼儿提供健康、丰富的生活和活动环境，满足他们多方面发展的需要，使他们在快乐的童年生活中获得有益于身心发展的经验，幼儿园教育应该尊重幼儿的人格和权利，尊重幼儿身心发展的规律和学习特点，以游戏为基本活动，保教并重，关注个别差异，促进每个幼儿富有个性的发展。"《上海学前教育课程指南》中也明确对幼儿情感发展评价提出了5个基本内容，分别为：（1）喜欢教师、亲近同伴；（2）认识别人的想法与情感；（3）当别人不愉快时能学着安慰别人；（4）能用适当方式表达自己对他人关心的情感；（5）有同情心，当别人有需要时能提供帮助。

舒仙桃（2002）指出，幼儿期是情感教育的黄金期，帮助幼儿形成初步的情绪调控能力是幼儿情感教育的重要内容，也是幼儿情感教育的目标之一，幼儿的情绪能力培养与家庭情感氛围、父母的积极与否的教育方式有关。一名幼儿进入幼儿园之后，幼儿园便成了除家庭之外的主要日常处所，园所以及教师成为促进幼儿情绪能力发展的有效推动者。反驳自己的负面思想是每个孩子都可以学会的一项能享用终身的技能。越早学会这种技能，越能避免不必要的烦忧（Seligman，2002）。并且对学龄期的孩子而言，乐观的态度除了通过由父母处学习而来之外，还有很大一部分来自于教师的教导。

第一节 理论基础

一、图画书的定义

图画书在英美国家被称为"picture book",在日本被称为绘本,指的是用图画与文字共同叙述一个完整的故事,是图文合奏。说得抽象一点,它是透过图画与文字这两种媒介在两个不同的层面上交织、互动来讲述故事的一门艺术。

图画书的特质包括了儿童性、艺术性、教育性、传达性、趣味性,其中的传达性指的就是"画中有话",在图画书中,图画不再是文字的附庸,而是图画书的生命。

带有图画的书,它不是图画书;拥有文字和图画,但是它们两者的关系仅仅是叠加时,那么它也不是图画书。只有当图画与文字相互融合,图文合奏时,它才是一本图画书。

二、图画书的价值

图画书对于幼儿的成长有着重要的意义,它能帮助孩子增长认知学习,增进语言学习,为孩子提供生活体验,通过对图片的欣赏从而提高美学修养。充满乐趣的图画书,可以提高孩子阅读的兴趣,帮助他形成爱看书、爱读书的好习惯,同时图画书中的想象空间又能培养孩子的创造力和想象力。图画书在幼儿园里还有一个重要的作用,对于一名幼儿教师而言,将图画书带入教室与全体幼儿分享,那么这本书上的文字与图画就成了班级的共同财富、共同语言。教育是要靠人与人之间的关系推动的,图画书在教室里的集体分享可以使孩子们之间、老师与孩子们之间形成一种自身独有的默契。比如,老师和孩子们分享图画书《猜猜我有多爱你》后,"从地球到月球再从月球返回来。"这句图画书中兔妈妈对兔宝宝的爱的表达成了班级小朋友们表达友爱的语言。图画书还能成为家庭和幼儿园交流间的纽带,教师将在班级中给孩子们阅读的图画书介绍给家长之后,可以方便家长了解幼儿在幼儿园的学习内容,当孩子提到老师介绍的图画书时,家长可以更好地理解孩子们的语言。

三、以图画书为媒介进行情绪教育的可行性

苏珊朗格(Susan Langer,1983)在《艺术问题》一书中指出,艺术是一种表现人类情感的符号。康长运(2002)认为幼儿的情感随着环境的刺激、教育的影响而不断发展。图画书则是最丰富的感情刺激源,因为图画书作为一种综合的艺术表现实质上就是内在情

感的外部表现。以图画书、故事和文学相关的教学活动能协助孩子透过连接情感与思考、了解自己和他人情绪的存在于表达方式、塑造健康自我形象等，改善受情绪困扰的幼儿的情绪，健全其社会情绪发展（Denham & Kochanof，2002）。我国台湾学者林孟蕾（2003）探讨了图画书阅读在教学上的运用，研究发现，图画书阅读讨论教学对儿童有非常大的魔力，对孩子的偏差行为有辅导功能，增进了孩子的自我了解，促进了班级的凝聚力，提高了察觉自己及他人情绪的能力，改善了人际关系。陈雅萍（2007）以图画书为媒介，针对小学一年级的儿童开展了为期4个月的情绪教育活动。其研究结果表明，小学一年级的儿童在知觉自己和他人情绪，清楚并明确地表达、抒发其情绪，处理他人情绪及运用情绪培养同理心、建立自信心，发展良好人际关系方面的能力有显著提升。刘婷（2010）依据情绪智力理论、阅读治疗理论、绘本教学理论以及幼儿身心特点，通过情绪主题绘本对大班幼儿进行情绪能力培养，研究证明运用情绪主题绘本所开展的系列教育活动对幼儿的情绪识别与表达能力、情绪理解能力和情绪调节能力均有积极的促进作用，情绪主题绘本适合作为促进幼儿情绪能力发展、幼儿园情绪教育活动开展与实施的资源与媒介加以利用。

四、情绪教育课程所用图画书的选择

所选图画书必须符合班级幼儿年龄特点，其故事内容要符合班级内绝大部分幼儿的已有经验及其成长所处的文化背景，教师需确保选定的图画书是能被幼儿接受的，且是能够诱发幼儿思考与讨论的。

综合上述情况，我们以由新西兰作者特蕾西·莫罗尼创作，我国儿童文学作家、儿童心理学研究者萧萍翻译的儿童情绪管理图画书系列中的4本作品——《我好快乐》《我不会害怕》《我不想生气》《我不愿悲伤》为例。该系列情绪管理图画书围绕主角毛毛兔的情绪展开，以高兴、害怕、生气、悲伤四项基本情绪为主，故事主角相对固定，叙述风格较为统一。在以上4本图画书中，图画书作者以图文结合的形式对分别4项基本情绪进行了详细描述，使抽象的情绪状态具体化，并分别对每项基本情绪提出了引发该情绪的可能性事件，并为幼儿描述了贴近其生活经验的情绪调节策略。

图画书中有关情绪识别、情绪理解、情绪调节策略相关信息见表12.1。

表 12.1 图画书中蕴含的情绪教育元素

书名	表情特征（图示）	情绪理解（语言+图示）	情绪调节（语言+图示）
《我好快乐》	嘴角上扬	快乐的时候，我就像变成了小小回力球，蹦蹦跳跳出开心的节奏	不要为小事烦恼，别去斤斤计较、将快乐与他人分享
《我不会害怕》	嘴巴张开、发抖	害怕的时候，心理好像有许多的小鼓震天响，心好像要跳出我的胸膛	寻求他人帮助、和别人说说自己的害怕和惊慌
《我不想生气》	瞪眼睛、嘴角向下、眉毛向下、双手抱胸	生气的时候，肚子里就像装着一个大火球，马上就要爆炸啦	深呼吸，找喜欢的、安静的地方静一静，和关心自己的人说一说
《我不愿悲伤》	哭泣、嘴角往下、眉毛扭曲	悲伤的时候，好像大乌云把所有的色彩都卷走了，世界灰蒙蒙一片	找个朋友说说话；做自己最喜欢的事情；和家人朋友呆一起

以上4册图画书主要侧重情绪的分析，向幼儿介绍了到底什么是高兴、害怕、生气、悲伤，一般在什么情况下，我们会体会到这种情绪，并且为幼儿提供了当你高兴/生气/害怕/悲伤时，你能做些什么。但相较于其他图画故事书，其完整的故事性并不强。

儿童情绪发展具有一定的情境性。为了更好地帮助幼儿理解情绪，在结合了原有4册图画书主体情绪的基础上，遵循符合孩子年龄特点、兴趣及图画书自身特点及在绘本馆内受欢迎程度，同时选择另外4册图画故事书与原先选定的图画书相匹配，以供进行配套教学。具体配对情况见表12.2。

表 12.2 图画书与基本情绪匹配表

基本情绪	图画书	
高兴	《我好快乐》	《裘裘不要再笑了》
害怕	《我不会害怕》	《我好担心》
生气	《我不想生气》	《菲菲生气了》
悲伤	《我不愿悲伤》	《小鲁的池塘》

第二节　课程实施

一、课程框架

良好的情绪状态不仅体现了一个人的健康与良好的适应力，大量研究表明，情绪能力对幼儿认知发展、人际交往、社会性发展都有着一定的影响。高兴、生气、害怕、悲伤是一个人的4项基本情绪。每个人都有高兴、生气、害怕或者悲伤的时候，有时生气的火苗不仅伤到自己，也会伤到别人，有时将高兴的事情与别人分享可以使更多的人快乐起来。在幼儿园这个小小社会中，幼儿离开了主要抚养者的庇护，开始尝试作为一个自然人在"小人国"里，与环境互动，与同伴互动，与教师互动，每天在与他人的共处中难免会有情绪问题，那到底什么是生气、害怕、高兴、悲伤呢？我们该怎么管理好这些情绪呢？在观察过程中我们发现，幼儿对于高兴、生气、害怕、悲伤的理解仅仅停留在表层上。家长常常向老师抱怨自己家宝宝的脾气不好，向老师求救，而有时老师也只会教育、劝说幼儿不要乱发脾气。其实，在这个过程中，有着许多对于幼儿进行情绪教育的好时机，但由于老师及家长对于情绪教育的不敏感，而没能把握住时机。教师可以尝试以图画书这个幼儿喜爱的媒介为切入点，围绕其开展幼儿情绪教育活动，使幼儿对自己的基本情绪有具体的了解，处理好自己的情绪问题，体会他人情感，提高情绪反应技巧，提高幼儿自身的情绪能力。

在以图画书为媒介开展的情绪教育活动中，围绕4种基本情绪——高兴、生气、害怕、伤心，我们选取了8本共4组与之分别匹配的且符合实验组幼儿年龄特点及兴趣的图画书作为媒介。针对4种基本情绪以图画书为媒介开展活动时，均采用相同模式，见图12.1。

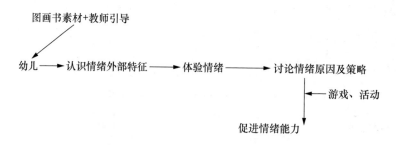

图 12.1　以图画书为媒介开展情绪教育活动的模式框架

如图12.1，在教学活动中，以图画书为媒介，教师引导幼儿开展活动。首先，教师通过引导幼儿观察图画书中代表故事主体情绪的主人公的表情图片，帮助幼儿识别并总结情绪外部特征。其次，在幼儿认识情绪的外部特征的基础上，通过教师讲故事、幼儿看图片的方式，发挥图画书的传达性，帮助幼儿理解图画与文字交互产生的故事，进一步了解图画书的主要内容及其中所蕴含的主体情绪，带领幼儿体验书中所介绍的情绪。接着，在幼儿了解故事内容的基础上，以书中的图画为媒介组织幼儿探讨情绪产生的原因，鼓励幼儿分享自己在平日生活中所使用的情绪调节策略，并引导幼儿再次看图讨论图画书中所介绍的情绪调节策略。最后，以图画书中的内容为载体，开展游戏、区角活动，在非集体教学活动中帮助幼儿巩固在集体教学中的所学，从而促进幼儿情绪能力的发展。

二、课程总目标

《上海市学前教育课程指南》在对 4 岁幼儿年龄特征中指出，4 岁幼儿开始学习控制自己的情绪。《课程指南》中对其学习控制情绪作出如下描述：相较于 3 岁儿童，4 岁儿童的情绪更稳定，他们的行为受情绪支配的比例在逐渐下降，开始学习着控制自己的情绪。当在商场看到自己喜爱的玩具时，他们已经不会像两三岁时那样吵要着买，而是能听从成人的要求，并用语言自慰，如"家里已经有了"。在幼儿园一日生活中，当与同伴间发生争执时，4 岁幼儿有时也能控制自己的情绪、行为。但对于 4 岁年龄段幼儿，并非所有的事都能调节好，他们对特别感兴趣的事和物仍然受情绪支配，甚至还会出现情绪"失控"现象，如遇到不顺心的事情时，大发脾气。

在结合高曼（Goleman）情绪智力理论以及 4 岁幼儿的年龄特点后，参照我国台湾学者简淑真（2006）的情绪领域目标，我们提出以下主要的教学内容及要求即总教学目标，涉及幼儿情绪识别与表达能力、幼儿情绪理解能力、幼儿情绪调节能力三个领域：

（1）认识生气、害怕、伤心、高兴 4 项基本情绪；

（2）了解自己、他人都会有不同的情绪，了解负面情绪的产生并不都是坏事；

（3）学习情绪管理的方法，尝试运用适宜的策略，调节自我或他人的负面情绪。

三、具体教学活动目标

整个以图画书为载体的情绪教育研究实践部分历时四周，每周围绕一个基本情绪展开教学。在每周的三次教学活动中，前两次分别使用情绪管理图画书，使幼儿对该情绪有具体了解，为第三次教学活动作经验铺垫。在第三次活动中，以故事性较强的图画书为媒介，引导幼儿思考与讨论，从而在故事情境中更好地体会情绪，尝试鼓励幼儿针对故事内容为故事主人公提供情绪调节策略，见图 12.2。

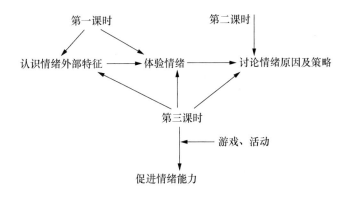

图 12.2 以图画书为媒介开展情绪教育活动的目标框架

在遵循认识四项基本情绪的基础上，依据该班幼儿的具体情况设定具体活动目标。分别以生气、害怕两个分主题为例，具体活动目标具体化，见表 12.3。

表 12.3 分课时目标——以生气、害怕为例

情绪	课时 & 图画书	具体活动目标
生气	第一课时《我不想生气》	（1）初步认识情绪——生气，分享自己生气时的感受 （2）能用完整的语言分享表达生气的原因
	第二课时《我不想生气》	（1）对生气有进一步的理解，能用自己的语言表述生气 （2）乐于与他人分享自己处理生气的方式，掌握正确处理生气的方法
	第三课时《菲菲生气了》	（1）巩固对生气的理解，了解生气并不是一件错事，每个人都会生气 （2）学会体谅他人，并了解宽慰他人的方式
害怕	第一课时《我不会害怕》	（1）初步认识情绪——害怕，分享自己害怕时的感受 （2）大胆说出自己害怕的事物
	第二课时《我不会害怕》	（1）了解害怕是一件正常的事情，有时害怕的东西其实并没有想象中的可怕 （2）明白每个人的害怕都不同，了解化解害怕的方法
	第三课时《我好担心》	（1）明白每个人都会有担心害怕的时候 （2）学会体谅他人，并了解宽慰他人的方式

四、课程实施

以图画书为媒介，对实验组幼儿开展为期 4 周，每周 3 次，共计 12 次的情绪教育活动，活动主要形式为集体教学。所谓集体教学活动一般指的是在教师的直接指导下进行的活动。其特点在于全班幼儿在同一时间内做同样的事情，活动过程中以教师的引导和组织为主。其意义在于让幼儿在互相交流和学习中，在教师的质疑和挑战中，激活思维、激励发展、分享经验、体验快乐。

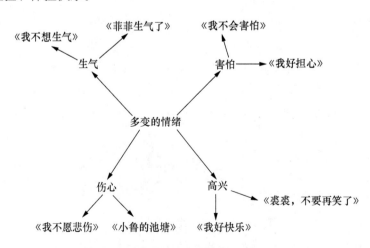

图 12.3 主要情绪及相应图画书配套情况表

五、以图画书为媒介开展的情绪教育的教学策略分析

（一）以图为契机，总结表情特征，引发幼儿兴趣，识别情绪外部特征

《我不想生气》《我不会害怕》《我好快乐》《我不愿悲伤》4册图画书的封面皆为故事主角毛毛兔对于图画书主体情绪的表情呈现。图画书具有一定的趣味性。图画书的封面往往是作者所挑选的最具表象力及代表性的一张图片，正如前文所言，封面通常是故事主体精华的呈现。由此，在第一课时教学活动的导入部分，笔者尝试围绕图画书的封面展开，请幼儿推测毛毛兔的情绪，并引导幼儿总结生气的表情特征。在通过图片及语言吸引幼儿注意力的同时，引发幼儿对于毛毛兔情绪的好奇与猜测，引出接下来的相关情绪能力内容。在《我不想生气》第一课时中，通过引导幼儿仔细观察图画书封面，特别是引导幼儿对毛毛兔表情、神态、肢体动作的观察，以及表情模拟，使幼儿对生气的表情特征有了一个具体的认识。与此同时，通过与幼儿的对话，激发幼儿对于生气感觉的思考，引发其自身对生气的感觉探究的兴趣。

《我不想生气》第一课时教学片段

教师通过电视屏幕展示图画书《我不想生气》的封面，见图12.4（去除标题等文字信息，避免幼儿认识"生气"两字而影响情绪识别的情况出现）。

图12.4 生气的毛毛兔（图片来自《我不想生气》）

师：今天老师有一位好朋友想介绍给大家，你们想不想知道它是谁呀？

C：想！

师：那就请你们闭上眼睛，我去请我的好朋友跟大家见见面。（幼儿表现出了好奇心，有的很快闭上眼睛，有的偷偷眯起眼睛）

师：请看，这就是我的好朋友了，它的名字叫毛毛兔，我们跟它打个招呼吧，你好，毛毛兔。

C：你好，毛毛兔。

师：（略作停顿，表示疑惑）咦？毛毛兔它怎么啦？

C：它生气了。

师：咦，它生气了吗？你们是怎么知道的呢？

C1：看它的眼睛。

师：它的眼睛怎么啦？

C1：眼睛往下，眉毛也往下了。

师：哦，它的眼睛往下，眉毛也往下了，还有吗？

C2：它的眼睛像瞪着一样的。

C3：它的脸很红。

C4：它双手抱胸。

C5：因为它不搭理我们小朋友。

C6：它的嘴巴往下了。

C7：它耳朵冒烟了。

师：原来我的好朋友生气了，小朋友你们的本领真大，一眼就看出来了。平时你们会不会生气呀？你们生气的时候是什么样子的呀？能不能做给我看看呀？

C：会。（幼儿开始相互间尝试做生气表情）

师：哦，生气是这个样子的啊！有的人会皱眉头，有的人会瞪眼睛，还有的人会翘嘴巴，还有的人连嘴角都会耷拉下来。那生气的时候你心里有什么样的感觉呀？（幼儿较为沉默，教师再次提问，无果）

师：毛毛兔想和大家分享他生气时心里的感觉，你们想不想看一看呀？

C：想（幼儿迅速注意力集中于屏幕上，有的幼儿急切地站了出来）。

（二）教师讲故事，幼儿看图片，发挥图画书的传达性，共同体验情绪

图画书的传达性主要体现在图画书"画中有话"的特点上。幼儿认知发展过程中对图像的理解先于文字理解。由于大部分中班年龄段幼儿读写能力的发展水平有限，识字量不

多,读字对他们来说是一件非常困难的事,但图却是每个幼儿都能读懂的。因此,在教学实践过程中,试图通过与幼儿的对话,引导幼儿将注意力投入到作者精心创作的图画中,鼓励幼儿积极从画中寻找相关线索。

到底高兴、生气、害怕、悲伤是什么?产生这种情绪的时候心里是什么感觉?在实践中,相对于表情识别,当教师提出这个问题时幼儿往往会沉默。而在日常生活中,其实教师也很少、很难用语言去向幼儿具体描述这些抽象的词汇。图画书为老师们解决了这个问题。通过画家精心制作的系列画面,结合优美的文字,幼儿就能对这四项基本情绪同时有了感性认识和理性认识。表12.4列举了该系列图画书中对四项基本情绪所带来感受所进行的描述。

表 12.4 四项基本情绪在图画书中的展现

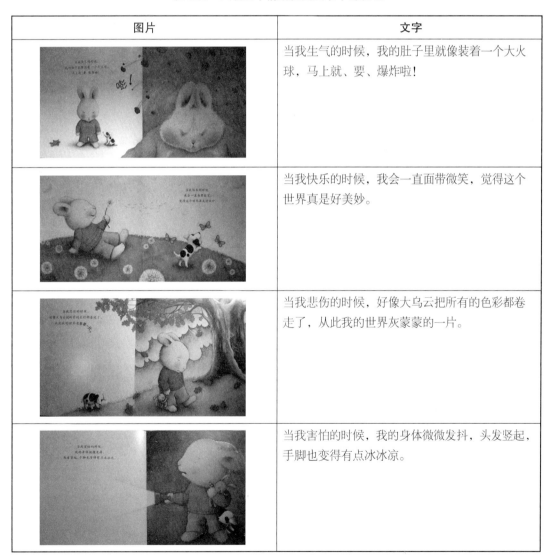

图片	文字
	当我生气的时候,我的肚子里就像装着一个大火球,马上就、要、爆炸啦!
	当我快乐的时候,我会一直面带微笑,觉得这个世界真是好美妙。
	当我悲伤的时候,好像大乌云把所有的色彩都卷走了,从此我的世界灰蒙蒙的一片。
	当我害怕的时候,我的身体微微发抖,头发竖起,手脚也变得有点冰冰凉。

(图片分别来自《我不想生气》《我好快乐》《我不愿悲伤》《我不会害怕》)

除了图画与文字相互合奏讲述故事外，在图画中还藏着许多细节，有些是作者在经意或不经意间留下的小细节，有的与作品主题无关，只是增加了一些小亮点，但有时又是不可或缺的，如果缺少了这部分作品就会失色不少。例如，在运用图画书《我好担心》讲解害怕的第三课教学时，当教师讲完故事后，出示小莉在幼儿园中与好朋友做游戏时的图片，询问幼儿："小莉现在还担心去幼儿园吗？"幼儿回答道："不担心了。"这时 B 幼儿大声说道："连小花瓣（小莉心爱的布娃娃）都在幼儿园里找到好朋友了，小莉不会担心了。" B 幼儿的话引发了大家的兴趣，幼儿再次仔细关注起了图片，原来是小莉把小花瓣和在幼儿园里刚认识的好朋友小玉的布娃娃咪咪一起放进了推车里，大家都认同了 B 幼儿的观点。

图画书是成人读给幼儿听的书。成人为幼儿读故事，幼儿用耳朵听故事、用眼睛看图画才是图画书最正确的读法。家长或教师用带着感情的声音为孩子将书中的文字娓娓道来，幼儿用眼睛看着图画，用耳朵听着成人讲述的故事，这样图画和文字的合奏效果才能得以发挥，幼儿才有可能从文字的故事、图画的故事中，体会到故事与图画相结合产生的故事。因此，在教学过程中，比如在第一课时，会引导幼儿仔细观察图片，探索图片中的细节，引发幼儿思考，鼓励幼儿通过观察，了解并分享图画中所描述的可能诱发情绪的原因、情绪调节策略实施，而在第二及第三课时，则会和幼儿一起，以教师读文字，幼儿看图的形式，从封面开始完整地分别阅读两册相同情绪主题配套图画书。在阅读后，再次出示图片，围绕故事内容，展开讨论。

（三）以图画为媒介，引导幼儿开展围绕情绪产生的原因及其调节策略开展讨论

在以图画书为媒介的情绪教育活动中，教师通过循序渐进的方式，引导幼儿以图画为媒介展开思考、推理及讨论，训练幼儿的思维，投射幼儿经验，帮助其巩固对情绪的理解。在教学活动中开展的讨论主要包括：围绕作品本身开展讨论和幼儿自身经验讨论。

1.围绕作品本身开展讨论

围绕图画书作品本身内容展开讨论时，教师的主要任务在于向幼儿提供图片，以引导者的身份，根据幼儿的反馈，不断抛出逻辑上递进的问题，引发幼儿对图片的再次关注与思考。主要涉及的问题如：今天的故事主角是谁呢？你们觉得它心情怎么样？你从哪里看出来的呢？是什么事情让它高兴/生气/害怕/伤心的呢？它用了什么方法消灭生气的大火球/赶走所有颜色的悲伤大乌云/让害怕的小鼓平静下来的呢？

《我不会害怕》第二课时教学片段

在此片段之前，幼儿在《我不会害怕》第一课时时，已经了解了害怕的表情特征，并

彼此分享了自己害怕的东西。

师：上个礼拜，我们能干的情绪消防员，帮助毛毛兔把生气的火球给扑灭了，昨天毛毛兔又来请我们小朋友帮忙。今天，我请小朋友们当回毛毛兔，请你们表演给我看看，毛毛兔昨天的心情如何呀？

C：有点怕、害怕。

（幼儿开始模仿之前一天在图画书中看到的毛毛兔的表情及肢体动作，如蜷缩发抖）

师：哦，毛毛兔它很害怕，它害怕什么呢？（教师出示下图）

C1：它害怕黑。

C2：它怕晚上。

师：它怕黑，它怕晚上，你们从哪里发现的呢？

C2：外面天黑了，有星星。

C1：那个黑的东西看上去很可怕。

C3：毛毛兔躲在被子里。

C4：毛毛兔它发抖了。

图 12.5　四项基本情绪图文描述配图

上述教学活动中，以幼儿对害怕时的表情及肢体特点有一定认识为基础，通过对于图片的仔细观察，在与教师一问一答，相互补充、讨论的过程中，将图片中的微小细节，如毛毛兔在发抖，都一一找出，从而帮助幼儿更好地理解故事内容。

在围绕图画书内容开展讨论的时候，幼儿在老师有序引导下，仔细观察，和发展思维一方面对故事内容进行了一次重新梳理，另一方面进一步了解了故事主人公产生情绪的原因、情绪未调节时内心的感受以及主人公进行情绪调节的有效策略。并且在理性认识和感性认识的相互作用下，更好地理解了情绪。

2. 幼儿自身经验讨论

教学过程中，通过对图画书内容的讨论，教师在引发幼儿关注与故事主人公及故事人物情绪的同时，鼓励幼儿将自己的日常生活中的已有经验（包括情绪感受、情绪调节策略等）与同伴分享。此外，在进行第三课时时使用故事性较强的图画书作为媒介，教师在幼儿理解故事的基础上，引导幼儿为主人公提供情绪调节策略，从而提高幼儿的情绪表达能力，帮助幼儿架起图画书中故事内容与实际生活的桥梁，使幼儿更好地在日常生活中运用情绪策略。教师在引导过程中主要涉及问题如下：你有高兴/生气/害怕/伤心的时候吗？那什么时候你会高兴/生气/害怕/伤心的时候呢？高兴/生气/害怕/伤心的时候你心里面跟毛毛兔/其他故事主人公的感受一样吗？除了和他们一样的感受之外，当你高兴/生气/害怕/伤心的时候还会有什么样的感觉？当你生气/害怕/伤心的时候，你希望别人怎么来安慰你呢？如果你是毛毛兔/其他故事主人公，你会如何处理这个情绪呢？

《我不愿悲伤》第二课时教学片段

在此片段之前，幼儿已经和老师一起读完了《我不愿悲伤》这本图画书，对悲伤的表情特征、悲伤时的心理感受、毛毛兔悲伤时的调节策略有所了解。

师：当你伤心的时候，你会做些什么来赶走那片"卷走所有色彩的悲伤大乌云"呢？

C1：我当情绪消防员。

师：情绪消防员，你会做些什么呢？

C1：做做深呼吸。

C2：找个地方静一静。

C3：跟关心我的人说一说。

师：那你伤心的时候，别人做些什么能让你感觉好点呢？

C4：我想请爸爸妈妈帮我讲个故事，我就会好受点了。

C5：我想坐着画画，可以把事情画下来。

C6：我想要我喜欢的人来跟我说说话，我就会好点了。

C7：好朋友来跟我玩，我就好了，因为我的好朋友家离我比较近，我不开心的时候，他会来找我玩。

C8：我觉得我自己坐下来看一会儿书就好了。

《我不愿悲伤》是第三周时所进行的课程，通过上述课堂讨论案例，我们可以发现，经过前两周的课程，幼儿已经能在课堂上大胆结合自己已有经验和前期在生气及害怕两种情绪学习中所获得的情绪调节策略与大家进行分享。

3. 以内容为载体开展游戏，促进幼儿情绪能力发展

游戏是幼儿园一日生活中不可缺少的一个组成部分。在教学活动进行中，加入游戏环节，可以提高幼儿的参与性与积极性，通过游戏可以以一种更具趣味性的方式促进幼儿情绪能力的发展。图画书中蕴含着许多游戏素材，值得教师挖掘利用。以下分别围绕表情识别和情绪调节策略两个方面，介绍可以在实践中开展并获幼儿欢迎的小游戏。

（1）我是情绪消防员

在幼儿了解情绪调节策略后，教师以幼儿熟悉的图画书中的情绪表达及情绪调节策略为主要内容，创编儿歌《我是情绪消防员》，并请幼儿为儿歌配上动作。以配合《我不会生气》所创编的儿歌为例，儿歌内容为："生气就像大火球，我是情绪消防员，我要把火来扑灭。找个地方静一静，一、二、三，吸气。二、二、三，吐气。（再来一次）一、二、三，吸气。二、二、三，吐气。如果还有气未消，可以找人听我说。我是情绪小高手，我能扑灭生气火。"

儿歌朗朗上口，由于对图画书内容的熟悉，在老师的带领下，幼儿往往经历一到两遍就能基本记住儿歌内容。于是，教师邀请幼儿为儿歌配上动作，模拟情绪消防员进行表演。

（2）表情大不同（眼力大考验）

在情绪教育活动开展中，幼儿陆续对四项基本情绪的表情已经有了一定的认识。在此基础上，从第二周第二课时开始，以毛毛兔为游戏表情的主人公，教师向幼儿出示两张取自图画书中的毛毛兔的表情图片，包括表情特写及涉及情绪的全身图片。请幼儿根据教师口令找出相对应的图片。在此基础上，请幼儿仔细观察两张图片，寻找两种表情之间的不同。

4. 将教学活动延伸至区角活动中

在教学活动开展的同时，以图画书为媒介开展的情绪教育活动与其他教学活动一样，可以将教学内容由集体教学中的高结构活动延伸至区角中的低结构活动中。

在集体教学活动中，由于图画书价格造成的教学成本问题，不可能做到幼儿人手一本，教师往往使用多媒体技术将图片呈现在幼儿面前。为了使幼儿在教学活动之外也能接触到活动中使用的图画书，教师便将四组自行配套的情绪教育图画书分别按照教学活动开展的进程，逐一添加至图书角中，并在集体教学活动中告知幼儿这一事项，鼓励幼儿有兴趣或遇到困难想去寻求解决途径时可以随时翻阅。

除了在图书角内添加与情绪相关的图画书之外，教师还可以通过其他区角活动的开设，帮助幼儿在区角活动中通过自主活动，获得锻炼，从而提高情绪能力。例如，在实践过程中，考虑班级环境布局的现实情况，利用教室的储物柜的橱门，创设了区角活动——心情表。每天每个幼儿都有不同的情绪，而在幼儿园的一日活动中，幼儿的情绪也会随着与同

伴、教师、环境的互动而产生波动。心情表的作用在于供幼儿在自身情绪状况发生改变时，可以主动更换心情表中的心情颜色来进行心情记录。在四册情绪管理图画书中，每册都有一种主题色代表了这项情绪，如深蓝色代表了悲伤，浅蓝色代表了害怕。与四种情绪颜色相匹配，教师为每位幼儿准备了4种颜色的卡片。在此活动中，培养了幼儿对情绪色彩的理解能力，同时幼儿提高了对自我情绪状态的识别，教师通过对心情表的观察，可以及时了解幼儿的情绪状况，及时给予帮助。

第三节 实施效果

为了检验以图画书为媒介开展的情绪教育互动的有效性，在活动开展之前，我们设立了实验班与对照班，并各自进行了观察及前测，在情绪教育活动之后进行了后测，在数据统计与分析后对活动开展情况从量化和质性两个方面进行了后期评估，具体内容如下。

一、幼儿情绪能力后测的量化考察

（一）混合/冲突情绪理解能力

在后测的混合/冲突情绪理解任务中，使用与前测相同的故事与配套图片，我们分别对实验组与对照组幼儿进行混合/冲突情绪理解能力测试，实验步骤与评分方式与前测相同。运用SPSS11.5对数据进行处理。分别用5个故事对应五组混合情绪：高兴+生气；高兴+害怕；高兴+伤心；生气+伤心；害怕+伤心。

1. 结果与分析

（1）对照组幼儿混合/冲突情绪理解能力前后测比较

从表12.5，可知幼儿在冲突情绪理解任务中，对于高兴+生气/高兴+伤心两组冲突情绪理解在前后测中得分没有显著差异。对于高兴+害怕这组冲突情绪理解上，前后测差异非常显著。在与对照组班级带班教师的交流中得知，与该组混合情绪匹配的故事中描绘了小红/小明很想要一双溜冰鞋，于是爸爸就买了一双送给她/他，爸爸请她穿上滑一滑，这她第一次穿上。此故事内容与该班大部分幼儿近期生活经验非常相似。由此，幼儿可能更能理解故事主人公的情绪。

表 12.5 对照组幼儿冲突情绪理解能力前后测差异

	故事 1 前测	故事 1 后测	故事 2 前测	故事 2 后测	故事 3 前测	故事 3 后测
m	1.41	1.64	1.64	2.14	1.82	1.91
se	0.197	0.158	0.173			
df	21	21	21			
t	-1.156	-3.169**	-0.526			
p	0.261	0.005	0.605			

注：* 表示 P<0.05 说明差异显著；** 表示 P<0.01 说明差异非常显著，下同。

从表 12.6 中，可以发现，对照组幼儿对于生气＋伤心/害怕＋伤心这两组混合情绪理解得分在前后测中不存在显著差异。

表 12.6 对照组幼儿混合情绪理解能力前后测差异

	故事 4 前测	故事 4 后测	故事 5 前测	故事 5 后测
m	2.27	2.5	2.18	2.55
se	0.263	0.203		
df	21	21		
t	-0.865	-1.789		
p	0.397	0.088		

（2）实验组幼儿混合/冲突情绪理解能力前后测比较

从表 12.7 中，可以发现在参与以图画书为媒介开展的情绪教育活动之后，实验组幼儿对于高兴＋生气/高兴＋害怕/高兴＋伤心三组冲突情绪理解得分上均存在显著差异。

表 12.7 实验组幼儿冲突情绪理解能力前后测差异

	故事 1 前测	故事 1 后测	故事 2 前测	故事 2 后测	故事 3 前测	故事 3 后测
m	1.38	2.19	1.81	2.71	1.9	2.76
se	0.164	0.206	0.159			
df	20	20	20			
t	-4.949**	-4.394**	-5.403**			
p	0.00	0.00	0.00			

表 12.8　实验组幼儿混合情绪理解能力前后测差异

	故事 4 前测	故事 4 后测	故事 5 前测	故事 5 后测
m	2.38	3.67	2.14	3.52
se	0.23	0.263		
df	20	20		
t	-5.582**	-5.26**		
p	0.00	0.00		

从表 12.8 中，可以发现实验组在参与以图画书为媒介开展的情绪教育活动之后对生气＋伤心／伤心＋害怕两组混合情绪得分上均存在显著差异。

（3）实验组幼儿与对照组幼儿混合／冲突情绪理解能力后测比较

表 12.9　实验组与对照组冲突情绪理解能力后测差异

	故事 1 实验组	故事 1 对照组	故事 2 实验组	故事 2 对照组	故事 3 实验组	故事 3 对照组
m	2.19	1.64	2.71	2.14	2.76	1.91
se	0.18	0.207	0.188			
df	41	41	41			
t	3.072**	2.792**	4.528**			
p	0.004	0.008	0.00			

由表 12.9 及表 12.10 可知，相较于对照组幼儿，实验组幼儿在参与以图画书为媒介开展的情绪教育活动之后，实验组幼儿对高兴＋生气／高兴＋害怕／高兴＋伤心三组冲突情绪理解能力得分与对照组幼儿的得分之间均存在显著差异；实验组幼儿对于生气＋伤心／伤心＋害怕这两组混合情绪理解能力之间均存在显著差异。

表 12.10　实验组与对照组混合情绪理解能力后测差异

	故事 4 实验组	故事 4 对照组	故事 5 实验组	故事 5 对照组
m	3.67	2.5	3.52	2.55
se	0.262	0.332		
df	41	41		
t	4.458**	2.943**		
p	0.00	0.005		

2. 讨论

由上述结果可知，实验组幼儿对于五组混合/冲突情绪任务的理解能力均与对照组之间存在显著差异，即实验组幼儿的对于该五组混合/冲突任务的情绪理解能力高于对照组幼儿。由此，可以认为实验组幼儿在以图画书为媒介开展的情绪教育活动中，通过与教师一起看书、读书、讨论，体验图示中的情绪，分享自己的感受，幼儿的情绪理解能力有了一定提升。

（二）消极情绪调节策略

在前测混合/冲突情绪理解能力的基础上，我们在后测中，让幼儿完成每个故事的情绪理解任务后，请幼儿对五组故事中主人公的消极情绪提供调节策略，即提问幼儿："你有什么办法让她/他不生气/害怕/伤心吗？"针对幼儿给出的消极情绪调节策略进行分类编码，共分为积极策略、消极策略、无策略三大类，分别为其编号：1=无策略；2=消极策略；3=积极策略。运用SPSS11.5对数据进行处理。

积极策略中主要有情感安慰、问题解决两类策略。情感安慰策略主要指的是幼儿运用行为或语言对自我或他人的情感进行安慰。问题解决策略主要指的是儿童采用各种可能的适应性行为和手段来消除挫折来源，摆脱困境。

例如，对于故事一：妈妈答应带小红/小明在生日的那天去动物园玩，可是妈妈突然接到通知，生日那天要加班，就不能带小红/小明去动物园玩了，于是妈妈便送了一个礼物给她/他。此故事中包含的冲突情绪为生气+高兴。对于生气这一消极情绪，幼儿给出的情感安慰类积极策略为：送她一个玩具；我送他一个生日蛋糕等。幼儿给出的问题解决类积极策略为：妈妈去上班，让爸爸带着去动物园；让妈妈下次有空再带着去动物园等。

消极策略主要指发泄类的策略。所谓发泄策略，主要指幼儿运用破坏性或伤害性的行为来表达和宣泄自己的消极情绪。

例如，对于故事五：小红/小明在院子里拍皮球，突然来了一只大狼狗，把小红/小明的皮球给叼走了。此故事中包含的混合情绪为伤心+害怕。幼儿给出的消极策略为：把狗打死；用魔法打狗。

1. 结果与分析

由表12.11中可知，实验组幼儿与对照组幼儿除对故事四中的消极情绪调节策略上没有显著差异之外，两组幼儿对于其余四组故事中的消极情绪给出的情绪调节策略存在显著差异。

表 12.11　实验组与对照组消极情绪策略后测差异

	故事一实验组	故事一对照组	故事二实验组	故事二对照组	故事三实验组	故事三对照组	故事四实验组	故事四对照组	故事五实验组	故事五对照组
m	2.71	1.55	2.81	1.91	2.81	1.64	2.81	2.55	2.71	2.00
se	0.25	0.254	0.242	0.225	0.252					
df	41	41	41	41	41					
t	4.684**	3.547**	4.848**	1.173	2.836**					
p	0.00	0.001	0.00	0.248	0.007					

2. 讨论

在故事一、故事二、故事三、故事五这四组混合/冲突情绪中，实验组幼儿对于消极情绪的调节策略显著高于对照组幼儿。在实验组内，幼儿倾向于结合故事情境给予积极的调节策略。大部分幼儿可以根据故事的情境，给出积极的问题解决策略，如："让好朋友去医院看病，跟妈妈说等好朋友病好了，我们再一起去游乐园。"抑或是对主人公进行情感安慰。如："告诉他，别担心，摔倒了，我会扶你的。""你别生气了，笑一笑，妈妈有空会带你去的。"

在对照组内，幼儿在其余四组故事中，仅有小部分的幼儿能够提供消极情绪调节策略，其中问题解决策略主要集中于向父母求救。如："告诉妈妈，让妈妈批评他。""叫爸爸修。"与实验组幼儿倾向于使用积极策略情况不同，在对照组内，对于故事五，有部分幼儿提出了消极策略，如："把狗打死。"

两组幼儿对于故事四所采取的消极情绪调节策略并不存在显著差异，可能源于两组幼儿对于故事四的情境较为熟悉。在故事四中，小红/小明正在玩小汽车。突然，小强走了过来，一把抢走了小红/小明的小汽车，并把小汽车摔坏了。在幼儿园一日生活中，同伴之间抢玩具，彼此之间弄坏玩具因此而产生的小矛盾十分常见，对此教师通常都参与调和。因此，两组幼儿对于该项消极情绪调节在日常生活中均有经验。

对比两组幼儿所给出的消极情绪调节策略，相较于对照组，实验组中绝大部分幼儿都能根据情境为主人公提供情绪调节策略，调节策略更多样化。由此，可以推测在以图画书为媒介开展的情绪教育活动中，通过发挥图画书的传达性，帮助幼儿体验情绪，讨论分享情绪感受及情绪调节策略，对幼儿情绪调节策略的发展有一定积极的作用。

二、幼儿情绪能力发展的质性分析

为了更直观地反应情绪教育活动对幼儿在一日生活中的影响，同时弥补量化考察中的不足,在量化考察的基础上,我们采取了质性的研究方式对幼儿情绪能力的发展进行了考察,以此验证并补充量化研究的结果。

在以图画书为媒介开展的情绪教育活动之后,通过后期观察以及与带班老师的探讨,发现在接受了以图画书为媒介开展的情绪教育教学活动之后,幼儿的情绪表达能力增强;幼儿更乐于同教师、同伴分享自己的心情及情绪状态;幼儿对于消极情绪的调节策略增多。

(一)幼儿的情绪表达能力增强

相较于前期准备中观察所得,在活动开展的过程中,幼儿对于情绪的表达能力有了一定提高。

第一,幼儿对于表示情绪感受的词汇量的积累增加,在图画书阅读与学习的过程中,通过图与文字的配合,幼儿接触并了解与掌握了相对原先日常生活中更多的表达情绪的词汇。如,通过《我不愿悲伤》,幼儿学会了悲伤一词,了解到除了伤心、难过之外还能说悲伤;通过《我好担心》和《我不会害怕》,幼儿知道了有时候除了害怕之外,我们也会担心;通过《我好快乐》,幼儿知道了高兴除了能用开心表示外,还能用快乐表示。第二,幼儿在向他人描述自己情绪的时候用词更为明确。前期观察中,幼儿在幼儿园一日生活中,往往用"我不开心""我不高兴"等否定积极情绪的语句来表示自己处于消极情绪状态。随着教学活动开展,幼儿开始学习或模仿图画书中主人公表达自己情绪的语言,向老师及同伴明确地描述自己的消极情绪。此外,幼儿对于表述自身情绪事件的条理性增加,情绪理解能力也有所提高,如下面为案例。

G幼儿前一天吃过午饭就被爷爷奶奶接回家了。第二天,他兴致勃勃地走进教室,拿出背包里的明信片,向小伙伴们展示道:"我昨天下午去世博会啦,你们看这是在馆里面拿到的明信片,这个是限量的,很难拿到的,我可高兴啦。"于是小朋友们"炸开了锅",开始聊起了自己游世博的经验,M幼儿看了看明信片之后说道:"我爸爸妈妈也带我去过世博会,我怎么没有拿到这个明信片,不过我有其他的,我也玩得很高兴。"B幼儿说:"我还没去过,不过不用担心,过几天爸爸妈妈有空了就会带我去的,我也会玩得很高兴的。"

通过以图画书为媒介进行的情绪教育活动,幼儿在老师的引导下对故事主人公情绪产生原因、经过、结果的分析后,逐渐掌握了在表达自己情绪时的条理性。有些幼儿能通过自己归纳、组织语言,向同伴或者教师表达自身所经历的一些事情以及在事情发展过程中的情绪,其中包括了事情的起因、经过及结果,并且幼儿能针对事情的转折及时描述当时的情绪。

（二）幼儿更乐于与他人分享自己的情绪感受

随着活动的开展，越来越多的幼儿开始乐于主动向教师讲述自己的情绪，如下面的案例。

B幼儿非常喜欢花草类植物。某天，一早进入幼儿园后，B幼儿就将自己的心情卡片换成了代表生气的火红色。在换完心情卡片后，他还特意跑到F老师面前，向F老师诉说："F老师，我很生气。"老师追问："发生了什么？为什么生气呀？"B幼儿说道："路上看到有人把好好的花给摘掉了。"

上述案例中，通过教学活动，幼儿在老师的引导、鼓励、支持下，与老师互动探讨故事主人公的情绪变化过程以及分享自己的情绪，幼儿与老师之间建立了良好的师生关系与信赖感。另外，随着幼儿自身情绪表达能力的逐步发展，以及教师给予的良好互动反馈，幼儿越来越乐意主动地向老师描述自己的情绪。

（三）幼儿对消极情绪的调节策略增多

如果幼儿在情绪识别与表达及情绪理解能力方面发展较好，但其不具备一定的情绪调节能力，那么当自身或他人产生情绪问题时，便不能改善情绪状态。陈英和（2004）认为，情绪调节能力作为情绪能力的亚能力之一，其发展对幼儿的发展显得最为重要。

在量化考察中，我们发现，相比较于对照组幼儿，实验组中绝大部分幼儿都能根据情境为主人公提供情绪调节策略，调节策略更多样化。在情绪教育活动开展的过程中，教师通过引导幼儿关注、分析图画书中故事主人公对于情绪的调节策略，鼓励幼儿分享自己处于消极情绪时所期望得到的安慰方式以及幼儿自己产生消极情绪时是如何进行自我调节的方法，且通过儿歌创编及表演，和幼儿一起总结了应对消极情绪的一些有效策略。随之，幼儿认识并掌握的消极情绪的调节策略明显增多，部分幼儿能将其掌握的消极情绪调节策略逐渐运用到日常生活中，如下面的案例。

吃完点心后就要上英语课了，保育E老师便趁着空隙为小朋友排好了上英语课时的座位。当幼儿吃完点心陆续进入教室就座之后，K幼儿和J幼儿开始闹起了矛盾。J幼儿认为K幼儿坐了她的位置，而K幼儿认准了坐在他前排的小朋友，确认自己没有错。J幼儿突然哭了起来，周围的幼儿开始为他俩出主意。M幼儿、B幼儿对K幼儿说："别让她伤心了，她比你小，就让让她吧，你坐我旁边吧，我和你一起。"H幼儿看了看左右说道："J，别哭了，到这边坐，这里有空位子。"

当同伴产生情绪问题时，在活动开展之前幼儿往往更多会以向老师告状的方式，寻求教师的帮助。随着认知的发展以及情绪调节能力的发展，幼儿开始逐步尝试主动地为自己，或是为同伴提供问题解决策略，给予情感安慰，从而帮助自己或同伴消除消极情绪。此外，在以图画书为媒介对幼儿进行情绪教育的过程中，图画书中的情境及故事主人公的情绪调节策略也成为教师在幼儿园一日生活中帮助幼儿调节、处理问题的有效指导素材。当幼儿遇到情绪困惑向教师求助时，教师以图画书中所提及的策略为提示，如请幼儿想一想毛毛兔被别人误会，受了委屈时是怎么办的呢？幼儿便会参考毛毛兔的做法，采取找个机会向小伙伴解释的策略。

儿童的情绪具有一定的情境性，幼儿情绪教育活动中所获得的各项相关情绪技能在一日活动中可能由于遇到特定情境或事件而处于"潜伏状态"，无法观察到非常多的相关行为。但在上述案例中，可以发现相较于前期观察，幼儿在通过以图画书为媒介的情绪教育活动之后，在适当的提示或在某些情境事件中，其情绪能力发展已经有所展现。由此，从幼儿情绪行为的质性分析中，我们认为以图画书为媒介开展情绪教育活动，有助于幼儿情绪能力的发展。

三、推广与展望

（一）对教师开展以图画书为媒介的情绪教育的建议

1. 教师需要具备一定的情绪能力，成为幼儿的榜样

正如在家庭中家长是幼儿的榜样一样，在幼儿园一日生活中，教师则是幼儿的榜样。我国台湾学者林文婷（2008）以1500名3～6岁幼儿及其相应的164名幼儿教师为被试，围绕幼儿教师情绪智力与幼儿情绪智力的关系开展研究，其研究结果表明，幼儿教师的情绪智力总分与幼儿情绪能力总分呈现显著相关，通过教师的情绪能力素养可以有效地预测其所带班级中幼儿的情绪能力。因此，在以图画书为媒介开展情绪教育之前，首先应该明确的是，执教教师自身需要具备一定的情绪能力。作为幼儿除家庭成员之外另一个主要的榜样，教师在日常生活及工作中应有意识地通过各种途径，如阅读相关情绪类书籍、参与团队训练等活动，提高自我的情绪管理能力。其次，在幼儿园一日生活中，无论是在与幼儿的互动、与家长的互动或是与其他教师的互动中，教师是幼儿情绪调节策略的有效示范者。例如，当面对幼儿告状时的哭诉行为时，教师除了安抚哭诉者一方，也应观察被诉一方幼儿的情绪，选择合适的调解方式，从而在不伤害两方的情况下，帮助幼儿解决矛盾，化解情绪问题。因此，教师在日常生活与工作中都应注意自己的言行，从而在潜移默化中，使幼儿习得一些情绪能力。

（1）教师需要具有一双慧眼，善于观察幼儿的情绪

教师对每个孩子的了解程度会影响他对个体变化进行适应及反应，而观察则是帮助教师了解幼儿的一个重要手段。每一个幼儿都是一个独立的个体，拥有独立的思维与情绪。幼儿以及幼儿的情绪之间存在着个体差异。为了帮助幼儿更好地发展情绪能力，在制订课程计划之前，教师应充分了解幼儿的个性、兴趣、年龄特点及情绪发展现实状况，这样才能有效地制定建立在幼儿已有经验基础之上的、适宜幼儿发展的、具有可行性的教学方案。此外，在开展课程的同时，教师需对幼儿的情绪保持一定的敏锐度。在幼儿园一日活动中，教师需要时刻关注幼儿的情绪变化，从而给予相应的支持与适时的指导。

（2）教师需要了解图画书，掌握图画书教学的技能

图画书种类繁多，内容丰富。对于幼儿情绪教育，甚至是幼儿园教育活动的开展，图画书犹如一个宝藏，值得教师好好挖掘。

为了更好地以图画书为媒介开展情绪教育活动，首先教师需要明确的是，与幼儿分享探讨情绪的图画书并没有局限性。只要其故事内容情境中蕴含对帮助幼儿情绪能力有价值的元素，且该图画书符合幼儿的年龄特点、兴趣及发展需要，便可将其扩充到预设的情绪教育图画书库中。因此，教师需要对各种图画书有一定的了解。教师可通过图画书导读类书籍了解图画书内容，从而挑选合适的图画书，运用于幼儿园活动中。

除了挑选图画书，在以图画书为媒介开展情绪教育活动的过程中，教师对图画书教学技能的掌握也值得关注。教师自身需要对图画书有一定解析能力，可以通过导读类书籍对选定的图画书进行系统的认识。在此基础上，教师需要了解图画书内容，仔细推敲图画书中文字、图画、图文混合所讲述的"三种"故事。有目的性地选取情绪教育可用的要素，合理设计教学活动。图画书是成人读给幼儿听的书，因此，以图画书为媒介开展情绪教育的活动中，在教师引导幼儿观察图画的同时，教师的故事讲述能力也是其中一个重要技能。教师需要通过标准的咬字、语音的轻重缓急、语调的抑扬顿挫，以丰富的表现力及感染力向幼儿展现故事内容。

教师需要明确，除了向幼儿展示图画讲述故事之外，在运用图画书开展情绪教育的活动中，与幼儿保持良好互动是不可或缺的。教师需要能接住幼儿抛过来的问题，并且通过与幼儿之间对于问题的探讨过程，帮助幼儿更好地理解内容，搭建书本与实际生活中的桥梁。

（3）教师拓展以图画书为媒介开展情绪教育的活动形式

幼儿园一日生活包括了生活活动、学习活动、运动、游戏四个组成部分。除了在集体教学活动中尝试以图画书为媒介开展情绪教育活动之外，教师还可以针对不同的幼儿特点

与需要，以多种形式，如小组活动、个别活动的形式，开展适宜的促进幼儿情绪能力发展的活动。在小组活动中，教师可尝试通过观察及评估幼儿在实施以图画书为媒介开展情绪教育的集体教学活动后的情绪能力发展状况，按幼儿情绪能力发展进程进行高、中、低的分组，并结合三组幼儿的特点量身选取合适的图画书及教学方式，再次进行小组活动，在尊重并迎合幼儿个体差异的基础上，更有针对性地提升幼儿的情绪能力。

2. 对幼儿园以图画书为媒介开展情绪教育的建议

（1）提供充足的硬件支持

在以图画书为媒介开展情绪教育的过程中，作为教师开展工作的有力后盾，园所需要提供充足的硬件支持。此处的硬件支持主要包括园所为教师以图画书为媒介开展情绪教育活动所需提供的设施、材料及场地等。

受到班级人数、图画书价格等因素影响，在教学活动中，教师往往是以多媒体的方式向幼儿展示图画书中的图片。因此，园所需要为教师提供相应的多媒体设备，为方便教师开展教育活动作好设备支持。

此外，以图画书为媒介开展情绪教育活动的过程中，教师除了开展集体教育活动之外，可以通过图画书故事表演等多种形式，帮助幼儿巩固及演练在活动中所学习到的情绪调节策略。因此，在提供多媒体硬件设施之外，园所需要为教师开展表演等活动提供场地及材料支持。

（2）提供有效的软件支持

除了硬件支持之外，园所还应为教师自身理论、技能的成长，以及促进家园互动提供相应的软件支持。

① 为教师的技能技巧、理论素养提升搭建有效平台

在以图画书为媒介开展情绪教育活动的过程中，对教师自身的情绪管理能力、教师对图画书的了解程度、教师对早期阅读及情绪能力发展的理论素养，以及教师运用图画书开展教学的技能方面都存在着一定的要求。

园所作为支持者，应通过有效途径，如专家讲座、教研活动、新老教师"传、帮、带"等多种形式，积极为教师提供新鲜资讯，帮助教师提升理论素养及教学实践能力。此外，园所还应关注教师的情绪状态，及时帮助教师调节，从而更好地促进活动的开展。

② 开展家园互动平台的建设

开展家园合作是幼儿园工作的一个重要组成部分。家长作为幼儿在平日里的主要抚养人，其自身的言行对幼儿的情绪能力发展有着一定的影响。在以图画书为媒介开展情绪教育活动的过程中，园所可以带领教师一起向家长宣传相关理念，帮助教师将图画书介绍给

更多的家长，向家长开放一些图画书资源，从而促进家园协调，同时双方共同合作促进幼儿的情绪能力发展。

幼儿园可以开设情绪教育家长课堂，通过家长课堂，园所可以将有关理念及幼儿园工作实施进度告知家长，让更多的家长了解情绪智力，了解情绪能力对幼儿发展的重要性，了解图画书及其作用，以及亲子阅读的技巧，从而配合幼儿园情绪教育工作的开展，在积极有效地双方互动中，推动幼儿情绪能力的发展。

此外，在条件允许的情况下，幼儿园可在园中设立专门图画书馆，供幼儿和家长一起借阅，教师可为每本图画书制作配套记录本，请家长和幼儿在记录本上留下心得体会及建议。由此，在图画书借阅的过程中与他人分享自己和孩子的收获。

本章总结

图画书是幼儿早期阅读的主要素材，书中生动的图画、丰富的色彩，蕴藏着许多情绪教育素材等待着教师、家长和孩子们一起开采。

在幼儿园中班年龄段（4～5岁），幼儿能基本识别高兴、害怕、生气、伤心四项基本情绪。以图画书为媒介开展的情绪教育活动，对幼儿的情绪表达、情绪理解、情绪调节能力有积极的促进作用。参与以图画书为媒介开展的情绪教育活动之后，幼儿的情绪表达能力增强，幼儿更乐于与他人分享自己的情绪感受并且幼儿对消极情绪调节策略增多。

作为教师在以图画书为媒介开展的情绪教育活动中，可以通过以图为契机，引发幼儿兴趣，识别并总结情绪外部特征；教师讲故事，幼儿看图片，发挥图画书的传达性，共同体验情绪；以图画为媒介，引导幼儿开展围绕情绪产生的原因及其调节策略开展讨论；以内容为载体，开展有关情绪游戏等教学策略促进幼儿情绪能力的发展。

请你思考

你将如何选择并运用图画书开展情绪教育活动？请运用微格方式进行教学实践。

拓展阅读

1.《菲菲生气了，非常非常生气》，作者莫莉·卞。

生活中，幼儿之间经常会因为争抢玩具等事情闹矛盾，故事中菲菲的情绪变化过程描写得非常逼真，能引起幼儿的情感共鸣，给幼儿良好的暗示。

2.《我好担心》，作者凯文·亨克斯。

通过拟人化的描绘，反映出幼儿在家庭、幼儿园的生活情境。故事内容对于捕捉小孩子的内在情绪，深刻而动人；对于孩子成长过程中父母、老师所扮演的角色，提供了深刻的思考与启发。

3.《小鲁的池塘》，作者伊夫·邦廷、罗纳德·希姆勒。

故事以小鲁的同学为第一人称，叙述徐徐拉开帷幕。小女孩和小鲁是住在同一条街上的邻居，他们总是形影不离。但小鲁的心脏病日益严重，最终故去，把悲伤留给了小女孩和其他同学，于是，大家试图一起找到一种可以纪念小鲁的方式，来抹平内心的创伤。

4.《不要再笑了，裘裘！》，作者庆子·凯萨兹。

"不要再笑了，裘裘！"负鼠妈妈说。她要教裘裘装死的本领，只有这样，遇到敌人时才能逃脱。"没问题，妈妈。"裘裘说。可是，裘裘总是忍不住要笑出声。负鼠妈妈假扮成一只饥饿的狐狸、一只可恶的狼和一只可怕的野猫，可裘裘还是不停地笑。负鼠妈妈一点办法也没有。要是裘裘在森林里碰到一头凶巴巴的大熊，那该怎么办呢？这是一个有趣、意想不到的故事。

第十三章

促进小班幼儿情绪理解能力的实践研究——以主题性音乐游戏为载体

第一节 理论基础

一、情绪理解能力的相关概念及国内外研究

随着社会的进步，人们越来越认识到成功不仅仅取决于智力因素，更大的一部分是取决于除智商之外的情商的等一系列因素。有关情绪智力的研究最早由佩恩（Payne）在1985年提出，他认为现代社会出现的众多问题多是由于情绪智力长久以来被人们忽略所致。沙洛维（Salovey，1990）等人在前人研究基础上，首次提出了情绪智力的概念，并将情绪智力作为一种独立的成分，提出了情绪智力的三因素模型：情绪评估和表达能力、情绪调节能力、运用情绪信息的能力，随后在1997年进行修订并强调情绪智力是一种与认知有关的心理能力。

情绪智力能够为情绪交流和社会关系提供基础，也是个体发展和社会适应的良好反映指标。

（一）情绪理解能力的定义

从字面意思而言，情绪理解可简单解释为个体对情绪的理解。对于情绪理解的界定，国内外研究者提出了不同的概念，详见本书的第四章。综合前人观点，我们认为，情绪理解能力是个体理解情绪的原因和结果，并对自己和他人的内在情绪体验进行推测、解释以及作出恰当反应的能力。

（二）国内外关于情绪理解能力的相关研究

对于情绪理解能力的研究，国内外的学者都是从情绪理解能力的组成要素出发，从而对情绪理解能力进行研究。

对于情绪理解能力所包含的要素的研究，以往的研究者也都各持己见，各有侧重。儿童心理理论中对不同层次的情绪理解的研究主要包括：儿童对简单情绪表情和引起这些情绪的情境的识别；对情绪和愿望关系的理解，知道愿望是引起情绪的原因；对信念和情绪关系的理解，知道信念是引起情绪的原因；以及对冲突情绪的理解。有研究者将幼儿的情绪理解能力分为对情绪状态和情绪过程的理解两个大的领域。对情绪状态的理解包括：面部表情理解、情绪情境理解、混合情绪理解等；对情绪过程的理解包括：情绪归因的理解、基于愿望与信念的情绪理解、情绪表现规则的理解、情绪调节的理解等。也有研究者认为情绪理解是指个体对所面临的情绪线索和情境信息进行解释的能力，主要包括对面部表情的识别能力以及对各种引发情绪的情境的认识和解释两个方面的内容。陈英和等人（2004）

认为，情绪理解能力的要素包括表情识别、观点采择、原因解释等。马春红（2010）则在徐美琴等人研究基础上，从表情识别、情绪观点采择、混合情绪理解、情绪原因解释、基于信念的情绪理解、基于愿望的情绪理解和情绪表现规则认知水平这七个方面来考察幼儿的情绪理解能力。

在3～4岁的年龄阶段,幼儿开始逐渐掌握正确命名他人或木偶面部情绪的词汇,同时,也能够开始使用"伤心""生气"等消极情绪词汇。在这一阶段，幼儿的移情能力、对混合情绪的理解能力以及情绪推理能力都有不同程度的发展。幼儿能够开始承担角色、使用语言，并意识到别人具有与自己不同的情感。但通过观察和参考相关文献，我们发现处于小班阶段的幼儿，还不具备对情绪调节能力的掌握。所以，基于以上国内外研究，并参考和借鉴马春红（2010）的观点，再结合小班幼儿情绪理解能力的发展特点，我们选取表情识别、情感观点采择任务、情绪解释能力、混合（冲突）情绪理解、基于信念和愿望情绪理解等五方面进行研究。

1. 面部表情识别

面部表情是人们情绪的外在表现，是情绪表达的主要通道，根据面部表情可以推测出一个人的情绪状态。

国内外学者在面部表情识别的研究上，采取的方法基本一致。尼尔森（Nelson，1970）等主要是通过使用面部表情图片，包括线条画和照片，让儿童再认高兴、悲伤、生气、恐惧等情绪表情图片，来考察儿童识别基本情绪的能力。德纳姆（Denham，1986）在研究中向幼儿呈现高兴、伤心、愤怒和害怕这四种基本表情图片，让幼儿命名，并且从表情图片中再认出相应的情绪,这成为研究幼儿表情识别能力的一种经典范式。孟昭兰等人(1985)在实验中设置情绪情境事件引发婴儿情绪，拍摄1岁婴儿愉快、惊奇、悲伤、愤怒、厌恶和惧怕这六种情绪的表情照片，该实验是确定中国婴儿面部模式的第一次尝试，其结果表明1岁婴儿已经具有基本表情模式。姚端维等（2004）向儿童随机呈现四种情绪的类型图片：高兴、伤心、愤怒和害怕，让其对各种情绪进行命名。王异芳等（2009）采用类似试验方法，由主试向儿童呈现四种情绪类型的图片，分别是高兴、伤心、生气和害怕，然后随机指向一张图片，要求被试说出相应表情。

基于以上研究方法，国内外学者得出的结论也都基本相似。有研究者发现2岁幼儿能正确辨别面部表情,能谈论和情绪有关的话题。德纳姆（1986）在2～4岁儿童识别高兴、伤心、生气和害怕四种表情的实验中发现，儿童指认表情的能力优于命名表情的能力，在消极情绪中，害怕是最难识别的表情。也有研究发现，美国白人幼儿对于伤心的识别要高于对生气、害怕的识别。姚端维等（2004）的一项研究发现，中国儿童识别生气表情的能力强于识别伤心表情的能力,但在性别方面不存在差异。刁洁(2008)在儿童情绪类型发展趋势的研究中指出,儿童识别四类情绪的能力是不平衡的,其中对高兴情绪的识别发展得最早,对生气情绪的识别能力也较好,对伤心情绪的识别较差,对害怕情绪的识别最差。徐琴美等(2006)则在测验儿童对表情照片的识别后发现,儿童对高兴、伤心、好奇的识别较好,对害怕、讨厌、生气的识别较差。

2. 情感观点采择

观点采择,是指儿童推断别人内部心理活动的能力,即能设身处地理解他人的思想、愿望、情感等。李幼穗等(2000)认为观点采择是指区分自己与他人的观点,并根据有关信息对他人观点进行推断以及作出反应的能力。从采择客体的性质角度可将观点采择分为空间观点采择和社会观点采择,社会观点采择又分为认知观点采择和情感观点采择。情感观点采择指意识到他人的情绪或情感状态。观点采择能力是在广泛的社会互动、在丰富多彩的社会线索的刺激下发展起来的,对于儿童的个性社会性发展有重要的影响。

张文新等人(1999)在考察6~10岁儿童认知观点采择与情绪观点采择能力的发展趋势和水平的研究中,使用四个情境故事及相应图片作为测验材料,向儿童讲述情境故事,然后询问儿童相应的测验问题。姚端维等(2004)采取的试验方法是,随机呈现8张故事图片,图片中主人公的性别、年龄与儿童一致。主试用中性的语气和表情向儿童讲述情境故事,没有动作提示。潘苗苗、苏彦捷(2007)在实验中所采用的是:首先给儿童介绍与其年龄相当、性别相同、中性表情的娃娃木偶,作为情境故事的主人公,主试用中性的语气和表情向儿童讲述8个情境故事,并附上相应的图片便于儿童理解,没有动作提示,要求儿童根据情境信息判断主人公的情绪状态,从给定的4种表情图片中进行选择。情绪表情图片同表情识别中的情绪图片一样,采用高兴、伤心、生气、害怕情绪各对应2个情境故事,并按拉丁方顺序呈现。

研究结果表明,"情感的"观点采择领域相对"认知的"观点采择划分提早3~4年。霍夫曼(Hoffman,1984)认为,儿童出生第一年,对"自我—他人"关系尚未达到分化,不能区分对"他人"情绪状态和"自己"情绪状态的体验;到了第二年,儿童初步的"自我意识"开始萌芽,出现了"自我中心的移情",也就是说儿童开始表现对他人痛苦的"同情,只是为了减轻"自己的"不安和痛苦;到了2~3岁,儿童开始表现出一些利他主义的尝试,获得了初步的"观点采择"能力。姚端维等(2004)研究表明,3~4岁是幼儿情绪观点采择能力发展的一个关键时期。

3. 情绪原因解释能力

情绪原因解释能力就是在一定的情境中，个体对他人和自己的情绪体验，并对产生情绪体验的情境作出原因性解释和推断的能力。研究者一般采用半结构的访谈法，探讨幼儿在情绪解释能力上的发展。有研究者发现，儿童对消极情绪产生的原因更能够稳定识别，这可能因为消极情绪的强度更大，更频繁且更容易突出情绪唤起的资源。卡西迪等人（Cassidy，1992）让儿童谈论自己、父母和同伴的情绪，结果表明，5~6岁的儿童已经能够对自己和他人的情绪体验给出合理的解释。德纳姆（Denham，1994）让幼儿探讨玩偶的情绪产生的原因，然后询问幼儿布娃娃的情绪所产生的原因，其研究结果表明，幼儿对高兴的原因解释能力是最高的，对伤心的原因解释能力是最低的。姚端纬等（2004）在研究中，3岁组幼儿在对情绪原因的理解上存在明显的差异，而4岁组和5岁组幼儿之间的差异不明显，也就是说，3~4岁是幼儿情绪理解能力发展的关键期。

4. 混合情绪理解

混合情绪理解能力指个体意识到同一情景可以同时诱发两种不同的甚至矛盾的情绪反应的能力。

混合情绪理解常用故事访谈法研究，其故事情境具有引起混合情绪或冲突情绪反应的特点。在混合情绪理解上，有三种经典的研究范式，第一种是简单解释任务：向幼儿讲述情境故事，并对幼儿清楚地说明故事主人公所感受到的两种不同或冲突的情绪，让幼儿解释这两种情绪所产生的原因；第二种是解释/探测任务：向幼儿讲述情境故事，然后询问幼儿故事主人公的感受有哪些，并让幼儿解释原因；第三种是讲述自己的经历，即询问幼儿是否有既积极又消极（如既高兴又难过）的经历，并讲给主试听。

从大约3岁开始，儿童开始能识别情绪和引发情绪的情境；到了6岁，知道同一客体可以引发一种以上的混合情绪，例如儿童能判断在学校即将放假的前一天，面对休假以及和老师、同学的暂时分别，会同时产生高兴和难过两种情绪。约翰逊（Johnson，1992）的研究表明5岁儿童对混合情绪的理解仍然有困难；7岁儿童只能识别同一性质的情绪，例如同样是积极情绪，或者同为消极情绪；到了11岁左右，才具有辨别同一情境可能引发两种矛盾情绪的能力。

哈特（Harter，2001）在研究中发现7岁儿童只能识别同一性质的情绪，例如同为积极情绪，或者同为消极情绪；只有到了11岁，儿童才能理解存在一种以上不同性质的情绪同时发生在同一个体的现象。

虽然有关儿童能理解情绪的年龄没有一致的结论，但大多数研究都承认对于儿童混合情绪理解主要是与内部心理因素（如信念）有关，以内部心理状态为中介的。也就是说儿童认知能力发展到一个更高的阶段，才具有理解混合情绪的能力。理解混合情绪，需要社会认知和社会知觉两者的共同作用。

5. 基于信念和愿望情绪理解

基于信念和愿望的情绪理解是指个体对于自己或他人在情景是否满足愿望时所产生情绪的理解。信念和愿望对情绪作用的理解，是探测儿童对情绪的理解是基于愿望还是信念，可以推断儿童的认知发展水平。这方面的研究成果较为丰富，研究方法上多采用经典的愿望、信念理解任务。

有研究认为儿童3岁左右，就能理解情绪和愿望之间的关系。3岁可能是儿童获得基于愿望的情绪理解能力的关键年龄。信念和愿望情绪理解的经典范式是哈里斯（Harris，1980）等人在错误信念理解实验中考察了儿童基于信念还是愿望的情绪理解。实验中，呈现的故事情景为：在小白兔不知情的情况下，用橙汁换掉了小白兔喜欢的苹果汁，分别询问儿童小白兔在喝橙汁前和喝橙汁后的感受。结果发现：3岁、4岁和6岁儿童都能正确理解基于愿望的情绪，然而3岁儿童还不能正确理解基于信念的情绪，少数4岁和大多数6岁儿童则能够理解和信念有关的情绪。因此，他们认为儿童大约在3岁时能够理解基于愿望是情绪，在4岁时开始出现理解和信念有关的情绪，到6岁时，才能够比较普遍地通过基于信念的情绪理解任务，基于愿望和信念的情绪理解能力是随年龄的增长而逐渐提高的。随后的研究者对研究加以改变，在讲故事的过程中就提问，进一步考察儿童理解愿望与信念引起的情绪。结果同样表明：正常儿童年龄在4～7岁，有89.5%的儿童能正确理解愿望引起的情绪，73.7%的儿童能正确理解信念引起的情绪，且基于信念的情绪理解晚于基于愿望的情绪理解出现。此外，也有研究者采用不同的故事模式，对此进行研究发现，3岁的儿童能准确地预测当一个故事主角扔出的球被期望的对象接到时，会感到高兴，如果是另外一个对象接到，会感到难过；2.5～3岁的儿童知道故事中的人得到他期待已久的兔子时，感到高兴，当兔子换为小狗时，将感到难过。

我国学者杨小冬、方格（2005）通过研究学前儿童信念、愿望和情绪间关系的认知，探察学前儿童心理理论发展的特点。结果发现在推测他人愿望时，部分3岁和4岁儿童虽然能够正确报告他人的信念却不能正确推测他人愿望。可见愿望的认知发展也有其复杂性的一面。

（三）情绪理解能力对幼儿的重要意义

情绪理解在幼儿管理情绪和处理同伴冲突中是一个十分有效的工具，它的发展有助于幼儿交流自己的感受，预测他人的感受和行为，对事件和情绪之间的因果联系进行更完整地加工，对其社会能力的发展也有着重要的作用。情绪理解能力使幼儿能够正确识别他人表情，预测他人对自己的行为所产生的情绪，因而会影响幼儿的同伴接纳程度。情绪理解能力在整个幼儿期处于不断发展之中，对幼儿的日常生活和社会交往具有不容忽视的作用。

国内外研究者一致认为，情绪理解能力对幼儿同伴关系和社会能力的发展具有积极的促进作用。德纳姆等人的研究发现，学前阶段的幼儿逐渐学会了识别表情和情绪情境，同时也逐渐能够用口头语言对自己和他人的情绪原因进行一致地、流利地解释。而随后德纳姆（1990）的研究表明，情绪理解与幼儿社会能力和积极的同伴关系存在显著相关，幼儿的情绪理解能力越好，与同伴的交流就越多，越有可能对同伴表现出亲社会行为，也就越有可能被教师评价为社会能力高。伊泽德（Izard，2001）指出，情绪理解为情绪交流和社会互动提供基础，是个体发展和社会适应的良好反映指标。

我国心理学者也得出了同样的研究结论，潘苗苗和苏彦捷（2006）研究结果表明，情绪理解能力高的幼儿能够准确判断他人的情绪状态，在同伴冲突情境中较多地使用建构性策略来进行情绪调节，具有较高的同伴接纳程度。李幼穗等人（2009）在研究结果发现，幼儿情绪理解能力与同伴接纳程度呈显著正相关，情绪能力越高的幼儿在同伴群体中越受欢迎。此外，大量研究还将情绪理解作为个体差异测量的一个指标，探讨情绪理解与社会功能的关系。研究表明小学生识别和标定情绪的能力与他们的社会适应和学业成就密切相关。幼儿的情绪理解对其同期和后期的社会能力、问题行为等都有一定的预测作用。所以，情绪理解对幼儿未来社会能力的发展具有重要意义。

二、主题性音乐游戏的相关概念

（一）音乐游戏的含义

音乐游戏是在音乐伴随下进行的游戏活动，它是一种较为特殊的韵律活动。在音乐游戏活动中，音乐与游戏是相辅相成，相互促进的，音乐指挥、促进和制约着游戏，而游戏又能够帮助儿童更具体、形象地感受和理解音乐。

音乐游戏具有突出的教育作用，集中体现了音乐的艺术性、技能性与儿童年龄特点和发展水平之间的对立统一，让幼儿在游戏和玩耍中，既掌握了一定的音乐知识和技能，又不知不觉地渗透了品德教育和审美教育。更重要的是，幼儿在愉快而自由的游戏中，能够获得更多的积极情绪情感享受和体验，进一步促进幼儿对音乐活动的稳定兴趣。

（二）音乐游戏的分类

对音乐游戏的分类，可以从两个维度来划分。从游戏的形式上来划分，可分为歌舞游戏、表演游戏和听辨反应游戏。歌舞游戏是按照歌词、节奏、乐句和乐段的结构做动作并进行游戏；表演游戏是按照专门设计、组织的不同音乐来做动作或变化动作而进行的游戏；听辨反应游戏较为侧重对音乐和声音的分辨、判断能力的要求，以培养儿童对音乐的高低、强弱、快慢、音色、乐句等的分辨能力。

第二种划分方式是从游戏的内容和主题上来划分，可以分为主题性游戏和非主题性游戏。主题性音乐游戏一般有一定的内容或情节的构思，有一定的角色。儿童在音乐游戏中根据游戏中的角色模仿一定的形象，完成一定的动作。非主题性音乐游戏一般没有一定的情节构思，只是随着音乐做动作，相当于律动或律动组合，但这种动作是带有一定的游戏性，并含有游戏规则的音乐游戏。

（三）音乐游戏的价值

游戏在幼儿发展的过程中占据重要的地位。对于幼儿来说，游戏就是生活本身，游戏强调的是幼儿的自主自愿的内在动机。游戏能够促进对幼儿的运动能力，幼儿通过游戏来探索、感知周围的世界，在不断探索中，提高自己的运动能力、身体支配和控制能力；游戏能够促进幼儿的情感发展，幼儿能够在游戏中获得积极的情感体验，增强自信心，可以实现现实中不能实现的愿望，需求也可以在游戏中得到满足；游戏能够促进幼儿的认知能力的发展，对于幼儿来讲，游戏是一种有意义、快乐的活动，它对幼儿的认知发展起着促进者和组织者的作用；游戏还能够为儿童提供社会交往的机会促进幼儿的社会性发展，在游戏中，幼儿不仅仅能够操作材料，还要与他人进行交往、理解他们所处的世界。

音乐游戏是通过采用游戏化的方法组织音乐活动，音乐游戏集中体现了音乐的艺术性、技术性、抽象性与幼儿的年龄特征和发展水平之间的对立统一的关系。因为游戏可以将丰富的教育要求以有趣的形式表现出来，使孩子们在乐此不疲、喜闻乐见的玩耍中不知不觉地练习和掌握一定的知识和技能，完成一定的教育任务。音乐游戏不仅能满足幼儿的心理需求，激发兴趣，而且能有效提高幼儿的音乐感受力，陶冶幼儿的情操，促进幼儿身心健康、和谐地发展。幼儿在音乐游戏中能够成为积极的参与者和创造者，在自由、轻松、愉快、灵活、丰富多彩的音乐活动中初步感知音乐、理解音乐、表现音乐。

三、研究的可行性

（一）音乐与情绪的关系

我国古代的教育家很早就意识到音乐与社会心理乃至人的情绪之间的关系，并进行了论述，早在《周易》中，就将音乐视为能够沟通人与先辈心灵的中介。把音乐作为中介，体现了音乐的社会心理功能与宗教心理功能。《尚书·大禹谟》中也提到"戒之用休，董之用威，劝之以九歌"，就是用音乐来起到引导人们用心向善的作用。在谈及音乐与情绪的关系之中，荀子在《乐论》中，曾多次提到音乐对人性情、情感的作用，如："凡奸声感人而逆气应之，逆气成象而乱生焉；正声感人而顺气应之，顺气成象而治生焉。唱和有应，善恶相象，故君子慎其所去就也。"此外，我国古代教育家对音乐和情绪之间的关系也有很多论述，所谓"情发于声、声成文谓之音""凡音者，生产心者，情动于中，故形于声""情动于中而形于言，言之不足故嗟叹之，嗟叹之不足，故咏歌之，咏歌之不足，不知手之舞之，足之蹈之"等。

现代国内外的心理学家也都认为音乐与情绪是息息相关的。英国基尔大学的心理学家曾对音乐的这种全人类通用语言特性与人的惊讶情绪反应联系在一起进行研究，结果显示，正因为音乐是一种情绪语言，所以音乐才具有超时空、超民族、超文化的特性，成为全人类通用语言。古今中外各地异时的音乐虽在结构、音调、节奏上千差万别，即使你肤色各异，语言不通，但仍可从异域时代的乐曲中感受到所表达的欢乐与悲伤的情怀。有研究者选取179名非音乐专业大学生被试，探讨了音乐片段和情绪反应的关系，结果指出，古典音乐和非古典音乐引发的情绪反应差异显著，并且，古典音乐趋向于引发更多快乐和庄严的情绪。

我国学者研究音乐与情绪的相互关系的成果也很多。梁承谋、张永卫等（1994）在关于音乐欣赏研究过程中3～10岁儿童的情绪判断与想象发展中发现，儿童对喜悦、悲伤两种艺术情绪判断正确率呈极显著差异，学前儿童情绪判断正确性喜悦大大高于悲伤，进入小学学习后的儿童对悲伤情绪判断正确率迅速提高。刘贤敏（2006）通过实验的方法探讨情绪与生理指标之间的关系，结果证明，不同音色的乐曲可以诱发出不同种类的情绪：筝乐曲可以诱发出愉快情绪，埙乐曲可以诱发出悲伤情绪，而且没有性别差异。黄卫平（2011）在研究不同类型的经典音乐对大学生情绪影响的研究中，采用喜、怒、哀、惧四种情绪来测查大学生情绪体验强度，结果证明不同情绪类型的音乐，能够引发大学生不同的情绪体验，并不受性别、专业的影响。

（二）对小班幼儿进行音乐游戏干预的可行性

3～4岁幼儿已经可以跟随教师进行些简单的律动，他们的动作也已开始逐步进入了分化阶段，大多数幼儿都能够自如地运用手臂、躯干做各种单纯的动作，且动作与音乐的协调性也逐步一致。但受身体发展的限制，小班幼儿对跳跃或上下肢联合的动作掌握起来还是存在一定的困难。所以，音乐游戏在帮助儿童开发必要的动作表现技能和能力方面，具有一定的促进作用。

3～4岁幼儿的音乐欣赏能力是随他们的认知、思维能力和音乐活动的经验逐步发展起来的，他们能够对生动形象、节奏鲜明的乐曲有一定的反应和感受，但是，不一定能够完全理解。所以，在音乐活动中加入表情、创造性的身体动作，帮助他们很好地感受、理解作品是十分必要的，这也是最为适合幼儿欣赏音乐的方法。

第二节 课程实施

《幼儿园指导纲要（试行）》和《上海市学前教育指南》对艺术领域幼儿的发展目标都有明确的要求，艺术教育的目标必须是能够让幼儿喜欢参加艺术活动，鼓励幼儿用不同艺术形式大胆地表达自己的情感、理解和想象，同时，还要帮助他们提高表现的技能和能力。

为了能够更好地开展主题性音乐游戏活动，在设计活动方案之前，我们首先接触并了解了该班幼儿，参与他们的一日生活，与他们建立良好的互动关系，消除陌生感。这有助于我们选择合适幼儿的主题性音乐游戏，并且在实施实验研究的过程中，更自然地面对幼儿。其次，我们通过观察，了解他们的情绪能力和音乐教育的发展现状，确保实验研究是建立在幼儿已有经验的基础上，符合幼儿年龄特点。

本次研究中的教育实践部分由我们和 S 幼儿园小一班 G 老师共同进行。在前期准备过程中，为尽快熟悉和了解幼儿，由 G 老师向我们介绍幼儿的基本情况、特点及在园一日活动情况，在活动的设计和实施当中，G 老师也给予了帮助和指导。

本部分共涉及两个研究：(1) 主题性音乐游戏对幼儿情绪理解能力的影响；(2) 主题性音乐游戏对幼儿音乐情绪判断和欣赏能力的影响。

一、研究目的

研究（1）探讨以主题性音乐游戏为媒介，考察是否能够在表情识别、情感观点采择任务、情绪解释能力、混合（冲突）情绪理解、基于信念和愿望情绪理解这五个维度上，促进幼儿情绪理解能力的发展。

二、研究思路

运用实验法对实验班和对照班的幼儿情绪能力进行现状前测（前测1）。鉴于幼儿日常所接触到的情绪词汇有限，为避免在主题性音乐游戏中，故事讲述会对幼儿情绪词汇经验产生影响，在现状前测了解后，对实验班和对照班都进行儿童情绪绘本毛毛兔系列的讲述，提供四种情绪词汇经验，并再进行一次情绪能力测验，确定共同起点（前测2）。对实验班进行以主题性音乐游戏为媒介的情绪教育活动（实验干预）。然后再次对实验班和对照班进行情绪能力测验，比较两组之间的差异和两组前后测差异，考察主题性音乐游戏是否能够促进幼儿情绪理解能力的发展。

三、实验对象

随机抽取S幼儿园两个平行班，实验班为小一班，共28人，其中，男15人，女13人，平均月龄43.8个月；对照班为小三班，共26人，其中男15人，女11人，平均月龄为42.9个月。两组样本均身体、智力发育正常。在测验结束时，有效样本为45人，小一班为23人，小三班为22人。

四、实验内容

（一）情绪能力测验内容

该部分实验材料包括表情识别、情感观点采择、情绪解释能力、混合（冲突）情绪理解、基于信念和愿望情绪理解五个部分。

1. 表情识别

参考德纳姆的研究步骤，再结合马春红（2010）的相关实验，在本研究中，表情识别任务包括两个小任务：表情命名和表情再认。表情命名，即主试按顺序出示高兴、伤心、生气和害怕4张表情照片，照片上的成人性别与幼儿性别一致，要求儿童口头命名；表情再认，在上一个任务的基础上，打乱照片的顺序，由主试随机说出一种情绪名称，要求幼儿指出相应的照片。本任务所采用的情绪表情图片，为马春红（2010）表情识别任务中的男、女两组表情图片，每组4张，分别为高兴、生气、伤心、害怕四种基本情绪。该表情图片由60名大学生进行了照片辨认和评价的效度检验，其中包括对8张照片的情绪命名和相似度的评价，结果显示，男、女表情的8张图片具有良好的效度，可以作为表情识别的实验材料。

（1）指导语

表情命名：

小朋友，你好。我们每个人有时候会高兴，有时候会生气，有时候会伤心，还有时候会害怕，现在请你看看这位朋友，他/她的心里会感觉怎么样？他/她会有什么感觉？

表情再认：

好的，现在我们再来看看这些图片，现在老师来说一种感觉，你来指给我看看是哪个图片好吗？

（2）施测方式

在表情命名任务中，主试先按照高兴、伤心、生气和害怕的顺序出示和小朋友性别一致的表情照片，要求小朋友作出回答。在表情再认的任务中，主试将照片打乱顺序摆放在桌子上，让小朋友指出主试随机报出的某一情绪相对应的照片。

（3）评分标准

采用 0～2 分的计分方式，当被试能够正确命名或再认该情绪时，记 2 分，如被试报告出害怕、伤心等情绪词汇；当被试不能够正确命名，但能够正确辨别积极情绪或消极情绪时，记 1 分，如不高兴、哭等；当被试不能说出或判断错误时，记 0 分。

2. 情感观点采择

由主试讲解 8 个情绪故事，让被试根据情境，报告主人公的情绪状态。本任务包括 8 个故事，分男、女两组图片，故事情节和所引发的情绪都相同，其中高兴、伤心、害怕、生气四种情绪各 2 个故事。测验时，要求主人公与被试性别一致。

（1）施测方式

该任务中，主试随机讲述 8 个故事，并进行提问。保证主试的语调平缓，阐述清楚，不带有情绪色彩。

指导语：

小朋友，老师来个你讲几个小红/小明的故事，她/他和你一样，是个小女/男孩。你来说说看，她/他心里会有什么感觉，好吗？

举例：

小红/小明在玩搭积木的时候，刚搭好的漂亮城堡被跑来的小朋友踢到了，你觉得小红/小明心里会有什么感觉？

（2）评分标准

采用 0～2 分的计分方式。当被试能够正确报告时，记 2 分；当被试不能够正确报告，但能够正确辨别积极情绪或消极情绪时，记 1 分；当被试不能说出或判断错误时，记 0 分。

3. 情绪解释能力

在情感观点采择的故事中，选取高兴、生气、伤心、害怕四种情绪各一个故事进行追问，要求被试根据故事报告产生该种情绪的原因。

（1）施测方式

指导语：

小红的心里很高兴/生气/伤心/害怕。为什么呢？

举例：

小红/小明一个人晚上在睡觉的时候，轰隆隆，外面打了一声很响的雷，下起了大雨。你觉得小红/小明心里有什么感觉呢？为什么呢？

（2）评分标准

采用0~2分的计分方式。当被试对主人公的情绪能够进行合理解释，记2分；当被试对主人公的情绪解释在一定程度上合理，记1分；当被试不能说出或报告错误时，记0分。

4.混合（冲突）情绪理解

本项研究采用混合情绪理解的经典研究范式中的解释/探测任务（explain/detect），由主试向幼儿讲述5个情境故事，每个故事能够引发幼儿的两种不同情绪。其中的2个故事能够引发冲突情绪，即一种是积极情绪，另一种是消极情绪；另外3个故事能够引发混合情绪，两种情绪都为消极情绪。

（1）施测方式

指导语：

老师这里有很多的故事和图片，你看，老师没有画这个小朋友的脸，因为老师不知道他心里会有什么感觉？如果你知道的话，请你告诉老师，帮助老师来把他/她的脸画上，好吗？

由主试向幼儿讲述故事，故事主人公性别和幼儿性别一致，同时给幼儿出示与故事相应的图片。主试讲故事的顺序为随机选择，排除顺序效应，确保幼儿听懂故事后，询问幼儿故事中的主人公心里有什么感觉。如果幼儿只能回答出一种情绪，主试可以适当提示幼儿"除了这种感觉，她/他还会有什么其他的感觉吗？"

举例：

小红/小明告诉爸爸她/他很想玩滑板，一天，爸爸买了一个很新很漂亮的滑板，爸爸让她/他站上去试试，可是小红/小明以前从来没玩过。你觉得小红/小明心里会有什么感觉？为什么？

（2）评分标准

每种情绪采用0~2分的计分方式，当被试能够正确命名或再认该情绪时，记2分；

当被试不能够正确命名,但能够正确辨别积极情绪或消极情绪时,记 1 分;当被试不能说出或判断错误时,记 0 分。最后的总得分是两种情绪得分之和。

5. 基于信念和愿望情绪理解

根据哈里斯和约翰逊(Harris & Johnson,1989)的经典研究范式,借鉴马春红(2010)的研究中所用到的模式,主试向被试讲述情境故事并出示相应图片:雪碧和白开水。

(1)施测方式

故事内容:

我们故事里的小朋友叫小明/小红。今天天气很热,他/她刚刚从幼儿园回到家,给自己倒了一杯最喜欢喝的雪碧,但是,妈妈让小明/小红先洗干净手,再来喝饮料,于是,小明/小红就去洗手了。这个时候,从外面回来的妹妹刚回到家,看到桌子上的饮料,就拿起杯子都喝掉。妹妹喝完之后往杯子里面倒了小明/小红最不喜欢喝的白开水,然后,妹妹又跑出去玩了。

(2)提问

记忆检测:

小明/小红在去洗手之前,往杯子里面倒的是什么饮料?(若被试回答不上来,主试可以提示,是雪碧还是白开水?)答案:雪碧。

事实检测:

现在杯子里面是什么饮料?答案:矿泉水。

基于信念的情绪理解问题:

小明/小红洗完手回来后,看到桌子上的杯子,他端起杯子想喝里面的饮料,这个时候他/她心里感觉怎样?为什么?答案:高兴。

基于愿望的情绪理解问题:

小明/小红喝掉了杯子里的东西,他/她会有什么感觉?为什么?答案:不高兴。

(3)评分标准

记忆检测和事实检测的回答采用 0~1 计分。回答正确为 1 分,回答错误为 0 分。基于信念和愿望的情绪理解问题,对被试回答进行文字记录:回答正确,解释符合故事意思,记 3 分;回答正确,原因解释在一定程度上符合故事意思,记 2 分;回答正确但不知道解释,记 1 分;回答错误记 0 分。

（二）儿童情绪绘本干预

1. 设计理念

鉴于本实验所采用的音乐游戏是有主题的音乐游戏，在进行音乐游戏之前，主试会向幼儿详细介绍《小狮子历险记》故事，其中故事的讲述必然会包含一定的情绪词汇。在与实验班、对照班带班老师了解并观察了幼儿的平日生活、学习后，发现幼儿在平时所接触的教师、父母对幼儿的情绪教育往往是流于表层教育和开导，同伴之间若发生冲突或不开心的事情，幼儿虽能互相说句"对不起"，但往往还会在随后的接触中，持续之前的冲突或不开心的状态。幼儿对高兴、生气、伤心、害怕情绪的理解，往往停留在知道这一个词汇，但不能给出解释，或解释错误；家长有时面对幼儿发脾气或哭泣的时候，往往束手无策，或直接采取放任自流的态度，有些家长一旦当孩子闹脾气的时候，就会妥协自己的原则；幼儿教师在面对幼儿产生情绪状态时，往往采取即时教育、劝说以及安慰，很少会利用集体教育或活动的时间，对幼儿的情绪展开教育。因此，幼儿在平日生活和学习中所接触到的情绪教育的知识较少，对情绪词汇的接触也不会很多。为避免随后的主题性音乐游戏中，绘本讲述会对情绪能力的实验分数有干扰，所以，笔者认为在情绪能力现状测查后，实施儿童情绪绘本毛毛兔系列《我好快乐》、《我不会害怕》、《我不想生气》、《我不愿悲伤》四本绘本的讲述是十分必要的。

2. 绘本干预

选择四本作品《我好快乐》、《我不会害怕》、《我不想生气》、《我不愿悲伤》作为绘本干预的素材，分别向实验班和控制班进行绘本讲述，达到帮助幼儿能够认识情绪的外部特征即可。此课程的设置，参考郭晓轩（2011）《以图画书为媒介开展情绪教育的实践研究》中的课程安排内容，以及其研究结论，即在进行绘本干预后，幼儿在表情识别能力上，实验组幼儿对伤心、害怕的表情识别得分有所提高。鉴于此，本研究中为帮助幼儿初步认识情绪特征及情绪词汇，避免后续研究中绘本讲述对实验班产生词汇干扰，对每种情绪采用一课时（共计四课时）的时间进行讲解，引导幼儿对毛毛兔的表情、神态以及体态进行观察，使得幼儿对情绪表情特征及情绪词汇有具象的认识，获得词汇经验。

表13.1 课程结构图

课时	故事名称	表情特征识别	情绪词汇
第一课时	《我好快乐》	眼睛弯弯的、笑眯眯；嘴角上扬，微笑	高兴、开心
第二课时	《我不会害怕》	皱眉头、眉毛向下；嘴巴张大	害怕
第三课时	《我不想生气》	皱眉头、眉尾向上；嘴巴弯弯向下，撅嘴；双手抱胸	生气
第四课时	《我不愿悲伤》	耳朵下垂；皱眉头、眉尾向下弯；流眼泪；嘴角向下弯；低头	伤心，难过

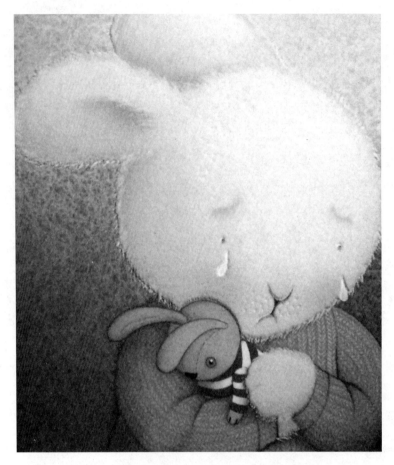

图 13.1 "我不愿悲伤"（图片来自《我不愿悲伤》）

案例

老师：小朋友们，今天，我们来认识老师一位新的朋友，它的名字叫毛毛兔，咦？你们看看，毛毛兔它怎么啦？

幼儿：哭了，不高兴，伤心。

老师：哦，原来，它不高兴了，它伤心了。那你们是怎么发现，毛毛兔不高兴、伤心了呢？

幼1：它有眼泪，哭了。

老师：哦，对的，我们看到毛毛兔眼睛里面有泪水，我们就知道，它伤心了。还有没有发现别的呢？

幼2：它的嘴巴是弯下来的。

老师：哦，它的嘴巴是向下弯弯的，所以，你知道它会不高兴。还有不一样的发现吗？

幼3：它的眉毛，也往下了，很伤心。

老师：嗯，小朋友看得很仔细，毛毛兔伤心的时候，它的眉毛也会往下。

幼4：它的耳朵没有立起来，头也低下来了。

老师：嗯，对的，毛毛兔伤心、难过的时候，它的耳朵也垂下来了。小朋友们，原来，我们伤心、难过的时候是这个样子的……

（三）主题性音乐游戏活动——《小狮子历险记》

1. 设计理念与目的

（1）主题性音乐游戏的选择、来源

在主题性音乐游戏的选择上，我们参考了很多幼儿园教材后发现，音乐游戏大都为歌舞游戏、表演游戏以及听辨反应游戏，即用身体律动、肢体动作来表现歌词，或根据音乐，无主题地、随意地表达音乐所展现的某种情境。而主题性音乐游戏则具有一定的构思或内容情节，即需要儿童扮演某一角色，并按照游戏中角色的需要，来模仿、创造，也需要儿童通过不同的感官来自主匹配故事和无歌词的音乐，教师可以帮助幼儿提示故事中的一些情节，帮助幼儿完成游戏。主题性音乐游戏的优点在于综合了歌舞游戏、表演游戏以及听辨反应游戏的特点，能够给幼儿更广阔的发挥空间，同时，也有一定的难度。

《小狮子历险记》是X幼儿园小班的音乐律动课程的内容，除配有相应的《小狮子历险记》的绘本故事外，还选取了圣桑的《动物狂欢节》的某些音乐片段，作为主体性音乐游戏的音乐背景。圣桑于1886年创作的《动物狂欢节》是一部别出心裁、妙趣横生的管弦乐组曲，生动描绘了动物们在热闹的节日里，各种有趣的情形，整部作品的乐器表现非常具有感染力，再配以幽默轻松的风格，会经常用于音乐普及的教育，在《给儿童的古典音乐》专辑中就收录了圣桑的《动物狂欢节》。《上海市学前教育指南》对3～4岁幼儿在音乐上的年龄特点的描述如下：3岁儿童喜欢学唱歌，尤其对那些富有戏剧色彩的、情绪热烈的歌曲发生很大的兴趣，会反复地跟着唱。他们也会试着用1～2种打击乐器打击出不同节奏，虽然节奏并不准确合拍，但是表明他们已开始学着控制自己的动作进行表达。

因此，在与该幼儿园专职音乐教师沟通后，我们认为《小狮子历险记》不仅具有完整的故事情节，而且，故事中的情绪、情感较为连贯，故事难易适合小班幼儿。同时，相匹配的《动物狂欢节》的音乐选段不仅十分经典，也和绘本《小狮子历险记》的内容吻合，适合作为本实验情绪教育活动的素材。

（2）主题性音乐游戏实施目的

主题性音乐游戏的实施目标有如下两个。

一方面，能够对幼儿情绪理解能力有促进作用。《上海市学前教育课程指南》对3～4

岁幼儿情绪能力的描述如下：3岁儿童的行为受情绪支配作用大，他们的情绪仍然很不稳定，容易冲动，较之2岁儿童，他们已开始产生调节情绪的意识，但在实际行动上尚不能真正控制；愿意和喜爱的教师接近，在喜爱的教师身边，往往情绪愉快，行动积极。3～4岁幼儿移情能力有了很大的发展，能站在他人的立场上感受情境，理解他人的感情，会表示同情，并在老师启发下，会作出安慰、关心、帮助等关切他人的行为。因此，鉴于小班幼儿的年龄发展特点，本实验研究仅将幼儿能够认识自身情绪能力作为行动依据，将认识他人情绪能力并设身处地的感受他人情绪这两种能力作为课程实施的目标。

另一方面，希望能够为当前幼儿园音乐教育提供一些实践参考依据，努力在艺术教育中，达到技能和情绪情感体验的平衡。

2. 活动构架

在不影响该班级的正常幼儿园一日活动的情况下，G老师每周提供3次为期15分钟的学习活动时间，供我们可以开展音乐游戏活动。主题性音乐游戏活动在S幼儿园专用音乐教室进行。整个活动历时四周，每周围绕一个故事展开教学。在每周三次的活动实践中，第一课时为绘本故事的讲述，让幼儿了解、熟悉故事情境以及故事中主人公所涉及的情绪状态。第二课时为运用与绘本故事相匹配的、带有歌词的儿歌进行的音乐游戏。在配有歌词的音乐游戏中，向幼儿分析主人公的情绪状态，幼儿可以在教师的讲解与示范后，根据歌词来进行动作表演和律动活动，促进幼儿加深对故事主人公角色的情绪体验以及学习如何用肢体表达这一情绪。第三课时则以圣桑《动物狂欢节》选段为背景音乐进行动作表演与律动。幼儿根据故事情节，听辨其中音乐不同的快慢、轻重、长短所表现出的主人公不同的情绪，并通过身体动作进行表现。相对第二课时的音乐游戏，《动物狂欢节》仅有旋律而没有歌词的提示，难度相对会较高。

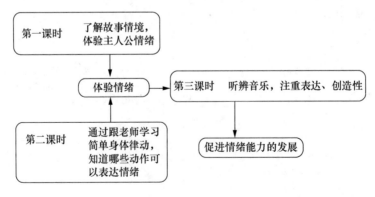

图 13.2　课程结构图

3.教学步骤及目标

绘本的选择为 X 幼儿园音乐律动活动的故事部分,主要讲述了小狮子在森林游行时,不小心跑丢了,从而在森林里经历了一系列的冒险,最终,小狮子学会了尊重和理解朋友,并回到了爸爸妈妈的身边。

第一课时所讲述的绘本《小狮子历险记》,共分为四个小故事,每一个故事会带给幼儿不同的情绪体验,具体见表 13.2。

表 13.2 小狮子历险记

课时	故事情节	重点情绪体验	活动目标
1	故事 1 参加森林游行	高兴、害怕	① 了解并熟悉故事情节 ② 了解并能够用语言准确描述出不同角色在故事情节中的情绪状态
2	故事 2 遇到公鸡母鸡	伤心、生气	
3	故事 3 结识新朋友	高兴、伤心	
4	故事 4 经历冒险后回家	害怕、高兴	

教学片段

教师:小朋友,今天,我们来认识一个新朋友,这是一只小狮子,它有一个好听的名字,叫 Lion。我们来和打它个招呼吧……小狮子 Lion 刚刚和我们分享了它的第一个故事,现在我们一起来想一想,小狮子今天要和谁去做什么?

A:小狮子要和爸爸去跳舞。

B:不对,是参加森林游行。

教师:对的,小狮子要和爸爸去参加森林游行,你们来看看,他现在会有什么感觉呢?它张着大大的嘴巴,笑哈哈,对不对?

幼儿:对,它很开心,很高兴。

教师:小狮子又开心、又高兴地跟着爸爸参加森林游行,它蹦蹦跳跳的,和兔子小姐打个招呼,又和长颈鹿先生问声好,不一会,你们还记得小狮子怎么了么?

C:找不到爸爸妈妈了。

教师:非常好,小狮子过了一会,突然发现,爸爸去哪里了呀?怎么找不到爸爸了?小朋友们,你们找不到爸爸妈妈,你们会有什么感觉呢?

D:哭。

E:害怕。

F:会喊爸爸的。

教师:嗯,如果我们找不到爸爸妈妈了,我们心里会觉得很害怕,你们看,就像小狮子一样,它的眉头都皱起来了,眼泪也要流出来了,它呀,真是非常害怕……

第二课时所采用的音乐为与《小狮子历险记》相匹配的儿童歌曲，歌曲内容以第一课时为基础。第二课时根据第一课时所涉及的绘本内容，安排1～2首儿歌，帮助幼儿体验角色在音乐游戏中的情绪状态。

表 13.3　小狮子历险记——儿歌

课时	故事情节	儿歌	重点情绪体验（肢体表达与律动）	活动目标
1	参加森林游行	儿歌1　大狮王	高兴	① 帮助幼儿加深对绘本故事的了解和记忆 ② 根据歌词、节奏和音乐结构，模仿老师动作，学习如何用动作表示角色的情绪状态
		儿歌2　化石	伤心、害怕	
2	遇到公鸡母鸡	儿歌3　唱歌鸡	生气、害怕	
3	结识新的朋友	儿歌4　好朋友	高兴	
4	经历冒险回家	儿歌5　爸爸妈妈我回来了	高兴	

教学片断

教师：小朋友们，上节课，我们听了小狮子的故事，今天，我们来听听儿歌。我们现在听到的，是小狮子和狮子爸爸要去参加游行的时候，唱的儿歌……现在你们说说看，你们听到什么啦？

A：大狮王。

B：听到狮王叫的声音了。

教师：嗯，你们的耳朵真厉害。小狮子啊，边走边学着爸爸，嘴巴里面还唱着歌，"我是大狮王，长长的头发，我是大狮王，大大的嘴巴……"现在请你们和我一起跟小狮子学学动作好吗？……小朋友们，你们觉得，小狮子一边唱歌，一边学着狮子爸爸，它心里会有什么感觉呢？

C：高兴。

D：很开心，很高兴。

教师：很好，小狮子学着狮子爸爸，学的样子很像，它真高兴啊。但是，小狮子，一不小心，跑丢了，找不到爸爸了。现在你们来听听这个儿歌，你们觉得，小狮子会有什么感觉？……

第三课时所选用的经典音乐为圣桑《动物狂欢节》的音乐选段，在第一课时和第二课时的基础上，第三课时需要老师带领幼儿仔细听辨音乐的轻重、快慢、长短，并配合在第一课时所介绍的故事情境，帮助幼儿了解某一乐器所模仿的角色以及某一段音乐所表达的角色是怎样的情绪状态。在幼儿熟悉和了解后，请幼儿和老师一起随着音乐，用肢体动作来模仿角色并表现角色的情绪状态。在幼儿对音乐熟悉后，教师可以启发幼儿，自主创编一些能够配合音乐表现某一情绪的动作、表情等。

表 13.4 圣桑《动物狂欢节》选段

课时	故事情节	音乐选段	重点情绪体验（肢体表达与律动）	活动目标
1	参加森林游行	序曲与狮王进行曲	高兴	①能够在老师的提示下，将音乐中所表现的情绪、情境与第一课时和第二课时的经验相互连接 ②能够听辨音乐的高低、强弱、快慢以及音色与乐句，并准确知道音乐所表现的角色和情绪 ③根据不同的音乐要素，自主表达和创造
		化石	害怕、伤心	
2	遇到公鸡母鸡	公鸡与母鸡	伤心、生气	
3	结识新的朋友	水族馆	伤心、害怕	
4	经历冒险回家	终曲	高兴	

教学片断

教师：小朋友们，我们之前听过一个故事，是小狮子和狮子爸爸到森林里参加森林游行，你们还记得吗？……小狮子唱过的儿歌你们还记得吗？它一边走，一边学着狮王爸爸，对不对？我们再来学学看……这节课，我们来欣赏一首很好听的音乐。你们听听看，在这段音乐里，你们听出来狮子爸爸的声音了吗？小狮子的声音呢？……

A：我听到了，大大的声音。

B：我也听到了，很大很大，像狮子在大叫。

教师：嗯，非常棒！这里重重的音乐，是大狮子的声音，轻轻的音乐，是小狮子的声音，对吗？

幼儿：对。都很好听……

教师：那么，小朋友们，现在老师来播放重重的声音，你们来学学，狮子爸爸是怎样走路的好吗？……现在，我们来想一想，小狮子走路会是什么样子的？

A：这样子，轻轻的，比狮子爸爸快，跑起来一样的，是小狮子的。

教师：嗯，这样子轻轻的，小跑起来，原来啊，是小狮子的声音。那我们一起来学学吧……小朋友们，你们还记不记得，小狮子和狮子爸爸参加森林游行，它有什么感觉？

B：高兴、开心。

教师：好的，现在，我们都做一做高兴的表情，来学小狮子跑一跑……

第三节 实施效果

一、幼儿情绪理解能力前测与后测结果量化分析

采用描述性统计分析来考察两组幼儿在主题性音乐游戏活动前后的情绪能力是否有差别。运用 SPSS11.5 对幼儿情绪理解能力数据进行处理。

（一）实验组和对照组前测 2 的数据结果分析

进行毛毛兔绘本系列讲解的目的是为了避免后期在主题性音乐游戏活动中，故事的讲解会对幼儿情绪词汇的习得产生影响，从而影响情绪能力的测验。为了控制情绪词汇这一变量，前测 2 是为了确定实验班和对照班能够有共同的起点，结果见表 13.5。

1. 表情识别任务差异比较

表 13.5 实验班和对照班前测 2——表情识别（M±SD）

任务	情绪	实验班 M±SD	对照班 M±SD	t
表情命名	高兴	1.26±0.810	1.41±0.796	-0.555
	伤心	0.70±0.765	0.91±0.868	-0.721
	生气	1.04±1.022	1.18±0.958	-0.597
	害怕	0.96±0.976	0.86±0.990	0.451
表情再认	高兴	1.91±0.417	1.64±0.790	1.773
	伤心	1.22±0.998	1.18±1.006	0.293
	生气	1.13±1.014	1.09±1.019	0.290
	害怕	1.22±0.998	1.18±1.006	0.293

从表情识别（表 13.5）任务上来看，采用独立样本 T 检验发现，在进行毛毛兔系列情绪绘本情绪词汇讲解干预后，实验班和对照班不存在显著差异。

2. 观点采择任务差异比较

观点采择所考察的高兴、生气、伤心、害怕四种基本情绪中，每种情绪均有有两个故事匹配，所以，在 SPSS 处理上，将每种情绪的两个故事得分求和进行统计，进行实验班与对照班前测比较，见表 13.6。

表 13.6　实验班和对照班前测 2——观点采择（M ± SD）

任务	实验班 M ± SD	对照班 M ± SD	t
高兴（故事 1+ 故事 6）	2.30 ± 1.941	1.82 ± 1.868	0.856
伤心（故事 2+ 故事 5）	1.48 ± 1.592	1.41 ± 1.469	0.151
生气（故事 3+ 故事 8）	1.13 ± 1.290	0.91 ± 1.109	0.616
害怕（故事 4+ 故事 7）	1.13 ± 1.359	1.50 ± 1.185	-0.971

从观点采择（表 13.6）任务上来看，采用独立样本 T 检验发现，在进行毛毛兔系列情绪绘本情绪词汇讲解干预后，实验班和对照班不存在显著差异。

3. 情绪解释能力任务差异比较

表 13.7　实验班和对照班前测 2——情绪解释能力（M ± SD）

任务	实验班 M ± SD	对照班 M ± SD	t
对高兴情绪的原因解释	0.87 ± 1.014	1.05 ± 0.999	-0.586
对伤心情绪的原因解释	0.74 ± 0.964	0.68 ± 0.945	0.201
对生气情绪的原因解释	0.17 ± 0.388	0.27 ± 0.550	-0.699
对害怕情绪的原因解释	0.43 ± 0.843	0.77 ± 0.869	-1.324

从情绪解释能力（表 13.7）任务上来看，采用独立样本 T 检验发现，在进行毛毛兔系列情绪绘本情绪词汇讲解干预后，实验班和对照班不存在显著差异。

4. 混合（冲突）情绪理解任务差异比较

表 13.8　实验班和对照班前测 2——混合情绪理解（M ± SD）

任务	实验班 M ± SD	对照班 M ± SD	t
生气 + 高兴	0.83 ± 0.937	0.73 ± 1.162	0.315
高兴 + 害怕	0.57 ± 0.728	0.86 ± 1.125	-1.061
高兴 + 伤心	0.96 ± 0.928	0.95 ± 1.046	0.007
生气 + 伤心	0.87 ± 0.869	1.18 ± 0.958	-1.146
害怕 + 伤心	0.74 ± 0.864	1.18 ± 0.958	-1.629

从混合情绪理解（表 13.8）任务上来看，采用独立样本 T 检验发现，在进行毛毛兔系列情绪绘本情绪词汇讲解干预后，实验班和对照班不存在显著差异。

5. 基于信念和愿望情绪理解任务差异比较

表 13.9　实验班和对照班前测 2——基于信念和愿望情绪理解（M ± SD）

任务	实验班 M ± SD	对照班 M ± SD	t
基于信念和愿望情绪理解	1.52 ± 0.994	1.77 ± 0.922	-0.877

从基于信念和愿望情绪理解（表 13.9）任务上来看，采用独立样本 T 检验发现，在进行毛毛兔系列情绪绘本情绪词汇讲解干预后，实验班和对照班不存在显著差异。

综合上表可见，实验班和对照班在进行毛毛兔系列情绪绘本情绪词汇讲解干预后，在情绪理解能力的水平上不存在显著差异。

（二）实验班前后测数据结果分析

在为期一个月的主题性音乐游戏活动的训练后，为检验主题性音乐游戏是否能够对小班幼儿的情绪理解能力有促进作用，采用相同的情绪理解任务对实验班进行测试，实验步骤和评分与前测 1、前测 2 一致。运用 SPSS11.5 对实验班前测 2 和后测数据进行处理。

1. 表情识别对比

表 13.10　实验班前后测——表情识别（M ± SD）

任务	情绪	前测 2M ± SD	后测 M ± SD	t
表情命名	高兴	1.26 ± 0.810	1.35 ± 0.775	-0.624
	伤心	0.70 ± 0.765	0.83 ± 0.834	-0.591
	生气	1.04 ± 1.022	1.17 ± 0.984	-0.549
	害怕	0.96 ± 0.976	1.26 ± 0.964	-1.908
表情再认	高兴	1.91 ± 0.417	1.70 ± 0.703	1.226
	伤心	1.22 ± 0.998	1.17 ± 0.984	0.196
	生气	1.13 ± 1.014	1.48 ± 0.898	-1.699
	害怕	1.22 ± 0.998	1.65 ± 0.775	-2.011

从表情识别（表 13.10）任务可以看出，相较于前测 2 中幼儿的四种基本情绪的表情识别能力得分，通过配对样本 T 检测发现，实验班幼儿的表情识别能力前后测差异不显著，但是可以看到，在表情命名中，幼儿的各项成绩均有所提高；在表情再认中，生气和害怕两种情绪的再认成绩有所提高。

2. 观点采择对比

观点采择所考察的高兴、生气、伤心、害怕四种基本情绪中，每种情绪均有两个故事匹配，所以，在 SPSS 处理上，将每种情绪的两个故事得分求和进行统计，进行实验班前后测比较，见表 13.11。

表 13.11　实验班前后测数据——观点采择（M±SD）

任务	前测 2M±SD	后测 M±SD	t
高兴（故事1+故事6）	2.30±1.941	2.52±1.702	-0.840
伤心（故事2+故事5）	1.48±1.592	2.17±1.527	-2.729*
生气（故事3+故事8）	1.13±1.290	1.26±1.421	-0.412
害怕（故事4+故事7）	1.13±1.359	2.52±1.675	-4.362**

从观点采择（表 13.11）中，通过配对样本 T 检测发现，实验班幼儿的观点采择能力前后测在伤心情绪（故事 2、故事 5）上存在显著性差异，在害怕情绪（故事 4、故事 7）上差异极其显著。在其他观点采择故事中，差异不显著，但实验班后测成绩均有所提高。

3. 情绪解释能力对比

表 13.12　实验班前后测数据——情绪解释能力（M±SD）

任务	前测 2M±SD	后测 M±SD	t
对高兴情绪的原因解释	0.87±1.014	1.30±0.926	-2.328*
对伤心情绪的原因解释	0.74±0.964	1.13±0.968	-1.598*
对生气情绪的原因解释	0.17±0.388	0.26±0.619	-0.526
对害怕情绪的原因解释	0.43±0.843	0.91±0.900	-1.707

从情绪解释能力（表 13.12）中，通过配对样本 T 检测发现，实验班幼儿的情绪解释能力前后测在对高兴情绪的故事原因解释和对伤心情绪的故事原因解释中存在显著差异。在另外两个故事中，情绪解释能力差异不显著，但实验班后测成绩均有不同程度的提高。

4. 混合（冲突）情绪理解对比

表 13.13　实验班前后测数据——混合情绪理解（M±SD）

任务	前测 2M±SD	后测 M±SD	t
生气+高兴	0.83±0.937	1.48±0.994	0.004**
高兴+害怕	0.57±0.728	1.22±1.126	0.006**
高兴+伤心	0.96±0.928	1.22±0.902	0.266
生气+伤心	0.87±0.869	1.39±1.158	0.076*
害怕+伤心	0.74±0.864	1.43±1.308	0.029*

从混合情绪理解（表 13.13）中，通过配对样本 T 检测发现，实验班幼儿的混合情绪理解能力前后测在对高兴+生气混合情绪的故事和高兴+害怕混合情绪的故事中差异极其显著，在害怕+伤心混合情绪的故事和害怕+伤心混合情绪的故事中差异显著，在高兴+伤心混合情绪的故事中，前后测差异不显著，但后测成绩均有不同程度的提高。

5. 基于信念和愿望情绪理解任务差异对比

表 13.14　实验班前后测数据——基于信念和愿望情绪理解（M±SD）

任务	前测 2 M±SD	后测 M±SD	t
基于信念和愿望情绪理解	1.52±0.994	2.09±0.996	-2.260*

从基于信念和愿望情绪理解（表 13.14）中，通过配对样本 T 检测发现，实验班幼儿基于信念和愿望情绪理解能力前后测差异显著。

（三）实验班和对照班后测数据结果分析

为了排除自然生长等其他因素的干扰，将实验班与对照班后测结果进行比较，以观察主题性音乐游戏是否对小班幼儿情绪理解能力有促进作用。实验步骤和评分与前测 1、前测 2 一致。运用 SPSS11.5 对数据进行处理。

1. 表情识别

表 13.15　实验班和对照班后测——表情命名（M±SD）

任务	情绪	实验班 M±SD	对照班 M±SD	t
表情命名	高兴	1.35±0.775	1.55±0.671	-0.913
	伤心	0.83±0.834	1.14±0.990	-1.139
	生气	1.17±0.984	1.23±0.973	-0.183
	害怕	1.26±0.964	1.36±0.953	-0.359

续表

任务	情绪	实验班 M ± SD	对照班 M ± SD	t
表情再认	高兴	1.65 ± 0.775	1.27 ± 0.985	1.432
	伤心	1.48 ± 0.898	1.36 ± 0.953	0.415
	生气	1.17 ± 0.984	1.00 ± 1.024	0.581
	害怕	1.70 ± 0.703	1.73 ± 0.703	-0.151

从表情命名（表13.15）上来看，采用独立样本T检验发现，后测中，实验班和对照班不存在显著差异。

2. 观点采择

观点采择所考察的高兴、生气、伤心、害怕四种基本情绪中，每种情绪均有两个故事匹配，所以，在SPSS处理上，将每种情绪的两个故事得分求和进行统计，进行实验班和对照班的后测比较，见表13.16。

表13.16 实验班和对照班后测——观点采择（M ± SD）

任务	实验班 M ± SD	对照班 M ± SD	t
高兴（故事1+故事6）	2.52 ± 1.702	2.18 ± 1.842	0.643
伤心（故事2+故事5）	2.17 ± 1.527	1.41 ± 1.469	1.711
生气（故事3+故事8）	1.26 ± 1.421	1.00 ± 1.113	0.687
害怕（故事4+故事7）	2.52 ± 1.675	1.77 ± 1.688	1.494

从观点采择（表13.16）上来看，采用独立样本T检验发现，后测中，实验班和对照班不存在显著差异，但实验班平均分略高于对照班。

3. 情绪解释能力

表13.17 实验班和对照班后测——情绪解释能力（M ± SD）

任务	实验班 M ± SD	对照班 M ± SD	t
对高兴情绪的原因解释	1.30 ± 0.926	0.59 ± 0.796	2.765**
对伤心情绪的原因解释	1.13 ± 0.968	0.64 ± 0.848	1.818
对生气情绪的原因解释	0.26 ± 0.619	0.09 ± 0.294	1.184
对害怕情绪的原因解释	0.91 ± 0.900	0.18 ± 0.395	3.555**

从情绪解释能力（表 13.17）上来看，采用独立样本 T 检验发现，后测中，实验班和对照班在对高兴情绪的故事原因解释和对害怕情绪的故事原因解释上存在极其显著差异，对伤心情绪的故事原因解释和对生气情绪的故事原因解释虽无显著性差异，但实验班平均分均高于对照班。

4. 混合情绪理解

表 13.18　实验班和对照班后测——混合情绪理解（M ± SD）

任务	实验班 M ± SD	对照班 M ± SD	t
生气 + 高兴	1.48 ± 0.994	1.18 ± 1.181	0.909
高兴 + 害怕	1.22 ± 1.126	0.59 ± 0.908	2.048*
高兴 + 伤心	1.22 ± 0.902	0.86 ± 1.320	1.054
生气 + 伤心	1.39 ± 1.158	1.27 ± 1.279	0.326
害怕 + 伤心	1.43 ± 1.308	0.95 ± 1.174	1.294

从混合情绪理解（表 13.18）上来看，采用独立样本 T 检验发现，后测中，实验班和对照班在高兴 + 害怕混合情绪的故事上存在显著性差异，在高兴 + 生气、高兴 + 伤心、生气 + 伤心、害怕 + 伤心故事中，虽无显著性差异，但实验班平均分均明显高于对照班。

5. 基于信念和愿望情绪理解

表 13.19　实验班和对照班后测——基于信念和愿望情绪理解（M ± SD）

任务	实验班 M ± SD	对照班 M ± SD	t
基于信念和愿望情绪理解	2.09 ± 0.996	0.77 ± 1.020	4.372**

从基于信念和愿望情绪理解（表 13.19）上来看，采用独立样本 T 检验发现，实验班和对照班差异极其显著。

（四）讨论

通过对实验班前后测的对比以及实验班与对照班的后测对比发现，实验班在观点采择、情绪解释能力、混合情绪理解以及基于信念和愿望情绪理解能力上均有显著提高。在观点采择任务中，幼儿准确使用情绪词汇的能力在不断提升，并且，能够较为准确地体察到故事主人公的情绪状态。实验班与对照班在这项任务上之所以不存在显著性差异，可能是由于小班幼儿在这一阶段，理解他人情感的移情能力有所发展而导致的。

在情绪解释能力任务中,实验班与对照班平均分差距较大,并且在高兴和害怕的原因解释上存在显著性差异,这可能是由于在主题性音乐游戏活动中,通过不断让幼儿对角色进行理解和扮演,从而使得幼儿不仅能够更好、更准确地体察他人情绪,还更能够理解产生情绪的具体原因。因此在此项任务上,实验班幼儿的得分较高。

在混合情绪理解任务中,实验班大部分幼儿能够准确注意到故事中引发情绪的一个原因,给出合理的情绪状态,并能够对产生这种情绪的原因给出较为恰当的解释在。后测中,个别幼儿还能够关注到两种不同的情绪,并能够同时对产生的不同情绪进行命名和原因解释。对于这一能力的提高,我们认为,在主题性音乐游戏中,某一音乐活动会同时伴随着不同情绪交替进行的影响,从而使得实验班幼儿在后测中,能够更敏感地捕捉到主人公的情绪状态,因而成绩略高于控制班。

在基于信念和愿望情绪理解能力上,实验班幼儿在后测中能够较多地关注故事中所引发情绪的细节,并作出正确回答,这一方面可能是同小班幼儿情绪推理能力的发展相关。如有研究显示,随着年龄增长,儿童的解释、预测和改变他人感情的能力会越来越强。另一方面在主题性音乐游戏活动中,故事性较强的音乐活动使得幼儿能够较好地体验基于信念、愿望所诱发的情绪,同时,幼儿对角色的扮演使得幼儿能够更好地体察他人的情绪状态。

因此,可以认为实验组幼儿在为期 4 周、共 12 课时的主题性音乐游戏活动中,通过与教师一同扮演角色、用肢体领会与表达角色情绪、创作与分享自己感受等活动,其情绪理解能力有了一定提升。尤其是在实验班与对照班都有情绪词汇的基础下,可以看出实验班在对情绪的理解程度上,更深入,更准确。虽然在表情识别任务上,实验班与对照班无显著性差异,我们分析认为,前期的情绪词汇干预与幼儿生活中的经验,可能是影响这项任务无显著性差异的主要因素。

二、促进小班幼儿情绪理解能力的质性分析

为弥补量化分析的不足,也为了更加具体、直接地反应情绪教育活动在幼儿一日生活中的影响,笔者采取质性的研究方式作为补充,对幼儿情绪能力以及音乐情绪判断能力和欣赏能力的发展进行考察。

(一)幼儿会表现出更多的情绪词汇的掌握与运用

星期一,一来到幼儿园,牛牛就告诉老师"我不喜欢幼儿园"。老师问:"为什么呢?"牛牛回答说:"我想妈妈,我会伤心,而且这里也没有我喜欢的大卡车,我也会难过的。

我就是不喜欢幼儿园。"

上述案例中，通过主题性音乐游戏为媒介的情绪教育活动，让小朋友不仅能够准确认识到自己现在的情绪状态，而且还可以清晰地表述给老师，其中不仅包括了对自己情绪状态的认知、情绪词汇的掌握，还能够讲述产生情绪的原因。

相对于实验前期的观察，后期观察中，幼儿所掌握与运用的情绪词汇在明显增加。幼儿在表达消极情绪中情绪词汇的掌握与运用最为突出，从原先使用频率较高的不高兴、哭等词汇，逐渐分化为伤心、难过、失望、孤单等，泛化的程度正在收缩并减少。有研究表明，幼儿对消极情绪体验的逐步细化表明了幼儿社会化成熟的标志之一，是学前儿童走向成熟的一个重要转折点。

（二）幼儿情绪理解能力逐渐增强

区角活动时，三个小朋友在图书角活动。但是，安静地看了一会书，他们便坐不住了，互相打闹，而且还拉扯图书角里的一只作为靠背的大熊。带班老师发现后，制止了他们的行为。另外区角的一个小朋友跑来和老师说："老师你看,大熊生气了。""为什么呢？""它低着头，不理他们了，因为他们刚才没有认真看书，还打它，它一定很生气。"……

上述案例中，幼儿能够主动地体察他人情绪状态，能够对他人所处的情绪状态进行较为清晰的表述，并对产生这种情绪的原因进行正确解释。

在后期观察中，幼儿表现出较多体察同伴所处的情绪状态的行为，移情能力也较多地表现出来，比如安慰、拥抱或分享自己的东西，或阻止某些会带来消极情绪的不良行为。与以往不同的是，幼儿不仅能够积极主动地向老师讲述他所理解的情绪状态，甚至还能够在老师的适当提示或某些情境中，提供一些策略。由此可见，幼儿的情绪理解能力已有所表现。

三、建议和思考

（一）对教师以主题性音乐游戏为媒介开展教学的建议

1. 教师要具备良好的情绪素养，能够帮助幼儿发展情绪能力

首先，幼儿教师要在日常生活中，注重自身的情绪能力的培养。幼儿教师要不断提高自身的心理素质，为自己创设一个良好的心理环境。当自身出现消极情绪的时候，要及时对自己进行情绪调控，并培养积极心态面对工作和生活。只有教师拥有了良好的情绪素养，才能够为幼儿作出榜样。

其次，幼儿园中，幼儿的情绪很容易受到外界的干扰，作为隐性教育因素心理环境，对幼儿的影响是最为直接的。教师的一个动作、一个眼神、一个表情或者一句话就会对幼儿产生暗示作用。作为成人以及幼儿教育者，教师应该更多关注自身和幼儿的情绪状态，用积极的情绪感染幼儿，营造愉快、轻松并让幼儿有安全感的心理环境。

最后，教师要意识到幼儿的情绪没有所谓对错的衡量标准，只是某些情绪的表现方式是否能够被社会所接受。幼儿的情绪能力的发展依赖于周围的成人榜样示范作用以及向他提供正确的情绪教育。所以，教师要能够了解并懂得幼儿情绪表现的多样性，不能仅仅以冷静、理性的方式对孩子进行解释，生硬地要求幼儿设身处地对他人感受进行觉察，而是要为幼儿塑造出一种安全、平和、被接纳的心理环境，让幼儿能够在自由、开放的环境中了解自己的情绪感受、表达自己的情绪情感，主动体察他人情绪。

2. 教师应具备有效地选择和组织课程内容的专业素养

幼儿园课程内容是幼儿教育的重要中介因素，它直接制约着幼儿所受到影响和发展方向。在五大领域的教育教学活动中，幼儿教师要有效地整合、组织教育内容，《纲要》对幼儿教师的要求提到："教师应该成为幼儿学习活动的支持者、合作者和引导者。"这体现了对幼儿教师专业素养的期望。幼儿教师不再被看作是知识、课程的传输者，幼儿也不再被视为被动的接受者，而是要求幼儿教师能够不仅关注幼儿技能的学习，还能够关注幼儿的人格、社会性等的全面发展。所以，有效地选择和组织课程内容，是专业幼儿教师必不可少的一项专业素养。

幼儿教师对课程的选择和组织可以理解成：教师积极主动地合作、参与到包括决策、设计、实施、评价等在内的课程活动。幼儿教师不再是课程实施者、执行者这一单一的身份，而是一个具有专业技能、反思能力的实践者、教育者。幼儿教师可以作为课程的有机构成的一部分，是课程的创造者。幼儿教师要主动地、合作地介入课程的开发、决策、实施、评价等过程之中，将现有材料转变为具体教育教学计划。同时，教师要根据幼儿兴趣需要和实际情况设计实施课程，并不断对课程目标、内容方法进行调适。

在幼儿园一日生活之中，教师是对幼儿最熟悉和了解的人，并且幼儿教师是与幼儿在课程中关系最为直接的人，也是唯一能够在课程活动中与幼儿进行直接对话的人。所以，只有教师根据幼儿的实际发展情况，有效选择和组织课程内容，展开教学实践，才能够引导幼儿将课程内容内化到具体个人发展意义上。首先，教师既要根据幼儿园课程指导用书中的计划安排和活动设计来决定自己选择和整合的课程内容，同时也要尊重幼儿的实际情况，并进行分析和选择；其次，幼儿教师可以依据每一阶段幼儿的兴趣爱好和关注点，分析幼儿的发展需求和年龄特点，为幼儿设计出贴近幼儿生活、符合幼儿年龄特点同时也是孩子真正感兴趣的课程，满足幼儿的学习需求；最后，幼儿教师要以课程参与者和伙伴的角色与幼儿进行互动和交流，在交流和接触中，可根据幼儿的兴趣爱好和差异产生新的课程目标和内容，开拓展深化课程的内延和外涵，最终促进幼儿健康全面和谐的发展。

3. 教师应重视音乐课程对幼儿全面发展的促进作用

幼儿园的音乐教育活动是幼儿园教育活动的一部分，它既是一个相对独立的活动领域，又自然地融合在幼儿园教育活动的整体之中。在音乐活动中，技能的学习并不是教师唯一的教学目的，幼儿的情感体验、创造力、想象力等方面的发展，也需要教师的积极关注。在学前教育阶段，幼儿教师可以利用音乐教育挖掘幼儿潜能，塑造幼儿健康活泼的个性，促进幼儿全面和谐的发展。

首先，音乐课程对幼儿的情绪情感的发展方面具有良好的促进作用。在幼儿园音乐教育中，音乐的娱乐性是能够吸引幼儿兴趣并积极参与的重要特点，教师可以充分利用这一特点将教育融于音乐感受和音乐表现之中，并引导幼儿在愉快活泼、富有艺术特点的音乐活动中接受教育。同时，幼儿对音乐的感知并不是通过语句或者是单独的"词语"，音乐能带给幼儿整体感受，对于这样的整体感受，需要幼儿具有一定的综合能力。幼儿的音乐体验包括对周围环境的了解和辨别一般声音与音乐等，这样可以帮助幼儿发展听觉，增长知识。另外，不同的音乐可以通过表现不同的情绪，在对音乐的欣赏中，能够帮助幼儿体验丰富的情感世界，并使得幼儿的情绪情感变得更加丰富和深刻。

其次，音乐课程能促进幼儿的记忆力、注意力的发展。在音乐课程中，或多或少会涉及对歌词、动作、曲调的学习，对于这些音乐元素的学习，可以促进幼儿记忆力的发展，并延长幼儿对某一事物的注意力时间。在音乐课程中，音乐教育是愉悦的、动态的，这就会抓住孩子的兴趣，吸引他们的注意力，让他们不断观察、学习、体会、提取音乐完整的形象或完整歌曲，这是幼儿主动接受的信息的结果。所以，音乐课程在对幼儿记忆力、注意力等方面的发展具有不可小觑的作用。

最后，音乐课程能够促进幼儿联想能力和创造力的发展。"一百个人眼中有一百个哈姆雷特"，这句话在音乐课程中尤为适用。不同的音乐会带给人不一样的感受，同样的音乐也会让人产生不同的联想、想象。音乐课程可以培养孩子的想象力，并在音乐课程的活动中感受自我价值，锻炼自我表达的能力。教师要允许幼儿在音乐活动中，不断探索、模仿，这有利于促进幼儿的创造能力、辨别能力、组织能力。对于较大一些的幼儿，甚至还可以进一步提高他们的动手能力、理解能力、改编能力。音乐教育的创造性功能以及联想想象，能够更好地培养幼儿的全面发展，培养幼儿全面发展所必需社会交往和适应能力。所以，教师要正视音乐课程带给幼儿全面发展的机遇。

（二）对幼儿园以主题性音乐游戏为媒介开展教学的建议

1. 提供充足的场地与设备支持

在开展主题性音乐游戏课程时，我们发现，作为教师展开工作的有力支撑，幼儿园需要提供充足的场地与设备支持。这里不仅仅是提供可以让幼儿进行体验的音乐活动室，更主要的是融合于日常教育教学活动和区角的材料和环境创设。

受到班级人数、音乐游戏自身因素等影响，在教学活动中，教师往往采用静态的教授模式，向幼儿讲述故事、弹唱歌曲，或利用多媒体给幼儿提供感官上的丰富刺激，但是，音乐教育中的律动、表演等因素很难在静态的学习中体现。

所以，为幼儿提供充足的音乐道具、精心选择适合幼儿的音乐和与音乐相匹配的故事、绘本，并且为幼儿提供宽敞的活动场地，将音乐游戏的表演内容揉合进区角活动，都能够帮助幼儿顺利地进行音乐活动。

2. 关注教师的专业知识与学科知识的培训

教师的成长只有在不断的教育教学实践和学习中，才能不断发展。所以，幼儿园对教师的培养与培训也是十分必要的。《纲要》对幼儿教师艺术素质的要求是："遵循操作性与规范性相结合的原则，要让每个幼儿在幼儿教师适当的帮助下，按着自己的能力水平，在各种艺术活动中以自己的方式表达他们对美好事物的感受，并从中体验到自由表达与创造的乐趣，从而实现艺术教育促进幼儿形成健全人格的美育功能。"

观察中发现，在幼儿园，有些幼儿教师的艺术理论素养很好，但缺乏实践带课能力，从而影响了音乐教育的质量。所以，幼儿园可以为教师提供专项训练的机会，并给教师提供展示成果的舞台，对教师的实践能力给予积极的评价并不断帮助其进步。

本章总结

通过本章的时间研究我们看到，幼儿园作为幼儿除家庭以外的另一个主要场所，不仅要负担着促进幼儿身体发育的任务，同时对幼儿心里、特别是幼儿社会化进程有着重要影响。幼儿的情绪能力在学前阶段发展得十分迅速且影响深远，甚至会直接影响到他们的人格与人际关系等行为的对错。音乐对于幼儿有着极大的魔力，在音乐游戏中，作为教师不仅仅要开发游戏对于幼儿的肢体、表达表现的资源，更应该注重蕴含在其中的情绪教育因素。小班的幼儿已经具有了一定的情绪能力，可以理解自己以及他人的情绪，所以幼儿教师要在活动中更多的关注幼儿的情绪发展，并提供合适的活动帮助幼儿理解情绪，发展情绪能力。

请你思考

如果你是幼儿园老师,在一节音乐教学活动中,你更注重幼儿哪些方面经验的获得,技能还是情感?为什么?

拓展阅读

《学前儿童音乐教育》,黄瑾编著。

"学前儿童音乐教育"是学前教育专业的一门专业理论课程,也是幼儿园教师进修高等师范专科学前教育专业的一门选修课程。通过本课程的学习,旨在帮助学员提高对学前儿童音乐教育领域的理论和实践问题的认识,全面掌握与学前儿童音乐教育有关的专业知识,从而提高从事学前儿童音乐教育实践工作的能力和素养。

第十四章

以图画书和角色扮演为载体开展大班幼儿愤怒控制的实践研究

情绪作为个体心理体验的一个重要组成部分，在个体自身的良好发展及与外界建立良好关系的功能上起到了重要的作用。情绪能力更是幼儿身心发展的关键点之一，幼儿的情绪能力已经被证实是他们早期成功的重要方面（Raver，2002）。有证据表明，情绪能力较低的幼儿会有一定的风险出现不良的行为表现，比如增多的破坏性行为问题。

然而，幼儿的情绪能力不是一个自动自发、一蹴而就的过程，在一定先天因素的影响下，更多的是受到后天环境的熏陶和培养，也就是说情绪能力是可以教、可以学的。教师可以通过多种途径帮助幼儿提升情绪能力，如教授幼儿相关的交往技巧，提供有趣的材料等，帮助幼儿在班级中发展与他人的情绪联结，帮助他们成为社会人（Denham，1998）。因此，幼儿园作为幼儿第一个步入的社会环境，幼儿教师作为幼儿另一个重要的被学习对象，都承担着帮助幼儿学习管理消极情绪，促进幼儿情绪能力的情绪教育任务。

本章的愤怒控制的实践研究通过图画书解析和角色扮演的形式来设计教案、实施活动并评价反思，建构一套符合大班幼儿年龄特点以及发展需要的幼儿园情绪教育方案，从而促进幼儿对消极情绪的管理能力，也为今后幼儿园的一线教师开展情绪教育活动提供具体、有效的参考和建议，并丰富幼儿情绪教育的理论与实践研究。

第一节　理论基础

一、幼儿愤怒情绪的定义

愤怒（angry）是人类的四种基本情绪之一，也是一种常见的激活水平很高的爆发式负情绪。对愤怒的界定，国内外学者众说纷纭。孟昭兰和曹日昌都将愤怒定义为强烈的愿望受阻、行为受挫而导致紧张的情绪体验。也有学者认为对愤怒的定义不仅要从愤怒产生的原因入手，还应包含愤怒产生时的行为反应以及生理方面，如有学者认为愤怒是个体在遭受攻击、羞辱的刺激下，感受到愿望受压抑、行动受挫折、受伤害时所表现出的一种情绪体验，同时往往伴随攻击、冲动等不可控制的行为反应以及相应的生理唤醒。国外学者斯皮尔伯格（Speilberge）等从多个维度定义愤怒，指出愤怒可分为状态怒、特质怒等不同表达方式。

相比其他的情绪，愤怒较早出现于人类的成长过程。情绪研究指出，对婴儿身体活动的限制能激活愤怒情绪。同时，婴幼儿的愤怒也容易引起成人的关注，因为他们一般通过哭叫以及拳打脚踢等外显的行为来表现自己的愤怒。因此，愤怒控制的实践研究将幼儿的愤怒界定为由特定的情境引发，幼儿因愿望不能实现或为达到目的的行为受挫时引起的一种不愉快的情绪体验，同时通过紧张且具敌意性的脸部表情、肢体动作以及语言等外显性行为反应表现出来。

二、愤怒情绪与幼儿的发展

幼儿的消极情绪不仅会影响自身的生理和心理健康，而且还可能转换为外在的行为问题表现出来，如由于愤怒的消极情绪引发的外化型攻击行为；害怕恐惧的消极情绪转化为内化型退缩行为等，这些问题行为往往会导致幼儿在同伴交往中遭到拒绝和排斥，进而影响到日后的认知和社会性发展，如同伴交往等发展。有研究表明，紧张或消极情绪出现频率高的儿童比其他儿童同伴接受性差，在儿童期和青少年期出现的问题行为多。

德哈姆（Deham，1998）提出如果一个幼儿在与其他幼儿交往的过程中总是表现出愤怒情绪，尤其还用不适当的方式表达自己的愤怒，从而干扰到其他幼儿（如推人、对他人粗野无礼、打架等），这将会导致他的同伴接纳性差、同伴关系差，使得同伴不愿意再与他一起玩耍。艾森伯格（Eisenberg，2001）提出儿童表现的愤怒倾向和伤心倾向对其社会适应性产生不同的影响。詹金斯（Jenkins，2000）研究发现年长的儿童认为愤怒引发他人产生较多的远离行为，伤心引发他人较多的目标恢复、趋近等亲社会行为。哈伯德（Hubbard，2001）的研究进一步表明愤怒倾向的儿童比伤心倾向的儿童更容易遭到同伴拒绝。因为愤怒是一种自我中心情绪，与责备他人的归因相联系，容易对他人产生威胁。何洁等人（2007）在西方研究者的基础上，采用常用的愤怒和伤心情境对国内116名4～6岁的幼儿进行认知偏好的考察，结果表明从认知上幼儿更偏好伤心倾向的同伴，且大班的幼儿比中班的幼儿偏好的程度更大；从幼儿情绪理解的结果得知幼儿认为愤怒会引发同伴更多的远离。所以，容易产生愤怒情绪的幼儿比起容易产生伤心情绪的幼儿更不被同伴接受。

三、幼儿愤怒情绪的相关研究

对于这些容易冲动，与他人交往中表现出频率较高的愤怒情绪，甚至经常会表现出攻击行为的幼儿，国外已有一些相关的干预和纠正的项目或研究。加拿大研究者于30多年前提出的SNAP训练法，主要针对的是那些容易愤怒、容易冲动的孩子。每当他们将要出现攻击行为时，训练他们在心中默念"Stop（停止）"，停止手头的攻击行为，随后再思考应该做什么。这样的训练从认知策略上指导儿童正确的思考方式，克服自己容易愤怒和冲动的弱点，可以有效地降低儿童攻击性行为发生的概率。乔舒亚（Joshua.D，2005）通过具体的案例，分析孩子在家庭中容易产生愤怒情绪的原因和表现，以及可能导致的后果，对家长提出了一系列帮助孩子控制愤怒情绪的建议。除了 SNAP 训练法的三大步骤，即教授孩子停止、冷静和思考后再进行计划的策略外，考虑他人的感受和寻找可能的解决方法的技能也包含其中。此外，他还针对由愤怒情绪转化为攻击行为表现的孩子，家长可以出面制止孩子的行为以确保安全；确认双方安全且逐步冷静；对孩子设限；让孩子直面自己行为的结果并解决；原谅孩子之前的过错。2005 年英国教育部对几百所小学开展管理消极情绪的情绪活动，重点教授孩子"控制自己的愤怒情绪"，通过对学生提供情绪与社会交往等方面的书面指导与开展讨论情绪等小游戏，教育学生如何控制愤怒等情绪，从而提高小学儿童的道德品行。

【专栏】14.1 SNAP 训练法

SNAP 训练法，全称是 Stop Now And Plan，意为"立即停止然后计划"。该训练法于 30 多年前由加拿大儿童发展机构研发提出，由于其概念易懂易学，技巧容易被教授与操作并能在实践中真实且有意义地运用，通过一系列的实践研究已被证实为有效的认知行为策略，并发展了一系列以 SNAP 为基础的机构家庭训练项目、学校活动训练项目等。

SNAP 训练法的宗旨是帮助 12 岁以下的儿童以及他们的父母有效地应对愤怒情绪，教授他们在处理问题时先停止—思考、计划—再次适当地行动的认知策略，从而获得更高的自我控制能力和解决问题能力。其中三个步骤分别包含多项策略，Stop 包含深呼吸、把手放进口袋、从 1 数到 10 等帮助控制情绪的技能；Now，And 包含冷静思考、告诉自己能自我控制、处理信息等；Plan 包含制定一个能让问题变小的、不伤害到自己与他人的计划。这样的训练从认知策略上指导儿童正确的思考方式，克服自己冲动、易怒的性格特质，有效地降低了儿童攻击性行为发生的概率。

四、"我们的愤怒"——愤怒控制的课程理念及课程框架

5～6 岁的大班幼儿，他们的社会性情绪逐步开始发展，而他们的社会性消极情绪来源于并影响到他们的同伴交往等社会性发展。同时，大班幼儿也能够开始有意识地控制自己的情绪情感，其情感的稳定性和有意性开始增强。在教育实践过程中我们也发现，大班幼儿容易在与同伴交往的过程中发生矛盾、冲突，产生愤怒等消极情绪，甚至一些幼儿会将愤怒的火气转化为外向的行为问题，如攻击行为，对其他幼儿造成伤害。根据情绪智力理论和相关的文献，愤怒而导致的冲动和易激怒与儿童的情绪自我认知、自我理解和有意识的自我控制有关。因此，提高儿童对愤怒情绪的感知、理解，帮助儿童学习愤怒的控制方法和与此相关的问题解决策略，可以帮助他们更好地控制愤怒和由此导致的冲动行为。

"我们的愤怒"课程（见图14.1），通过图画书与角色扮演的结合应用，由教师引导幼儿开展干预课程。首先，教师通过引导幼儿以视听觉感官的方式观察图画书中主人公愤怒的面部表情、肢体动作和语言，帮助幼儿识别并总结愤怒情绪表现的外部特征，并让幼儿角色扮演这些外部特征，进一步以身体感官感知和体验愤怒状态时的外部特征。其次，以教师讲故事、幼儿看图片的方式，带领幼儿以旁观者的身份了解图画书的主要内容，组织幼儿客观地剖析并探讨其中所蕴含的主体情绪产生的原因，鼓励幼儿结合自己的生活经验分享情绪事件。再次，以角色扮演的方式主观地探究情绪产生的原因，更好地理解并接受自己与他人的愤怒情绪。最后，结合幼儿在日常生活中表现的情绪调节策略，引导幼儿讨论并学习图画书中所介绍的适当的情绪调节策略，通过角色扮演练习并巩固所学，并在接下来的模拟情境中尝试运用适当的策略解决问题。

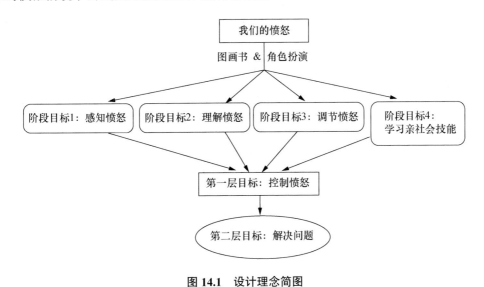

图 14.1 设计理念简图

（注：箭头表明课程目标的逻辑关系："我们的愤怒"课程由四个部分构成，这四个部分的内容其最终目标是控制愤怒和解决问题）

第二节 课程实践

一、课程目标制定

本课程在幼儿园教育目标的基础上，结合情绪智力理论和情绪教育相关研究及文献，从被试幼儿的实际情绪能力水平和个体发展差异出发，制定目标体系，分为总目标、单元目标及具体活动目标。

（一）课程总目标及单元目标的制定

总目标以提升幼儿控制愤怒情绪和解决问题能力为目的，从愤怒情绪识别、愤怒情绪理解、愤怒情绪调节和表达以及解决问题四个方面，总领单元目标和具体活动目标的制定，贯穿整个干预课程。单元目标分别以感知愤怒、理解愤怒和管理愤怒为方向，帮助总目标的分层实现。表14.1罗列了课程"我们的愤怒"的教育总目标、单元目标及相应的课时安排。

表14.1 "我们的愤怒"的教育目标及课时安排

"我们的愤怒"教育总目标	各单元目标	课时 & 图画书
① 提升识别自己与他人愤怒情绪的能力，促进理解愤怒情绪产生的原因，知道愤怒是人们的正常情绪	识别情绪： ① 学习通过面部表情、肢体动作及语言来识别自己与他人的愤怒情绪 ② 初步探究愤怒情绪产生的原因 ③ 乐意与同伴合作表演，尝试模仿故事进行角色扮演	第一课时 《生气的亚瑟》 第二、三课时 《菲菲生气了——非常、非常的生气》
② 学习控制愤怒情绪的方法，练习用合适的方法表达愤怒情绪	理解情绪： ① 进一步探析愤怒情绪产生的原因，知道愤怒是人们正常的情绪 ② 了解并练习调节愤怒情绪的方法 ③ 喜欢和同伴合作扮演，体验角色扮演的乐趣	第四、五课时 《我不想生气》
③ 尝试在冲突情境中运用策略，调节自己与他人的愤怒情绪，解决问题	管理情绪，解决冲突： ① 进一步练习控制和调节愤怒情绪的方法 ② 尝试运用策略，以适当的方式表达情绪，解决冲突 ③ 能主动积极地与同伴合作扮演，并尝试自创情节表演	第六、七课时 《礼貌和友善》 第八课时 《倾听和学习》 第九课时 《学会分享》 第十课时 《加入和一起玩耍》 第十一、十二课时 《理解和关爱他人》 第十三、十四、十五课时 《冷静和平息怒气》 第十六、十七、十八课时 《沟通和解决问题》

（二）单次具体活动目标的制定

具体活动目标是总目标和单元目标的细化，它的制定关系到每一次干预活动内容实施的效果与质量，因此具体活动目标的制定一定要根据幼儿的实际水平；目标的叙述要具体明确、重点突出且操作性强。幼儿园教学活动目标一般包括情感态度目标或行为习惯目标、能力培养目标、知识技能目标等方面，而在制定情绪教育活动的目标时，我们将情感态度目标置于首位。一方面，幼儿在活动中不断地认识与感知、了解与理解、调节与管理情绪，对情绪情感有正面、直接地接触；另一方面，情感态度目标又潜在性地贯穿于知识技能目标、行为技能目标之中，幼儿在达成这些目标的过程中体验到愉快等积极情绪，激发学习兴趣与动机，又进一步促进了知识和行为技能的习得，提升了情绪能力的发展。表14.2以第一单元的具体活动目标为例，加以说明。

表 14.2　第一单元具体活动目标

单元目标	课时 & 图画书	具体活动目标
① 学习通过面部表情、肢体动作及语言来识别自己与他人的愤怒情绪	第一课时《生气的亚瑟》	① 情绪识别：观察愤怒情绪产生时的面部表情、肢体动作等状态并尝试用语言描述（认知目标） ② 情绪理解：了解愤怒情绪可能造成的负面效果（认知目标） ③ 情绪表达：愿意在同伴面前扮演角色，尝试用表情、肢体和语言表演愤怒时的状态（行为、情感目标）
② 初步探究愤怒情绪产生的原因	第二课时《菲菲生气了》	① 情绪表达：能用面部表情、肢体动作及语言表现愤怒（认知、行为目标） ② 情绪调节：初步了解调节愤怒情绪的方法（认知目标） ③ 情绪表达：愿意在同伴面前模仿故事主角，体验表演的快乐（情感目标）
③ 乐意与同伴合作表演，尝试模仿故事进行角色扮演	第三课时《菲菲生气了》	① 情绪理解：了解情绪能用颜色表示并尝试给情绪赋予颜色（认知、行为目标） ② 情绪调节：知道不恰当的愤怒表现会伤害到别人，尝试说出一些调节愤怒情绪的方法（认知目标） ③ 情绪表达：乐意和同伴合作扮演角色演绎故事情景，体验表演的快乐（情感目标）

从表14.2我们看到第一单元由三个课时组成，每个课时的具体活动目标都根据单元目标逐级展开又有所侧重。第一单元的目标主要围绕对愤怒情绪的识别和感知，并为第二单元的理解及调节情绪做准备，因此每课时的具体活动目标从认知、行为技能和情感态度三个方面涉及对愤怒情绪的识别感知、理解和调节，同时三个课时的目标要求和难度逐层递增，体现了干预活动内容的整体性和连贯性。

二、课程实施过程

在不影响被试幼儿正常进行幼儿园一日活动的前提下，课程以一周三次每次 45 分钟，持续六周总计 18 次开展干预活动。每次活动由情绪小游戏、图画书解析和角色扮演三个部分组成，见图 14.2。情绪小游戏作为整个活动的预热阶段，通过开展和情绪相关的小游戏，吸引、激发并提高幼儿参与整个活动的主动性和积极性，为后续活动的开展作铺垫，开展的时间为 10 分钟。图画书解析是整个活动的思考与讨论阶段，通过幼儿"看"图画书、教师"讲"图画书的形式帮助幼儿了解情绪知识、学习社会技能，时间为 15～20 分钟。角色扮演是整个活动的体验阶段，通过模仿角色的行为表现让幼儿将所学的知识内化，并起到练习、巩固作用，时间为 15～20 分钟。

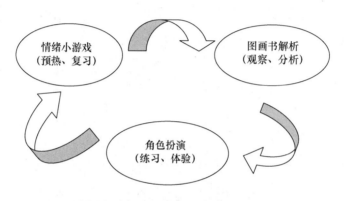

图 14.2　每课时的活动内容框架简图

1. 准备部分——情绪小游戏

游戏是幼儿最喜欢的活动，也是幼儿园一日生活中的基本活动。在活动中把情绪小游戏这个环节置于首位，作为整个干预活动的准备阶段，不仅能以游戏的趣味性吸引幼儿的注意，激发并提高幼儿参与活动的主动性与积极性，而且通过设置与情绪知识相关的小游戏，使幼儿每次在参与干预活动前有个预热准备或复习巩固的过程，让幼儿更好地投入后续的活动环节。比如在第一和第二课时中开展"情绪猜猜乐"的小游戏，让幼儿仔细观察愤怒情绪的脸部表情并用语言具体描述脸部五官的变化，鼓励幼儿尝试表演图片中人物的表情。一方面，在猜猜玩玩说说的过程中，让教师了解幼儿情绪识别的已有程度，更好地帮助幼儿从脸部表情方面识别情绪；另一方面，为讨论部分和体验部分做准备，尤其是讨论部分的图画书解析，需要幼儿从图画中清楚地分解人物表情含义的能力，为情绪理解做准备。

2. 讨论部分——图画书解析

讨论部分是以图画书为媒介对幼儿开展相对静态的集体活动，通过幼儿"看"图画书、教师"讲"图画书的形式，与幼儿共同欣赏、阅读、思考及讨论，引导幼儿和教师与图画书的文本产生对话，一同探索与情绪相关的知识，学习社会技能，从而帮助幼儿增进对自我及他人情绪的了解，找到解决情绪困扰的方法，进一步解决同伴间相处的冲突矛盾。

（1）以图为主，图文结合，引导幼儿读图

图画书是图文的合奏，其中图片更是图画书的生命，而图画书的传达性又主要体现在图片"画中有话"的特点上。幼儿的认知发展过程是对图像的理解先于对文字的理解，而幼儿的认知水平又决定了其对图片的先行关注。图画书中的文字通常是图片的补充或延伸，文字相对精简，易于理解。对于大班的幼儿而言，已开始认识一些简单的字词，因此在解析图画的过程中，以图为主，结合文字，引导并鼓励幼儿从图片中寻找相关线索。

① 读图识别情绪外部特征

图画书的封面通常是整个故事的精华体现，作者往往会挑选最具代表性的图片。因此，我们在开展与"愤怒情绪"相关的图画书活动时，选取了每一本图画书的封面作为导入部分，并刻意去除标题部分的文字信息，以避免文字对幼儿识别情绪的影响，引导幼儿对图片中人物的面部表情、肢体动作展开充分地语言描述，帮助幼儿从外部特征识别情绪。此外，也借由封面中人物情绪的表现引起幼儿对故事的好奇与猜测，引出后续与情绪相关的内容和知识。

② 读图体验情绪感受

幼儿能通过人物的面部表情、肢体动作和语言识别出情绪的外部特征，但对于情绪产生时内心的情感体验却很难用具体的语言表述出来。当问及幼儿愤怒时心里的感受时，大部分大班幼儿会用"心里很难受""不舒服"等笼统的词汇加以表述，而教师也很难用具体精确的词汇描述这些抽象的内心体验。图画书中的图片则解决了这个问题，通过生动的系列画面，结合精准简单的文字，将幼儿内心的情感体验形象地表述出来。

（2）结合文本和幼儿已有经验，引导幼儿互动讨论

图画书讨论是图画书解析的主要且重要的教学策略，幼儿对图画书的内容已有一定的熟悉与了解，对图画书中人物的情绪有一定感触，所以鼓励幼儿进一步思考，循序渐进引导其互动讨论，在过程中丰富幼儿的情绪经验和问题解决策略。引导幼儿互动讨论，主要包括两个方面：一是围绕图画书的内容开展；二是将内容拓展延伸至幼儿自身经验，融合已有经验讨论，其中我们会事先拟定预设问题协助幼儿进行讨论，凸显重点讨论的问题。

① 围绕图画书内容开展讨论

围绕图画书内容展开讨论是整个互动讨论过程中最基础的一个环节，也是幼儿仔细观察图片后的一个反馈结果。教师以讲述者和引导者的身份，向幼儿展示图片并讲述文字，根据幼儿的反馈，抛出逐层递进的预设问题，引发幼儿对故事人物的情绪表现、情绪变化

以及采用的情绪策略等内容的关注和思考。在讨论的过程中，幼儿在预设的问题下重新回顾并梳理了故事内容，同时也加深并巩固了对主人公愤怒情绪的表现、情绪产生的原因以及情绪调节策略等情绪知识。

② 结合幼儿已有经验开展讨论

在对图画书内容剖析和讨论后，帮助幼儿架起图画书的故事内容与实际生活的桥梁，引导幼儿投入其中。鼓励幼儿结合自己已有的生活经验，交流、分享自己的情绪事件或冲突事件，如情感受、情绪事件发生的原因、情绪调节策略、解决方法等，再根据图画书中提供的积极的情绪调节策略和解决方法，引导幼儿反思自己在情绪事件或冲突事件中采取的措施，从认知层面上有意识地认同、学习积极有效的策略和社会技能。在讨论的过程中，教师逐渐将图画书的内容转移到幼儿自身的经历上，引导幼儿自然而然地说出自己的情绪事件，并运用之前图画书中了解和学习到的情绪知识分析自己的情绪事件，选取积极的情绪调节策略和问题解决方法。

3. 体验部分——角色扮演

角色扮演是图画书解析的延伸、强化，也是整个干预活动的动态过程。幼儿在扮演他人角色的过程中，首先，要将所扮演角色的行为图像牢记心中，并需持续一段时间，这是幼儿有意识地记住并模仿图画书中积极有效的行为策略的过程。其次，角色扮演给幼儿提供了一个学习角色采择的机会，培养幼儿去了解他人观点的能力。进行角色扮演时，幼儿有机会了解他人的想法、体验不同角色的行为方式与他人互动的结果，从而增进对自我和他人的了解，思考如何以积极的态度和行为与同伴形成良好的交往关系。

由于被试幼儿在集体教学活动中角色扮演经验的不足以及刚开始对周围环境的不熟悉，幼儿的角色扮演经历了从教师辅助幼儿表演到幼儿能独自自由表演的过程。

（1）教师辅助幼儿角色扮演

在干预活动的前半段课时中，教师作为角色之一，和部分幼儿一同进行角色扮演。这个过程中，教师集两种角色于一身，既是图画书中的角色之一，也是导演，帮助幼儿根据图画书的故事模仿表演。通过教师的指导，使得整个表演内容变得更连贯、更饱满。幼儿在教师的指导下，将图画书里涉及的情绪知识运用到角色扮演中。例如，如何用面部表情、肢体动作和语言表达内心的愤怒情绪，如何用台词将情绪产生的原因和采取的调节策略表述出来。教师参与到幼儿的角色扮演中，不仅为幼儿的扮演提供了直接、具体的指导，也为幼儿的扮演作了生动积极的示范，为接下来幼儿独立自主的角色扮演奠定基础。

（2）幼儿独立自主角色扮演

随着幼儿角色扮演经验的增加以及对整个环境的熟悉，幼儿对角色扮演的兴趣和热情逐步高涨；角色扮演的技巧也越发纯熟，幼儿开始进入独立自主的角色扮演阶段。教师则从处于主导地位的"导演"角色变成了附属的"助理"角色，只起到了引导分析情境、准备道具等协助的作用。幼儿自主自发地完成了情境选择、角色分配、设计台词，并在表演的过程中有意识地表现出之前学习的情绪知识和社会技能。从他们的表演过程，可以看出之前在图画中习得的对愤怒情绪的识别和表现、对情绪产生的原因、情绪调节的策略以及解决矛盾冲突的技能得到了练习与加强。

第三节 效果分析及建议反思

一、效果分析

干预课程实施前后，分别对实验组和控制组被试幼儿进行了冲突情境实验，并对两组幼儿在冲突情境实验前后测的表现进行了观察和记录，通过比对两组幼儿在前后测实验中对自己和他人产生愤怒情绪时作出的情绪调节策略，从量化的角度来验证"我们的愤怒"的课程效果。同时，为了弥补结果量化分析的不足，也为了更直观地反应干预课程对被试幼儿日常行为表现的影响，还采取质性的研究方法对实验组12名幼儿的日常行为表现进行了考察，并对实验组幼儿及教师进行了访谈调查，以此验证并补充量化研究的结果。

1. 冲突情境实验的前后测量化考察

根据被试幼儿在冲突情境实验中的情绪调节策略，将其编码分为积极策略、消极策略、无策略三大类。积极策略包括情感安慰和问题解决两类。情感安慰策略主要指幼儿运用行为或语言对自我或他人的情感进行安慰。问题解决策略主要指幼儿采用各种可能的适应性行为和手段来转移或消除挫折来源，摆脱困境。消极策略主要是以发泄类的策略，指幼儿运用破坏性或伤害性的语言或行为来表达和宣泄自己的消极情绪。无策略主要是以回避性的策略，指幼儿离开或回避引发消极情绪的情境，或是面对问题和挫折不作为。

（1）两组幼儿冲突情境实验前测的结果分析

表 14.3 实验组和控制组前测情绪调节策略发生频次比较（df=2）

	积极策略	消极策略	无策略	X^2	p值
实验组（N=185）	32	127	26	0.825	0.662
控制组（N=177）	30	116	31		

如表14.3所示，对实验组和控制组幼儿在实验前测的情绪调节策略发生频次进行 X^2

检验，结果 p＞0.05，表明实验组和控制组在前测的情绪调节策略发生频次上不存在显著性差异。从两组被试的各项策略发生次数上发现当被试幼儿产生冲突情境时，较少地使用积极策略，而更多地使用消极策略。如当积木数量不够时，被试幼儿更多地会用"抢他人积木""破坏他人的建构"等破坏性的消极策略，少部分幼儿会用"我们合作搭""等我用好了你再用"或"我和你交换"等问题解决型的积极策略；当被试幼儿的积木被抢或被破坏时，更多幼儿会采用抢回积木、推打抢积木的幼儿或用语言攻击等伤害性的消极策略。

（2）两组幼儿冲突情境实验后测的结果分析

表 14.4　实验组和控制组后测情绪调节策略发生频次比较（df=2）

	积极策略	消极策略	无策略	X^2	p 值
实验组（N=88）	54	32	2	27.619	0.000
控制组（N=124）	33	76	15		

如表 14.4 所示，通过对实验组和控制组后测情绪调节策略发生频次进行 X^2 检验，结果 p＜0.01，表明实验组和控制组在后测的情绪调节策略发生频次上存在显著性差异。统计实验组和控制组在每一项情绪调节策略发生的频次，可以看出实验组幼儿在后测的冲突情境中表现出更多的积极策略，更少的消极策略和无策略。

（3）两组幼儿冲突情境实验前后测的比较分析

表 14.5　实验组前后测情绪调节策略发生频次比较（df=2）

	积极策略	消极策略	无策略	X^2	p 值
实验组前测（N=185）	32	127	26	55.502	0.000
实验组后测（N=88）	54	32	2		

如表 14.5 所示，通过对实验组前后测情绪调节策略发生频次进行 X^2 检验，结果 p＜.01，表明实验组幼儿前后测的情绪调节策略发生频次存在显著性差异。从实验组幼儿在前后测冲突情境中统计得到的情绪调节策略发生的频次，可以看出实验组幼儿比起前测，在后测的冲突情境中比前测表现出更多的积极策略，更少的消极策略和近乎为零的无策略。

表 14.6　控制组前后测情绪调节策略发生频次比较（df=2）

	积极策略	消极策略	无策略	X^2	p 值
控制组前测（N=177）	30	116	31	4.86	0.088
控制组后测（N=124）	33	76	15		

如表 14.6 所示，通过对控制组前后测情绪调节策略发生频次进行 X^2 检验，结果 $p>0.05$，表明控制组幼儿前后测的情绪调节策略发生频次不存在显著性差异。从控制组幼儿在前后测冲突情境中统计得到的情绪调节策略发生的频次，可以看出控制组幼儿比起前测，在后测的冲突情境中比前测表现出更少的消极策略和无策略，稍多的积极策略。

（4）结果讨论

通过对实验组幼儿在实验中情绪调节策略发生频次的前后测对比以及实验组和控制组幼儿在后测实验中情绪调节策略发生频次的对比发现，实验组幼儿在后测的冲突情境中使用的积极策略次数显著高于实验前测和控制组后测使用的积极策略，其消极策略和无策略次数显著低于实验前测和控制组后测的使用策略，可见实验组幼儿在后测中面对冲突情境、产生冲突矛盾时，减少了消极策略和无策略的使用，表现出更多的积极策略来解决问题。观察实验组幼儿在实验前测中的表现，发现幼儿因为积木数量的不足而产生冲突时，大多使用"不经他人同意争抢玩具"的消极策略，而在后测相同的冲突情境时，实验组幼儿最多使用的是"合作"的积极策略，其次使用"问题解决型"积极策略，通过有礼貌地询问他人借得或交换得到积木的方法。此外，实验组幼儿还会使用干预活动中教授的社会技能和情绪调节方法对他人的行为和情绪进行干预，如用暂停的手势告诉正在争抢积木的幼儿停止这个不良的行为；当同组幼儿有人因为得不到想要的积木而生气时，有幼儿采取安慰如"你不要生气，你可以去数数""你去旁边待一会儿吧"等图画书里涉及的情绪调节策略；主动提出分享积木、合作游戏等亲社会行为。因此，可以推测在以图画书和角色扮演方式开展的幼儿愤怒情绪干预活动中，通过发挥图画书的传达性和示范性、角色扮演的模仿性和体验性，帮助幼儿感知理解情绪，讨论、分享并练习情绪调节策略和社会技能，对被试幼儿的愤怒情绪控制有一定的促进作用。

2. 实验组幼儿日常行为表现考察的质性分析

（1）幼儿主动表达自己消极情绪的意愿增强

由于在干预活动中对情绪识别和表达的强化，幼儿主动表达自己消极情绪的意愿增强，在随后的日常生活中开始乐于主动向教师和同伴讲述自己的消极情绪，如以下这个案例。

某天上干预活动课前，Q 幼儿跑来和老师说："老师，我现在很生气，非常非常生气！"老师问她原因，她说："因为排队上楼的时候，C 一直叫我绰号'小屋子、小屋子'，我不喜欢别人这么叫我。"上干预活动课时，教师让 Q 幼儿把她的情绪事件向大家分享，幼儿听完后有的向她表示了安慰，有的则提出调节情绪的策略。

案例中，干预活动实施后，一方面，通过图画书对幼儿进行愤怒情绪识别、情绪产生的原因等情绪知识进行详尽地剖析，使得幼儿加深了对情绪状态的理解，能较准确且清楚地归因自己的情绪状态；通过角色扮演则不断鼓励幼儿将内心的体验大胆表述出来，所以幼儿主动表达自己情绪的能力逐步增强。另一方面，经过多次的干预活动，教师与幼儿、幼儿与幼儿之间建立了良好的关系，而教师营造的整个氛围是允许并鼓励幼儿表述自己的消极情绪的，所以幼儿越来越乐意向教师、同伴主动表达自己的消极情绪。

（2）幼儿调节消极情绪的策略增多

"我们的愤怒"课程的重点目标之一是帮助被试幼儿更好地管理自己的愤怒情绪，所以当幼儿自身或他人产生情绪问题时，幼儿能提出适当的情绪调节策略是衡量本次干预活动实施有效性的一个重要指标。在量化考察中，我们发现相较于控制组的幼儿，实验组幼儿在设置的冲突情境中无论是对自己还是他人都表现出更多样化的情绪调节策略，而大部分的策略都来自图画书。教师通过引导幼儿观察、分析图画书中人物运用的情绪调节策略，结合幼儿在实际生活中使用的自我调节方法，鼓励幼儿选择并交流分享当自己处于消极情绪时愿意运用的调节策略，再通过角色扮演的方式练习并巩固，从而使得幼儿认识并掌握了更丰富的情绪调节策略，并且部分幼儿能够将其运用到日常生活中，如以下这个案例。

干预活动课之前，教师为被试幼儿排好了椅子，分成前后两排。当被试幼儿进入教室就座之后，T幼儿和Y幼儿发生了争执，两个人为谁坐在前面而争执不休。突然T幼儿一屁股坐在前排的椅子上，Y幼儿因为没有坐到椅子而生气起来，双手插着腰，嘴巴撅着不肯坐到后排。这时，C幼儿大声说："Y生气了！Y生气了！"S幼儿走到Y幼儿身边，拉住他的胳膊摇晃说："你做下深呼吸吧，不要生气了。"M幼儿在旁也说："不然你可以数数，或者一个人去旁边待一会儿。"而X幼儿则跑到第二排，将他的椅子搬到自己的旁边，说："你坐我旁边好了，我坐过去点。"

案例中，当被试幼儿发生情绪事件时，他们很少再以不恰当的发泄或求助教师的方式来解决问题，他们开始尝试主动地为自己、为同伴提供解决策略，给予情感安慰，帮助自己或同伴消除消极情绪。同时，图画书里人物运用的情绪调节策略和角色扮演过程中表现的问题解决策略成为他们解决问题，调节情绪的有效指导教材，当幼儿遇到情绪事件时，幼儿会从中寻找相似的情境线索或通过教师以此为基础的提示，选择恰当的策略来运用。

（3）幼儿亲社会行为增多

干预活动实施后，被试幼儿不仅能运用适当的策略调节自己的消极情绪，而且在日常生活中也表现出更多的亲社会行为，如以下这两个案例。

吃点心的时候，M幼儿正拿着装牛奶的小水壶往自己的小杯子里倒牛奶，突然她不小心把牛奶洒出了出来。C幼儿看见了，马上对她说："M，你要不要紧？有没有烫伤啊？"接着，他又跑去拿纸巾，帮助M幼儿一起擦桌子上的牛奶。

幼儿们正在排队准备去下一个活动的地方，S幼儿在排队的过程中踩到了R幼儿的脚，R幼儿顿时激动地说："你踩到我了！"S幼儿说："我又不是故意的。"R幼儿还想说什么的时候，目睹一切经过的Y幼儿抢在前面说道："不小心也要说对不起的，因为你踩到人家了。老师上过那个礼貌课的，碰到别人要说对不起。万一人家不开心，然后生气了，有可能就要打架了。"

案例中，幼儿通过有意识地学习与解析"解决问题"相关的图画书，从认知上习得了一些亲社会的社会技能，并在与生活经验相似的模拟情境中进行角色扮演，练习并巩固了社会技能，所以当他们在日常生活中处于相似的情境时，幼儿会自然而然地联想到所学所感，然后无意识地表现出在活动中习得的社会技能。

二、反思与建议

1. 对干预课程开展的评价与反思

干预课程实施结束后，对被试幼儿的带班教师进行了正式的半结构式访谈，访谈内容分成两个方面：实验组幼儿在干预课程实施后的愤怒情绪事件以及行为表现，如情绪调节方式、策略的使用等是否有改进；教师对该类情绪教育活动在幼儿园开展的想法以及建议。同时，对实验组的被试幼儿开展了对本次干预课程的喜爱度和喜爱原因的问卷和访谈调查。结合两者的问卷和访谈结果，发现幼儿和教师一致对本次干预活动予以好评，报以喜爱和支持；同时由于干预课程的效果具有即时性的特点，因此活动实施的形式和活动开展的时间还需进一步改进。

根据带班教师对幼儿日常观察的反馈，教师认为本次课程的效果有即时性，即每次活动开展结束后，被试幼儿表现出更多积极的亲社会行为和较少的情绪事件。然而，教师一致认为该活动对幼儿日常行为整体的表现没有显著的影响效果，被试幼儿还是会在情绪事件中表现出消极或不恰当的行为表现。因此教师建议将此类的情绪教育活动开展的时间延伸，可融入到幼儿每周一至两次的集体教学活动中，并将活动形式拓展至幼儿的一日生活各环节，如角色游戏、区角活动等，设置和集体教学活动相匹配的游戏和剧情脚本，让幼儿有更多的时间和机会来体验感知、练习巩固相关的情绪知识和社会技能等。

开展活动的过程中还发现当教师融合课程内容对幼儿进行契机教育时，更有助于幼儿消化、掌握开展的课程内容，更容易在行为上体现习得的情绪知识和社会技能。如当幼儿产生情绪事件或发生冲突事件时，教师在旁以语言的形式提示幼儿已学的情绪教育内容，幼儿会自动地联想到故事中主人公的做法或在角色扮演中练习过的方法，将其迁移至当下的情境，做出恰当的行为表现，进而解决问题。可见，对幼儿进行契机性的情绪教育确实能更好地推进幼儿的情绪能力，所以情绪教育除了以集体性的课程活动的形式开展外，也要作为常规教育的一部分，融入幼儿的一日生活，教师要善于捕捉幼儿日常的行为事件进行契机教育。

2. 对干预课程开展形式的思考

（1）图画书对幼儿的榜样示范作用

在以图画书为媒介开展的讨论部分中，幼儿通过观察、分析和讨论图画书中人物在面对愤怒情绪事件或冲突事件时做出的表现和行为策略，为幼儿在实际生活中运用一定的策略控制自己的愤怒情绪或解决问题提供了榜样示范的作用。社会学习理论学家班杜拉等（Bandura，1986；Schunk，2000）认为，人类的大部分学习是直接学习榜样的过程，即观察学习。在观察学习的过程中，人们获得了示范活动的象征性表象，并将表象储存于大脑。图画书则是观察学习的第一、第二阶段——注意和保持阶段，教师以幼儿喜爱的图画书作为材料引起他们的关注，图画书里人物成为了幼儿的榜样人物，而他们的行为态度自然而然也成了幼儿的榜样示范。例如，亚瑟生气的时候不仅会让身边的人感到害怕和难过，自己心里也不好受；毛毛兔生气后会通过深呼吸、找个地方待一会儿、找大人说说的方法缓解自己的消极情绪；当一个小朋友想和其他小伙伴一起玩的时候，他可以友好地打招呼、主动分享自己的玩具、请求对方的同意、愿意接受对方的拒绝等；当两个小朋友发生冲突时，先平复自己的情绪、彼此说出自己的想法、接受对方的想法、找一个双方都愿意接受的方法等。教师帮助幼儿在阅读图画书的过程中，不断剖析、讲述并复述图画书里人物的行为方式，这些情节就会以表象保持在幼儿的大脑中，当他们在生活中遇见相似的情境时，大脑会浮现这些表象，幼儿再结合自身的实际情况加以运用，从而做出恰当的行为表现和态度。

（2）角色扮演对幼儿的模仿体验作用

在以角色扮演的方式进行的体验部分中，幼儿通过在模拟情境中模仿、练习从图画书里记忆的情绪知识和社会技能，再经过个体亲身的体验和再现，进而将暂时习得的知识、策略转化为长久保持的记忆，因此角色扮演是观察学习的保持和再现阶段。对幼儿而言，一方面，他们喜模仿、爱表演的天性使得他们对角色扮演充满了兴趣，所以角色扮演的活动为他们提供了一个平台挥发幼儿的内在需求。另一方面，角色扮演中的模仿练习给予了幼儿一个在实际情境中操练所学情绪知识和社会技能的机会；而角色扮演中的模仿体验又让幼儿从多种角色中体会不同人物的心理感受，进而巩固了从图画书里所学习的认知层面上的内容。例如，在模拟搭积木的冲突情境中，有的幼儿扮演积木被别人不小心碰倒而产生消极情绪的角色，有的则扮演不小心碰倒别人积木的角色，两种角色会经历不一样的情绪体验和内心活动，但最终都要消除不良的情绪感受，解决冲突。而这些情境来源于图画书脚本，又和幼儿的实际经验相似，前期幼儿已经通过图画书在认知层面上习得了解决问题的策略技能，然后将在图画书中观察到的示范行为转化到角色扮演中的自身行动，增强了情绪知识和社会技能的观察学习。

3. 对教师开展相关情绪教育活动的建议

（1）教师需要具备一定的情绪素养，以身作则

教师是幼儿进入幼儿园后另一个重要的学习对象。米尔等人（Mill & Roneno White，1999）指出，教师，就像父母那样，也应在幼儿学习、了解情绪时，帮助他们管理自己的情绪气候。林文婷（2008）以1500名3～6岁的幼儿及对应的164名幼儿教师为被试，对教师的情绪智力和幼儿情绪智力的关系展开研究，结果表明，教师情绪智力总分与幼儿情绪智力总分呈显著相关，且教师的情绪能力素养能有效地预测幼儿的情绪能力。因此，教师应在生活和工作中提升自我情绪能力，成为幼儿的榜样示范。

首先，教师要有意识地培养自身的情绪素养，提升自我情绪调节能力。幼儿教师要主动通过各种途径学习舒缓压力、调节情绪的方法，为自己营造一个良好轻松的心理环境。如结合轻音乐进行瑜伽等有氧运动，放松身心；阅读情绪类书籍，学习调节情绪的策略技能；参加团体或户外活动，结朋交友，扩大视野。

其次，教师要注意自身的言行举止，成为幼儿良好的榜样示范。如教师用恰当的方式表达情绪，愤怒时不乱发脾气，不迁怒于人。社会学习理论提出观察学习不仅指幼儿观察学习成人的具体行为和语言，米勒（Miller，1993）提出态度也可以通过观察学习而形成，因此教师的表情、动作、语言和态度无一不对幼儿的情绪行为表现和情绪态度产生暗示作用。作为幼儿教育者，教师应该用积极乐观的心态感染幼儿；用欣赏敏锐的眼光接纳幼儿；用公正理性的方式教育幼儿，给幼儿营造一个轻松愉快有安全感的心理环境。

（2）教师需要提升促进幼儿情绪能力所需的专业技能

德哈姆（Denham，1998）建议教师应该通过多种途径帮助幼儿提升情绪能力，如可以教授幼儿相关的交往技巧；提供有趣的材料等，帮助幼儿在班级中发展与他人的情绪联结，帮助他们成为社会人。教师除了自身具备一定的情绪素养，还需要有帮助幼儿提升情绪能力的专业技能。

① 提高观察幼儿情绪发展的能力

了解幼儿的个性气质、年龄特点、已有的生活经验和认知、情绪等发展水平是教师开

展情绪教育活动的前提,而观察则是帮助教师了解幼儿的一个重要途径。开展活动之前,教师对幼儿在日常事件中表现的情绪发展现状有一定的观察和记录,尤其当活动是针对全班幼儿时,要着重对情绪发展有典型性或突出表现的幼儿进行观察,才能制订出建立在幼儿已有经验和情绪能力发展的适宜教学方案。开展活动期间,教师要对幼儿的情绪能力变化保持一定的敏锐度,根据对幼儿在课堂中的情绪表现、活动反馈等观察,及时调整教学方案,作好活动评价和反思;同时在日常环节中,教师也需要时刻关注幼儿的情绪变化,给予适时相应的支持和指导。开展活动后,再次观察幼儿的情绪发展情况,对比活动前后的差异,为下一次的活动实施做准备。观察是整个情绪教育活动中必不可少的手段,教师需要保持观察意识、提高观察能力,才能开展有效且具针对性的情绪教育活动,切实提高幼儿的情绪能力。

② 掌握一定的开展情绪教育活动的教学技能

教师运用不同媒介对幼儿开展多种形式的情绪教育活动是教师帮助幼儿促进情绪能力的重要的手段,因此教师需要掌握一定的专业能力和教学技能。

第一,教师可以针对幼儿不同的情绪发展特点和需求,以组织形式分类成集体活动、小组活动和个别活动。集体活动的特点是全班幼儿在同一时间内做同样的事情,因此教师要把握住情绪发展具有代表性和普遍性的幼儿,选择的媒介应适宜教师为主的引导和组织,如图画书,以幼儿的代表性情绪事件为切入点开展教育活动。同时集体活动中教师还需着重关注情绪发展具有特殊性的幼儿,结合个别活动,因材施教。小组活动是将全班幼儿分成几个小组进行的活动,在游戏为主的模式下教师可以采用此种组织形式。小组活动既可以由幼儿自发组织,也可以由教师根据幼儿的情绪发展情况,如按幼儿情绪能力发展的高、中、低进程分组,结合幼儿的实际水平和需要开展有针对性的活动和指导,切实促进幼儿的情绪能力。

第二,教师需要掌握以多种媒介开展活动的教学技能。以图画书为媒介开展活动时,教师要对图画书,尤其是情绪类的图画书有一定的了解,善于挖掘图画书中蕴含的情绪因素,结合幼儿已有经验生成预设的教学内容。同时,教师除了要掌握指导幼儿阅读的基本方法外,还要对图画书有一定的解析能力,对图画书里的图画、文字等仔细研读和推敲,根据情绪教育的目标有目的地设计教学活动。以角色扮演的方式开展活动时,教师要把握时机和度量,适时地逐步地从"导演"的角色过渡到"助理"的角色,让幼儿自主且不偏离教学目标地参与活动。此外,教师要关注幼儿在角色扮演过程中的情绪内在体验、感受角色的行为表现等,而非拘泥于幼儿扮演角色的相似度,尤其是活动的后期,可以鼓励幼儿融合自身的经验大胆表达。

不论是以何种形式开展情绪教育活动,活动的有效性都离不开教师与幼儿良好的互动,而与幼儿保持高质量的互动对教师的课程应变和应答能力都有较高的要求。所以教师自身要拥有较好的情绪素养和知识,有观察幼儿情绪表现的意识和能力,具备情绪教学的一定技能和水平,才能帮助幼儿提升其情绪能力。

4. 对幼儿园开展相关情绪教育活动的建议

(1) 提供充足的硬件支撑

幼儿园为教师提供充足的硬件是保证情绪教育活动有效开展的前提,除了提供活动所需的场地,还需提供辅助教学的设施和材料。

受到班级人数和图画书价格等因素影响,教师通常利用多媒体设备向幼儿展示图画书,以大屏幕向所有幼儿展示图画书的模式,更方便教师对幼儿进行图画书解析和讨论,因此幼儿园需要提供多媒体设备。但是角色扮演很难仅靠教师利用多媒体提供几幅图片就能完成,因此还需要准备相应的角色道具和宽敞的活动场地,有了道具的辅助,幼儿才能更好地融入角色,投入表演情境,淋漓尽致地发挥。

(2) 提供必要的软件支持

教师是幼儿园重要的教育资源,提升教师的专业素养是促进幼儿和幼儿园进一步发展的根本举措,因此幼儿园需要为教师提供必要的理论和技能支持,帮助教师更好地开展情绪教育活动。家庭是幼儿园重要的合作伙伴,幼儿园需要积极支持、帮助家长提高教育能力。

① 为教师创设提升专业素养的机会

在开展情绪教育活动中,对教师自身的情绪素养、观察幼儿情绪发展的能力、教师对多种媒介或教学形式的运用以及教师对情绪理论的了解等都存在着一定的要求。因此幼儿园应提供必要的软件支持,提升教师相关理论和技能的发展,如通过专家讲座、园本教研、专题研讨等活动,为教师提供丰富及时的信息,帮助教师补充理论知识,提升专业素养。此外,幼儿园还应关注教师的情绪状态,通过各种轻松有趣的途径帮助教师及时排遣压力,调节消极情绪,从而有利于情绪教育活动的开展。

② 为家长搭建家园互动平台

幼儿的情绪发展和教育离不开家长的作用,哈伯德等人(Ramslden & Hubbard, 2002)指出父母与幼儿的关系以及父母的榜样示范对幼儿情绪能力的发展起着重要的作用。韦伯斯特等人(Webster & Hammond, 1997)提出通过与幼儿日常的互动交流,父母教会孩子情绪词汇和情绪定义。可见,家长作为幼儿的第一抚养人,其自身的言行和幼儿的互动交流对幼儿的情绪发展有着一定的影响。

我国的《幼儿园工作规程》提出"幼儿园可采取多种形式，指导家长正确了解幼儿园保育和教育的内容、方法""向家长宣传科学保育、教育幼儿的知识"。因此幼儿园可以通过开展教育讲座的形式，让家长了解幼儿园实施的情绪教育课程，了解情绪能力对幼儿发展的重要性，了解图画书、角色扮演等教学模式的作用和指导技巧，鼓励家长配合幼儿园的工作，尝试在家里对幼儿进行配套的教养方式。此外，还可以通过定期的家长会谈，向家长告知幼儿园开展情绪教育课程的进度以及幼儿的行为表现，帮助家长及时了解幼儿的发展变化，积极有效地推进幼儿的进一步发展。

本章总结

图画书是幼儿早期阅读的主要素材，书里的故事蕴含着许多情绪情感素材和社会交往技能，可以让幼儿通过图文并茂的形式，将图画书中的情境与自身相似的经历结合，将图画书中蕴含的知识融入到自身的行为中。角色扮演则让幼儿自发地将自己的经历与故事内容融合，通过模仿故事中人物的行为表现，自然而然地内化消极情绪的管理方法。本课程试图通过图画书和角色扮演为主要形式来设计教案、实施活动并评价反思，建构一套符合大班幼儿年龄特点以及发展需要的幼儿愤怒情绪控制的干预教育方案，从而促进幼儿对消极情绪的管理能力。

课程实施后，我们尝试从量化考察与质性分析两者结合的方法对以图画书和角色扮演的形式开展愤怒情绪控制的干预课程进行评估。结果表明：幼儿园大班年龄段（5～6岁）幼儿在后期的冲突情境实验中表现出更少的消极情绪事件和更丰富的情绪应对策略；在一日生活中更多地愿意主动表述自己的消极情绪，调节消极情绪策略增多，表现出更多地亲社会行为。此外，通过对幼儿和教师的调查访谈，以图画书和角色扮演的形式开展的干预活动受到喜爱和支持；对被试幼儿的愤怒情绪控制管理具有即时的明显效果。

请你思考

对幼儿的情绪教育利用图画书和角色扮演的益处是什么？还有什么其他的方式可以融于情绪教育中？

拓展阅读

1.《生气的亚瑟》，作者奥拉姆。

这本书以令人叹为观止的罕见手法，为小孩儿描绘难以捉摸和言喻的情绪——"生气"，也深刻地说明这种普遍的情绪经验对小孩儿的影响。本书并不以成人式的反应为主轴来表现应如何约束和改变小孩儿的生气行为："小孩儿怎么可以生那么大的气？""小孩儿有什么气好生？""不生气才是乖小孩儿！"而是带着大小读者一起用"显微镜"把"生气"这件事看个仔细，弄清楚它到底怎么回事。这种坦诚面对、探索情绪的态度，也是一种健康的呈现方式。

2.《菲菲生气了，非常非常的生气》，作者莫莉·卞。

透过菲菲戏剧化的生气表现，让幼儿知道这样不快乐的情绪，是每个人都会面临到的。每个人都会有开心和不开心的样子，虽然生气的样子貌似可怕，虽然大家都无法完全地掌控自我的过度情绪化，但是可以去面对它，了解它。至少当我们不快乐和极度不满的时候，可以不要再完全掉入这样的流沙里，爬都爬不起来了。

3.《生气汤》，作者贝西·艾芙瑞。

这一天霍斯过得很不高兴，他带着一肚子怨气回家。但是，霍斯的妈妈却知道怎么处理那一肚子的怨气——那就是煮一锅"生气汤"！你看这位妈妈，一不批评，二不教训，三不追问。她知道，在这种场合讨论"儿童行为规范"没有任何意义。而且生气嘛，本就是天赋人权，不应该抵制孩子的情绪，而是要教孩子学会自我疏导。

4.《我不想生气》——"毛毛兔"系列，作者特蕾西·莫洛尼。

这本书是"中国第一套儿童情绪管理图画书"里的一册，这是一套非常特别的、值得珍藏的书。这套书适合家长和自己的孩子一起阅读，在阅读的过程中，家长能从孩子的角度帮助他们充分认识、体验、接纳和管理自己的情绪。该书用极简单的语言，描写一只小兔子说出各种惹他生气的事和一些用来管理这种情绪的积极方法。这些事情非常贴近儿童的生活，能够引起大部分孩子的共鸣。书中提供的两种方法也有助于孩子管理情绪和应对怒气的发生。

5.《冷静和平息怒气》——"长大我最棒"系列，作者梅纳斯。

先进的儿童社会技能教育理念，逼真的实际生活场景，多样化的表达方法，具体生动的实例，还有供家长、教师参考的互动游戏设计及实施方案，能有效地帮助孩子们学习、理解并实践基本社会技能，提高儿童融入环境和社会及与人和睦相处的能力。该书通过切实描述儿童真实的矛盾情境，直白地描写孩子愤怒时的感受；通过给出操作性强的建议帮助孩子调适愤怒，解决矛盾。

第十五章

以提高社会情绪能力为中心的害羞幼儿干预项目

第一节 理解害羞和害羞幼儿

一天，云云和爸爸妈妈在公园玩，她玩得可开心了。可是在公园的小花坛碰见了爸爸的同事，爸爸要云云向叔叔打招呼，云云的脸刷地一下就红了，她紧张极了，一下子就躲在妈妈的背后，不敢看叔叔的脸。叔叔笑着说："哦，云云是个害羞的小姑娘。"爸爸也笑着说："是的，我们云云从小就害羞呢！"云云低着头看着自己的小脚丫，心想：是啊，我是个害羞的小姑娘！

这一场景我们并不陌生，它可能就发生在我们的身边；这一评价我们也不陌生，但它可能影响了孩子的一生。那么，上述场景中提到的害羞是什么？害羞有哪些特征呢？害羞是由哪些因素引起的？害羞对幼儿的发展有哪些影响呢？如何对害羞幼儿进行干预研究？在这一章内，我们将一起来具体了解这些内容。

一、害羞及其主要特点

在中国传统文化中，害羞总是作为褒义词出现。害羞幼儿表现出脸红、不爱说话的这些特征也常被认为是谦虚、内敛的表现，人们对这一行为更多采取宽容态度。但随着科学发展，研究者开始发现害羞对幼儿的发展有更多负面影响。于是，幼儿的害羞行为开始得到广泛关注。

（一）什么是害羞

所谓害羞，是一种特定的人格特质，具有这种人格特质的人在面对新奇、陌生和可能引起社会评价的社会环境下容易唤起这种人格特质，导致出现紧张、焦虑的生理、心理现象，以及他的行为表现出明显的趋避冲突。

（二）害羞幼儿的主要特点

害羞幼儿与非害羞幼儿之间的差异，具体表现在生理、认知、情绪和行为四个方面。

从生理角度来看，害羞的幼儿与不害羞的同伴相比，表现出更低的生理觉醒临界值，例如，他们的脑电模式表现出更大的右额叶激活、早晨检测出的唾液皮质醇（一种与压力有关的激素）水平更高。这说明他们更容易感到紧张、焦虑。害羞幼儿也常会出现脸红、心跳加速、冒汗、颤动、口干等生理表现。

从认知角度来看，害羞幼儿的认知上表现出低自尊、负向的自我陈述，极度担心别人对自己的看法，较不了解别人对自己的看法等。如当害羞幼儿处于关注中心时，会表现出过度紧张、恐惧与不舒适，这与他们过度担心他人对自己的评价相联系。

从情绪角度来看，害羞幼儿在情绪上容易焦虑、沮丧、不安、敏感和恐惧。如年幼幼儿在面对陌生的情境，会敏感地感受到周围环境的不确定性，表现出紧张不安和害怕。

从行为角度来看，害羞幼儿在行为上都表现为沉默，包括长时间看其他孩子玩耍，自己却不参与，并常游离在其他孩子的旁边。但这种形式的非社交游戏无论是在新奇的环境还是在相似的环境下都象征着社交焦虑。另外，害羞幼儿的这种沉默行为可被理解为他们较少花时间去与他人进行交往，也可理解为在他们和其他人交往时往往说得很少。

图 15.1　害羞儿童在紧张时会出现咬指甲、揪小辫、绞衣角等行为
（李燕 供图）

二、害羞与幼儿发展

害羞幼儿在面对新的、有社会评价的社会情境时，会表现出过于谨慎、小心，在人际互动时会有不舒适、压抑和恐惧的情感体验和一种自我防御的心理状态。这些都可能影响幼儿的认知与社会性发展，具体表现在学业适应和社会适应两个方面。

（一）学业适应

考博莱（Coplan，2008）提到气质性害羞幼儿进入学校环境倾向于小心翼翼地回应这个社会（或新颖的）环境，他们说话更不流利，在讲故事、社交时，需要更多的等待时间，对老师的口头回应也很少。这些都可能是他们不能很好地适应学校的表现。因此，我们也不难看出，这些也可能导致他们出现学业问题。很多研究者也证明在早期孩童时期和以后的童年时期，害羞和社会退缩与幼儿显示出的学业能力的缺乏相联系。最近，纳尔逊、鲁宾和福克斯（Nelson，Rubin and Fox，2005）报告了幼儿4岁时沉默行为和低学业能力的联系。

另外，研究表明害羞幼儿的语言发展相对滞后，尤其是在婴儿期就可以发现（Rezendes，Snidman，Kagan，Gibbons，1993）。他们通常的问题出现在口头语言上（Buss，1984，1997）。比如，害羞幼儿在标准化语言中的表现相对较差，在正式的语言测试上也比普通孩子得分低，在讲故事时也缺乏变化和灵活性。总之，害羞幼儿可能存在语言发展问题。

（二）社会适应

害羞幼儿的社会适应方面主要包括害羞幼儿的师生关系、同伴关系、问题行为及心理健康等。

1. 师生关系

害羞幼儿可能不被老师注意，甚至有些老师还会鼓励孩子的害羞行为，因为他们可以帮助保持教室的秩序。害羞幼儿倾向于从老师那里获得更多的关注。研究也表明，害羞幼儿与教师的关系表现为更少的亲密（但也更少的冲突）和更多的依赖关系。害羞幼儿可能更依赖教师，期待教师给予更多的关注。

2. 同伴关系

同伴互动是幼儿获得各种社会能力的重要途径，这些社会技能也会促进幼儿更好地融入同伴中，促使幼儿更好地发展。害羞幼儿社交谨慎，缺乏社会能力，较少主动发起社交，这使他们不能成为具有吸引力的玩伴。于是，在学前阶段，幼儿害羞、沉默的行为和同伴拒绝、排斥、孤独相联系是不足为奇的。

同伴交往困难不仅影响幼儿的短期发展，同时影响其后期发展。同伴交往困难会加剧害羞幼儿本已存在的消极情绪体验，加重他们对交往的担忧和恐惧（Stevenson-Hinde & Glover，1996）。如果在童年中期和后期幼儿仍然害怕、退缩，他们就极有可能发展出同伴交往障碍。随着年龄增加，独自一人的行为也会更多地被同伴注意到并被排斥，使他们更难融入同伴团体（Younger & Boyko，1987）。

3. 问题行为及心理健康问题

害羞行为伴随着各种问题行为，害羞与研究者在游戏中观察到的焦虑行为、父母/教师焦虑评级、内在化问题和自我报告的孤单以及低自尊相联系。这些问题行为可能会影响幼儿的短期发展，甚至长期发展。

图 15.2 害羞儿童在与同伴游戏时，常处于旁观、无所事事状态
（李燕 供图）

随着年龄的增长，害羞幼儿和退缩幼儿在他们开始进入幼儿园之后很有可能保持害羞和退缩（直到4年级），不包括短时间内的变化。在日后的发展中，其害羞特征更稳定，表现出更多的抑郁症候。另外，早期的极其害羞可能和幼儿的焦虑性障碍相关。瑞普（Rapee）和他的同事最近指出学前幼儿中极其害羞幼儿群体有90%符合现有焦虑症状的标准。

三、影响害羞的因素

害羞的人在社会情境中容易产生内在的主观焦虑，并倾向于逃避可能被引起关注的情境，在社会互动中表现出行为抑制，因而无法适当地与人交往，并常伴随消极认知、负面情绪、笨拙行为及不舒服的生理体验。因此，对影响害羞的因素进行研究是非常必要的。对影响害羞的因素进行分析，主要有以下几种。

（一）内在因素

内在因素是影响幼儿害羞的首要因素。首先，抑制性气质是害羞幼儿的生理特征之一，这种先天气质可能会导致幼儿行为退缩、不爱说话，出现害羞的倾向。其次，卡根(Kagan)在研究中发现害羞的幼儿有较快的、稳定的心率,当他们面对一个奇异的环境,他们的肌肉紧张程度加强,当他们从坐姿变到站姿时,他们的血压升高。当他们感受到心理压力时,他们的瞳孔扩大,分泌出皮质醇(一种与压力有关的激素)。同时也有从遗传的角度来研究影响害羞的生理因素。如一份对18对双胞胎的研究发现,同卵双胞胎的害羞比异卵双胞胎更相似(孙维胜,1994)。

(二)外在因素

影响害羞幼儿的外在因素主要表现在家庭、学校和社会文化环境。

1. 家庭环境

父母之间的关系、家庭的氛围以及父母对害羞幼儿的态度和教养方式都是影响害羞幼儿的家庭因素。父母的教养方式是影响幼儿发展的重要因素,不同的教养方式可能造就不一样的幼儿。父母的教养类型分为专制型教养方式、过度保护型教养方式和权威型教养方式。

害羞和过度保护型教养方式相关。过度关心保护的父母趋向于过度掌控他们的孩子,限制他们孩子的行为,过度深爱他们的孩子,不鼓励他们的孩子独立和限制孩子的游戏。这样的教养方式导致害羞的孩子可能无法很好地发展社交中所必要的应对策略。因此,害羞幼儿的父母的侵入或过于卷入孩子的生活可能会加剧害羞幼儿内在的社交谨慎。

专制型的父母对孩子有更多的心理控制和行为控制,导致幼儿丧失自我独立的机会。李丹黎等人(2012)的研究表明心理控制与攻击和退缩均呈正相关,且表达抑制在心理控制与社会退缩之间具有部分中介作用。退缩和害羞幼儿可能因为父母的过度控制,长期处于压抑的状态,抑制其表达的愿望和能力,影响孩子日后的语言发展。这种语言能力的缺乏又会反过来保持或加剧其害羞。

2. 学校环境

同伴关系、师生关系、教师对害羞幼儿的态度和信念是影响害羞幼儿的学校因素。

首先,同伴关系的影响。同伴在幼儿的早期发展中发挥着不可替代的作用,良好的同伴关系可以促进幼儿更好的发展,相反,同伴拒绝、同伴攻击无疑对幼儿的伤害是很大的。艾森多尔菲(Asendorpf,1990)曾经指出,幼儿的同伴关系以及他们对这种关系的感知对幼儿社会或陌生情境下的行为起着中介作用。积极的同伴关系,尤其是积极的友情,对幼儿的发展起保护因子的作用,它能帮助幼儿避免或延缓孤独感,发展更好的适应性。对于年幼的幼儿而言,获取积极的、高质量的友谊与朋友支持相关。对于年长幼儿而言,高质量的友谊使他们获得更多同学的支持和更少的焦虑感,并且有更好的自我价值感。

另外,同伴拒绝、排斥和攻击都可能会导致短期或长期的问题。同伴拒绝是社会退缩的危险因素。与没有经历同伴排斥的害羞焦虑幼儿相比,那些在幼儿园被同伴排斥的害羞焦虑幼儿,其害羞焦虑的表现到小学4年级都非常稳定,且抑郁的症状加重。常被欺侮的幼儿会从同伴环境中游离出来。在幼儿的早期,退缩幼儿似乎不是被欺侮对象,但到中期以后就难以幸免了。同伴排斥和同伴攻击只会导致害羞幼儿变得更加害羞,在社交上更加退缩。因此,在学前阶段,害羞幼儿成为同伴拒绝、排斥和受害者的目标是不足为奇的。

其次,教师的影响。教师是幼儿除父母外的重要他人,也是幼儿成长中至关重要的人,师幼关系是幼儿社交中重要的一部分。对于害羞幼儿而言,师幼关系对其发展的影响更加深远。艾博(Arbeau, et.al., 2010)报告,亲密的师幼关系可以减少害羞对幼儿小学期间的社会情感调节的消极影响。反之,不良的师幼关系则会导致害羞幼儿在社交行为上更加退缩,不愿主动与他人交往,无法引起教师的感情共鸣。李娜、张福娟和叶平枝(2008)的研究支持了这一观点,他们发现教师在与社会退缩幼儿的互动中表现出负向情感,社会退缩幼儿的情感体验难以引起教师的共鸣。这样的问题同样存在于害羞幼儿与教师之间。害羞幼儿常常容易被教师忽视,其情感体验也同样不能引起教师的共鸣,这也可能让害羞幼儿感觉到自己无形中被教师鼓励继续保持这种害羞状态(如前面的案例所描述那样),以致在交往中变得更加被动,更加害羞。

最后,教师的教育理念与行为也可能影响害羞幼儿与教师的互动。李娜、叶平枝等人进一步研究发现,教师所拥有的能力和权力意识会阻止他们从幼儿的角度去思考问题,去体会幼儿的心理感受。一方面,这种权威意识可使师幼互动呈现出一种倾斜特征,即教师的高度控制与约束和幼儿的高度依赖与服从,这就可能导致幼儿对教师过于依赖。另一方面,教师居于互动中主动地位,忽视幼儿的心理感受。幼儿被动地与教师进行交流,社会退缩幼儿可能较难达到教师的要求,以至于他们在这样的师幼互动中易被教师忽视或引起教师厌烦的不良情绪,这就可能导致幼儿与教师建立更少的亲密关系。害羞幼儿同社会退缩幼儿一样,趋向于与教师建立更多的依赖关系和更少的亲密关系。但无论是依赖型的师生关系还是更少亲密关系的师幼关系都不利于幼儿社会能力的发展。

3. 社会文化环境

不同的国家有不同的文化,不同的文化对害羞的理解也存在差异,对害羞幼儿的接纳也不一样,因而社会文化环境可能是害羞的影响因素之一。西方国家强调自信、个性化,社会也期望幼儿表现出这种自信,而中国强调克己、含蓄。害羞幼儿因感受到外界的不安全感而表现出恐惧与缺乏自信,这被认为是社交不成熟和没有胜任感的表现。一份关于中美幼儿和高加索幼儿日托情况的研究发现,3~29个月的中美幼儿比高加索幼儿更容易抑制感情。不管中国幼儿是待在家里还是一周五天入托,结果都是一样的。当这些幼儿碰到不熟悉的大人时，他们更能抑制感情，表现出害怕。当他们与母亲分开时，这些幼儿就会大哭起来（孙维胜，1994）。

近几年来，陈欣银等人进行了大量有关害羞幼儿的东西方跨文化研究。他们对中国早期城市幼儿的研究发现，害羞与幼儿的同伴接纳、学业成就、良好的情绪控制以及完成教师要求的任务相关。他们更易被同伴接纳，学习成绩更好，能更好地控制情绪，也能很好地完成教师布置的任务。

此外，在他们的研究中也发现，在中西方的样本中，相对于女孩来说，男孩的害羞更多被消极对待，更少被接纳，也表现出更多的抑郁。这可能与社会评价有关，社会对女孩的害羞持更积极的评价，而认为男孩子更应该主动、自信。

了解和把握害羞的特点、害羞与幼儿发展之间的关系，以及害羞的影响因素对我们采取害羞幼儿的干预措施是有必要的。我们尝试以害羞幼儿为主，改善害羞幼儿的社会认知、情绪调节和社会技能，另外结合家庭环境和学校环境，让害羞幼儿的父母、教师和班级一起参与整个干预过程。下面主要以 HUGS（全称是 Help，Understanding，Gentle slope，针对害羞幼儿的干预方案）的干预项目为例。

第二节　HUGS 干预方案

该部分主要从课程目标、内容以及相关理论介绍、实施和效果分析等方面介绍 HUGS 的干预方案。

一、课程目标

幼儿组课程目标包括社会认知、情绪管理和社会技能三部分目标。

（1）社会认知：了解如何与他人问好，如何向他人介绍自己，如何加入游戏等。

（2）情绪管理：学会情绪识别、情绪调节和情绪管理。

（3）社会技能：学会与朋友交往的基本技能，比如接待朋友。

父母组课程目标包括认知干预和教养技能两部分目标。

（1）认知干预：了解幼儿害羞和社会焦虑发展的背景信息（如幼儿害羞的行为、生理、情绪等方面的表现，害羞的优缺点以及害羞的影响因素），了解父母教养行为和态度对害羞幼儿的影响。

（2）教养技能干预：学习对幼儿情绪管理的技能（如系统脱敏法，放松技巧），学习对幼儿社会技能的培养。

二、HUGS 课程内容

幼儿组课程主要是关于社交技能或解决社会问题的教学培训。父母组的课程内容一是了解害羞幼儿的心理发展相关知识，二是让父母改善对害羞幼儿的教养方式以及学会帮助害羞幼儿的具体方法。培训中选择的内容涉及一些关键的社交技能，比如如何开始社会交往（如眼神接触、打招呼等），学习识别和表达感情，学习恰当处理挫折（如理解和处理别人的拒绝）等。该课程活动的目的是通过帮助父母来帮助他们害羞的孩子更好地融入社会。最后需要强调的是，父母组和幼儿组采取亲子平行小组的方式进行。虽然在课程活动开展上是分开进行的，但是两组的教学内容以及课堂任务是相互配合，相互支持的。

【专栏】15.1　亲子平行小组

所谓亲子平行小组，是指幼儿和家长共同参与小组活动，分成两个小组——幼儿组和家长组。两个小组虽然分开，但活动是在同一时间进行的，且小组活动的主题也是一致的，只是小组活动地点不同。这种活动形式主要是幼儿组和家长组之间互相配合，通过开展小组活动和跨小组联合活动，使幼儿和家长在活动中获得积极体验。这种干预模式一方面促进幼儿的发展，另一方面让家长在活动中也有所收益，家长能够学习并掌握亲子互动和家庭教养方面的技巧。另外，家长在整个培训过程中既是培训者，又是孩子学习的陪伴者。

一般来说，亲子平行小组具有以下特征。

（1）亲子平行小组是由教师、幼儿和家长共同组成的关系体系，在这个复杂的关系体系中，每个小组成员之间都有互动。

（2）在互动过程中，通过教育、支持、分享等小组动力给幼儿和家长态度和行为上带来改变。

（3）亲子平行小组既是活动过程，也是幼儿和家长参与幼儿教育、提高能力的方法和手段。

（4）亲子平行小组都有明确的目标，是以幼儿和家长的真实需求为标准进行制定的。

亲子平行小组干预模式的优点如下。

（1）避免把孩子的问题标签化和个别化。将孩子的问题重新定义为亲子互动及关系，而双方在小组活动中的改变和进步都会成为对方的鼓励，从而增强彼此解决问题的信心。

（2）分享信息，增加互动机会，更能在一起努力面对问题，增进彼此感情。

（3）提供共同实践的机会，并按实际环境及对方的回应作出评估及改进技巧的运用。

（4）考虑父母和孩子双方的关注点和感受，并从对方的角度看事物。

另外，小组成效研究显示，平行小组的设计能有效帮助参加者改善亲子关系，加强沟通技巧（Frankel，1992；Hall-Marley and Damon，1993；Schamess，1987；Wantz and Recor，1984）。

三、课程内容的相关理论介绍

HUGS 的课程内容主要从社会认知、情绪管理和社会技能三方面来进行。

（一）社会认知

幼儿对社会互动中问题的看法会影响他们对社会问题的解决，影响幼儿的自我效能感、同伴地位，进而影响幼儿的社会适应。鲁宾和克拉思诺（Rubin & Krasnor，1995）研究发现，受欢迎的幼儿比不受欢迎的幼儿对人际问题的理解更积极，解决问题的能力也更强。对害羞幼儿信息加工模式的研究也表明，与非退缩和攻击幼儿相比，他们更倾向于责备自己，在同伴冲突时，更倾向于选择依赖成人的策略或者用让步或"放弃"的方式，并伴有内化情绪和行动反应（如焦虑、哭泣等）。马洛伊和麦克默里（Malloy & McMurray，1996）的研究也发现，在人际认知问题解决技能上不足的幼儿，更容易遭到同伴拒绝，更可能经历学业适应困难。因此，可以尝试通过提高人际认知问题解决技能，建立良好同伴关系，来促进害羞幼儿社会适应和学业适应。

幼儿组的社会认知课程内容一方面是让害羞幼儿正确理解同伴的拒绝。害羞幼儿很容易将同伴的拒绝归因于个人的因素，而实际上同伴拒绝可能是因为想和其他人玩，也可能是想一个人玩。如果害羞幼儿在认知上了解同伴拒绝的原因，就可以尝试邀请其他人的加入，也可以尝试自己去做其他的事情，或者换个时间找同伴玩耍。另一方面，让害羞幼儿了解悲伤等消极的情绪是普遍正常的，并且是会转变的，这为幼儿管理情绪奠定了认知基础。

父母组的社会认知课程内容包括了解什么是害羞（害羞发生的情景，害羞幼儿表现出的生理、心理特征等），如何评价害羞的行为以及影响害羞幼儿的内外在因素。这样做的目的是让父母能够更深层次地理解和尊重自己孩子的害羞行为。了解幼儿害羞的内外因素，一方面让父母乐观地看待孩子的未来，坚信害羞幼儿也会变成一个健康、快乐的幼儿；另一方面让父母反观自己的教养方式，比如在生活中是否无意表现出焦虑反应或害羞行为，给孩子反馈出世界是不安全的信息？在外人对孩子作出评价时，是否给孩子贴上害羞的标签？

（二）情绪管理

行为改变不足以改善害羞幼儿的社会互动模式，对害羞幼儿进行情绪能力训练，提高他们对自己和他人的情绪理解能力、情绪调节与控制的能力，将有助于减少害羞幼儿在社交情境中的不自在、紧张与焦虑，进而减少他们的社会退缩行为。莱蒙瑞斯和阿赛尼奥（Lemerise & Arsenio，2000）认为，社会性焦虑和退缩的原因是幼儿缺乏调节情绪能力而影响到内部信息加工和行为反应内部模式。人际互动情境会诱发害羞幼儿的恐惧和焦虑，进而使他们回避或逃避类似情境。也有研究表明，幼儿的情绪理解能力越好，与同伴的交流越多，越有可能表现出亲社会行为，同时也越可能被教师评价为高社会能力（Denham，Couchoud，1990；Slomkowski，Dunn，1996）。因此，对紧张、焦虑的情绪干预是促进害羞幼儿社会适应的重要途径之一。

幼儿组中的情绪管理相关课程包括，理解积极、消极情绪，合理表达自己的情绪。理解人什么时候开心、什么时候难过以及为什么开心和难过，一方面有助于幼儿去理解他人的情绪，从而表现出利他行为；另一方面有助于幼儿学会转换情绪，当面对消极情绪时，可以尝试去想让人心情愉悦的事情。合理表达情绪主要是让幼儿了解一些表达情绪的方式，课程中主要是学习"腹式呼吸法"来调节自己的情绪。

【专栏】15.2　腹式呼吸法

首先，选择一个舒适的姿势，可以在椅子上坐直，也可以盘腿坐在地上，或者平躺着。只要确保幼儿两肩放松，姿势舒适。然后，让幼儿将手放在靠近肚脐眼的腹部上，"想象你的腹部有一个气球，你想用空气填满它，然后排空"（你也可以选择任何颜色的气球）。"现在——吸气，填满你的气球"（吸气，使你的胸腔、腹部打开——嘴巴保持放松，让空气到达肺部——感受气球充满空气，实际上也能看到肚子在慢慢变大），注意让幼儿"完全填满气球"的同时保持放松。最后"慢慢呼出，想象你的气球慢慢萎缩直到完全放空为止"。在练习过程中注意呼吸要放松、自然，可重复做9次或10次。

（三）社会技能

害羞与社交退缩可能与人际交往技能的缺失有关。也有研究证明害羞幼儿在多方面社交技能不足。那么，如果可以帮助幼儿掌握这些技能，就可能改善幼儿退缩的行为。比如，在幼儿组课程中，让幼儿学会向同伴介绍自己："你好，我是某某，我可以和你一起玩吗？"以及学会鼓励和表扬，学会在对话时注视着对方的眼睛等基本社交礼仪。课程教学中主要是以游戏的形式和木偶练习让幼儿完成以上的社会技能训练。父母组中关于社会技能的课程主要是配合幼儿组完成的，比如进行逐渐暴露的行为训练，强调对幼儿的社会技能方面目标的制定应循序渐进，由小目标到最主要目标的过程。另外，父母组要练习为孩子安排社交场合，让孩子能够练习和运用所学的社会技能。

【专栏】15.3 逐渐暴露法

逐渐暴露法又称系统脱敏法（Systematic Desensitization Method，SDM），是指让个体以小步子逐渐而缓慢地与其所惧怕的事物或情境接触，同时从事与焦虑相对抗的活动（比如放松）来克服恐惧的方法。

脱敏的过程中包括两个重要的步骤：放松训练和制定焦虑梯度（the anxiety hierarchy）。放松训练是要让当事人学会消除对抗性活动，它是准备工作中的一项主要内容；制定焦虑梯度是在完成放松训练后，干预者与当事人共同制定的。焦虑梯度是为系统脱敏方法确定操作顺序，也是准备工作的一项重要内容。一般，由干预者给患者一些卡片，要求他在每张卡片上描述产生各种不同焦虑程度的有关情境，再把这些焦虑情境按轻重进行排序。最后定下的焦虑梯度应是各种情境激起的恐惧程度是缓慢而平稳地逐次递增的，即引起最小焦虑的刺激在最上边，引起最大焦虑的刺激排在最下边。

焦虑梯度样例一
最终目标：在水池浅的地方游泳
第六步：走进浅水区，妈妈在旁边，但是不扶着你
第五步：在水里，妈妈扶着你
第四步：爬下梯子，待在水池里
第三步：坐在水池边，脚放在水里
第二步：穿着泳衣坐在水池边
第一步：穿着衣服坐在水池边

焦虑梯度样例二
最终目标：能独立走过幼儿园操场上的"独木桥"
第六步：妈妈跟在旁边
第五步：妈妈跟在旁边，并伸出双手环绕在孩子的周围，但是不扶着孩子
第四步：妈妈手悬空捏着孩子后背的衣服，手不用力触碰着孩子
第三步：妈妈抓着孩子后背的衣服，手稍用力触碰着孩子，让孩子感受到力量
第二步：牵着妈妈的一根手指走过独木桥
第一步：牵着妈妈的一只手走过独木桥

（上述样例由周园园提供）

四、课程实施

课程实施部分包括环境的准备、环境的创设以及具体的活动安排。

（一）创设安全、良好的环境

本课程中的环境既强调幼儿训练环境的创设，又强调良好家庭环境的建立。首先，创

设的环境是以幼儿为主,主要是帮助害羞幼儿排除心中的焦虑感。在环境的布置方面,以温馨的基调为主,尽量接近幼儿熟悉的环境(例如家或者是幼儿园),比如可以让幼儿在墙面上贴放自己最喜欢的家庭照片,可以有一些幼儿喜欢的玩偶等。另外,摆放的桌子、椅子包括储物盒的颜色都以暖色调较为适宜,因为温暖的色调布置可以舒缓孩子敏感的神经。在材料的选择方面,数量准备充分,保证每个幼儿都有可供选择的玩具;内容上以开放性的游戏材料为主,以便于幼儿之间的合作和交流。在人员配置和课程时间方面,每班配备两名教师,轮流做主试教师。每节课控制的时间为一个小时,人数在8~12人。另外,家长应给幼儿一个温暖、自由的家庭环境。家长一方面要给予孩子爱和安全感,但又不能过多干涉孩子的生活,不过分溺爱孩子、保护孩子,尽量让孩子保持自己的独立。成人可以有意识地提供一些简单的家务和工作,增加孩子的自信心。值得注意的是,良好的夫妻关系、宽松温暖的家庭氛围会无形中给孩子带来安全感。

(二)课程实施的具体安排

HUGS 在实施过程中,采用亲子平行小组干预模式,分成父母组和幼儿组,两组分别开展为期 8 周的课程活动。具体安排见表 15.1。

表 15.1　HUGS 课程内容

幼儿组	父母组
① 如何认识新朋友	① 理解害羞幼儿(什么是害羞?为什么要担心害羞幼儿?)
② 如何维持友谊	② 害羞的影响因素(内在因素)
③ 基本的社交礼仪(如目光接触、握手等)	③ 害羞的影响因素(外在因素)
休息一周	
④ 理解情绪、情绪宣泄(腹式呼吸法)	④ 学会管理情绪
⑤ 如何面对拒绝	⑤ 逐渐暴露的行为训练(系统脱敏法)
⑥ 如何接待小朋友	⑥ 提高社会技能
回顾和总结	

五、效果分析

从 HUGS 项目的活动过程来看,父母和教师之间是一种教和被教的关系,教师实际上在整个过程中起主导作用。父母和教师的一致性主要体现在课程的设置内容上,但是每个害羞幼儿的表现和原因存在个体差异,两者之间缺乏平等的交流,在某种程度上家长和教师的合作存在脱节。《幼儿园教育指导纲要(试行)》总则中提出了家园共育的现代教育理念,强调幼儿园与家庭、社区之间相互配合,强调家长与教师的合作伙伴关系。如何将学校资源和家庭资源充分利用和结合以帮助幼儿面对情绪和行为问题有待进一步研究。

从 HUGS 的结果来看，其短期干预效果显著，但忽视对干预对象的追踪研究，对幼儿社交能力的提高是否受个体成熟因素的影响模糊不清。因此在后期的干预研究中应考虑将效果分析的角度从短期效度转移到长期效度上，将侧重幼儿行为量的指标转移到社会行为质的变化指标上，将横向研究和纵向研究充分结合起来。同时，研究者应重视干预效果的迁移，尝试将害羞幼儿的干预方案融合到社会课程中，帮助所有幼儿提高社会技能。

第三节　其他干预研究项目

除了 HUGS 这种整合的干预模式之外，对害羞幼儿不同方面的其他干预模式如下。

一、社会技能训练方案（SST—Social Skills Training）

该方案具体训练内容包括：打招呼和相互介绍，发起谈话，保持谈话，倾听技能，加入团体的能力，保持友谊，给予和接受赞美，与同伴一起的自信，与成人一起的自信，打电话技能等。该方案既包括了言语和非言语交流技能，也包含了塑造行为和解决问题的训练。训练方式包括介绍、模仿、行为练习（或表演）、反馈、积极强化和训练内容有关的家庭作业等，其中最主要的是行为练习；其基本原则是，提供适合辅导社会技能的环境，在自然游戏中示范社会技能，设计和实施结构式的游戏，培养同伴的参与。在训练中可以使用一些小奖励来激发幼儿的兴趣，比如小贴纸、换玩具的代币等。家长也应多给孩子提供锻炼和练习的机会，比如可以邀请其他小朋友来家里做客，或者给孩子一些简单的任务，比如在餐厅点餐、去邮局买邮票等。

虽然 SST 能提高幼儿社会技能，但是仍有一些需要进一步完善的地方。比如，SST 干预方案会显著减少极端抑制幼儿的社会警惕行为，改善他们的社交行为，但 SST 不能改善幼儿的同伴接纳（Berler，Gross & Drabman，1982）。我们认为，SST 更强调社会技能的行为训练，而忽视了幼儿对某些社会环境的害怕和焦虑情绪，结果即使获得了新的技能，害羞幼儿仍然难以克服紧张、焦虑，在与同伴的互动中仍然会表现出紧张、焦虑、不自信以及缺乏主动性；而同伴和教师对害羞幼儿的刻板印象和已有的互动模式很难在短期内改变，这使受训的害羞幼儿丧失了表现新技能并接受社会性强化的机会。所以，仅仅采用行为训练的方法还不足以改善害羞幼儿的社会行为和社会适应。

二、提高早期情绪发展方案（SEED—Srengthening Early Emotional Development）

该方案旨在提高幼儿情绪理解能力，改善父母不良的教养方式（如过度控制），以改善幼儿回避型的应对方式和互动模式。该项目主要以小组会谈的形式开展，父母通过小组讨论和角色扮演去学习包括情绪管理、放松技巧、逐渐暴露训练以及强化鼓励等积极的教养方式，而幼儿则以手偶、歌曲、讲故事和游戏的方式来学习放松技巧（气球呼吸法）、情绪管理技能（识别情绪）、一般社会技能（如眼神接触、提出问题）、同伴交流技巧四套技能。相关研究结果表明，在参与SEED项目后，一方面家长在育儿过程中出现的焦虑症状减少了，自我效能感提高了，更可贵的是家长会用积极的心态去对待孩子的焦虑问题；另一方面幼儿焦虑的问题也出现相应减少。除了情绪能力发展在临床心理研究上的应用，伊扎德（Izard，2004）等发展了情绪课程（Emotion course，EC）干预，该课程主要是利用玩偶、短剧让幼儿学习情绪知识和调节消极情绪体验的能力。

社会技能训练改善了害羞幼儿的社会行为模式，情绪能力训练提高了他们在人际互动情境中的积极情感体验，加上解决问题能力的训练，有助于提高他们在人际互动情境中的自我效能感。

三、解决人际问题的认知方案（ICPS—Interpersonal Cognitive Problem-Solving Skills）

该方案是对幼儿进行行为调节的一种基本的社会技能训练。该方案强调认知在人际交往中的作用。其基本假设是，认知加工过程是导致行为变化的有效中介，因此训练认知水平，可以使习得的社会技能具有更高的概括化水平以及更高的迁移性。ICPS主要包括理解事件原因的能力、产生各种解决办法的能力、预料行为后果的能力。具体来说，ICPS教给幼儿如何思考和解决人际问题，从理解问题原因、弄清问题到产生各种解决问题的办法，然后预料各种办法的后果，最后决定采用最佳的办法。该方案使幼儿掌握必要的人际认知问题解决技能，不仅有助于幼儿建立和发展良好的同伴关系，而且对其以后的社会和学业适应也具有重要意义。艾威（Erwin，1994）研究发现，短期的人际认知问题解决技能训练对幼儿的社交地位没有明显的改善。但是，另一些研究者却发现人际认知问题解决技能训练能够有效地改善幼儿的同伴关系。

【专栏】15.4 面对害羞幼儿，教师可以做些什么？

如果你的班级有这样害羞的小孩，你真的能给他（她）带来帮助。在害羞幼儿的世界里一件很小的事情能够给他们带来很大的不同。一个简单的理解和认同就能够给害羞的孩子创造一个安全的环境。

下面简单介绍几种教师可以在实践中运用的方法。

1. 请你用正常的、积极的眼光看待害羞幼儿

害羞对幼儿来说是一件非常正常的事情。事实也证明有近一半的成人是害羞的。使害羞幼儿"正常化"是一个教育专业人员应该做到的。你可以花一点时间给孩子讲讲一些成功人士小的时候也一样害羞。他们比一般的人更勇敢，因为做同样的事情害羞的人要比那些突出的人花费更多的精力。

2. 和害羞幼儿保持有规律的接触

害羞的孩子很容易被老师忽视，因为他们太过安静和乖巧，所以请和他们保持日常的有规律的联系。如果可能的话帮助害羞幼儿之间建立联系。你不需要做太多，一个评论，一个提问，一个微笑都能对他们产生很大的影响。

3. 给害羞幼儿一项工作去做

这样一方面可以让他们感觉到自己一样在为大家作贡献，另一方面可以和其他人保持联系。

以下是可供参考的简单任务。

（1）帮忙关上教室门。

（2）帮忙倒垃圾。

（3）帮老师收拾吃饭的餐具。

（4）帮老师给小朋友发小贴纸。

（5）帮老师进行一些简单的调查。

4. 帮助孩子们学着主动和他人联系

让害羞幼儿主动和身边的同伴或陌生人交往是一件很困难的事情。大多数害羞的幼儿梦想着能够和一群孩子一起在操场玩耍，但他们完全不知道如何去做。相反，他们等着别人喊他们去玩或者假装不感兴趣。提高害羞孩子主动和他人交流的能力能够在他们的生活中产生重大的影响。

5. 激励小的进步

我们把给孩子的任何尽可能分得细些，这样能使孩子在多数时间里都能享受成功，在一小部分时间里失败（让他们清楚失败只是学习中的一小部分），慢慢地很多学生会渐渐地克服恐惧。

6. 留意取笑

我们都知道害羞的孩子与其他比较外向的同伴比起来更容易被别人取笑，而教师和父母却很少留意到这样的事情。因为很多孩子选择自己承受，当他们变得越来越不被学校所

接受，之后家长才知道原因。

7.重视父母的教育

教育的专业人员能做的最重要的事情之一就是传授给家长害羞孩子在家中进行练习的技巧，这些练习能够直接适用于教室中的情景。下面有一些你可以给家长的建议：

（1）做家庭成员举手说话的游戏；

（2）让孩子给父母讲故事而不是父母给孩子讲；

（3）鼓励孩子在任何可能的时候自己开口说话（例如在餐馆点菜或者在客人面前）；

（4）定期在家里为其他家庭成员表演戏剧和小品；

（5）练习社会技能。

本章总结

本章主要讨论了以提高社会情绪能力为中心的害羞幼儿干预项目。我们学习了害羞幼儿干预项目的理论知识：害羞的内涵，害羞与幼儿的发展关系，影响害羞的因素以及针对害羞幼儿的相关干预项目；掌握了国外干预项目HUGS的干预目标、理论基础、课程和环境的安排以及简单的效果分析；害羞幼儿的其他干预模式：社会技能训练、提高早期情绪发展和解决人际问题的认知。

请你思考

1. 结合生活实例，说说害羞幼儿的表现及其影响因素？
2. 我们可以用什么方法帮助害羞幼儿？
3. 尝试结合本章内容，想想你可以为害羞幼儿做些什么？

拓展阅读

1.《害羞心理学》，作者菲利普·津巴多。

害羞是一种天生的遗传基因，一种后天养成的性格特征，还是特定环境下的情绪反应？害羞是孩童时代的必经阶段，还是可以由父母和学校帮助克服？如何帮助害羞幼儿？从这本书中你可以找到答案。

2.《我要更勇敢：克服害羞的故事》，作者芭芭拉·凯因、J.J.史密斯·摩尔。

在成长过程中，许多孩子都会有一两个阶段比较害羞：害怕见陌生人，害怕陌生的地方。不论你的孩子是在经历一个短暂的痛苦阶段，还是在更严重的恐惧感中挣扎，很多害羞源于对想象出来的问题的恐惧。该书在解释害羞现象的同时，提供了一系列实用的技巧，帮助培养孩子社会交往的能力和自信，顺利度过这个阶段。

3.《害羞的小哈利》，作者大卫·卢卡斯。

哈利很害羞，他总爱把自己藏起来。直到有一天，他犯了一个错误，让大家都注意到他了……所有的人都赞美他的服装，每个人都请他设计外套。现在哈利有很多朋友，有很多事做，真好呀！这本书的画面美丽典雅又充满想象力，我们需要很仔细，才能从中找到小哈利。爸爸妈妈还可以根据孩子的特点设置特别的游戏，引导孩子认识自己，肯定自己，勇敢自信。

4.《我怎么办？我怕害羞》，作者弗洛朗斯·迪特吕克-罗塞。

露露去业余体校上她的第一堂体操课。令人伤心的是，她刚走进体操房就感到自己全身像瘫了一样，根本无法融入小伙伴队伍。她不知道做什么，也不知道说什么。就这样，露露懊丧地结束了她的第一节体操课。她花了整整一个星期，努力重新振作起来。然而，在随后的星期二，她再次陷入狼狈的境地！露露能不能克服羞怯心理，保持活泼可爱的本性呢？我们可以从书中找到答案。

5.《我会表达自己：不要害羞勇敢地说》，作者安美妍。

小象妮妮特别害羞，明明会回答问题却总是因为害羞而答不出来，也不敢跟小伙伴们一起玩，甚至连想跟喜欢的小伙伴坐在一起也说不出口。小伙伴们都嘲笑妮妮，它自己也因为这件事而闷闷不乐。妈妈知道这一切后，给了妮妮一个神奇的勇气袋子。这个勇气袋子让妮妮敢于表达自己。这样的办法你也可以尝试哦。

附 录

与情绪有关的图画书

情绪理解

《花婆婆》

作者：〔美〕芭芭拉·库尼

你相信一本书能够描绘一个人的一生吗？这本书以倒叙的描绘手法向我们呈现了花婆婆的一生。她的一生并非波澜壮阔，却在每一个平凡的瞬间透露出坚强与积极的人生观念。花婆婆如同我们一样，都是平凡的存在，但她又是那么与众不同，因为她始终用上扬的嘴角告诉我们："你一定要做一件让世界变得更美丽的事情（You must do something to make the world more beautiful）。"这种植根于灵魂的积极生活状态，无论是谁，都应当学习与欣赏。

《积木小屋》

作者：〔日〕加藤久仁生，平田研也

这本书由同名奥斯卡最佳动画短片改编而成。书中独居的老人在建新房时，将工具落入水下。于是，他潜入水中，循迹而去，记忆之门也随之打开——与老奶奶的朝夕相处、嘉年华活动中的流光溢彩、孩子出生时的欢愉、小猫走丢时孩子落下的眼泪。粼粼的水光似也在诉说着老人美好的一生。承载着美好回忆的积木小屋，是他所热爱着的生活之写照。

《小恩的秘密花园》

作者：〔美〕斯图尔特，斯莫尔

这本书以书信为载体，传达了爱与幸福的真谛。因为爸爸的失业，小主人公小恩不得不离开原来的家、离开亲爱的爸爸妈妈到舅舅居住的陌生城市生活。虽然这种境遇会令人感伤，我们却能从小恩写给所爱之人的信中品味到名为"快乐与阳光"的味道。一封封书信组成了小恩的秘密花园，它不仅传达了浓浓的亲情，还表达了小恩乐观的心态。每一次的书信往来，小恩都体验着积极的情绪，获得身心的成长。

《愿望树》

作者：〔奥〕兰达，〔英〕门德斯

小熊贝迪莫名地发脾气，冲出家门自己玩耍。作为母亲的熊妈妈并没有斥责贝迪，反而给予其安抚与宽慰。其实，有时候孩子并不能很好地管理与表达自己的情绪，这时候我们应该为其留下更多的自主平复与恢复的时间。一味地责难并不能帮助儿童消化情绪，唯有爱与宽容，才能让孩子更好地表达自我，拥抱快乐。

《彼得的椅子》

作者：〔美〕编绘·季兹

彼得要当哥哥了，他要将自己的东西与妹妹分享，而最不舍的，是他的那把蓝色椅子。爸爸妈妈竟然要求他要把椅子涂成适合妹妹的粉色，这件事让彼得觉得忍无可忍。不过还好，彼得没有将自己的小情绪宣泄到妹妹的降临这件事儿上。因为他最终懂得了，只有分享与理解，才能收获亲情与爱。

小兔波力品格养成系列：《妈妈错了：学会谅解》

作者：〔奥〕威宁格，〔法〕塔勒

这是一本献给母亲的"教科书"。小兔子波力既莽撞淘气又活泼可爱，它喜欢在森林里面玩耍，却也因此制造了各种各样的麻烦——弄坏姐姐的玩具，偷吃妈妈做的浆果晚饭，甚至离家出走。然而兔妈妈却没有因此一味地责备孩子，而是耐心地教波力相处之道，让它始终保持快乐的心情。也许有时孩子的无意之举会让他们遭遇意想不到的困难，这时母亲如若能够及时给予帮助和关怀，学会倾听和理解孩子的心声，那么每一个"问题孩子"都可以成为最优秀的人。

小兔波力品格养成系列：《我们和好吧：学会与朋友相处》

作者：〔奥〕威宁格，〔法〕塔勒

波力和自己的好朋友艾迪吵架了，他毅然决然地要和艾迪"绝交"。可是后来他才发现，自己作了一个愚蠢又莽撞的决定，他向艾迪道歉，于是他们又和好如初。那些和朋友的小摩擦小碰撞，都是人与人交往中的不可避免之事。在第一时间就因为他人的错误而将自己的友谊之门关闭的人，不会真正得到属于自己的知心好友。只有懂得理解与体谅他人的人，才能真正地收获友谊的蜜果。

小兔波力品格养成系列：《我当哥哥了：学会接纳与付出》

作者：〔奥〕威宁格，〔法〕塔勒

当一个家庭迎来自己的第二个宝宝时，那些成为哥哥或姐姐的孩子应该怎样适应并扮演好自己的角色呢？本书的主角波力给了我们这样的答案——要懂得理解、学会爱。妹妹的降临对波力来说是一个不小的冲击，他要学会分享、学会包容，而重要的前提是，要学会表达自己的情绪。无论拥有兄弟姊妹这件事儿是令人愉快还是烦恼，将自己的主观情绪代入他人的生活并非明智之举。

《我的感觉：我会关心别人》

作者：〔美〕斯贝蔓

情绪的理解往往是相互的，只有理解了他人的情绪，才能更好地让他人了解自己的所思所想，从而更好地表达自己的情绪，得到他人的肯定与理解。当别人受伤生病时，给予安慰与关怀；当别人与你分享成功时，表达支持与赞美……本书便是要让孩子通过拥有自己被他人关心的感觉，体会他人的感受，从而养成关心他人、体味他人情绪的良好习性。

《我要大蜥蜴》

作者：〔美〕凯伦·考芙曼·欧洛夫，大卫·卡特罗

孩子总是希望能够和动物们做朋友，他们希望能够饲养一只属于自己的动物宝宝，本书的主人翁阿力也不例外。当孩子的想法和家长的观念相冲突时，本书提供了一种更好的沟通与情绪理解模式，可以充分利用讲道理、撒娇甚至感性的要挟来寻求彼此间的平衡点，而肢体的冲突和暴力的恶语相向是不可取的。只有懂得了孩子的想法，才能深刻感受到应该用怎样的方法来对孩子进行正确的教养。不同年龄阶段的孩子虽然有不一样的教养方式，但与父母而言，有一点是共通的——懂得倾听与理解。

关于爱的故事：亲情篇 (6 册)

作者：〔英〕克莱尔·弗莱德曼等，西蒙·门德兹等

本系列图书包括：《我和妈妈》《别打扰我吃饭》《相拥而眠》《妈妈的吻》《熊爸爸不怕》和《当我们在一起时》。教会孩子正确地表达自己的想法、大胆地说出自己的感受能够使其茁壮地成长，并形成健康的心理。无论是如《我和妈妈》一般普通而温馨，还是像《熊爸爸不怕》一样典型又值得人咀嚼反思，每一个故事都包含了父母对孩子、孩子对父母情绪情感的理解与支持。

情绪表达

《太阳公公笑哈哈》

作者：〔日〕前川一夫

这是一本充满快乐的书，爱笑的太阳公公把它的笑容带给了大树爷爷、小鸟，甚至连不高兴的小宝宝，也被太阳公公的笑容感染，和妈妈一起哈哈大笑。本书通过对爱笑的太阳公公及其朋友们的描述，告诉了我们一个浅显易懂的道理——笑是一种情绪表达的方式，美丽笑容不仅可以帮助孩子表达自己的情绪，还可以让他人感受到积极情绪的感染力。

"我喜欢做的事"系列（4册）

作者：〔新西兰〕特蕾西·莫洛尼

该系列图书共有4册——《我喜欢说晚安》《我喜欢玩》《我喜欢上学》《我喜欢自己》。它们集快乐与爱心于一体，让孩子与家长在与毛毛兔的交流分享过程中，体会到世界的美好与积极情绪的力量，让他们拥有更加健康向上的生活方式，学会包容与宽容、懂得感恩。

《抱抱》

作者：〔英〕阿波罗

　　这本书通过与妈妈走散的小猩猩寻找妈妈的过程，描述了各种动物相互抱抱的情景。在每一个抱抱里，语言都变得多余，因为那个简单的动作足以凝聚所有的关怀与爱，这让原本惊慌迷惘的小猩猩懂得了用拥抱的方式来获得温暖与依偎。拥抱是一件最平凡又最温暖的举动，它却能够让两个人进行心灵的沟通，让两个陌生的灵魂靠得更近。当你难过或伤心时，当你有什么开心的事儿想和大家一起分享时，别忘了给你爱的人一个大大的拥抱。

《我要更自信：火鸡图图的故事》

作者：〔美〕玛塞拉

小火鸡图图因为不喜欢自己而变得不自信，它觉得自己的腿太瘦了、羽毛是棕色的、头上没有毛儿，它最讨厌的是自己咯咯的叫声。这种不自信的情绪影响了它的生活。每个人都并不十全十美，每个人都有自己的小缺点和小毛病。如果正视它们而非一味自怨自艾，你所拥有的生活一定会与众不同。

《没有人喜欢我》

作者：〔奥〕罗尔·克利尚尼兹

来到一个陌生的地方，巴迪很想获得新朋友。然而当他尝试和小老鼠建立友谊而被拒绝时，他开始变得沮丧和畏缩。好心的狐狸发现了这个看似胆小的巴迪，并帮助他一起找朋友。巴迪口中那句"我想和你们做朋友"的话让其他动物恍然大悟——原来巴迪的本意是想和他们做好朋友啊。这个看似简单的故事却很好地反映了情绪表达的重要性。

《我要更勇敢：克服害羞的故事》

作者：〔美〕芭芭拉·凯因

萨米·山姆森是个害羞的小孩子，他很少甚至不敢和其他陌生人说话，尽管他曾和慈祥的米勒先生一起看过鸟儿，尽管他总是从友好的丹尼尔先生那里买冰淇淋。在成长过程中，每个孩子都会体验到害羞的情绪。作为家长，要学会帮助孩子克服害羞的心理，分清妄想与现实，让他能够用一种属于自己的方式自如地表达自己的情绪与情感。

《我为什么快乐》

作者：〔英〕劳伦斯·安荷特，凯瑟琳·安荷特

情绪表达的过程，也是自我认知和觉醒的过程。这本书生动地呈现了孩子在生活中各式各样常见的情绪——什么让我笑，什么让我哭，什么让我开心，什么让我无聊，又是什么让我害怕、难过、害羞、生气……书中用水彩的线条画描绘了一幅幅充满欢乐的儿童日常生活故事。从每一个小故事中，家长可以找到儿童正确表达情绪的方式，从而对儿童丰富多彩的情绪有更深刻的理解和感触。

《我好生气》

作者:〔美〕斯贝蔓

一只可爱的小兔子遇到了不少令它生气的事儿,有人取笑它的时候、它正玩得尽兴却不得不停下来做别的事情的时候、它想去游泳而突然下雨的时候、尽了最大努力没有画好画的时候……每一个令它生气的理由都值得我们反思——究竟应该用怎样的方式方法来应对孩子消极情绪的表达呢?

《是蜗牛开始的!》

作者:〔德〕卡特亚·雷德,安格拉·冯·罗尔

"天哪,你好肥,可是你的腿并没有压垮你",蜗牛如是对猪儿说。于是,这种不愉快的情绪接下来传给了兔子、狗、蜘蛛,最后到了天鹅那里,它对蜗牛说了嫌弃它速度太慢的话。这时的蜗牛才明白——原来自己不经意间的那种对别人不恰当的品论竟能够让他人不开心、不愉快。不良情绪是一件很奇妙的事物,它生于不经意间,却无法消匿在不经意时。只有学会在适当的地点进行恰当的情绪表达,才能够让自己和他人变得更开心快乐。

《鳄鱼怕怕牙医怕怕》

作者：〔日〕五味太郎

看牙医是一件令所有小朋友头疼的事儿，可是对于牙科医生来说，是不是同样头疼呢？这本书巧妙地结合并描述了两个群体的心理。从鳄鱼宝宝和牙医先生的描述中，我们可以看到它们都处在了一个两难的境地——害怕矫正牙齿的鳄鱼怕看牙医，但它非看不可；生怕被鳄鱼咬到的牙医怕见鳄鱼，但它不看不行。在害怕与纠结中，他们学会了勇敢，懂得如何表达和控制自己的生气、愤怒与恐慌，而这也是每一个小朋友应该学习的品质。

《我和我的脚踏车》

作者：〔中〕叶安德

拥有一辆新的脚踏车似乎是每一个少年梦寐以求的事情。本书以这件事为核心，描述了少年如何在与他的阿公、朋友和母亲的相处中，应对有关梦想的希望与失望。情绪一词在每一个场景中都若隐若现，如影随形地影响着少年的心境。而我们每一个读者都应该进行反思——当生活给予你始料不及的打击或抨击时，应该怎样调整自己的心绪，进行积极的自我肯定，面朝阳光呢？

情绪调节

《阿文的小毯子》

作者：〔美〕凯文·亨克斯

一个叫阿文的小老鼠很喜欢他的小毯子，从小到大从不离身，邻居的阿婶和阿文的爸爸妈妈想尽了办法也不能让阿文放弃。最后，妈妈把小毯子做成了一条一条的小手帕。后来，阿文每天都会带着他的小手帕，再也没有人说什么了。这是一个讲述父母和子女沟通的经典故事。

《石头汤》

作者：〔美〕琼·穆特

这是源自欧洲传统的民间传说。三个和尚来到一个饱经苦难的村庄，村民们长年在艰难岁月中煎熬，心肠变得坚硬，不愿接纳任何人。可是，和尚们用煮石头汤的方法，让村民们不知不觉地付出了很多，更明白了付出越多回报越多的道理。作者运用华丽的水彩画，引领读者去深思蕴含在故事背后的道理。他把自己对禅宗和东方文化的热爱，融入这个古老的巧计故事当中，以此弘扬慷慨好施的力量。

《我不怕孤独》

作者：〔韩〕金京姬

这本书通过生动有趣的故事，让孩子们自己领会故事主旨。通过故事后面的思考题，引导孩子们自己思考问题；通过"心心博士的悄悄话"，帮助孩子们分析和梳理摆脱苦恼的方法；通过"心心博士的一点通教室"中非常有趣的测试题，了解孩子们的情绪状态，测试读书的成果。

青蛙弗洛格的成长故事

作者：〔荷〕马克斯·维尔修思

这是一套有助于孩子心灵成长的心理教育故事。每个故事都自然流露出某种重要的主题，充满了想象力。文字透着生动和浅浅的幽默，图画则是鲜有的简笔画风格，被西方艺术家誉为"简笔画世界的杰作"。

《田鼠阿佛》

作者：〔美〕李欧·李奥尼

就在小田鼠们忙着为过冬采集食物的时候，阿佛却独自坐在一旁，并且告诉大家他也在工作，只不过在采集另外一些东西。冬天漫长而寒冷，慢慢地，食物被大家吃光了，这时，阿佛拿出了他"采集"的那些东西……

《哈利去医院》

作者：〔美〕霍华德·J.博尼特

哈利病了，必须去医院。可他从来没去过那里，他觉得很害怕！医院里有很多不认识的人，他要接受注射，他还必须在陌生的环境里过夜。但是，在爸爸妈妈的安慰、医护人员的帮助下，特别是还有他的毛绒玩具兔子巴尼的陪伴，哈利最终了解到，医院其实并不是个可怕的地方。

《完美的莎莉》

作者：〔美〕埃伦·弗拉纳根·彭斯

这是写给孩子的完美主义故事。莎莉是个追求完美的小孩，在她看来，如果不能做到最好，就意味着失败。她拖拖拉拉，回避新事物，总是拿自己和其他人作比较，然后认定自己还不够好。在老师和妈妈的帮助下，莎莉明白了错误是生活的一部分，每个人都会犯错。她学会了放松和尝试新事物，不再为做到最好而焦虑。她可以只是她自己，享受生活，这就是她需要做的全部。

《戴眼镜的露娜》

作者：〔美〕雪莉·戴

有一个奇怪的名字已经让露娜够烦的了，更糟糕的是，她还要戴眼镜。如果她不戴眼镜会怎么样呢？看看露娜在经历了糟糕的一天后是如何发现自我价值以及眼镜对于她的意义的。孩子不喜欢戴眼镜一般是由于感觉自己与他人不一样而带来的焦虑感和自卑心理，露娜最后发现她在乎的其实并不是戴眼镜的事，而是父母是不是爱自己，自己是不是独一无二的。

《上学第一天》

作者：〔美〕戴安·布罗伯格

山姆长大了，该上学了。在开学第一天这个重要的时刻开始时，尽管有奶奶的再三保证，山姆还是很想念奶奶，并且对学校陌生的环境有一点点害怕。伴随着山姆交到新朋友并度过了有趣的上学第一天，我们能分享到山姆的快乐和憧憬。

《伊莱家的谎言机》

作者：〔美〕桑德拉·莱文斯

伊莱起初似乎并不习惯于说实话，可之后的说谎以及推卸责任给他带来了一系列的烦心事儿。这让伊莱认识到，实话实说其实挺好的。爸爸妈妈，还有他的宠物狗达菲，更喜欢他诚实。小孩子说假话、信口开河，甚至故意撒谎是很普遍的。为了更好地理解小孩子说谎背后的"真相"，本书正文之后还附有心理学家玛丽·拉米亚博士所撰写的"写给父母的话"。

《好心的艾米》

作者：〔美〕马乔里·怀特·佩莱格里诺

"你太好心了！"艾米最好的朋友凯特说。艾米不确定"太好心"是指什么，但她很确定这样的感觉很糟糕。艾米不好意思说不，不懂得为自己着想，因为担心别的孩子会因此生气或不再喜欢她，这让她感觉很糟糕。在爷爷的帮助下，她学会了如何既与同伴友好相处，又能照顾好自己。当她不再是"太好心的艾米"的时候，每个人都更快乐，包括艾米自己！

小熊维尼情绪管理图画书（6册）

作者：美国迪士尼公司

本系列图书共有6册——《不怕不怕——战胜恐惧》《不气不气——远离生气》《不哭不哭——打败挫折》《不烦不烦——摆脱焦虑》《不羞不羞——克服胆怯》《我很快乐——拥抱快乐》。每一册书都以一个平常现象为例，诠释了孩子最常见的情绪。发脾气、胆怯害羞等并非儿童心中所愿，这套书既可以帮助家长更好地理解孩子的情绪，也能够帮助孩子理解自己情绪产生的缘由，从而更好地生活与成长。

应对消极情绪

> 生气

《我不想生气》

作者：〔新西兰〕特蕾西·莫洛尼

这是一套 2—5 岁幼儿情绪书中的一本，通过小兔子的形象表达了这个年龄段幼儿所面临的各种各样的情绪情境。告诉家长不要忽略及小视幼儿成长期中各种情绪的表现。要重视他们的情感要求并进行正确的辅导，与孩子共同成长。它归纳了幼儿成长比较有代表性的六种情绪状态。非常适合亲子共读。能够让孩子清楚地认识自己的情感；用合适的方式表达自己的情感；减少压力，释放自我。

《菲菲生气了》

作者：〔美〕莫莉·卞

透过菲菲生气的戏剧化与火红色的高度的愤怒，让每个小朋友都知道这样不快乐与情绪化，是每个人都会必须面临到的。但是别害怕，每个人都会有开心和不开心的样子，虽然貌似可怕，但是却可以逐渐改善你不满的压力与情绪。故事中菲菲的情绪变化过程描写得非常逼真，能引起幼儿的情感共鸣，给幼儿良好的暗示。生活中，幼儿之间经常会因为争抢玩具等事情闹矛盾，该书正是引导幼儿正确对待自己的情绪，设法摆脱愤怒的情绪，重新使自己快乐起来。

《生气的亚瑟》

作者：〔英〕奥拉姆

这本书以令人叹为观止的罕见手法，为小孩儿描绘难以捉摸和言喻的情绪——"生气"，也深刻地说明这种普遍的情绪经验对小孩儿的影响。作者对抽象的怒气作了具体而有条理的诠释，使小孩儿认识到原来词语表达的方式如此奇妙丰富。这本书以不说教的方式，传递了重要的讯息，大人希望小孩子知道"生气"的负面效果，它不只会让大人感到没有面子或不方便，更在于它可能对自己或别人造成的后果和责任。

《生气汤》

作者：〔美〕贝西·艾芙瑞

这一本疏导情绪的绘本，文字简单，画面生动形象，人物的表情也极其丰富。生气的霍斯，遇到了一个通情达理的妈妈。作者把妈妈画得很有趣，看了感觉不像是一个母亲，而是霍斯的朋友，一个朋友正在帮霍斯如何发泄不愉快的情绪。这个故事告诉我们，不管是刚出生的孩子还是已经上幼儿园的孩子都有自己的情绪，当孩子有情绪的时候，请不要一味压住孩子的情绪，该让他好好发泄一下，把不愉快说出来，或者哭出来，这样对孩子的内心发展是好的。

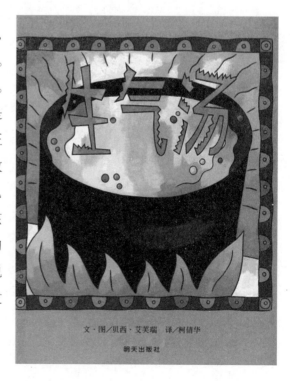

害怕

《讨厌黑夜的席奶奶》

作者：〔美〕凯利·杜兰·瑞安

居然有人想赶走黑夜，这不是异想天开吗？但书中巧妙的表现"恐惧"的心理，却是很多人都会碰到的。在这里，黑夜代表着许多令人心烦、讨厌的事物，但偏偏这些事启发你如何以正确心态对待那些不可改变的事情。"黑夜"在这本书里也可以理解成是一个隐喻。除了指不可改变的自然规律外，还可以指那些错误的念头和观点。每个孩子长大后都要走入社会，都要离开父母的怀抱，这也是每个人不可改变的客观规律，如果能勇敢地面对成长的必然，小朋友一定会发现幼儿园里很多的乐趣和享受。

《有时我会害怕》

作者：〔美〕简·阿农吉亚塔

这本书将赋予小孩子力量，教给小孩子一些方法和知识，以使他们能够了解并克服孩童时期的恐惧。作者用小孩子的语言描述了不同类型的恐惧，并解释了它们是怎么产生的。小孩子可以按照本书提供的简单易学的方法来控制自己的恐惧感，并最终回到快乐的时光。《有时我会害怕》所附的"写给父母的话"则为家长提供了补充信息，指导家长帮助孩子克服恐惧，并解剖了各种情况下孩子需要的专业心理健康治疗。

《我好害怕》

作者：〔美〕康娜莉娅·莫得·斯贝蔓

"这本温和的书是针对年幼孩子所写，告诉孩子觉得害怕是没有关系的，并鼓励他们勇敢说出心中的感受。"这是美国媒体对这册书的赞誉。作者在书中描述了小熊害怕的处境、害怕的感觉，以及如何消除害怕的情绪。由小熊把害怕的情绪转换到"害怕时候，我知道我该做些什么"，启迪成人要关注孩子害怕的感觉，帮助他们克服这种情绪，树立自信心。

担心

《我好担心》

作者：〔美〕亨克斯

这本书是以老鼠为主角，通过拟人化的描绘，反映出幼儿在家庭、幼儿园的生活情境。故事内容对于捕捉小孩子的内在情绪，深刻而动人。孩子们会在书中看到自己的影子，找到解决问题的答案，对于父母，也会从书中悟到教育孩子要耐心。

伤心

《不想伤心的男孩》

作者：〔美〕戈特布莱特

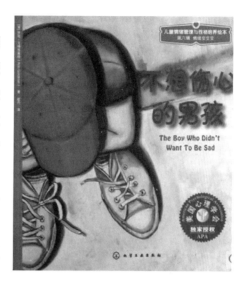

这是一篇奇特的寓言故事，讲述了一个男孩想逃离一切让他伤心的事情，然而逃离的过程使他完全陷入了痛苦之中。最终他发现，快乐的关键不在于远离他的生活和他的情感，而是接受它们。快乐是可以习得的，我们成人自身也存在着一些不健康的行为，我们求助于治疗师、医生、律师、私人教练和各类集体治疗工作坊等，这些问题中有多少是由于不能接受自己的情感而造成的呢？快乐是一种技能，让我们来教孩子，也教我们自己如何快乐吧。

《湖畔的 C 小调》

作者：〔中〕王早早

这本书告诉孩子：要积极地面对人生，即使遇到了悲伤的事情，也不要过分悲伤或陷入沮丧的困境。

儿童的性格塑造和健康心理的养成很重要，一个心灵健康的孩子一定是具备了多种美德的。这本图画书实际上是在用优美的故事和精美的图画共同构造一个情绪世界，让家长在耐心地和孩子一起分享、领略故事和图画的魅力的同时，帮助孩子学会矫正自己的不良情绪和心理，并尽快地建立起勇敢、宽容、自信的人生态度，做一个健康发展的人。

应对压力事件

《我想要爱》

作者：〔法〕克莱尔·克雷芒

故事从封面已经开始，小熊孤苦伶仃的眼神让人爱怜，想要爱而得不到的表情让人同情。翻开扉页，又是热烈的橘黄色和橘红色搭配，暗示出小熊对爱的热烈渴望。小熊吉米的妈妈在他还很小的时候就去世了，爸爸在留给他一顶帽子后，也离家远走。成为孤儿的吉米，戴上爸爸的帽子，开始寻找爱。

《外公》

作者：〔英〕约翰·伯宁罕

外公跟外孙女之间，人生经验的差异自然很大。外公所珍惜的，是"过去的美好时光"，外孙女却以认真的态度面对一个跟外公所经历的完全不同的"现在"。祖孙俩在一起，总想互相交换一些心得，但是因为所关心的事件不同，他们虽然在"交换"，却不能产生"交集"。有趣的是，他们虽然不能产生思想的交集，但在情感上却是相连的，这就是亲情。

《爷爷有没有穿西装》

作者：〔德〕阿梅丽·弗里德

布鲁诺的爷爷过世了，他以为那只是一场把爷爷"藏起来"的游戏。在他小小的心灵中，无法解释"死亡"是什么东西。爷爷离开他的时间越来越长，刚开始布鲁诺还有点生气，后来，他想起了许多跟爷爷有关的事情，觉得胸口有点痛。但随着时间的流逝，胸口的痛慢慢地消失了。

《我永远爱你》

作者：〔英〕刘易斯

阿力早早地起了床，跑到厨房，准备给妈妈做早餐。可是，阿力一不小心，打破了妈妈最喜欢的碗。阿力并不打算撒谎，却很担心妈妈的反应。要是妈妈生气了，不再爱他了怎么办？于是，他跑去找妈妈，进行了一场"爱的测试"。

《一片叶子落下来》

作者：〔美〕巴斯卡利亚

当你疲惫无助、孤独寂寞时，当你对人生感到迷惘、失去信心时，当你迷失于忙碌的生活、找寻不到幸福时，请你坐下来，静静倾听一片叶子飘落的声音，细细品味这份心灵的慰藉。这是一则关于生命的童话，作者通过一片叶子经历四季的故事，来展现生命的历程，阐述生命存在的价值。

《小鲁的池塘》

作者：〔美〕罗纳德·希姆勒

故事以小鲁的同学为第一人称，叙述徐徐拉开帷幕。小女孩和小鲁是住在同一条街上的邻居，他们总是形影不离。但小鲁的心脏病日益严重，最终故去，把悲伤留给了小女孩和其他同学。于是，大家试图一起找到一种可以纪念小鲁的方式，来抹平内心的创伤。

《再见了，艾玛奶奶》

作者：〔日〕大塚敦子

这是最真实的生命教育绘本，人生四季，各有其美，即使是生命的尽头，也要好好珍惜。教会孩子要珍惜生命中的每分每秒，懂得尊重每一个生命。当死神即将降临时，艾玛奶奶在"临终意愿书"上签了字，从容地处理自己的后事，与亲人一一道别，在那一刻到来的时候，艾玛奶奶、她的家人还有思达，平静地迎来死亡的瞬间。

《爷爷变成了幽灵》

作者：〔丹麦〕金·弗珀兹·艾克松，〔瑞典〕爱娃·艾瑞克松

有一个小男孩叫艾斯本，艾斯本最喜欢的人，是他的爷爷霍尔格。可是，他再也没有爷爷了。爷爷死了，爷爷突然倒在了大街上，死于心脏病发作。艾斯本伤心极了，哭个不停。那天晚上，妈妈坐在艾斯本的床上说："爷爷去天堂了。"

《豌豆三兄弟》

作者：彩虹儿童生命教育协会编辑部

在农庄花圃的豌豆荚里，住着豌豆三兄弟，从小一起聊天，长大。转眼间到了该离开豆荚的时候，三兄弟分别迈向它们的前程，也分别遇到不同的困难。大哥卡在窗台上，出不来，二哥掉在河里，小弟落在玫瑰丛里。三兄弟用它们的智慧和勇气脱离困境，各自找到一个属于自己可以生长的地方。

《獾的礼物》

作者：〔英〕苏珊·华莱

书中的獾是一个让人信赖的朋友，他总是乐于助人。他已经很老了，老到几乎无所不知，老到知道自己快要死了。这天晚上，他对月亮说了声晚安，拉上窗帘。他慢慢地走进地下的洞穴，那里有炉火。吃完晚饭，他写了一封信，然后就坐在摇椅上睡着了。他梦见自己在跑，前面是一条长长的隧道。他愈跑愈快，最后觉得自己的脚离开了地面，觉得自由了，不再需要身体了。

《小丑的眼泪》

作者:〔中〕许一琴

出身贫穷的卓别林,父母离异后,妈妈带着他和哥哥到处表演。耳濡目染下,卓别林的表演细胞逐渐被唤起。妈妈突然在台上病倒,情急之下卓别林被剧场老板推上台表演,没想到小小年纪的他,首次登台就博得满堂彩。虽然表演生涯并不顺利,但卓别林敏锐的观察力,将小人物的心酸和人生百态用幽默的方式表现得淋漓尽致,逐渐奠定了他喜剧泰斗的地位。

《雪人》

作者:〔法〕玛格达莱娜

新年舞会就要到了,小雪人却很难过:白色的雪人生活在白色王国里,简直变成了透明的,有谁会注意到它呢?于是它决定:再也不参加新年舞会了!然而朋友们却给了它一个大大的惊喜。

《小河男孩》

作者：〔英〕鲍勒

女孩杰西的爷爷患了心脏病，并且随时都有病情加重的可能，但他仍然坚持要回自己的家乡一趟，因为他想在故乡的小河边完成自己的画作———《小河男孩》。杰西酷爱游泳，在家乡陪伴爷爷的那段日子里，她时常会在那条小河边见到一个男孩。杰西并不认识他，但他却在杰西为爷爷的身体状况而担心、难过的日子里给她以信心与鼓励，与此同时，他还请求杰西帮助他了却一个心愿……

《谢谢你们依然爱我》

作者：〔西班牙〕珍妮弗·摩尔-迈丽斯

曾经，我的爸爸妈妈很相爱，我也很快乐。我们做什么都在一起。但是，事情开始有了变化。他们总是争吵，并且看上去特别难过。我曾经以为，爸爸妈妈不再相爱是我的错……但是，现在我明白了，如果他们住在不同的地方，他们会相处得更好。不管发生了什么，爸爸妈妈永远都是我的父母，并且是最棒的父母。他们会一直爱我，直到永远！

《爸爸，我永远爱你》

作者：〔西班牙〕珍妮弗·摩尔-迈丽斯

这本书为我们讲述了一个离婚家庭孩子的故事。当爸爸妈妈再婚时，孩子通常会有一些自己也无法理解的心情。他们应该高兴，还是应该伤心？他们被抛弃了吗？这本书告诉孩子，即使爸爸妈妈再婚了，他们仍然会永远爱你和关心你。

面对问题与解决问题的能力

《害羞的面条和兴奋的鸡蛋》

作者：〔美〕马克·涅米罗夫

我们所有人都会有各种情绪，开心、焦虑、害羞、害怕、伤心、抱歉、兴奋、孤独、愤怒、惊讶、困惑，处理这些情绪并不简单。怎样了解你的情绪，又怎样处理这些情绪呢？走进你的情感餐厅，你就会找到答案，做情绪的主人！"写给父母的话"解释了情绪教育的重要性，并教给父母帮助孩子了解他们情绪的方法，让孩子知道为什么他们会有这些情绪，当这些情绪变大、难以处理时他们该怎么做。

《别害怕学习》

作者:〔韩〕朴恩庭

"我讨厌学习!"你有没有过这样的想法?往往这个时候,就是你学习上遇到了某种困难,因此产生了对学习的恐惧或厌烦情绪的时候。

我们为什么要学习?难道仅仅是因为我们是学生?或者是父母的强迫?要弄清楚学习的原因和目的,这样才不会觉得学习是一件痛苦的事情。这本书,不仅告诉了我们学习的理由,还传授了许多很好的学习方法。当你读到书中的故事,感染了故事主人公们的学习态度,从故事中学到了有用的学习方法,你就会发自内心地爱上学习。相信到时候,你一定会充满自信地说:"学习,我再也不怕你啦!"

《我要更自信》

作者:〔美〕玛塞拉•巴克•维纳

火鸡图图不喜欢自己。她的腿很瘦,她的羽毛是棕色的,她的头上没有毛。最主要的,她讨厌自己的咯啵—咯啵声。但当图图用她超级自信、超级有力、超级火鸡式的咯啵—咯啵声救了一群小鸡之后,一切都改变了!

我们可以给孩子的最大礼物之一,就是帮助他们发现自己的自我价值感。缺少这种感觉的儿童经常会表达出"不喜欢"自己,并且缺少自尊和自信。这本书有生动的语言和有趣的图画,它能够让孩子们欢笑,同时接受他们自己的"咯啵—咯啵"。书后附有给父母的建议和方法,让父母能够帮助孩子找到自信。

《我要更专心》

作者:〔美〕纳多,迪克森

很多家长都在问,"我该怎样给孩子讲解'多动症'?"因为他们不希望多动症的诊断结果对孩子造成伤害,更害怕来自他人的异样眼光让孩子觉得自己是"异类"。但是,如果我们能够帮助孩子客观、积极甚至富有建设性地理解多动症,就可以使他更好地面对生活和学习中遇到的问题。

《我不想吃饭》

作者:加拿大舒爱特出版公司

书中,卡由遇到了好多问题,这些问题也会出现在你家宝宝的生活中不想吃饭——不想睡觉,不会用便便盆,不想独自睡觉,嫉妒小妹妹,想马上就长大……你家宝宝是不是也是这样?看看卡由是怎么做的,看看卡由的爸爸妈妈是怎么应对的。故事后面还有心理学和学前教育领域的专家写给家长的话,帮助我们更好地理解孩子的心理,有效运用应对策略。

《了不起的愿望》

作者：歪歪兔关键期早教项目组

　　简介：当孩子第一次走出家庭，进入幼儿园这个小社会，他就突然地失去了在家庭环境中的中心地位，不再是唯一的被关注对象。他将开始遇到冷落与欺负、误解与拒绝、错误与批评、怯场与失败、攀比与分歧等种种意想不到的情况。

《不再害怕和妈妈分开》

作者：〔美〕英格·迈尔

　　对孩子来说，跟父母的分离可能使他们不能享受新的游戏、学习新的东西，而是抗拒、哭泣或者生气。这些孩子还会害怕与其他人互动，会回避多数社会互动。书后附有"写给父母的话"，帮助家长与孩子共同成长。

《公主的月亮》

作者:〔美〕詹姆斯·瑟伯

这是个轻松的故事,却蕴含着很深刻的道理。我们每个人,都对事物存在着一个标准,大人如此,孩子也是如此。但我们不该用自己的标准去衡量别人,指导别人。孩子有他的天性,当我们想要满足他的愿望时,记得问他,他想要的是什么?他的标准又是什么?

有些时候,我们并不非要急着给孩子一个答案,其实很多事情,孩子可以自圆其说,就像月亮同样也可以长出来一样。让孩子说出自己的想法时,比我们去灌输他很多教条似的言论要好很多。

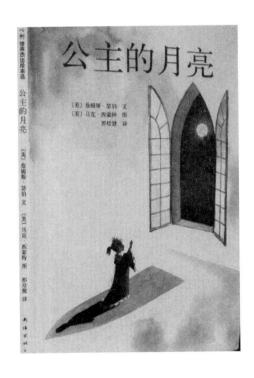

主要参考文献

蔡仲德.中国音乐美学史资料注译［M］.北京：人民音乐出版社，2004.

戴蒙，勒纳.儿童心理学手册第三卷：社会、情绪和人格发展［M］.上海：华东师范大学出版社，2009.

丹尼尔·戈尔曼.情感智商［M］.查波，耿文秀，译.上海：上海科学技术出版社，1997.

丹尼尔·沙博，米歇尔·沙博.情绪教育法——将情商应用于学习［M］.韦纳等，译.北京：教育科学出版社，2009.

David Shaffer, Katherine Kipp. 发展心理学［M］.邹泓等，译.北京：中国轻工业出版社，2005.

郭力平.学前儿童心理发展研究方法［M］.上海：上海教育出版社，2002.

霍华德·加德纳.多元智力［M］.沈致隆，译.北京：新华出版社，1999.

黄幸美.儿童的问题解决思考研究［M］.台北：心理出版社股份有限公司，2003.

康长运.幼儿儿童图画书阅读过程研究［M］.北京：教育科学出版社，2007.

克斯特尔尼克等.儿童社会性发展指南——理论到实践［M］.邹晓燕，译.北京：人民教育出版社，2009.

K.T.斯托曼.情绪心理学［M］.张燕云，译.沈阳：辽宁人民出版社，1987.

雷诺兹.早期儿童教育指导——基于问题解决的方法［M］.郭力平，译.上海：华东师范大学出版社，2007.

李燕.游戏与儿童发展［M］.杭州：浙江教育出版社，2008.

李燕.儿童心理学［M］.北京：中央广播电视大学出版社，2011.

刘金花.儿童发展心理学［M］.上海：华东师范大学出版社，1996.

鲁道夫·谢弗.儿童心理学［M］.王莉，译.北京：电子工业出版社，2010.

孟昭兰.情绪心理学［M］.北京：北京大学出版社，2005.

孟昭兰.人类情绪［M］.上海：上海人民出版社，1989.

彭懿.图画书阅读与经典［M］.第三版.南昌：21世纪出版社，2008.

上海市教育委员会.上海市学前教育课程指南（试行稿）［M］.上海：上海教育出版社，2004.

松居直.我的图画书论［M］.郭雯霞，徐小洁，译.上海：上海人民美术出版社，2009.

王振宇.儿童心理学［M］.南京：江苏教育出版社，1999.

吴荔红.学前儿童发展心理学［M］.福州：福建人民出版社，2010.

修海林.中国古代音乐史料集［M］.西安：世界图书出版公司，2000.

杨丽珠，吴文菊.幼儿社会性发展与教育［M］.沈阳：辽宁师范大学出版社，2000.

叶平枝.幼儿社会退缩的特征及教育干预研究［M］.北京：中国社会科学出版社，2007.

朱家雄.幼儿园课程［M］.上海：华东师范大学出版社，2003.

张春兴.教育心理学［M］.杭州：浙江教育出版社，1998.

周念丽.学前儿童发展心理学［M］.上海：华东师范大学出版社，2006.

陈益.解决人际问题的认知技能对4～5岁儿童同伴交往行为的影响的实验研究［J］.心理科学，1996（5）：282-286.

邓赐平，桑标，缪小春.幼儿的情绪认知发展及其与社会行为发展的关系研究［J］.心理发展与教育，2002（1）：6-10.

董会芹.3～5岁儿童同伴侵害的发生特点及与内化问题的关系［J］.学前教育研究，2010（8）.

董会芹，张文新.同伴侵害问卷的编制［J］.学前教育研究，2009（11）.

高晓妹.幼儿愤怒情绪的产生及其应对策略［J］.宿州师专学报，2004（1）.

何洁，徐琴美，王珏瑜.幼儿对生气和伤心情绪倾向同伴的接受性比较［J］.心理科学，2007（5）.

何亚柳.大班幼儿心理压力及其来源研究［J］.西华师范大学学报，2009（3）.

简淑真.幼儿情绪知多少——百位幼儿情绪报告书［J］.台东师院学报，2001（12）.

李丹黎，张卫，李董平，王艳辉.父母行为控制、心理控制与青少年早期攻击和社会退缩的关系［J］.心理发展与教育，2012（2）.

李江雪，申荷永.3至6岁幼儿心理压力源与表现［J］.社会心理科学，2006（1）.

李娜，张福娟，叶平枝.社会退缩幼儿与教师互动特征的研究［J］.中国特殊教育，2008（11）.

李臻.培养幼儿情绪自我调控能力初探［J］.学前教育研究，2003（5）.

刘国雄，方富熹，杨小冬.国外儿童情绪发展研究的新进展［J］.南京师范大学学报（社会科学版）.2003（6）.

刘艳.儿童青少年社交退缩的干预［J］.教育心理研究，2012（1）.

刘云艳.婴幼儿情绪社会化与心理健康［J］.学前教育研究，1995（4）.

陆芳，陈国鹏.学龄前儿童情绪调节策略的发展研究［J］.心理科学，2007（5）.

倪慧芳.5—6岁幼儿消极情绪的特征与成因［J］.云梦学刊，2001（4）.

潘苗苗,苏彦捷.幼儿情绪理解、情绪调节与其同伴接纳的关系[J].心理发展与教育,2007(2).

四川大学华西第二医院.压力可导致幼儿端粒缩短[J].中华妇幼临床医学杂志,2011(3).

司方超.如何应对幼儿的消极情绪[J].科技信息,2009(15).

孙维胜.支持害羞儿童的发展[J].山东教育科研,1994(3).

王爱芬.浅析角色扮演法及其在学生心理发展过程中的意义[J].教育理论与实践,2007(S2).

王玲,叶明志,温盛霖,等.某医科大学生睡眠质量与心理状况的关系[J].中国学校卫生,2002(3).

王朝勋,郑洪新,李继伟,等.怒伤肝与神经—内分泌—免疫系统失调探析[J].辽宁中医杂志,1997(5).

王争艳.促进被拒绝和被忽视幼儿的同伴交往的三种训练方法[J].心理发展与教育,2002(2).

徐琴美,何洁.儿童情绪理解发展的研究述评[J].心理科学进展,2006(2).

姚端维,陈英和,赵延芹.3～5岁儿童情绪能力的年龄特征、发展趋势和性别差异的研究[J].心理发展与教育,2004(2).

张向葵,曹华,刘志.中国儿童的电视环境与儿童成长[J].东北师范大学学报(哲学社会科学版),2006(6).

周宗奎.关于人际认知解决问题的研究[J].心理科学,1992(6).

Archibald D. Hart (2005). *Stress and Your Child*. Thomas Nelson Incorporated.

Avis Brenner (1997). *Helping Children Cope with Stress*. Jossey-Bass Inc.

Bertenthal (1984). *Infant Sensitivity to Figural Coherence in Biomechanical Motions*.

Blom,G.E.Cheney,B.D. & Snoddy,J.E. (1986). *Stress in childhood: An intervention model for teachers and other professionals*. New York: Teachers College Press.

Bowlby, J. (1969). *Attachment and Loss: Volume 1 Attachment*. London: The Hogarth Press and the Institute of Psycho-Analysis.

Brenner, A. (1997). *Helping Children Cope with Stress*. San Francisco: Jossey-Bass.

Buss A. H. (1984). *A conception of shyness*. In J. A. Daly & J. C. McCroskey (Eds.), Avoiding communication: Shyness, reticence, and communication apprehension. Beverly Hills. CA: Sage.

Buss A. H. (1997). *A dual conception of shyness*. In J. A. Daly, J. C.McCroskey, J. Ayres. T Hopf. & D. M. Ayres (Eds.). Avoiding communication: Shyness, reticence, and communication apprehension (2nd Ed.). Cresskill, NJ: Hampton Press.

Denham, S.A. & Kochanoff A. T. (2002). *Children's Understanding of Emotion*. The Wisdom of Feelings. New York: Guilford.

Eva L. Essa. (2007). *Introduction to Early Childhood Education (5th ed)* Thomson Delmar Learning.

Hetherington, C. (1989). *Bringing Your Self to Life*. Hetherington & Assoc.

Honig, A.S. (1986). *Stress and Coping in Children* (Part 2): Interpersonal Family Relationship. Young Children, 41.

Judith S., Wallerstein, Julia M. Lewis, &Sandra Blakeslee (2000). *The Unexpected Legacy of Divorce: A 25 Year Landmark Study*. Hyperion Press.

Kreidler, W.J. (1994) Teaching Conflict Resolution Through Children's Literature, Scholastic Inc.

Kreidler, W.J. (1984) Creative Conflict Resolution, Good Year Books.

Olweus D. (1993). *Victimization by Peers: Antecedents and Long-term Outcomes*// Rubin K H, Asendorpf J. B. (Eds.). Social Withdrawal Inhibition and Shyness in Childhood. New Jersey: Lawrence Erlbaum Associates.

Preyer, William T. (1882). *The Soul of the Child: Observations on the Mental Development of Man in the First Years of Life*. Nabu Press.

Rezendes M., Snidman N.,Kagan J. & Gibbons. J. (1993). *Features of Speech in*

Inhibited and Uninhibited Children. In K. H. Rubin & J, B. Asendorpf (Eds.). Social withdrawal, inhibition, and shyness in childhood. Hillsdale. NJ: Erlbaum.

Rubin K. H.,Booth C. L.,Rose-Krasner L. & Mills R. S. L. (1995). *Social Relationships and Social Skills: A Conceptual and Empirical Analysis.Close Relationships and Socioemotional Development*. Westport,CT: Ablex.

Salovery, P, & Mayer, J. D. (1990). *Emotional Intelligence. Imagination*, Cognition, and Personality.

Suzanne.K Adams&Joan Baronberg (2004). *Promoting Positive Behavior,Upper Saddle River*. New Jersy: Columbus Ohio.

Werner, E.E. (1984). *Resilient Children*. Young Children,40.

Werner, E.E., & Smith, R.S (1982). *Vulnerable but Invincible: A Longitudinal Study of Resilient Children and Youth*. New York: McGraw-Hill.

Zeitlin, S.& Williamson, G. (1994). *Coping in Young Children*. Paul H.Brookes.

Arbeau K A., Coplan R J. & Weeks, M. Shyness. Teacher-child Relationships, and Socio-emotional Adjustment in Grade 1. *International Journal of Behavioral Development*, 2010 (34).

Asendorpf J. Beyond Social Withdrawal Shyness, Unsociability and Peer Avoidance. *Human Development*, 1990 (33).

Beidel D. C.,Turner S. M.Shy Children, Phobic Adults. *Amer Psychological Assn*, 2006.

Berler E. S., Gross A. M. &Drabman R. S.Social Skills Training With Children: Proceed With Caution. *Journal of Applied Behavior Analysis*,1982 (15).

Blonk R. W. B., Prins P. J. M.,Sergeant J A,Ringrose J& Brinkman A G.Cognitive-behavioral Group Therapy for Socially Incompetent Children: Short-term and Maintenance Effects With a Clinical Sample. *Journal of Clinical Child Psychology*,1996 (25).

Burgess K B,Wojslawowicz J. C.,Rubin K. H.,Rose-Krasnor L. &Booth-LaForce C. Social Information Processing and Coping Strategies of Shy\withdrawn and Aggressive children: Does Friendship Matter? *Child Development*, 2006 (77).

Chen X., Rubin K H., & Sun Y. Social Reputation and Peer Relationships in Chinese and Canadian Children: Across-cultural Study. *Child Development*, 1992 (63).

Coplan R. J., Arbeau K A.The Shyness of a "Brave New World": Shyness and School Adjustment in Kindergarten. *Child Development*, 2008 (22).

Coplan R J. Assessing Nonsocial Play in Early Childhood: Conceptual and Methodological

Approaches. In K. Gitlin-Weiner, A. Sandgrund, & C. Schaefer (Eds.) , *Play Diagnosis and Assessment*, 2000（2）.

Coplan R. J, Schneider B. H, Matheson A. &Graham A. A. "Play Skills" for Shy Children: Development of a Social Skills-facilitated Play Early Intervention Program for Extremely Inhibited Preschoolers. *Infant and Child Development*, 2010（19）.

Crozier R.W. & Perkins P. Shyness as a Factor When Testing Children. *Educational Psychology in Practice*, 2002（18）.

Eisenberg N., Cumberland A., Spinrad T. L. The Relations of Regulation and Emotionality to Children's Externalizing and Internalizing Problem Behavior. *Child Development*, 2001（72）.

Erwin P. G.Social Problem Solving, Social Behavior and Children's Peer Popularity. *Journal of Psychology*,1994（128）.

FordhamK. &Stevenson-Hinde J. Shyness, Friendship Quality, and Adjustive During Middle Childhood. *Child Psychol.Psychiat*, 1999（40）.

Fox J. K.,Masia Warner C.,Lerner A. B.,Ludwig K.,Ryan J. L.,Colognori D.,Lucas C. P. &Brotman L. M. Preventive Intervention for Anxious Preschoolers and Their Parents: Strengthening Early Emotional Development. *Child Psychiatry Hum Dev*, 2012（43）.

Fox N. A., Henderson H. A., Rubin, K. H., Calkins, S. D. & Schmidt L. A.Stability and Instability of Behavioral Inhibition and Exuberance: Psycho-physiological and Behavioral factors Influencing Change and Continuity Across the First Four Years of Life. *Child Development*, 2001（72）.

Gazelle H.&Ladd G. W.Anxious Solitude and Peer Exclusion: A Diathesis-stress Model of Internalizing Trajectories in Childhood. *Child Development*, 2003（74）

Greco L. A.,Morris T. L.Treating Childhood Shyness and Related Behavior: Empirically Evaluated Approaches to Promote Positive Social Interactions. *Clinical Child and Family Psychology Review*, 2001（4）.

HolmesT.H.& RaheR.H. The Social Readjustment Rating Scale. *Journal of Psychosomatic Research*, 1962（11）.

HonigA.S.Stress and coping in children（Part 2）: *Interpersonal Family Relationship. Young Children*, 1986（41）.

Hubbad J A. Emotion Expression Processed in Children's Peer Interaction: The Role of Peer Rejection, Aggression, and Gender. *Child Development*, 2001（72）.

Izard C. E.,Trentacosta C. J.,King K. A. &Mostow A. J.An Emotion-based Prevention

Program for Head-Start Children. *Early Education and Development*, 2004（15）.

Jenkins J. M. Children's Understanding of the Social-regulatory Aspects of Emotion. *Cognition and Emotion*, 2000（14）.

Kagan J., Reznick J. S. & Snidman N. The Physiology and Psychology of Behavioral Inhibition in Children. *Child Development*, 1987（58）.

Kopp C. Regulation of Distress and Negative Emotion: A develop-mental View. *Developmental Psychology*, 1989（25）.

Leena K., Augimeri, Margaret Walsh&Nicola Slater. Rolling out SNAP an Evidence-based Intervention: A Summary of Implementation, Evaluation, and Research. *International Journal of Child, Youth and Family Studies*, 2011（21）.

Lemerise E. A.,Arsenio W. F. An Integrated Model of Emotion Processes and Cognition in Social Information Processing. *Child Development*, 2000（71）.

Malloy H. L.&McMurray P. Conflict Strategies and Resolutions: Peer Conflict in an Integrated Early Childhood Classroom. *Early Childhood Research Quarterly*, 1996（11）.

Miller R. S.On the Nature of Embarrass Ability: Shyness, Social Evaluation, and Social Skill. *Journal of Personality*,1995（63）.

Nelson L J.,Rubin K. H.& Fox N. A. Social Withdrawal, Observed Peer Acceptance,and the Development of Self-perceptions in Children Ages 4 to 7 years. *Early Childhood Research Quarterly*, 2005（20）.

Paul A.Pilkonis. Shyness, Public and Private,and its Relationship to Other Measures of Behavior. *Journal of Personality*, 1977（45）.

Sarah E. Martin, John R. Boekamp, David W. McConville &Elizabeth E. Wheeler. Anger and Sadness Perception in Clinically Referred Preschoolers: Emotion Processes and Externalizing Behavior Symptoms. *Child Psychiatry Hum Dev*, 2010（31）.

Stansbury, K., &Harris, M. L. Individual Differences in Stress Reactions During a Peer Entry Episode: Effects of Age, Temperament, Approach Behavior, and Self-perceived Peer Competence. *Journal of Experimental child psychology*, 2001（76）.

Southam-Gerow, M. A.&Kendall P. C. Emotion Regulation and Understanding Implications for Child Psychopathology and Therapy. *Clinical Psychology Review*, 2002（22）.

UC Davis Health System,（2001）.What are the Biological Effects of Acute stress? *Retrieved October* 10, 2003.